A MEMÓRIA COLETIVA EM PERSPECTIVA
ENSAIOS SOBRE A MEMÓRIA COMO GESTO A PARTIR DE NARRATIVAS DE UMA CIDADE-TRAPEIRA

Editora Appris Ltda.
1.ª Edição - Copyright© 2024 da autora
Direitos de Edição Reservados à Editora Appris Ltda.

Nenhuma parte desta obra poderá ser utilizada indevidamente, sem estar de acordo com a Lei nº
9.610/98. Se incorreções forem encontradas, serão de exclusiva responsabilidade de seus organi-
zadores. Foi realizado o Depósito Legal na Fundação Biblioteca Nacional, de acordo com as Leis nos
10.994, de 14/12/2004, e 12.192, de 14/01/2010.

Catalogação na Fonte
Elaborado por: Dayanne Leal Souza
Bibliotecária CRB 9/2162

A524m
2024
	Amormino, Luciana
	      A memória coletiva em perspectiva: ensaios sobre a memória como gesto
	a partir de narrativas de uma cidade-trapeira / Luciana Amormino. – 1. ed. –
	Curitiba: Appris, 2024.
	      305 p. : il. color. ; 23 cm. – (Coleção Ciências da Comunicação).
	
	      Inclui referências.
	      ISBN 978-65-250-6520-5
	
	      1. Memória coletiva. 2. Narrativa. 3. Patrimônio. 4. Cidade.
	I. Amormino, Luciana. II. Título. III. Série.
	
	                                                              CDD – 981.51

Livro de acordo com a normalização técnica da ABNT

Appris editora

Editora e Livraria Appris Ltda.
Av. Manoel Ribas, 2265 – Mercês
Curitiba/PR – CEP: 80810-002
Tel. (41) 3156 - 4731
www.editoraappris.com.br

Printed in Brazil
Impresso no Brasil

Luciana Amormino

A MEMÓRIA COLETIVA EM PERSPECTIVA

ENSAIOS SOBRE A MEMÓRIA COMO GESTO A PARTIR
DE NARRATIVAS DE UMA CIDADE-TRAPEIRA

Appris
editora

Curitiba, PR

2024

FICHA TÉCNICA

EDITORIAL
Augusto Coelho
Sara C. de Andrade Coelho

COMITÊ EDITORIAL

Ana El Achkar (Universo/RJ)
Andréa Barbosa Gouveia (UFPR)
Antonio Evangelista de Souza Netto (PUC-SP)
Belinda Cunha (UFPB)
Délton Winter de Carvalho (FMP)
Edson da Silva (UFVJM)
Eliete Correia dos Santos (UEPB)
Erineu Foerste (Ufes)
Fabiano Santos (UERJ-IESP)
Francinete Fernandes de Sousa (UEPB)
Francisco Carlos Duarte (PUCPR)
Francisco de Assis (Fiam-Faam-SP-Brasil)
Gláucia Figueiredo (UNIPAMPA/ UDELAR)
Jacques de Lima Ferreira (UNOESC)
Jean Carlos Gonçalves (UFPR)
José Wálter Nunes (UnB)
Junia de Vilhena (PUC-RIO)

Lucas Mesquita (UNILA)
Márcia Gonçalves (Unitau)
Maria Aparecida Barbosa (USP)
Maria Margarida de Andrade (Umack)
Marilda A. Behrens (PUCPR)
Marília Andrade Torales Campos (UFPR)
Marli Caetano
Patrícia L. Torres (PUCPR)
Paula Costa Mosca Macedo (UNIFESP)
Ramon Blanco (UNILA)
Roberta Ecleide Kelly (NEPE)
Roque Ismael da Costa Güllich (UFFS)
Sergio Gomes (UFRJ)
Tiago Gagliano Pinto Alberto (PUCPR)
Toni Reis (UP)
Valdomiro de Oliveira (UFPR)

SUPERVISORA EDITORIAL   Renata C. Lopes

PRODUÇÃO EDITORIAL   Daniela Nazario

REVISÃO   Ana Lúcia Wehr

DIAGRAMAÇÃO   Amélia Lopes

CAPA   Carlos Pereira

REVISÃO DE PROVA   Elisa Barros

COMITÊ CIENTÍFICO DA COLEÇÃO CIÊNCIAS DA COMUNICAÇÃO

DIREÇÃO CIENTÍFICA   Francisco de Assis (Fiam-Faam-SP-Brasil)

CONSULTORES

Ana Carolina Rocha Pessôa Temer (UFG-GO-Brasil)
Antonio Hohlfeldt (PUCRS-RS-Brasil)
Carlos Alberto Messeder Pereira (UFRJ-RJ-Brasil)
Cicilia M. Krohling Peruzzo (Umesp-SP-Brasil)
Janine Marques Passini Lucht (ESPM-RS-Brasil)
Jorge A. González (CEIICH-Unam-México)
Jorge Kanehide Ijuim (Ufsc-SC-Brasil)
José Marques de Melo (*In Memoriam*)
Juçara Brittes (Ufop-MG-Brasil)
Isabel Ferin Cunha (UC-Portugal)
Márcio Fernandes (Unicentro-PR-Brasil)
Maria Ataíde Malcher (UFPA-PA-Brasil)

Maria Berenice Machado (UFRGS-RS-Brasil)
Maria das Graças Targino (UFPI-PI-Brasil)
Maria Elisabete Antonioli (ESPM-SP-Brasil)
Marialva Carlos Barbosa (UFRJ-RJ-Brasil)
Osvando J. de Morais (Unesp-SP-Brasil)
Pierre Leroux (Iscea-UCO-França)
Rosa Maria Dalla Costa (UFPR-PR-Brasil)
Sandra Reimão (USP-SP-Brasil)
Sérgio Mattos (UFRB-BA-Brasil)
Thomas Tufte (RUC-Dinamarca)
Zélia Leal Adghirni (UnB-DF-Brasil)

À Maria, razão das minhas melhores memórias.

AGRADECIMENTOS

Este livro deriva da pesquisa de doutoramento feita junto ao Programa de Pós-Graduação em Comunicação Social da Universidade Federal de Minas Gerais, realizada com aporte da Coordenação de Aperfeiçoamento de Pessoal de Nível Superior (Capes), à qual agradeço, pelo financiamento no Brasil e no exterior.

Durante esse processo, uma rede de apoio foi fundamental, afinal, conciliar a pesquisa com a maternidade ainda é um desafio para nós, mulheres e mães pesquisadoras. Tendo isso em vista, agradeço, primeiramente, à minha filha Maria, por compreender minhas ausências, mas, sobretudo, por sua existência, motivação para ir além em minhas escolhas e buscar sempre o melhor de mim. Ao Alexandre, grande parceiro de vida, pelo acolhimento das minhas necessidades ao longo desse processo, pelo incentivo, pela generosidade em nossas trocas e por ser meu primeiro leitor. Aos meus pais, Fátima e Henrique; aos meus sogros, Terezina e Missias, e aos meus familiares, por todo suporte e apoio de sempre.

Agradeço, ainda, ao meu orientador, Bruno Souza Leal, pela generosidade, pela amizade e pelas trocas valiosas, além do fato de ser um grande incentivador de minha produção acadêmica, que inclui este livro. Ao professor Mark Philp, supervisor do estágio doutoral na Universidade de Warwick (UK), pelo diálogo e pela mediação de conexões. Aos professores Bruno Martins, Fernanda Maurício, Phellipe Jácome, Elton Antunes, Carlos Alberto de Carvalho e Carlos Mendonça, da UFMG, e Mark Knights, Alison Ribeiro de Menezes e Joanne Garde-Hansen, da Universidade de Warwick, pelas trocas. Aos membros da banca de qualificação e banca final, Mônica Rebecca Ferrari Nunes, Regina Helena Alves Silva, Elton Antunes, Mozahir Salomão e Ana Paula Goulart Ribeiro, pelas valorosas contribuições.

Aos parceiros do Núcleo de Estudos Tramas Comunicacionais: narrativa e experiência (UFMG), da Rede Historicidades dos Processos Comunicativos, do GT Estudos de Memória e Comunicação, da Compós, e do The Memory Group (Universidade de Warwick), agradeço pelas parcerias e pelos diálogos. Aos colegas de doutorado, Aline Monteiro Homssi, Iana Coimbra, Jênifer Rosa, Kellen Xavier, Carlos Henrique Pinheiro, Diego Belo, Jane Mutsuque e Homero Vianna, pela partilha desta etapa. Aos colegas da Universidade de Warwick, Kristi Flake, Nytia Gundu, Judy Law, Sana

Shah, Meryem Choukri e Innan Sasaki, pela acolhida. À Anna Cavalcanti e ao Rafael Andrade, pelas trocas, parcerias e amizade. Um agradecimento especial ao Prof. Dr. Mozahir Salomão e ao Prof. Dr. Elton Antunes, por assinarem o prefácio e posfácio desta publicação, respectivamente.

A cidade se embebe como uma esponja dessa onda que reflui das recordações e se dilata. Uma descrição de Zaíra como é atualmente deveria conter todo o passado de Zaíra. Mas a cidade não conta o seu passado, ela o contém como as linhas da mão, escrito nos ângulos das ruas, nas grades das janelas, nos corrimãos das escadas, nas antenas dos para-raios, nos mastros das bandeiras, cada segmento riscado por arranhões, serradelas, entalhes, esfoladuras.

(Ítalo Calvino – As cidades invisíveis).

A cidade não é um lugar. É a moldura de uma vida. A moldura à procura de retrato, é isso que eu vejo quando revisito o meu lugar de nascimento. Não são ruas, não são casas. O que revejo é um tempo, o que escuto é a fala desse tempo. Um dialeto chamado memória, numa nação chamada infância.

(Mia Couto – Pensatempos).

Assim – dizem alguns – confirma-se a hipótese de que cada pessoa tem em mente uma cidade feita exclusivamente de diferenças, uma cidade sem figuras e sem forma, preenchida pelas cidades particulares.

(Ítalo Calvino – As cidades invisíveis).

APRESENTAÇÃO[1]

Refletir sobre a memória, faculdade sobre a qual pensadores em vários campos do conhecimento debruçam-se, pelo viés comunicacional, pressupõe considerar alguns aspectos que perpassam sua ancoragem e constituição no comum. Há que se reconhecer, inicialmente, sua relação com a experiência e seu vínculo estreito à narrativa, por meio da qual a experiência é compartilhada, implicando sempre a presença de Outro em sua atualização. Além disso, seu vínculo com o esquecimento, do qual também é constituída, ajuda-nos a pensá-la como o resultado de escolhas e disputas que dizem do que se lembrar, mas também do que se esquecer. Entre luzes e sombreamentos, a memória se assenta não apenas como um conhecimento *sobre* o passado, mas *do* passado, nos termos de Avishai Margalit (2002), ou mesmo *com* o passado, possibilitando fricções e tensionamentos em espaços e tempos partilhados como os da cidade.

Essa presença do passado determina ações no presente, assim como permite projetar futuros a partir dela. Passado, presente, futuro, menos que tempos sucessivos numa perspectiva linear, estão imbricados uns nos outros. Assim, estas linhas que ora escrevo tanto carregam um pouco do meu passado, aquele dedicado à memória como campo de estudo e caminho profissional, quanto ensejam projetos de futuro. Fato é que remontam a um encontro de longa data com os estudos de memória, que tenho feito tanto no âmbito profissional quanto acadêmico.

Um pouco antes de me graduar em Jornalismo, nos idos de 2003, comecei a trabalhar com memória no Escritório de Histórias, empresa belorizontina especializada em projetos editoriais e expositivos, por meio da qual atuei como entrevistadora e escritora de livros biográficos e de memória de empresas, família e cidades. Além desses projetos, coordenei o Museu Virtual Brasil[2], que traz o registro de memórias sobre bairros, cidades e lugares, entre eles os bairros belorizontinos Jardim Montanhês e Pampulha.

---

[1] O presente trabalho foi realizado com apoio da Coordenação de Aperfeiçoamento de Pessoal de Nível Superior – Brasil (Capes) – Código de Financiamento 001, e por meio do Programa Institucional de Interna-cionalização - Capes PrInt.

[2] Disponível em: http://www.museuvirtualbrasil.com.br/. Acesso em: 9 jan. 2023.

Desde então, a temática da memória vem despertando meu interesse. Assim, em busca de compreender melhor a relação entre narrativa e memória, especialmente vinculada a comunidades tradicionais, escrevi o artigo de conclusão do curso de especialização em História da Cultura e da Arte, pela Universidade Federal de Minas Gerais (UFMG), sobre as narrativas orais relativas ao mito de origem da comunidade quilombola de Pontinha (Paraopeba-MG), no ano de 2006, abrindo um caminho para se pensar a memória em sua atualização via narrativa.

Após essa primeira incursão na temática, especialmente abordando a memória em sua dimensão coletiva, e ainda atuando junto ao Escritório de Histórias, ingressei no mestrado em Comunicação Social, também na UFMG, em que pude pesquisar a relação entre narrador, experiência e memória a partir do filme *Narradores de Javé* (Brasil, Eliane Caffé, 2004). Na dissertação, defendida em 2009, busquei analisar o jogo narrativo efetuado pelos narradores do filme, que evidenciava uma disputa pela memória do povoado de Javé, que viria a ser submerso pelas águas de uma represa a ser construída naquela localidade. Nessa disputa entre narradores, por meio de uma narrativa *mise en abyme*, composta por três níveis narrativos, pude perceber que o filme parodiava o narrador da tradição oral, permitindo-nos refletir sobre as disputas às quais a memória de caráter coletivo estava sujeita, refletidas na autoridade sobre a memória do lugar, como apontamos em Amormino (2009).

Dez anos depois, tendo escrito vários livros sobre memória de cidades e lugares e me dedicado a atividades junto a museus, como o Museu Virtual Brasil e o Museu das Minas e do Metal, em Belo Horizonte, e tendo percebido as nuances e disputas que perpassam as experiências coletivas de memória, retornei à academia para ampliar meu entendimento sobre os estudos de memória vinculados à Comunicação, por meio do doutoramento em Comunicação Social pela UFMG. Nessa ocasião, olhando para cinco iniciativas de memória sobre Belo Horizonte (MG), que compuseram nosso fenômeno de pesquisa e que serão analisadas neste livro, interessou-nos refletir sobre as tensões temporais presentes nessas narrativas, para, a partir delas, delinear nossa proposição da memória como gesto que trataremos nesta obra.

Inicialmente, desenharemos um panorama sucinto sobre as principais referências no pensamento ocidental a respeito da memória, no intuito de apresentarmos certas questões que perpassam seu caráter coletivo, que nos interessa de modo especial nesta pesquisa. Esse percurso teórico nos ajudará a evidenciar a complexa articulação entre memória individual e *memória de caráter coletivo*, expressão que propomos em contraposição à *memória coletiva*. Em nossa perspectiva, esse termo cunhado por Maurice Halbwachs (1990), embora potencialize o olhar para a memória em sua dimensão social, possui limitações, conforme discutiremos adiante. Posteriormente, discorreremos sobre as especificidades da experiência de memória localizadas em Belo Horizonte, que aqui chamamos de *cidade-trapeira*, para então apresentar nosso procedimento metodológico e os ensaios que compõem este livro.

PREFÁCIO

O livro *A memória coletiva em perspectiva: ensaios sobre a memória como gesto a partir de narrativas de uma cidade-trapeira* revela-se como gesto heurístico potente e ricamente iluminador de outros gestos: os gestos da memória. Tecido em uma teia nocional coerente e reveladora, a obra de Luciana Amormino tem o condão de nos instar, de modo criativo e provocativo, a percorrer possibilidades anguladas de se pensar a memória, a partir dos atos, gestos e textualidades que lhe dão materialidade e que, ao fazê-lo, inscrevem possibilidades outras de agendá-la.

Ao cruzar temporalidades e espacialidades que versam sobre memórias atinentes à capital mineira, Belo Horizonte (MG), Luciana Amormino parece encontrar, sem se surpreender, cidades diferentes, como nos diz a autora, dentre e entre elas, pois ensejadas que são por gestos distintos, olhares e intencionalidades difusas. Lembrar é sempre ação, acionamento e, por conseguinte, desejo de agenciamento. Aqui, um aceno da instigante pergunta de Gonzalo Abril: a memória nos salva do esquecimento, mas quem nos salvará da memória?

Nesse sentido, o livro em questão materializa um elogiável conjunto crítico-reflexivo-propositivo. Destaco a contribuição que a pesquisa que o substanciou traz ao campo dos estudos da memória, ao se dispor a discuti-la como gesto em movimento, que se desenha e redesenha por linhas instáveis, o tempo todo em embate e negociação, apoiando-se em um atualizado, alargado e espesso trabalho de revisão da literatura e de problematização das noções e dos conceitos que orbitam em torno das múltiplas perspectivas de abordagem das textualidades memorialísticas. À altura do subcapítulo 7.1, a autora nos brinda:

> Partindo do pressuposto de que a memória não é um corpo estável, mas um processo elaborado na tessitura das relações sociais, ao pensá-la como um gesto, entendemos tratar-se de um constante movimento de instauração de temporalidades, espacialidades e coletividades via narrativa, no qual atuam diferentes forças, por vezes contraditórias.

Não há como discordar. Poder-se-ia acrescer, quem o saberá, a ideia de "conflitivas" a "contraditórias", dado que a memória resulta também de processos de disputas e confrontamentos. A essência identitária da memória, pensada em termos de nossa subjetividade e individualidade, mas também como indivíduos inseridos em coletividades, atesta tal percepção. Somos passado, ou talvez seja melhor dizê-lo no plural: somos passados. Processo de instalação dialética: nossos gestos dão forma à memória, para que ela nos conforme.

Tomar a memória como gesto proteger-nos-ia, por assim dizer, de uma dupla ingenuidade: de, por um lado, entendê-la prevalentemente como fruição espontânea e descontrolada, quase metafísica, apesar de que, muitas vezes, em especial em sua irrupção sensorial, isso se dar assim. Por outro lado, percebê-la como um acionamento que proporciona a emergência da verdade – dos acontecimentos e suas circunstâncias, legitimada pela experiência daquele que lembra ou que testemunhou.

Considerar a memória como gesto e textos culturais acionados intencionalmente lança-nos na complexidade de mapas de sentido que se desenham e redesenham a partir do entendimento do memorável como gestualidade empreendedora de agendamentos de desejos, visões de mundo, interesses de toda natureza, reenquadramento e re-visão do passado na tentativa de modalizar e administrar o presente e predicar o futuro, no sentido de querer determiná-lo. De ordem estética, a memória pode cumprir também funções morais.

Gestos trazem em si intencionalidades, desejos de realizar, de conectar, de fazer. Gestos performam, se insinuam, se processam. Um gesto de memória, como bem apontado por Amormino, é carregado de intencionalidades. Parece-nos que foi a estratégia para, transversalmente, a autora ter a possibilidade de tecer seu quadro crítico-reflexivo, considerando as naturezas e singularidades tão diversas dessas memórias menores, como Luciana denomina.

Gesto sobre gestos, não se engane o leitor deste livro em imaginar que o gesto propositivo teórico de Amormino bastar-se-ia para concretizar o seu dizer, ou seja, sendo-lhe dispensável o exercício empírico, de bases diversas, que desenvolve neste livro. A autora elege cinco objetos memorialísticos bem ricos, com inequívoca diversidade em termos das memórias menores e seus atores, agentes e propositores, que fazem emergir sentidos outros. Um transbordo autojustificado de um gesto de pesquisa que se impõe em sua estratégia que foge da armadilha reducionista da comparação, para nos oferecer uma teia de textualidades que tentam, ao seu modo e com suas intencionalidades, agenciar a memória de uma cidade. Tantas serão as memórias quantos forem os gestos? Mas, pensando aqui os objetos – as memórias pequenas – e os gestos que os colocam em movimento, Amormino nos alerta para o fato de que o seu gesto como pesquisadora-trapeira é gesto livre, não aspira a sínteses nem conclusões fechadas em si mesmas. Quer, antes, nutrir-se da incompletude dos significados possíveis, dos movimentos de transposições de autores de perspectivas tão distintas, mas que, talvez demandando ajeitamentos, acabam dialogando entre si e lhe permitem as articulações que considera necessárias e produtivas.

Boa leitura.

Prof. Dr. Mozahir Salomão Bruck

PUC-Minas

SUMÁRIO

1

DA PERSPECTIVA INDIVIDUAL À COLETIVA DA MEMÓRIA 21

1.1 Caracterizando uma cidade-trapeira e suas memórias de caráter coletivo 28

1.2 Percurso metodológico: gesto trapeiro sobre memórias menores 44

2

TEMPORALIDADES EM DISPUTA NA MEMÓRIA DA CIDADE AGENCIADA PELO *ESTADO DE MINAS EM BH 120 ANOS* 51

2.1 Uma cidade, seus jornais e seus tempos 56

2.2 A cidade instituída narrativamente pelo Estado de Minas 67

2.3 O jornal como agente da memória 84

3

ENTRE PERMANÊNCIAS E MUDANÇAS, A IDENTIDADE NARRATIVA DA CIDADE EM *QUANTO TEMPO DURA UM BAIRRO?* 91

3.1 Quanto tempo dura um patrimônio? Mesmidade e ipseidade em questão 101

3.2 Vestígios de tempos outros: quanto dura o que permanece? 108

3.3 O que deve durar no espaço público? Valores em disputa na esfera do cotidiano 123

4

PROJETO MORADORES: TERRITÓRIO, ALTERIDADE E DIMENSÃO ÉTICA DE UMA MEMÓRIA INTERMITENTE 139

4.1 Uma cidade, duas etapas: Belo Horizonte por seus moradores
(ou pelo *Projeto Moradores*). 148

4.2 Do espaço físico ao virtual, a emergência de territórios afetivos e simbólicos. .164

4.3 Entre rostos e vagalumes, a dimensão ética de uma memória intermitente 171

5

BELO HORIZONTE SURPREENDENTE: RETALHOS DA CIDADE EM UMA COLEÇÃO DE NARRATIVAS DE VIDA SATURADAS 181

5.1 Do individual ao coletivo: histórias de vida como patrimônio 188

5.2 Entre o ordinário e o surpreendente, quem narra a cidade? 194

5.3 Imaginando uma coleção, imaginando uma cidade. 214

6

OCUPAÇÃO NEGRICIDADE: INSTITUINDO UMA MEMÓRIA E
PROJETANDO O FUTURO 223

6.1 Deslocamentos espaço-temporais por uma ocupação......................... 229

6.2 Memória e identidade num território-patrimônio em disputa 235

6.3 Em nome dos mortos: esquecimento x dever de memória 246

7

A MEMÓRIA COMO GESTO: APONTAMENTOS FINAIS NÃO
CONCLUSIVOS...259

7.1 A memória como gesto em movimento 263

7.2 A agência da memória como gesto entre o padecer e o agir................. 267

7.3 A memória como gesto em disputa 271

7.4 Gestos de memória da cidade-trapeira: artesanias temporais
numa cidade abigarrada 273

POSFÁCIO
ENTRE GESTOS E RESTOS 283

REFERÊNCIAS 287

DA PERSPECTIVA INDIVIDUAL À COLETIVA DA MEMÓRIA

No pensamento ocidental sobre a memória, destaca-se uma abordagem que Paul Ricoeur (2007) considera como *egológica*, que vai de Agostinho a Henri Bergson, encontrando ressonância nas perspectivas de John Locke, Edmund Husserl e William James – essa parte do vínculo entre lembrança e percepção, sobre a qual refletiram Platão e Aristóteles. Platão discorreu sobre a memória como representação de uma coisa ausente, dando destaque à sua relação com a imaginação. Aristóteles, por sua vez, se centrou no tema da representação de algo anteriormente percebido, adquirido ou apreendido, introduzindo a problemática da imagem da lembrança. Para ele, a memória era algo ligado ao passado e se daria de duas formas distintas: a *mnémé*, a evocação simples, semelhante à presença da lembrança; e a *anamnésis*, esforço ou ato de recordação.

De acordo com Ricoeur (2007, p. 37), "a distinção entre *mnémé* e *anamnésis* apoia-se em duas características: de um lado, a simples lembrança sobrevém à maneira de uma afecção, enquanto a recordação consiste numa busca ativa". Tal distinção reverbera no pensamento de Henri Bergson (1999), que abordou em sua perspectiva a afetação da memória a partir da percepção.

Em seus estudos dedicados à relação entre matéria e memória, Bergson (1999) considera a memória pura como aquela que é relembrada e revivida por meio de imagens, atribuindo a ela uma função decisiva no processo psicológico total. Para ele, no espírito, estaria conservada a memória individual como imagens-lembrança, que se encontraria em sua forma pura nos sonhos e devaneios, diferenciando e relacionando, assim, memória e percepção. Nessa perspectiva, a memória se associa à *mnémé* de Aristóteles, ou seja, seria desencadeada instantaneamente pela percepção e revelada sob a forma de imagens-lembrança. Esse tipo de memória evocaria o passado por meio de imagens, faculdade que ele atribui apenas ao homem, posto que, para "poder abstrair-se da ação presente, é preciso saber dar valor ao inútil, é preciso querer sonhar" (BERGSON, 1999, p. 90).

Por outro lado, o que Bergson chama de "recordação laboriosa" aproximar-se-ia da *anamnésis* de Aristóteles, já que exigiria um esforço de reminiscência, uma ação para recordar. Assim, para Bergson (1999), a recordação laboriosa só poderia ser considerada como lembrança porque é possível lembrar de tê-la aprendido, o que se daria via memória espontânea.

A passagem dessa abordagem da memória centrada no indivíduo para uma visada mais sociológica ocorreu com Maurice Halbwachs, especialmente a partir dos anos de 1920, e possibilitou ampliar o entendimento sobre o tema, uma vez que, conforme Ricoeur (2007, p. 124), faltava a esse olhar interior o "reconhecimento de uma ausência primordial, a de um eu estrangeiro, a de um outrem, desde sempre implicado na consciência de si só".

A primeira incursão nos estudos da memória por Halbwachs, que chegou a ser aluno de Bergson, mas caminhou em direção à sociologia durkheimiana, foi em *Os quadros sociais da memória*, datado de 1925. Nele, o sociólogo francês demonstra que, para se conceber o problema da evocação e da lembrança, é preciso tomar como ponto de aplicação os quadros sociais que servem de referência para sua reconstrução. Assim, ele acrescenta a dimensão social na constituição da memória individual. Conforme Veridiana Domingos Cordeiro (2015, p. 15), "sem perder de vista os problemas herdados por Bergson, ele [Halbwachs] busca dar conta de como é possível a perspectivação subjetiva da percepção, bem como a rememoração dessas experiências subjetivas podem ser acomodadas dentro das estruturas sociais".

Seguindo nessa perspectiva, Halbwachs delineia o conceito de memória coletiva, que é mais bem apresentado em *A memória coletiva*, livro publicado em 1950, cinco anos após sua morte. Nele, o autor amplia sua proposta de vínculo da memória aos quadros sociais, evidenciando que a memória coletiva tem sua origem em uma memória individual que se apoia no grupo social. Dessa forma, as perspectivas individual e coletiva estariam continuamente imbricadas. Segundo Halbwachs:

> Não é suficiente reconstituir peça por peça a imagem de um acontecimento do passado para se obter uma lembrança. É necessário que esta reconstrução se opere a partir de dados ou de noções comuns que se encontram tanto no nosso espírito como no dos outros, porque elas passam incessantemente desses para aquele e reciprocamente, o que só é possível se fizeram e continuam a fazer parte de uma mesma sociedade. (HALBWACHS, 1990, p. 34).

Nessa fala de Halbwachs, colocam-se algumas questões interessantes para se ampliar o entendimento da memória: a primeira é que esta se dá por meio de uma reconstrução, ou seja, há uma dimensão ativa de configuração da memória. Esta, mais que ser *resgatada* – termo de uso comum que a coloca como um repositório –, é reconstruída e atualizada, ou seja, não está pronta de antemão, mas se mobiliza em relação ao sentido do outro (CERTEAU, 1994). Outra questão a se observar é o vínculo estreito da memória ao grupo social e a ancoragem deste à esfera da tradição (HALBWACHS, 1990). Partindo desse entendimento, a memória passa a ser compreendida como parte das trocas simbólicas e culturais no seio de uma sociedade, dando-lhe uma ancoragem no coletivo, em uma comunidade à qual o indivíduo se vincula por meio da experiência.

Assim, olhar para a memória em sua dimensão coletiva, como propôs Halbwachs, pressupõe considerá-la a partir dos quadros sociais, levando em conta os agenciamentos que acontecem nas sociedades. A memória coletiva teria, portanto, seu assentamento no grupo, demandando um comum, ou seja, não haveria uma memória puramente individual, uma vez que esta já se daria no limite das interferências coletivas. Há que se considerar, no entanto, que o entendimento de tradição e da própria memória coletiva por parte de Halbwachs implica certa homogeneidade ou estabilização que, em nossa perspectiva, carece de ser revisto. Para Halbwachs (1990), tanto a memória individual quanto a coletiva seriam limitadas no espaço e no tempo, mas tais limites não seriam os mesmos: no caso da memória coletiva, haveria a possibilidade de ser tomada por empréstimo pela partilha na esfera social, a exemplo da bagagem que o indivíduo carrega de lembranças históricas, apreendidas pela conversação ou pela leitura. A essas duas perspectivas – individual e coletiva –, o autor também se refere como memória pessoal e memória social e como memória autobiográfica e memória histórica, termos usados ora como sinônimos, ora com certa diferenciação. No entanto, não caberia, segundo ele, uma concepção estreita de a memória individual ser vinculada ao interior, e a coletiva, ao exterior, haja vista que, para ele, essas instâncias são implicadas uma na outra.

Como aponta Jean Duvignaud (1990), ainda na apresentação de *A memória coletiva*, quando Halbwachs diferencia memória histórica de memória coletiva, ele considera a primeira como uma "[...] reconstrução dos dados fornecidos pelo presente da vida social e projetada no passado reinventado; e a 'memória coletiva', de outro, aquela que recompõe magicamente o passado" (DUVIGNAUD, 1990, p. 6). Entre essas duas esferas, haveria uma multiplicidade de memórias que dizem de diferentes experiências do tempo, que se vinculariam à constituição da identidade de tais grupos.

Duvignaud (1990) chama atenção para o uso do termo *memória histórica*, o que ele considera como uma incoerência, dado que, em sua perspectiva, a memória coletiva não se confunde com a história. Tal entendimento em relação à distinção entre história e memória também é encontrado no pensamento de Jacques Le Goff. Segundo ele, a história seria a "forma científica" (LE GOFF, 2013, p. 485) da memória, à qual se referem dois tipos de materiais: os documentos e os monumentos, suportes da memória coletiva, a partir dos quais se faz a história. Nessa perspectiva, a memória seria a base para a história, ou seja, uma não se confundiria com a outra.

Para além da crítica à relação entre memória e história a partir do pensamento de Halbwachs, há ainda que se considerar certos deslocamentos apontados por outros pensadores quanto ao conceito de memória coletiva proposto por ele. Esses evidenciam suas limitações e potências e contribuem para a ampliação do seu entendimento e sua atualização para se pensar as experiências de memória no cenário contemporâneo. Entre eles, registramos as considerações de Michael Pollak (1989), Andreas Huyssen (2000), Ricoeur (2007) e Aleida Assmann (2010), que trazem importantes contribuições nesse sentido.

Partindo do pensamento de Halbwachs, Pollak (1989) considera que, na perspectiva construtivista à qual se liga, não se trata mais de lidar com os fatos sociais como coisas, como o fazia a visão durkheimiana que inspira o pensamento de Halbwachs, mas de "analisar como os fatos sociais se tornam coisas, como e por quem eles são solidificados e dotados de duração e estabilidade" (POLLAK, 1989, p. 3). Dessa forma, aplicada à memória coletiva, essa abordagem busca entender os processos e os atores que intervêm no trabalho de constituição e formalização das memórias, para além de sua compreensão como fator de coesão de determinado grupo social.

Já Huyssen (2000) argumenta que não seria possível pensar no conceito de memória coletiva, tal como proposto por Halbwachs (1990), como fator de estabilidade na sociedade contemporânea, posto que, para ele, não haveria grupos relativamente estáveis na atualidade. O autor argumenta, ainda, que a memória coletiva está sempre sujeita à reconstrução, sendo negociada na vida social. Apesar disso, Huyssen (2000) pondera que há certo desejo de memória nas sociedades atuais, que funciona como mola propulsora para que se vivencie o que ele intitula como *cultura da memória*, que, contraditoriamente, incorpora uma dimensão de amnésia. Esse fato ganha ainda maior destaque quando se considera a crise de futuro vivenciada após as experiências catastróficas do século XX, especialmente o holocausto. Nesse sentido, se o futuro deixa de ser um tempo promissor pelo qual se trabalha no presente, o passado se torna uma âncora à qual se volta por meio de políticas de memória, embora esse retorno ao passado traga também distintos modos de mercantilizá-lo. Como considera Huyssen (2000, p. 17), "se a consciência temporal da alta modernidade no ocidente procurou garantir o futuro, então pode-se argumentar que a consciência temporal do final do século XX envolve a não menos perigosa tarefa de assumir a responsabilidade pelo passado". E, em se tratando do século XXI, parece que essa responsabilidade pelo passado foi ainda mais reforçada e está sujeita a tensões e instabilidades que evidenciam projetos coletivos em disputa. Entre eles, podemos considerar as relações transnacionais, os processos de descolonização e contraimperialistas, entre outros ativismos atuantes na esfera pública, no intuito de reivindicar políticas de memória.

Ricoeur (2007), por sua vez, aponta, na perspectiva de Halbwachs sobre memória coletiva, um ponto negativo e um positivo: o negativo é a argumentação de que, quando não fazemos mais parte de um grupo social, nossa própria memória se esvai por falta de apoios externos; já o argumento positivo é o fato de que nos lembramos desde que nos coloquemos no ponto de vista de um ou vários grupos e nos recoloquemos em uma ou várias correntes de pensamento. Segundo ele:

> Esse recurso se tornará mais difícil depois da virada linguística e, mais ainda, da virada pragmática efetuada pela epistemologia da história. Contudo, essa dupla guinada já pode ser dada no plano da memória. Lembrar-se, dissemos, é fazer algo: é declarar que se viu, fez, adquiriu isso ou aquilo. E esse fazer memória inscreve-se numa rede de exploração prática do mundo, de iniciativa corporal e mental que faz de nós sujeitos atuantes. Portanto, é num presente mais rico que o da intuição sensível que a lembrança volta, num presente de iniciativa. (RICOEUR, 2007, p. 134).

Desse modo, conforme Ricoeur (2007), o sujeito que lembra não teria sua lembrança amarrada passivamente ao grupo social ao qual pertence, uma vez que essa demandaria uma iniciativa corporal e mental que o transforma em sujeito atuante no presente, relacionando memória à ação, à iniciativa e a movimento. A memória, assim, seria uma reconstrução ativa do passado, uma instância fruto de agenciamentos e disputas entre lembrar e esquecer. Nessa esfera, as narrativas da memória podem ser, ao mesmo tempo, complementares e díspares, evidenciando um coletivo que não se funde num todo, mas que precisa ser tomado em sua complexidade.

Ainda buscando ampliar o entendimento de memória coletiva, Assmann (2010) considera que esse conceito pode ser vago e negligenciar o fato de que nem todas as memórias coletivas existem no mesmo nível, havendo, em certos casos, uma estrutura hierárquica entre elas. Assim, em vez de falar de *uma* memória coletiva, a pensadora alemã se refere a ela em três termos – memória social, memória política e memória cultural – que se diferenciam em função de sua extensão no tempo e no espaço, do tamanho do grupo e de sua volatilidade ou estabilidade.

Por memória social, ela entende o passado experienciado e comunicado (ou reprimido) dentro de uma dada sociedade. Essa mudaria conforme desaparecem os indivíduos, não sendo, portanto, homogênea, mas se dividindo em memórias geracionais. Diferentemente das memórias individuais e sociais, as memórias política e cultural teriam um grau maior de duração, extrapolando a marca geracional. Trata-se, segundo Assmann (2010), de tipos de memória mediadas, fundadas em símbolos e representações materiais que tendem a ser parte de uma memória mais permanente. A memória política, em sua perspectiva, não é fragmentária e diversa, mas fechada em uma narrativa emocionalmente carregada; não é volátil ou transitória, mas ancorada em sinais materiais e visuais, tais como lugares de memória, monumentos e ações performativas como ritos e comemorações, que reativam as memórias individuais numa participação coletiva. Trata-se de uma memória estabilizada e transmitida de geração a geração (ASSMANN, 2010).

Já em relação à memória cultural, Assmann (2010) aponta que se trata de uma memória de longa duração, cuja estrutura é permanentemente fixada. Tanto a memória política quanto a cultural são, segundo a autora, constantemente desafiadas e contestadas, o que permite mantê-las vivas. Ambas também são permanentemente tensionadas e colocadas em disputa, uma vez que, como aponta, podem facilmente se tornar "[...] conflitantes e incompatíveis se forem investidas de reivindicações políticas que se chocam na arena pública" (ASSMANN, 2010, p. 47). Tal entendimento de Assmann encontra ressonância na perspectiva de Régine Robin (2016), segundo quem o passado não é livre, mas gerido, preservado, explicado, comemorado, celebrado ou ocultado conforme interesses do presente. Há, nesse sentido, uma dimensão ética e política que perpassa os tensionamentos aos quais o passado está sujeito. Essa perspectiva dialoga com o que Duvignaud (1990) aponta em relação ao pensamento de Halbwachs sobre a memória coletiva e a pluralidade dos tempos, que ele considera ter sido pouco desenvolvido na obra do sociólogo francês:

> Por mais dificuldades que Maurice Halbwachs tenha em admitir a pluralidade real dos tempos sociais (apesar de já prever a sua existência e apesar de sua educação, que lhe havia ensinado que existia uma única temporalidade, fosse ela dividida segundo a simples dicotomia bergsoniana entre duração e espacialidade), sua reflexão desemboca nesta importante descoberta: "É preciso distinguir", escreve ele "um certo número de tempos coletivos, tanto quanto existem grupos separados". A morte não lhe permitiu ir além dessa constatação. (DUVIGNAUD, 1990, p. 7).

Desse modo, pretendemos debruçar-nos sobre essa lacuna deixada por Halbwach, em que ele evidencia a coexistência de distintos tempos coletivos, assim como grupos diversos espacialmente localizados, que aqui ancoramos nas cidades e nos diversos territórios que a constituem. Contudo, considerando as questões que se colocam sobre o conceito de memória coletiva tal qual proposto por Halbwachs (1990), conforme apontamos, propomos a adoção do termo *memória de caráter coletivo*, que caracterizaremos a partir de iniciativas de memória sobre Belo Horizonte e que tomaremos como base para nossa proposição da memória como gesto.

Em nossa perspectiva, não seria apropriado utilizarmos o termo *memória cultural*, como Assmann (2010) sugere, haja vista que a autora atribui esse termo à memória de longa duração, enquanto nos interessa pensar as ações de memória feitas no presente, embora estas se relacionem, em certa medida, com a memória cultural. Ademais, entendemos que qualquer classificação prévia pode enviesar ou mesmo ser impertinente às iniciativas de memória tomadas como fenômeno de pesquisa. Essas alcançam grupos populacionais amplos, como uma cidade, mas tal alcance é impreciso e marcado por complexidades e contradições, como detalharemos adiante.

Assim, mesmo reconhecendo haver certo avanço no pensamento de Halbwachs no sentido de considerar o vínculo entre memória e sociedade, seu conceito de memória coletiva ainda a pressupõe como uma instância homogênea, que se vincula à tradição, também pensada como algo estável, imutável e por vezes ligada a certo purismo. No nosso entendimento, há que se levar em conta que tanto a tradição quanto a memória estão sujeitas a disputas, não sendo pacificadas nem homogêneas (HOBSBAWM, 2018; WILLIAMS, 1979; LEAL; SACRAMENTO, 2019).

1.1 Caracterizando uma cidade-trapeira e suas memórias de caráter coletivo

Nossa proposta ao adotar a expressão *memória de caráter coletivo* é considerar experiências de memória que pretendem dar conta de um comum, mas não se reduzem a um conceito totalizante e não podem ser compreendidas de modo relativamente estável. Em nosso entendimento, as memórias de caráter coletivo incorporam e dão a ver a multiplicidade temporal que as constitui, haja vista que emergem de um cotidiano que se vincula a tempos e espaços heterogêneos, especialmente em se tratando das cidades, às quais nos voltamos a partir da experiência de Belo Horizonte. Menos que pensar o coletivo como algo que estabiliza o tecido social e que remete à ideia de um todo (HALBWACHS, 1990), propomos que a *memória de caráter coletivo*, termo que optamos utilizar em vez de memória coletiva, é elaborada por meio de disputas, embora permaneça forte a partilha do comum, continuamente revisitado, ressignificado e atualizado, sobre o que discorreremos mais detidamente adiante.

Para caracterizarmos a multiplicidade espaço-temporal em sua relação com a memória, partimos também de Duvignaud (1990) em seu argumento de que a articulação entre tempo e espaço na memória coletiva foi um ponto abordado por Halbwachs (1990), mas não desenvolvido por ele:

> Religiões, atitudes políticas, organizações administrativas levam com elas dimensões temporais ("históricas") que são igualmente projeções para o passado ou para o futuro, e que respondem aos dinamismos mais ou menos intensos e acentuados dos grupos humanos da reciprocidade dessas construções, os muros das cidades, as casas, as ruas das cidades ou as paisagens rurais carregam a marca passageira.

> Podemos, certamente, duvidar que a dicotomia da "memória em relação ao espaço" e da "memória em relação ao tempo" seja realmente eficaz, porque a distinção entre "duração" e "espaço" permanece escolástica, como a física contemporânea a demonstrou. Ao menos, Halbwachs extrai desta distinção, como daquela que ele estabelece entre "reconstrução" operada pela memória histórica e "reconstituição" da memória coletiva, um aspecto muito útil que a morte não lhe permitiu explorar. (DUVIGNAUD, 1990, p. 7-8).

Para o entendimento da memória de caráter coletivo, portanto, faz--se necessário compreender espaço e tempo como categorias relacionais

(LEFEBVRE, 2000) e processos socialmente construídos que, no caso das cidades, são marcados por uma heterogeneidade constituinte. Nelas, notamos a existência de um imbricamento de camadas temporais ou estratos do tempo (KOSELLECK, 2014), não necessariamente sobrepostas, mas justapostas, coexistentes, abigarradas (RIVERA CUSICANQUI, 2018), em constante fricção, que marcam e atravessam sua espacialidade, instituindo distintos territórios em constante tensionamento. Logo, se, conforme Duvignaud (1990), não podemos pensar em espaço e tempo separadamente, haja vista que são duas instâncias dialeticamente implicadas, também se faz necessário considerar a memória em seu vínculo com ambos. Nesse sentido, a memória de caráter coletivo pode ser entendida a partir dos atravessamentos e tensionamentos espaço-temporais aos quais está sujeita.

Desse modo, pretendemos refletir sobre a memória que se vincula ao coletivo, mas que extrapola o conceito de memória coletiva proposto por Halbwachs (1990). Entendemos que a memória, em sua dimensão coletiva, por vezes, é também abarrotada e saturada (ROBIN, 2016), comportando lacunas e esquecimentos. Propomos, ainda, que ela se vincula a movimento (INGOLD, 2015, 2018), condição para dizer dos fluxos e imbricamentos tanto do tempo quanto do espaço. Em nossa perspectiva, o que aqui chamamos de memória de caráter coletivo reverbera os tensionamentos da própria multitemporalidade de experiências de coletivos e grupos sociais e dos espaços e tempos a que se vinculam, emergindo da fricção espaço-temporal contínua de um cotidiano heterogêneo. Faz-se, portanto, num esforço produtivo entre lembrança e esquecimento, entre camadas temporais que se imbricam e se tensionam, entre territórios contraditórios que emergem num espaço comum, mas no qual coexistem diferenças.

Assim, se consideramos que tempo e espaço são categorias complementares e dialéticas, processualmente constituídas (LEFEBVRE, 2000), como pensar as instabilizações espaço-temporais presentes nas experiências de memória de caráter coletivo de cidades? Levando em conta que as cidades, especialmente na experiência latino-americana, como Belo Horizonte, são formadas por grupos distintos e marcadas por tradições por vezes contraditórias, como compreender as memórias de caráter coletivo nesse cenário de disputas e esquecimentos, que ora se aproximam e ora se afastam de um dizer oficial sobre elas? Seria possível estabilizar as fissuras a partir das quais as memórias das/nas cidades emergem?

Encarnamos tal reflexão na experiência da capital mineira pelo fato de esta possuir uma relação peculiar com sua memória: trata-se de uma cidade planejada, inaugurada em 1897, construída sobre grande parte do Arraial de Curral del Rey[3], existente na localidade onde foi instalada. Na base do projeto de sua construção está o propósito de suplantar as referências coloniais do estado de Minas Gerais e do Brasil, além de sintetizar os ideais republicanos e positivistas (STARLING, 2002) que orientavam a recém-proclamada República. Além disso, desde então, a cidade, que nasceu com a pretensão de modernidade, vem sendo marcada pelo signo do progresso, em nome do qual vive um contínuo fazer-se e desfazer-se. Também entendemos que ela lida de modo peculiar com os fragmentos de memória que a constituem, o que nos levou a atribuir a ela a imagem de *cidade-trapeira*, por se relacionar de modo peculiar com seus vestígios, seus fragmentos de memória e suas ruínas, nos quais estão enredadas temporalidades e espacialidades contraditórias e em disputa.

Retomamos o termo *trapeira* de Walter Benjamin (2020b), em sua análise sobre a obra de Baudelaire. Nela, o pensador alemão faz referência ao trapeiro, uma figura que surge nas grandes cidades europeias do século XIX, quando o lixo começa a ter valor, tendo exercido um grande fascínio à época. Sobrevivendo de sobras, fragmentos e cacos das cidades, o trapeiro se coloca como aquele que não é integrado à *bohème*, mas, ao mesmo tempo, "[...] não está sozinho no seu sonho" (BENJAMIN, 2020b, p. 22), haja vista que o autor considera ser possível encontrar um pouco do trapeiro nas figuras "desde o literato ao conspirador profissional".

Tal qual os trapeiros, o poeta também recorre ao que resta da sociedade nas ruas, fazendo disso sua matéria-prima. Em representação em prosa dessa figura retomada por Benjamin, Baudelaire o coloca como aquele que opera com inteligência o recolhimento daquilo que a cidade rejeitou, catalogando, triando, colecionando e transformando tais entulhos e restos em outros produtos úteis ou agradáveis. Nesse sentido, trapeiro e poeta encontram na escória da humanidade fonte para suas criações.

Ao discorrer sobre o trapeiro, partindo também de Benjamin, Robin (2016) considera que a melhor forma de descrevê-lo é dizendo de sua atuação, que vai além de combinar fragmentos aleatórios, mas passa por "[...] discernir nas montagens inéditas algo das vozes esquecidas" (ROBIN,

---

[3] Optamos pela grafia Arraial de Curral del Rey, uma das variações ortográficas e fonéticas assinaladas em mapas da Capitania de Minas Gerais. Contudo, reconhecemos haver outros modos de grafar a localidade, tais como Curral del-Rey, Corral de El Rey, Curral D'ElRey, entre outros. (SANTOS; SEABRA; COSTA, 2016).

2016, p. 57). Logo, a recusa à síntese marca seu trabalho, ao passo que o minúsculo, o detalhe significante, os dejetos e as sucatas se tornam novamente legíveis por meio de sua operação. Isso permite, conforme a autora, pensar a multiplicidade temporal em seu atrito, estratos e ritmos. Assim, trazendo essa perspectiva para nossa abordagem, entendemos, na esteira do que propõe Robin (2016, p. 58), que se trata de um modo de apreender o passado a partir de um trabalho "[...] da ausência contra a presença plena, a inscrição da perda e da ruína, o traço da perda contra a memória saturada."

Desse modo, a cidade-trapeira, como caracterizamos Belo Horizonte, nos parece lidar de modo peculiar com suas *memórias menores*, termo que retomamos de Gilles Deleuze e Félix Guattari (2014) ao discorrerem sobre a literatura menor de Franz Kafka, uma referência ao adjetivo atribuído pejorativamente à produção literária que se encontra à margem de modelos canônicos, ou mesmo a obras subestimadas pelos discursos oficiais. Deslocando essa perspectiva, os autores consideram que *menor* não seria um atributo que classificaria um tipo de literatura, mas as condições revolucionárias com que ela opera dentro de uma literatura maior ou estabelecida. Nesse sentido, Deleuze e Guattari (2014) caracterizam a literatura menor pela desterritorialização da língua, sua força política e o agenciamento coletivo de enunciação. Como apontam, "[...] a literatura exprime esses agenciamentos, nas condições em que eles não estão dados fora dela, e em que eles existem somente como potências diabólicas porvir ou como forças revolucionárias a construir" (DELEUZE; GUATTARI, 2014, p. 38).

Ao retomarmos o adjetivo *menor* a partir de Deleuze e Guattari (2014), consideramos ser necessário entender as iniciativas de memória em seu estado de ebulição, buscando olhar para memórias não produzidas ou silenciadas, bem como para as disputas, as fissuras e as contradições que habitam tais fenômenos. Isso nos possibilita evidenciar a memória de caráter coletivo como movimento e instabilidade, que passa a ser afetada, revista e refundada por tais iniciativas da memória menores em que o político é forte, assim como o valor coletivo. Desse modo, seguindo a perspectiva dos autores, tomamos as cinco iniciativas de memória analisadas como memórias menores que estão no lugar do micro, do não oficial, e que possuem múltiplas entradas, em contraponto a um dizer maior sobre a cidade.

Trata-se de memórias que se ancoram no cotidiano, desterritorializando e reterritorializando a cidade a partir de lugares específicos. Podem ser consideradas fios, retalhos, fragmentos de memória com as quais a cidade-trapeira joga, operando artesanalmente suas linhas, num movimento que a permite constituir-se enquanto constitui suas próprias memórias e alinhava sentidos distintos na malha que a compõe. Como sugere Tim Ingold em relação às linhas (2015, p. 248), "conforme encontram-se umas às outras e seguem suas várias trilhas, seus caminhos convergem e divergem para formar uma malha reticulada, que se estende continuamente. Esta é a malha do conhecimento narrativo". Malha da qual as cidades são formadas, tais como a nossa cidade-trapeira, que emerge de modos diferentes desses emaranhados de linhas de vidas narradas, das quais as memórias menores que analisamos servem-se e das quais também é parte.

Do mesmo modo que a capital mineira enreda e alinhava suas memórias em sua malha, também ela se confunde de modo particular com minhas lembranças. Na condição de pesquisadora implicada (RIVERA CUSICAN-QUI, 2015), entendo que Belo Horizonte possui uma relação peculiar comigo: cidade de nascimento de meu avô materno, primeiro filho brasileiro do casal de imigrantes italianos, Pietro e Antônia Amormino, um dos muitos que chegaram nessa terra para ajudar a construí-la. Cidade onde também cresceu minha avó materna, vinda do interior de Minas Gerais, e onde nasceram e cresceram meus tios e minha mãe, que deixou Belo Horizonte quando se casou e se mudou para o interior, onde nasci e cresci. Cidade que me acolheu na idade adulta, quando iniciei minha graduação em Jornalismo, nos idos de 1999, e onde, desde então, escolhi viver e constituir minha família. Minha mãe e eu fizemos caminhos inversos que, em muitos momentos, se imbricam, especialmente nas narrativas da memória de uma e outra, que acabam trazendo um pouco da cidade de cada uma e compondo uma narrativa híbrida de memórias, que diz de diferentes temporalidades. Cidade sobre a qual ouvi histórias e vivências tanto dos meus avós – as ruas do Barro Preto, os carnavais no centro da cidade, o trabalho do meu avô como fiscal de obras da Prefeitura de Belo Horizonte – ou dos tantos entrevistados com os quais conversei para os livros que fiz sobre pessoas, famílias e empresas, cujas histórias se confundiam com memórias tomadas de empréstimo, "vividas por tabela" (POLLAK, 1992).

Apesar de não ter vivenciado muito do que ouvi sobre Belo Horizonte, tenho comigo recordações que se parecem minhas. Ouvir essas histórias é, em grande medida, fazer parte delas. Ouvir sobre a cidade de outros tempos é quase me transportar, a partir dos lugares, para outras temporalidades. Essa Belo Horizonte das tantas histórias que ouvi, a qual eu visitava quando criança, adotou-me na vida adulta e hoje acolhe a família que aqui formei. Nesta mesma Belo Horizonte que eu habito também habitam contradições: tão interiorana e provinciana, apesar de se pretender moderna. Tão insatisfeita com suas feições a ponto de estar em constante alteração. Tão incomodada com seu passado arcaico como Arraial de Curral del Rey, mas que tem vários bairros, como o Palmares, localizado na região Nordeste, onde moro atualmente, criado em 23 de março de 1983 a partir do desmembramento da fazenda São João Batista na década de 1960, e que, até aquela data, tinha ares de interior, embora localizado tão próximo ao Centro (ARREGUY; RIBEIRO, 2008a). Cidade habitada desde seu início por apagamentos, histórias não contadas ou adormecidas, mas irrequietas, que vez ou outra emergem e friccionam umas às outras.

Eu me confundo com sua memória, à luz da memória dos meus avós e de minha mãe, um dos grupos sociais no qual minha memória se individual ancora e alça sua dimensão coletiva, tal qual preconizado por Halbwachs (1990). Eu habito suas contradições, que emergem e submergem com a mesma rapidez, ora tensionadas, ora distendidas, ora friccionadas, ora relaxadas. Certa do meu ofício de trapeira (BENJAMIN, 2020b), que será tomado aqui como caracterização do meu movimento de aproximação dos fenômenos, conforme detalharemos a seguir, lanço mão das narrativas de memória sobre a cidade, fruto de iniciativas de diferentes naturezas. A partir delas, pretendemos não reconstruir um todo que reflita uma memória da cidade, posto que essa tarefa se mostra como algo impossível, no que também acredita Robin (2016), mas buscar projetar luz entre elas e vislumbrar potências de uma cidade sempre em transformação.

Tomamos tais iniciativas como memórias menores de caráter coletivo, *abigarradas* (RIVERA CUSICANQUI, 2015), que não formam um todo homogêneo, cujas temporalidades e espacialidades se rearranjam num constante movimento inquieto que diz das instabilidades mesmas da memória e da cidade. O termo abigarrado remonta à noção de René Zavaleta, recuperada por Silvia Rivera Cusicanqui (2015), sobre *"lo abigarrado"*, conceito ao mesmo tempo espacial e temporal que se refere ao cinza jaspeado dos esquistos de mineração, formado a partir de infinidades de pontos pretos e brancos. Estes, embora estejam justapostos, permanecem separados e identificáveis, imagem que nos permite explicar um tipo de mestiçagem para além da noção de fusão ou hibridez, que implica uma coexistência de diferentes, um certo conviver e habitar das contradições.

Nesse sentido, como pensar a memória nesse cenário que delineamos? Para tanto, efetuamos certos deslocamentos em relação aos estudos clássicos de memória para então propormos a adoção da expressão *memória de caráter coletivo*. Partindo do entendimento de que as experiências de memória de caráter coletivo dão-se em um campo marcado por tensões espaço-temporais, nossa proposta aqui é compreendê-las na chave do movimento, que tanto caracteriza os fluxos da cidade quanto a própria memória. Interessa-nos pensá-la em sua relação com as temporalidades múltiplas no espaço urbano, que coexistem em camadas justapostas não homogêneas, ancoradas no território e encarnadas no cotidiano a partir de Belo Horizonte, nossa cidade-trapeira.

Mauricio Abreu (2011), ao discorrer sobre a memória de cidades na perspectiva da Geografia Histórica, considera que indivíduos, famílias e grupos sociais são os responsáveis por ancorar as memórias no espaço. No entanto, a cidade não é "um, coletivo de vivências homogêneas" (ABREU, 2011, p. 28), e são as relações sociais, que incluem dominação, cooperação e conflito, que variam tanto no tempo como no espaço, que permitem que surja uma memória grupal ou social. Dessa forma, segundo o autor, a vivência na cidade possibilita que haja várias memórias coletivas distintas, tendo em comum o vínculo com a própria cidade:

> É através da recuperação das memórias coletivas que sobraram do passado (estejam elas materializadas no espaço ou em documentos) e da preocupação constante em registrar as memórias coletivas que ainda estão vivas no cotidiano atual da cidade (muitas das quais certamente fadadas ao desaparecimento) que poderemos resgatar muito do passado, eternizar o presente, e garantir às gerações futuras um lastro importante para a sua identidade. (ABREU, 2011, p. 28).

Tendo isso em vista, o entendimento sobre memórias de caráter coletivo pressupõe levar em consideração as cidades que habitam as experiências dos indivíduos, compreendidas aqui no plural, por serem conflitantes e disputadas, singulares e coletivas, comportando projetos distintos para elas. Também implica considerar o tensionamento espaço-temporal na constituição dessas memórias que pretendem dar conta de um coletivo, buscando compreender, nessas narrativas, cidades permanentemente em disputa.

Por vezes, o dizer oficial sobre as cidades aborda-as de forma homogênea e pacificada, tomando os acontecimentos do passado em sua linearidade. Nessa perspectiva, são evidenciados personagens, lugares e símbolos que contribuem para a consolidação de uma narrativa única, uma versão que não dá margem a contradições. Tal dizer oficial está presente no espaço público e reverbera em documentos e monumentos que, como dissemos a partir de Le Goff (2013), atuam como suportes da memória coletiva, constituindo uma historiografia que alcança os livros didáticos, os arquivos públicos, os espaços museais, as páginas de redes sociais sobre as cidades, seus bairros e lugares, o jornalismo, ações institucionais do poder público, entre outros. No entanto, um olhar mais atento a essas inscrições revela contradições que também contribuem para deslocar esse dizer oficial, abrindo e tensionando a narrativa hegemônica sobre determinado lugar.

Sabemos, pois, que a história de uma cidade é feita de outras tantas que foram invisibilizadas e silenciadas, haja vista que, em meio ao que se escolhe lembrar e reconhecer como parte da história de determinado lugar, há outros tantos elementos não incorporados a esse dizer oficial, operando, assim, com camadas de esquecimento. Conforme Le Goff (2013, p. 485), "o que sobrevive não é o conjunto daquilo que existiu no passado, mas uma escolha efetuada quer pelas forças que operam no desenvolvimento temporal do mundo e da humanidade, quer pelos que se dedicam à ciência do passado e do tempo que passa, os historiadores". E ainda, se a memória é a base para a história, como o historiador francês considera, essas questões também se aplicariam à memória. Memória e esquecimento, portanto, tal como propõem Le Goff (2013) e Ricoeur (2007), são duas facetas de uma mesma moeda.

Numa tentativa de caracterizar as cidades, Michel de Certeau (1994) se volta para o discurso utópico e urbanístico, que as define por três pontos: o primeiro deles, pela produção de um espaço próprio, moldado por uma organização racional; o segundo, pelo estabelecimento de um não--tempo ou um sistema sincrônico para substituir resistências por meio de estratégias científicas e racionais frente a táticas e astúcias que, conforme Certeau (1994, p. 173), jogam com as ocasiões; e o terceiro, pela criação de um sujeito universal e anônimo que é a própria cidade que, "[...] à maneira de um nome próprio, oferece assim a capacidade de conceber e construir o espaço a partir de um número finito de propriedades estáveis, isoláveis e articuladas uma sobre a outra". No entanto, frente a essa definição de cidade, marcada por uma racionalidade de um projeto totalizador, nota-se a emergência de "[...] astúcias e as combinações de poderes sem identidade, legível, sem tomadas apreensíveis, sem transparência racional – impossíveis de gerir" (CERTEAU, 1994, p. 174). Isso configuraria certo modo de viver nas cidades, vinculado a um cotidiano criativo, cujas práticas escapam a qualquer procedimento disciplinador.

Em relação às cidades latino-americanas, contudo, Anne Huffschimid (2012) acrescenta a elas um aspecto de conflitividade constitutiva, haja vista que, segundo a autora, os territórios latino-americanos, espaciais e discursivos, são disputados constantemente. Isso faz com que também a memória de tais territórios emerja das disputas entre experiência íntima e coletiva, oficial e dissidente, aberta e constrangida. Como pontua a pesquisadora alemã, "apesar de todas as tentativas de institucionalização não há pacificação ou consenso social, nada estabilizado ou garantido para sempre, mas negociação, conflito e uma multiplicidade de formas de marcar e significar o passado no presente."[4] (HUFFSCHIMID, 2012, p. 11). Nesse sentido, compreendermos a memória urbana, em sua perspectiva, pressupõe levar em consideração sua dimensão imaginária, que diz também do invisível ou fisicamente ausente.

Assim, dizer de cidade e das memórias de caráter coletivo que as constitui é dizer de fluidez, de tensões, trânsitos, trocas, ritmo, pulsar, fluir. Nada na cidade é estável, nada é estanque, nada é definitivo, nada é fixo. O estado primordial das cidades é o instável, e não a estabilidade cartesiana racional, sendo que a instabilidade impera como prática. Entendemos que a urbe flui no ritmo das temporalidades que a atravessam, e isso parece refletir-se nas memórias de caráter coletivo, que se assentam em cada indivíduo que a habita. Este parece compartilhar com um grupo próprio que ancora suas memórias – a vizinhança e os demais grupos com os quais se relaciona – não apenas o território, mas o tempo e as percepções sobre sua passagem, além do vínculo com um presente partilhado. No entanto, cada qual atualiza o passado a partir de suas experiências, projetando distintas expectativas de futuro (KOSELLECK, 2014) sobre o lugar partilhado.

Partindo, portanto, das contradições entre um dizer oficial e iniciativas de memória de caráter coletivo de naturezas diversas, podemos inferir que a memória de cidades parece estar em trânsito, não se fixando, mas seguindo o pulsar da própria cidade. Seria, portanto, fruto da heterogeneidade criadora do cotidiano (SANTOS, 2001), este que, conforme Agnes Heller (2008), é marcado pela espontaneidade, o que caracteriza tanto as motivações particulares quanto as atividades que a autora denomina de "humano-genéricas"

---

[4] Do original em espanhol: "Pese a toda tentativa institucionalizadora no hay pacificación o consenso social, nada estabilizado o garantizado para siempre, sino negociación, conflicto y una multiplicidad de modos por marcar y significar el pasado en presente" (HUFFSCHIMID, 2012, p. 11, tradução livre nossa).

que nele acontecem. Para a filósofa marxista húngara, a espontaneidade não se relaciona apenas com a assimilação do comportamento habitual e do ritmo da vida, mas se faz "[...] acompanhar por motivações efêmeras, em constante alteração, em permanente aparecimento e desaparecimento" (HELLER, 2008, p. 48). Nesse sentido, a cidade poderia ser pensada a partir de seus diversos territórios, que se formariam devido a inacabados processos de emergência e constituição, frutos de dinâmicas espaciais e temporais. Do mesmo modo, as experiências de memória de caráter coletivo parecem estar vinculadas a diferentes territórios, ligando-se, desse modo, ao movimento da própria cidade e de seu cotidiano.

Olhando para as iniciativas de memória sobre Belo Horizonte que detalharemos a seguir, analisadas cada qual em um ensaio, buscamos, portanto, compreender os modos como se dão as experiências de memória de caráter coletivo a partir da capital mineira. Essas nos parecem emergir nas fissuras da memória em movimento, tensionando espacialidades e temporalidades da cidade. Essa perspectiva se alinha, em certa medida, à proposição de Huffschmid (2012), uma vez que a capital mineira, tal qual outras cidades latino-americanas, é marcada por um processo de colonização que implica apagamentos e disputas, além de um desejo de modernidade que esteve na base de sua fundação.

Belo Horizonte possui, segundo o último censo demográfico do Instituto Brasileiro de Geografia e Estatística (IBGE, 2023), realizado em 2022, 2.315.560 habitantes. Incrustada ao pé da Serra do Curral, antiga Serra dos Congonhas, a cidade teve sua povoação iniciada em 1701, por João Leite da Silva Ortiz (BARRETO, 1996), e sua topografia favoreceu o estabelecimento de uma povoação dedicada à agricultura e à vida pastoril. A localidade foi denominada Arraial de Curral del Rey, abrangendo uma grande extensão de povoados que foram, aos poucos, tornando-se autônomos e conquistando sua emancipação.

Com a Proclamação da República do Brasil, em 1889, seu nome foi alterado para Belo Horizonte, um modo de se desvincular da imagem arcaica à qual as palavras *arraial*, *del Rey* e *curral* remetiam. Dois anos depois, em 15 de junho de 1891, a Constituição Política do Estado de Minas Gerais apontou a necessidade de mudança da capital do estado de Ouro Preto para outra localidade. Em seu artigo 13, reforçava ser importante escolher um lugar que, oferecendo "as precisas condições hygienicas, se preste à construcção de uma grande cidade" (ASSEMBLEIA LEGISLATIVA DE MINAS GERAIS, 1907, art. 13)[5].

---

[5] Optamos por preservar na transcrição a grafia original do documento.

A Lei n.º I, de 28 de outubro de 1891, por sua vez, apresentou os pontos que deveriam ser observados para a construção da nova capital, indicando, como locais cotados para tal, Juiz de Fora, Várzea do Marçal, próximo a São João del-Rei, Barbacena, Paraúna, perto de Diamantina, e Belo Horizonte. Dois anos depois, por meio da Lei n.º 03, de 17 de dezembro de 1893, foi designada Belo Horizonte, o antigo Arraial de Curral del Rey, como localidade onde deveria ser construída a nova capital, que receberia o nome de Cidade de Minas, cuja inauguração deveria dar-se em exatos quatro anos. No entanto, essa foi adiantada em cinco dias, tendo oficialmente ocorrido em 12 de dezembro de 1897, embora a cidade ainda parecesse um canteiro de obras (BARRETO, 1996; BORSAGLI, 2016; BRANDÃO, 2018; STARLING, 2002).

O processo de escolha da localidade onde seria construída a nova capital contou com o trabalho da Comissão Construtora da Nova Capital (CCNC), liderada por Aarão Reis e instalada em 1º de março de 1894. Logo se deu início à derrubada gradual de edificações do antigo arraial, que, naquela ocasião, contava com 2.400 pessoas (NEVES; AMORMINO, 2017), sobre e entre as quais foram erguidos os edifícios da nova capital da então Cidade de Minas, num processo em que o novo, idealizado, disputava espaço com o antigo, que deveria ser superado. Assim, iniciou-se a construção da cidade planejada que nasceu marcada pelo ideal de modernidade (STARLING, 2002; AGUIAR, 2018; BRANDÃO, 2018). Sua existência, portanto, dependeu de um apagamento, peculiaridade que permite observar articulações entre memória e esquecimento presentes ao longo de sua existência com mais matiz. Se essas duas instâncias são inseparáveis e constituintes uma da outra, estando presentes em toda iniciativa de memória, neste caso, ele se torna peculiar porque é basilar: a experiência da cidade dá-se explicitamente por meio de um gesto de esquecimento.

Essa pode ser considerada uma das identidades narrativas da cidade que se faz também como mais uma de suas memórias, produzida por intelectuais que, ao longo de sua história, reforçaram sua construção como resultado de uma busca pela ruptura com a monarquia e o passado colonial do estado. Destaca-se, nessas narrativas, ainda, o fato de se tratar de uma cidade planejada, diferenciando-a das que foram formadas de modo espontâneo; seu alinhamento ao projeto republicano brasileiro e a ideais positivistas; a tentativa de se criar uma cidade sem marcas do passado; a busca por centralizar a vida política, econômica e social de Minas Gerais e conter impulsos secessionistas do interior; e o alinhamento a um desejo de industrialização do país, por meio da modernização do ambiente urbano (STARLING, 2002; AGUIAR, 2018; BRANDÃO, 2018). Tal identidade narrativa também reverbera em livros didáticos e infantis, museus e publicações oficiais, o que aqui chamamos de dizer oficial sobre a cidade, ou seja, um modo de apreendê-la e caracterizá-la institucionalmente chancelado e vinculado a instâncias de poder, que se repete em distintas inscrições de memória, como apontamos.

Como podemos observar no livro didático *História de Belo Horizonte*, voltado para o ensino fundamental e as séries iniciais, de Helena Guimarães Campos (2017), na narrativa sobre a cidade, é dada ênfase no processo de sua construção, destacando o fato de ser uma cidade planejada e dividida em Zona Urbana, Zona Suburbana e Zona Rural, sendo a primeira delimitada pela avenida do Contorno, que deveria ter se chamado, conforme consta no projeto, avenida 17 de Dezembro. A proposta moderna da cidade e a valorização da Zona Urbana também são destacadas:

> O que havia de moderno podia ser visto pelas ruas e avenidas da capital. Belo Horizonte ganhou bondes, automóveis e, nas vitrines das lojas, brilhavam os últimos lançamentos da moda de Paris. A cidade era, então, cantada em verso e prosa pelos poetas e escritores que escreviam sobre a vida na capital dos mineiros.
>
> A zona urbana, que ficava dentro dos limites da Avenida do Contorno, era a região mais importante da capital, portanto a que recebia maiores cuidados. Lá havia, desde os primeiros anos, serviços públicos, como água, energia elétrica e transporte público. [...]
>
> Já a zona suburbana, que cresceu muito mais rápido que o previsto, foi recebendo os serviços públicos aos poucos. Muitos bairros surgiram acompanhando as linhas do trem e os cursos d'água que atravessavam a cidade. Outros tiveram origem em vilas construídas perto de fábricas e em colônias agrícolas (onde se cultivavam os alimentos vendidos aos moradores da cidade). (CAMPOS, 2017, p. 40-42).

Ao abordar o centenário da capital mineira, celebrado em 1997, a autora retoma a questão da modernidade, enfatizando a relação peculiar entre a cidade "que nasceu para ser moderna" (CAMPOS, 2017, p. 63) e seu passado: "A história da cidade sempre misturou o moderno e o antigo porque o passado está presente na lembrança e na maneira de viver de seus moradores. E, afinal, tudo que um dia foi moderno passa a ser antigo com o tempo".

Num tom em que a cidade conta sua própria história, Sérgio Augusto Dâmaso de Sousa (2010), no livro infantil *Belo Horizonte: de arraial a capital*, destaca o fato de Belo Horizonte ter sido uma capital planejada como motivo de orgulho não apenas dos belorizontinos, mas também dos mineiros:

> Os mineiros têm orgulho de dizer que eu fui a primeira capital brasileira planejada e inspirada em cidades como Paris, na França, e Washington, nos Estados Unidos. Nasci com um desenho geométrico regular, com ruas retas e avenidas largas em diagonal, contornadas por uma grande avenida que na época se chamava 17 de Dezembro e hoje se chama Avenida do Contorno.
>
> Minhas ruas, avenidas, praças e prédios públicos receberam, ao longo do tempo, denominações diversas, como nomes indígenas - Rua Tupinambás, Rua Carijós -, de Estados [SIC] brasileiros - Rua Ceará, Rua São Paulo, Rua da Bahia -, de grandes rios brasileiros - como Avenida Amazonas, Avenida Paraná - e de personalidades importantes da história do Brasil e de Minas - como Avenida Álvares Cabral, Avenida Afonso Pena, Praça Raul Soares, Praça Tiradentes e Praça Juscelino Kubitschek, entre outras. (SOUSA, 2010, p. 14).

Trata-se, portanto, de uma identidade narrativa que a mostra como uma cidade moderna, planejada, que renega o velho em nome do novo, o que a faz ser também uma cidade que se faz e se desfaz com certa rapidez, em nome do progresso. Ao longo de sua história, outros exemplos de sua faceta autofágica fazem-se presentes, a exemplo: a mudança de nome de Cidade de Minas, com o qual foi fundada, para a denominação anterior de Belo Horizonte, apenas quatro anos depois de sua inauguração; a destruição de prédios recém-construídos, como o que sediaria os Correios, mas que já não atendia ao gosto arquitetônico da época; a retirada do obelisco comemorativo pelo centenário da Independência do Brasil, apelidado de *Pirulito da Praça Sete*, da praça localizada no hipercentro de Belo Horizonte, que tinha sido batizada inicialmente de 12 de Outubro, sendo renomeada Sete de Setembro, sua instalação na Praça da Savassi e sua posterior devolução ao local de origem, que funciona como centro radial da cidade planejada; a derrubada da Feira de Amostras no ano de 1965 para a construção do Terminal Rodoviário Governador Israel Pinheiro, inaugurado em 1971, sendo que, antes da Feira da Amostras, construída em 1934, havia naquela localidade o mercado da cidade, instalado ali desde os primeiros anos do século XX; as constantes alterações da Praça da Liberdade, situada no coração político da capital mineira, que seguiu a tendência francesa à época de sua inauguração, sendo posteriormente reconstruída em outro estilo; as recorrentes demolições no entorno de grandes vias, como à época da instalação do complexo viário, em 1980, na Lagoinha, na região Noroeste de Belo Horizonte; as obras nos anos 2000 para a construção de pistas exclusivas para ônibus, alterando novamente os fluxos em grandes avenidas e a circulação das regiões afetadas e seus entornos, como ocorreu com a avenida Cristiano Machado, construída em 1951 também na região Nordeste da cidade (ARREGUY; RIBEIRO, 2008a), e a Antônio Carlos, que liga o Centro à Pampulha, construída entre 1940 e 1941, na época da implantação do conjunto habitacional do Instituto de Aposentadoria e Pensões dos Industriários (IAPI), e inaugurada como avenida Pampulha (ARREGUY; RIBEIRO, 2008b), entre outras tantas alterações e apagamentos na paisagem urbana, sempre em nome de um futuro melhor, encampado pela palavra *progresso*, numa visada teleológica da História.

Entendemos *progresso* como uma "palavra mágica", nos termos de Rivera Cusicanqui (2018), que repetimos sem grande reflexão. Por palavra mágica, a socióloga boliviana de origem aymara considera certas palavras, como progresso, nação, democracia, entre outras de viés progressista, que têm sido meios de conhecimento que surgem em momentos de crise e esvaziamento. São termos que, em sua visão, mais escondem que revelam, pois atuam como práticas recolonizadoras, reproduzindo, portanto, a violência do apagamento epistêmico de sociedades colonizadas. Nesse sentido, *progresso* nos parece ser uma palavra que foi incorporada à identidade da capital mineira, aquela que nasceu em seu nome e que o alimenta, diuturnamente, na fricção entre permanências e mudanças de suas feições.

Há, ainda, no espaço urbano belorizontino contemporâneo, a presença de ausências inscritas na paisagem da própria cidade, como se pode observar na rua da Bahia, cujo ponto de ônibus é nomeado de Cine Metrópole, em referência ao edifício que abrigava o cinema naquela localidade, que foi demolido em 1983 (FONSECA, 2008). A referência à falta do cinema emblemático faz-se como uma homenagem a ele, mas também atua como um registro de seus constantes apagamentos.

Apesar disso, notamos no espaço urbano a existência de vestígios de tempos distintos, o que dialoga com a ideia de "cidade palimpsesto", proposta por Huyssen (2013). Partindo da experiência de Berlim, Huyssen a considera como uma cidade que é sempre reescrita, enquanto parte desses textos são preservados, traços são restaurados, apagamentos documentados, evidenciando a diversidade de que é constituída. Contudo, na imagem de cidade-trapeira que propomos, não se trata da sobreposição de camadas que apagam umas às outras, como a ideia de palimpsesto sugere, mas uma artesania que vem reforçar o caráter de movimento e agência no modo como a cidade lida com suas memórias a partir de vestígios que podem ser considerados mais uma das linhas que compõem sua tessitura.

Não nos interessa olhar para o resultado desse processo, haja vista que, no nosso entendimento, a cidade-trapeira, como artesã, não tece um produto acabado e bem resolvido. Ela opera com artesania um movimento de se tecer e se destecer, fazendo alinhavos provisórios, inacabados e irre-solvidos, que não se concretizam como projeto. Seus vestígios, ruínas e fragmentos de memórias permanecem como partes da paisagem urbana, tornando-se matérias-primas para outras elaborações. É algo sempre ina-cabado, que não se destrói por completo e que oscila entre a mudança e a permanência, não de forma sobreposta como um palimpsesto, mas justaposta, abigarrada, coexistente. Conforme Robin (2016, p. 36), "não é possível compreender o trabalho memorial sem considerar as camadas do tempo, esses 'esquecimentos' eficazes que permanecem como bases, essas heterogeneidades, esses recuos e disjunções". Ou seja:

> Esses passados que nos esforçamos para gerir, perseguir, ou, ao contrário, para reavivar em ilusões de ressurreição, para restaurar, transformar, contornar, esses passados esburacados (o que resta dos arquivos é aleatório, seções importantes foram apagadas), distorcidos; reescritos, reinventados, simplesmente esquecidos, inacessíveis; esses passados lacunares se asse-melham a camadas geológicas entrelaçadas, plissadas como depois da formação de uma cadeia de montanhas ou algum outro cataclismo. O presente não é um tempo homogêneo, mas uma estridente articulação de temporalidades diferentes, heterogêneas, polirrítimicas. Refletir sobre essas articulações e rangidos sempre fascinou os filósofos, os pensadores, os escritores ou os artistas. Os historiadores tiveram muito mais problemas com essa heterogeneidade, com as estra-tificações da temporalidade e da historicidade. Todos têm lidado com um fenômeno que dá ao passado das sociedades um ar estranho de déjà vu, de algo que retorna, pelo menos aparentemente, que age como uma força subterrânea, uma repetição. (ROBIN, 2016, p. 41).

Tal entendimento nos permite compreender a cidade, em suas tensões espaço-temporais, como um processo constante de fricção entre contradições, o que nos leva a pensar a memória também nesses termos. Há, nesse sentido, uma dimensão de movimento nas experiências de memória de caráter coletivo, considerando que a própria cidade pode ser pensada como fluxo, e Belo Horizonte, em seu modo próprio de lidar com o tempo, como uma cidade-trapeira.

A imagem de cidade-trapeira que estamos propondo relaciona-se também com a ideia de cidade como texto, proposta por Certeau (1994), que a entende como composta por signos de naturezas diversas, que a significam. No entanto, se o texto como narrativa pede um arranjo coerente, é uma síntese do heterogêneo (RICOEUR, 2010), entendemos, por outro lado, que não há síntese na cidade, por mais que o dizer oficial sobre ela intente dar conta desse apaziguamento das diferenças. Nesse sentido, acreditamos que olhar para as experiências de memória de caráter coletivo da cidade a partir de iniciativas da memória sobre ela ajuda-nos a compreender a memória em sua relação com a imaginação e a ação, nos termos de Rivera Cusicanqui (2015). Uma memória que é móvel, disputada, mas cujo movimento contorna o poder de destruição do tempo e revela um modo próprio de lidar com ele, numa relação por vezes contraditória e conflitiva.

Se, como vimos, podemos pensar a memória como instância marcada por instabilização e movimento contínuos, como compreender as narrativas da memória sobre cidades que, de certa forma, tentam alcançar algo comum e partilhado? De que forma essa dinâmica contribui para um tensionamento espaço-temporal nas narrativas da memória de caráter coletivo? Tendo essas questões em vista, pensar a memória de caráter coletivo possibilita deslocarmos nosso olhar do resultado ou produto de tais experiências de memória e voltá-lo para o que reúne tais disparidades, para o seu acontecer, para sua performatividade, considerando, portanto, a memória em sua dimensão de movimento. Menos que pretender esboçar uma síntese, pressupõe uma disposição de abertura para o que caracteriza tais experiências de memória de caráter coletivo, sem, contudo, as restringir a esse adjetivo. Em tais narrativas, vislumbra-se um comum, mas este é resultante de disputas, tensionamentos e escolhas. Está, portanto, em constante fricção, em constante movimento.

Nossa hipótese é que podemos pensar a memória de caráter coletivo a partir da experiência de Belo Horizonte como um gesto, termo que recuperamos de Duvignaud (1995), segundo quem a memória não se dá como uma herança, mas como um gesto que pressupõe continuidade, implicando, portanto, um agir ético, estético e político. Embora esse conceito não tenha sido desenvolvido pelo autor, aqui buscaremos caracterizá-lo a partir da análise das iniciativas de memória selecionadas.

Tendo isso em vista, propomo-nos a desenvolver uma perspectiva analítica própria que permita a construção dessa proposição, ampliando e complexificando a noção de memória coletiva. Suspeitamos que tais iniciativas de memória presentes de modos diversos na cidade evidenciam tensões espaço-temporais e contradições que emergem como movimento nas fissuras, nas brechas e nas lacunas entre as camadas de memória relativamente institucionalizadas, apontadas por Assmann (2010). Embora busquem dar conta de certa estabilização da memória via narrativa, parecem promover uma desaceleração dentro de um movimento contínuo, temporal e espacialmente demarcado.

1.2 Percurso metodológico: gesto trapeiro sobre memórias menores

Apesar do constante autoapagamento observado em Belo Horizonte, como apontamos, percebemos a existência de iniciativas de memória que, embora intentem abarcar um certo coletivo, parecem integrar uma narrativa inconclusa e em constante processo sobre a cidade. Trata-se de projetos fruto de iniciativas de editoras, grupos e empreendedores culturais, artistas, pesquisadores, agências de publicidade, empresas especializadas em memória ou mesmo veículos de comunicação, que se colocam como agentes da memória de caráter coletivo da cidade. Tais iniciativas se materializam em livros, *sites*, páginas em redes sociais, museus virtuais ou físicos, especiais jornalísticos, exposições, projetos de curta duração, intervenções no espaço público, ações no ambiente virtual, entre outros.

Especialmente nos últimos anos, observamos uma presença forte dessas iniciativas sobre a capital mineira, muitas delas preocupadas em olhar para certos bairros a partir dos depoimentos de seus moradores, transcritos e disponibilizados em arquivos textuais, registrados em vídeo ou áudio e reunidos em museus virtuais e coleções. Outras buscam compartilhar arquivos fotográficos particulares em grupos das redes sociais, como o Facebook, num movimento nostálgico de atualização do passado, que se faz tanto pela divulgação de fotografias quanto pelos comentários dos membros do grupo, que acrescentam novas camadas de memória ao registro inicial (AMORMINO; MAIA; VALLE, 2020). Ainda no ambiente virtual, algumas iniciativas se materializam em *sites* ou perfis em redes sociais, compartilhando histórias sobre pontos da cidade ou bairros específicos. Há, também, aquelas que adicionam novas camadas de sentido à paisagem urbana, como o projeto *Sobre o Rio*[6], iniciativa de intervenção artístico-urbana que insere uma placa com o nome do rio sobre o qual avenidas e ruas foram construídas, lembrando-nos da cidade invisível que habita o subsolo de Belo Horizonte.

Em muitos casos, trata-se de projetos culturais incentivados via leis de incentivo à cultura em níveis municipal, estadual ou federal, ou seja, configuram-se como produtos culturais dedicados à memória, inseridos na área de patrimônio. De modo geral, são propostas de agentes culturais da cidade ou de outras localidades que possuem sua produção atrelada ao reconhecimento de diretrizes culturais que são valorizadas dentro das respectivas leis de incentivo às quais pleiteiam.

Para esta pesquisa, em especial, escolhemos analisar cinco iniciativas de memória: projeto jornalístico multimídia *BH 120 anos*[7] (Jornal *Estado de Minas*); projeto *Quanto tempo dura um bairro?*[8] (Mirela Persichini e Philippe Albuquerque); *Projeto Moradores* – Lagoinha e Belo Horizonte[9] (Agência Nitro e Alicate); coleção *Belo Horizonte Surpreendente*[10] (Museu da Pessoa); e *Ocupação NegriCidade*[11] (Museu dos Quilombos e Favelas Urbanos – Muquifu).

A escolha por essas cinco iniciativas foi feita a partir de um olhar atento e de uma busca ativa por projetos que tinham a proposta de lidar com a memória de Belo Horizonte. Alguns já eram de meu conhecimento, outros foram descobertos ao longo da pesquisa, e muitos deles apresentados por amigos cientes do meu interesse de pesquisa, como detalharemos nos ensaios.

Considerando o fato de ter me deparado com outras tantas iniciativas de naturezas semelhantes, escolhemos essas cinco por possuírem diferentes graus de institucionalidade, por individualmente reverberarem questões instigantes sobre a memória, mas também por serem atravessadas por certos

---

[6] Disponível em: https://www.instagram.com/entrerioseruas/?hl=pt. Acesso em: 12 jan. 2024.

[7] Disponível em: https://www.em.com.br/especiais/bh120/. Acesso em: 5 nov. 2021.

[8] O projeto pode ser acessado pelo site https://quantodura.com.br/; no perfil @quantobairro, no Instagram, e por meio de livro. Acesso em: 12 jan. 2024.

[9] Disponível em: https://projetomoradores.com.br/. Acesso em: 12 jan. 2024.

[10] Disponível em: https://museudapessoa.org/colecao/belo-horizonte-surpreendente/. Acesso em: 12 jan. 2024.

[11] Disponível em: https://www.youtube.com/watch?v=fIPbcIfOt9E&t=35s. Disponível em: https://museudapessoa.org/colecao/belo-horizonte-surpreendente/. Acesso em: 12 jan. 2024.

temas que consideramos caros ao entendimento da experiência de memória de caráter coletivo, tais como identidade narrativa, mudança e permanência, patrimonialização e território, ensejando relações, ao mesmo tempo, próprias e compartilhadas sobre as tensões espaço-temporais na cidade. Também foi fundamental observar que todas elas dialogam e deslocam, em certa medida, o dizer oficial sobre a cidade. Nesse sentido, a escolha dessas iniciativas permitiu-nos criar cinco entradas diferentes em Belo Horizonte, evidenciando distintos modos de percorrê-la. Trata-se de cinco encontros que revelam algumas das identidades possíveis e contraditórias da cidade. Cinco iniciativas distintas, que partilham o fato de serem linhas que ora se encontram e se atravessam, ora se distanciam; ora se enredam e constituem pontos nodais que, conforme Ingold (2018), guardam memórias dos movimentos que as constituem, ora seguem percursos distintos. Juntas, as análises dessas linhas diversas, resultantes de um contínuo movimento de aproximação e distanciamento, reverberam o percurso trapeiro que empreendemos perante nossa cidade também trapeira. Considerando-nos uma das linhas que a constituem, enredamo-nos nessas outras tantas linhas para adentrarmos seu movimento a partir da desaceleração que tais iniciativas de memória promovem, o que nos permitiu ver a multiplicidade espaço-temporal irrequieta, contraditória e abigarrada da cidade.

Nossos encontros com tais iniciativas resultaram em cinco ensaios que não pretendem atuar numa lógica conjuntista-identitária (CASTORIADIS, 1997) ou de mosaico, mas serem linhas de fuga e movimento. A partir deles, vemos reverberar questões instigantes que perpassam o entendimento da memória de caráter coletivo a partir de Belo Horizonte, o que contribui para delinearmos nossa proposição relativa à memória como gesto.

Observando os múltiplos e diferenciados movimentos em cada iniciativa, vislumbramos o acionamento de interesses divergentes, as temporalidades tensionadas em cada uma e as contradições que as habitam, configurando um olhar próprio da pesquisa. Partimos, pois, do pressuposto de que as iniciativas de memória aqui elencadas são parte de um processo inconcluso de instituição narrativa da cidade. Já a memória de caráter coletivo pode ser pensada como um conjunto de fissuras, um lugar de problema, não um conceito dado. Assim, buscamos ir ao encontro de tais fenômenos, operando, de certa forma, um ofício de trapeira benjaminiana ao lidar com tais memórias menores que estão encarnadas no cotidiano da cidade-trapeira, como bem colocamos. Como pesquisadora-trapeira, coloquei-me na condição de uma *flânerie* (BENJAMIN, 2020a) para cruzar a cidade a partir delas, ou seja, como uma narradora que opera nas ruínas da narrativa (GAGNEBIN, 2001), considerando-as como linhas que compõem a malha da cidade.

Optamos, num primeiro momento, por fazer um exercício livre de olhar para as iniciativas, indo ao seu encontro de modo a buscar atravessá-las e ser atravessada por elas, ainda sem um recorte muito específico sobre o que as aproximava ou distanciava e sem uma mobilização prévia de aporte teórico para apreendê-las. O intuito foi observar, a partir dessas aproximações, como cada uma lidava com a memória da cidade, tendo como norte a busca por construir um "olhar narrativizante" (LEAL, 2006) sobre e entre elas. E assim cruzamos com as cinco iniciativas selecionadas em encontros que permitiram deslocamentos, reposicionamentos e suscitaram questões diversas sobre memória e cidade.

Num segundo momento, tendo olhado para cada iniciativa de memória e levantado, a partir delas, os pontos que se colocavam sobre a memória de caráter coletivo, fizemos novas incursões no sentido de observar outras questões, mas agora já com um arcabouço teórico constituído. A reflexão feita a partir desses encontros resultou num conjunto de cinco ensaios, cada qual sobre uma das iniciativas analisadas, que integram os Capítulos 2 a 6.

No Capítulo 2, refletimos sobre o projeto jornalístico multimídia *BH 120 anos*, produzido pelo jornal *Estado de Minas* e divulgado quinzenalmente, de julho a dezembro de 2017. Composto por 12 especiais dedicados a Belo Horizonte, que completaria seus 120 anos de fundação naquele ano, o projeto foi lançado em formato digital com versões para o impresso. No ambiente digital, há a predominância de vídeos com depoimentos de personagens sobre os temas relativos à cidade de que trata cada especial. Já na versão impressa, nota-se que o gênero textual adotado é a reportagem, que toma como base os depoimentos dos especiais digitais. Voltando nosso olhar para os 12 especiais em formato digital, que trazem *teasers* com sinopse de cada temática e vídeos com depoimentos das personagens, propusemo-nos a pensar como o jornal pode colocar-se como um agente da memória do lugar, bem como a relação entre mídia noticiosa e memória.

No segundo ensaio, apresentado no Capítulo 3, discorremos sobre o projeto *Quanto tempo dura um bairro?*, idealizado pela fotógrafa Mirela Persichini e pelo designer Philippe Albuquerque. Sua proposta é pensar a cidade a partir da relação entre memória, urbanidade, permanência e patrimônio. Como mote, apresenta as seguintes questões: "quanto tempo dura um bairro? E uma cidade?" (QUANTO TEMPO DURA UM BAIRRO, 2021).

Para tanto, o projeto atua na pesquisa e no registro fotográfico de fachadas de lugares tombados como patrimônio histórico dos bairros Savassi, Santa Tereza e Lagoinha, além de trazer textos sobre a temática abordada, que inclui depoimentos de moradores das localidades. As imagens e os textos são divulgados no Instagram, em *site* e livro, lançado em 2020. Tomando o *site* como referência para nossa análise, refletimos sobre a identidade narrativa da cidade, bem como o entendimento de patrimônio, relacionando-o àquilo a que se atribui ou não valor e aos modos como operam as políticas patrimoniais.

Já o Capítulo 4 se constitui de ensaio sobre o *Projeto Moradores*, da Agência Nitro e Alicate, que busca registrar, em documentário e fotografias, "a humanidade do patrimônio" (PROJETO MORADORES - BELO HORIZONTE, 2021b). Trata-se de um projeto realizado em várias cidades, tendo sido feitas três etapas, como denominam cada edição, sobre Belo Horizonte: uma sobre a cidade, em 2015; outra sobre o bairro Lagoinha, em 2019; e uma sobre o Edifício JK, em 2020, tendo a primeira delas tido o slogan: "Uma cidade só é viva e tem alma quando contamos nossas histórias" (PROJETO MORADORES - BELO HORIZONTE, 2021b). Para essa análise, voltamo-nos às etapas Belo Horizonte e Lagoinha, a partir dos registros disponíveis no *site*, que nos serviram de base para refletirmos sobre as questões éticas implicadas em narrativas da memória, bem como sobre a constituição de alteridades em sua atualização.

A coleção *Belo Horizonte Surpreendente*, realizada pelo Museu da Pessoa, é analisada no Capítulo 5. Disponível no portal do Museu da Pessoa e composta por 20 entrevistas transcritas na íntegra, realizadas com representantes de diferentes cenas de Belo Horizonte, a coleção foi produzida por ocasião do aniversário de 122 anos da cidade, celebrado em 2019. Nesse ensaio, a discussão principal perpassa o entendimento de coleção e colecionador, bem como as implicações de se tomar histórias de vida como registros de memória em um projeto que se alinha institucionalmente a um programa da Prefeitura de Belo Horizonte.

No Capítulo 6, por sua vez, discorremos sobre a *Ocupação Negri-Cidade*, intervenção artístico/espiritual realizada no dia 28 de setembro de 2019, na área onde havia o Largo do Rosário no Arraial de Curral del Rey. Entre bênçãos, cantos, danças, tambores, o que se pretendeu com essa intervenção, idealizada por padre Mauro Luiz da Silva, criador do Muquifu, foi reconhecer uma memória que nem sequer foi constituída como tal, uma história não contada na narrativa oficial sobre a construção da cidade. À ocupação, temos acesso por meio de um documentário de 20 minutos, de Narrimann Sible, Marcelo Braga e Bruno Cardieri, disponível para acesso no canal do YouTube do Muquifu, a partir do qual refletimos sobre dever, direito e políticas da memória, além de seu vínculo a processos identitários.

A partir das reflexões que fizemos nos ensaios, tecemos nosso movimento reflexivo sobre a memória como gesto, caracterizando-a como tal e levantando novas questões no sentido de contribuir para uma ampliação do olhar sobre a memória de caráter coletivo. Ao compreendê-la como gesto que pressupõe liberdade, vislumbramos que a memória incorpora movimento e emerge no *entre*, friccionando um dizer oficial sobre a cidade a partir das frestas abertas pelas memórias menores, que escapam ao congelamento da cidade como um campo de forças homogêneo, pacificado, sem contradição. Memórias que implicam um modo de agenciamento ético, estético e político, vinculado a movimento, a um esforço produtivo carregado de disputas, que ajuda a compor cidades distintas e a evidenciar as contradições que emergem a partir delas.

Em relação às escolhas na escrita deste trabalho, faz-se necessário apontar algumas considerações: quanto à formatação, optou-se, como marca visual, por colocar os trechos de depoimentos retirados de produtos audioverbovisuais em itálico nas citações diretas. Já sobre as referências a *sites* e perfis em redes sociais, optou-se por inseri-las em nota de rodapé, trazendo o *link* seguido da data em que este foi acessado, o que implica estarem sujeitas a alterações ao longo do tempo.

Durante esse processo de encontro com as iniciativas de memória selecionadas, descobri distintas Belo Horizontes, que vêm somar-se às minhas próprias lembranças de infância e às memórias herdadas por tabela de minha mãe e meus avós. A Belo Horizonte que vislumbro hoje, ao finalizar a escrita dos ensaios e a reflexão sobre a memória como gesto, já não é mais a mesma do início da pesquisa. Num olhar mais atento às suas contradições, vejo emergir cidades coexistentes, mas permanentemente tensionadas, cujas memórias de caráter coletivo, sempre abertas e sempre em disputa, permitem imaginar futuros e desenhar, a cada dia, uma nova BH.

2

TEMPORALIDADES EM DISPUTA NA MEMÓRIA DA CIDADE AGENCIADA PELO ESTADO DE MINAS *EM* BH 120 ANOS[12]

Podemos considerar o projeto jornalístico multimídia *BH 120 anos*, assim como o próprio jornal *Estado de Minas*, uma das linhas que animam Belo Horizonte, a partir das quais é tecida sua malha, feita do cruzamento de trama e urdidura. Nosso encontro com essa linha aconteceu ainda na elaboração do projeto do doutorado, quando tomamos conhecimento de sua existência. Interessou-nos o fato de que, diferentemente de outras abordagens que vinculavam a efeméride aniversário da cidade a um trabalho de recuperação de seu passado, o projeto trouxe temas atuais, deslocando a expectativa de que se tratava de um especial memorialístico. Além disso, a cidade foi celebrada com antecedência, ao longo de seis meses, em que foram apresentadas narrativas sobre desafios do presente enquanto modo de atualização de sua memória.

Aniversários de cidade são efemérides que, como acontecimentos do passado, são revisitados anualmente, numa atualização cíclica, mas aguardada e agendada em seu calendário oficial de eventos comemorativos, assim como nas pautas das mídias noticiosas. Tendo isso em vista, o *BH 120 anos*, produzido pelo *Estado de Minas,* nos parece uma iniciativa de memória peculiar, pois, apesar de abordar mais um aniversário da capital mineira, como acontece anualmente, o fez nessa comemoração de seus 120 anos de modo diferente: 12 especiais foram lançados em formato seriado no jornal impresso e em plataforma digital, quinzenalmente, de julho a dezembro de 2017. Aqui, nossa atenção se volta, em particular, para o projeto multimídia disponível no ambiente virtual, base para a produção das reportagens impressas, a partir do qual podemos refletir sobre a relação entre o jornal *Estado de Minas,* agente que se faz presente no cotidiano da cidade, e a memória de Belo Horizonte.

---

[12] Uma versão deste capítulo foi publicada em Cavalcanti e Amormino (2022).

Podemos considerar que as cidades, assim como as coisas do mundo, nos termos de Ingold (2015), não são constituídas por entidades ou elementos estáticos individualizados, mas por movimento, relações e fluxos, como apontamos. Isso corrobora com o entendimento de que espaço e tempo são processos nos quais as sociedades são produtoras e produtos de ambos (LEFEBVRE, 2000). Ao falarmos de memória de cidades, portanto, estamos tratando do tempo encarnado no espaço, nas suas relações cotidianas, que sintetizamos na metáfora de um conjunto de linhas em movimento em constante fricção.

Nem todo movimento, para Ingold, indica vida, mas, onde há vida, há movimento, sendo dele que emergem as coisas do mundo. Mais que existirem, elas acontecem, ou se tornam. Ao retomar o pensamento de Doreen Massey (2008) sobre o espaço que, para a cientista social e geógrafa britânica, não é uma instância vazia, Ingold (2015) comenta:

> Ambos [Ingold e Massey] imaginamos um mundo de incessante movimento e devir, que nunca está completo, mas continuamente em construção, tecido a partir das inúmeras linhas vitais dos seus múltiplos componentes humanos e não humanos enquanto costuram seus caminhos através do emaranhado de relações nas quais estão enredados de maneira abrangente. Em um mundo assim, pessoas e coisas não tanto existem quanto acontecem, e são identificadas não por algum atributo essencial fixo estabelecido previamente ou transmitido pronto do passado, mas pelos próprios caminhos (ou trajetórias, ou histórias) pelos quais anteriormente vieram e atualmente estão indo. (INGOLD, 2015, p. 211).

Desse modo, conforme Ingold, não haveria uma essência a ser reproduzida ou transmitida do passado que definiria as coisas do mundo – entre elas, as pessoas e tudo o que o compõe –, mas, sim, seus percursos, o movimento que efetuam e que é carregado de histórias, mais que de classificações. Histórias que se cruzam no que ele chama de *malha*, composta por entrelaçamentos de existências que, por sua vez, incorporam movimento. "As pessoas são conhecidas e reconhecidas pelas trilhas que deixam atrás de si." (INGOLD, 2015, p. 121). Essas trilhas indicam os percursos de cada ser, cujos encontros – ou relações – se dariam no entrelaçamento de tais linhas, em vez de pontos de uma rede, isolados do ambiente.

Aqui, ao trazer a metáfora da malha para dizer dos modos de se compreender as existências das coisas no mundo, Ingold a contrapõe à noção de rede, especialmente à proposta por Bruno Latour. Na perspectiva de Ingold (2015), o entendimento de rede pressupõe uma delimitação de pontos de conexão que são circunscritos, ou seja, são delimitados e excluídos do ambiente, o que ele considera um processo de inversão. Ora, em sua proposta do ser como linha em vez de ponto, é possível que essa incorpore movimento, além de o ser estar imerso no ambiente.

A ideia de malha, de Ingold, baseia-se no termo homônimo proposto por Henri Lefebvre para se pensar o espaço, cujos sentidos foram ampliados posteriormente por David Harvey (2006), Milton Santos (2001) e Rogério Haesbaert (2020), conforme discutiremos adiante. Por dialogar com a perspectiva do espaço como processo e, nesse sentido, trazer a dimensão de movimento, esse entendimento de *malha* interessa-nos em especial. Segundo Ingold (2015), Lefebvre aponta que há algo em comum entre a forma como as palavras são inscritas em uma página e a maneira como movimentos e ritmos de atividades humanas e não humanas inscrevem-se no espaço vivido. No entanto, o antropólogo britânico considera ser necessário pensar essa escrita não como uma composição verbal, mas como um tecido de linhas. Menos como um texto, mais como textura. Uma textura formada pela interseção entre trama e urdidura, mas que não necessariamente está organizada, podendo encontrar-se emaranhada ou enrolada. Trata-se, portanto, de uma textura nem sempre harmônica.

Ingold dialoga com o pensamento de Massey (2008) sobre o espaço, de quem se aproxima quanto ao entendimento de que é preciso compreendê-lo, tal como ocorreu com as teorias do tempo, de uma maneira mais positiva, dinâmica e aberta, ou como um domínio de copresença, de conjunções de linhas de vida. Para Ingold (2015):

> De fato, a própria multiplicidade de trajetórias, em seu argumento, requer espaço. Em outras palavras, quando dizemos que a vida não é apenas uma história, mas uma série de diferentes histórias, estamos afirmando a possibilidade de essas múltiplas histórias poderem correr uma ao lado da outra. O espaço estabelece essa possibilidade. Se o tempo é o garantidor da vida, o espaço é quem garante que vidas heterogêneas prossigam simultaneamente. [...] Para mim o mundo é um mundo, não espaço; e o que está acontecendo nele - os processos em suas múltiplas formas, surgem e são mantidos no lugar - são processos de vida, não tempo. O tempo-espaço de Massey é, para mim, o mundo da vida. (INGOLD, 2015, p. 212-213).

O mundo da vida, como proposto pelo autor, seria, então, o encontro dessas linhas de movimento, dessas narrativas. No cruzamento desses processos vitais, seriam constituídos os ambientes e as durações, ou seja, o espaço e o tempo. Do mesmo modo, o mundo social também seria, em sua perspectiva, um emaranhado de fios ou caminhos de vida, e o objetivo principal do ser seria improvisar um trajeto e seguir em frente. "Estas vidas são sociais não porque estão enquadradas, mas porque estão entrelaçadas. Toda vida é social, neste sentido, uma vez que é fundamentalmente multifilamentada, um entrelaçamento de linhas correndo concomitantemente" (INGOLD, 2015, p. 317).

Conforme Ingold (2015), as linhas de vida que compõem a esfera social podem dizer de relações nos ambientes e, mais que conformarem um tecido plano e uniforme, comportariam texturas ou conjunto de relações e movimentos. Evidenciariam, portanto, que a vida não pode ser contida, pois ultrapassa qualquer limite que possa ser colocado em torno dela, "[...] tecendo o seu caminho como as raízes e corredores de um rizoma através de quaisquer fendas e fissuras que deixem espaço para o crescimento e o movimento" (INGOLD, 2015, p. 136). O antropólogo britânico argumenta, ainda, que "entre mente e natureza, pessoas e coisas, e agência e materialidade, nenhum espaço conceitual permanece para aqueles fenômenos e transformações muito reais do meio, que são geralmente conhecidos pelo nome de tempo" (INGOLD, 2015, p. 123).

Seguindo nesse pensamento de que a cidade é composta por um conjunto de linhas enredadas numa malha nem sempre simétrica, que ora se encontram, ora se distanciam, entendemos que o *Estado de Minas* pode ser tomado como uma dessas linhas singulares que compõem Belo Horizonte. Trata-se de uma empresa jornalística que sempre pretendeu ser uma referência para os mineiros, tal qual Belo Horizonte tinha o intuito de ser uma amálgama para Minas Gerais, traduzindo e sintetizando o sentido de mineiridade, ainda à época de sua construção (STARLING, 2002). Nesse sentido, o jornal e a cidade estabeleceram uma relação peculiar de agenciamentos historicamente constituídos. Isso pode ser notado ainda nos primórdios da capital mineira, especialmente ao olharmos para a relação da cidade com suas mídias noticiosas, tomando como ponto de partida o dia da inauguração da então Cidade de Minas: 12 de dezembro de 1897.

Como naquele dia ocorria um acontecimento histórico, um dos primeiros a marcar a cidade recém-criada, que seria relembrado ao longo dos anos, certamente haveria de ter repercussão junto à imprensa mineira e, em especial, à belorizontina, que começava a se instalar na capital. Assim, a notícia sobre sua inauguração estampou a capa da edição de 12 de dezembro de 1897 do jornal *A Capital*, que, diferentemente de outras capas do referido jornal, trazia grafismos em arabescos e uma moldura adornando a página, o que denotava a importância do acontecimento narrado. Em sua primeira página, materializou-se, em termos gráficos, o tom celebrativo que pairava na localidade. Em relação ao texto verbal, o jornal prestava homenagens a Bias Fortes, então presidente do estado, e a João Pinheiro e Afonso Pena, destacando seus esforços empreendidos na construção da nova capital:

> [...] Não podiamos, nós que combatemos largos annos em prol da ideia da mudança da capital de Minas, emprehendimento que a muitos parecia nimiamente utopico, occultar aos olhos do povo o justo contentamento de que nos achamos possuidos, nem tão pouco, certamente, deixar de prestar a homenagem devida a um cidadão que, em larga escala e com muito patriotismo, concorreu efficaz e decisivamente para a realização de tão elevado desiderato.[...] Não podemos, porém deixar de citar o nome do nosso illustre co-estadoano dr. João Pinheiro da Silva, que se tornou um verdadeiro apostolo da grandiosa ideia, para cujo triumpho cooperou e efficazmente jnto dos congressistas estadoas e por todos os meios a seu alcance. [...] Appareceram, felizmente, para desempenhar a honrosissima, porém, quasi impossivel missão, dous illustrados profissionaes, cuja competencia, já anteriormente conhecida, se tornou ainda mais patente na direcção da commissão constructora da nova capital: os srs. drs. Aarão Reis e Francisco Bicalho; o primeiro que foi o iniciador dos trabalhos e o segundo que teve a gloria de realiza-los em pouco mais de dous annos, nenhuma construção tendo aqui encontrado. [...] O arrojado emprehendimento não está de todo concluido, é certo, porque não se faz uma grande cidade no limitadissimo periodo de quatro annos, interrompidos por muitos meses de mau tempo. Acha-se, porém, em condições de receber dignamente o governo - e isto já é um resultado assombroso. (A CAPITAL, 1995, p. 1).[13]

Segundo jornal a ser fundado em Belo Horizonte, filiado ao Partido Republicano Mineiro (PRM), *A Capital* iniciou sua circulação em 28 de janeiro de 1896, pouco mais de um ano antes da inauguração da cidade, tendo sido idealizado por Azevedo Júnior e Cândido de Araújo e de pro-

---

[13] A transcrição preserva a grafia original do jornal.

priedade e direção do coronel Francisco Bressane de Azevedo. Circulava bissemanalmente, às quintas e aos domingos. Seu último número, 129, foi publicado em 4 de agosto de 1898, o que nos leva a considerá-lo como um importante instrumento de acompanhamento da construção de Belo Horizonte.

2.1 Uma cidade, seus jornais e seus tempos

O *Bello Horizonte* foi o primeiro jornal fundado na nova capital, em 7 de setembro de 1895, no mesmo dia em que se inaugurou o ramal férreo que ligava a Estação General Carneiro, em Sabará, à nova capital, ainda em construção. Nos anos seguintes, vários outros jornais foram lançados na cidade, e outros tantos chegaram de Ouro Preto, perfazendo, até o final do século XIX, um total de 12 jornais em circulação, conforme registros de Joaquim Nabuco Linhares (1995).

Além de arquivar exemplares de toda publicação periódica belorizontina em circulação nos primeiros anos da cidade, Linhares redigiu uma resenha sobre cada uma delas, trazendo informações como data de lançamento, periodicidade, propriedade, entre outras. Esse material resultou no artigo *Imprensa em Bello Horizonte*, publicado na *Revista do Arquivo Público Mineiro*, em 1903, que traz a resenha de 49 jornais e 20 revistas até então em circulação na capital. Linhares também publicou no *Diário da Tarde*, no período de 28 de março a 17 de julho de 1951, uma coluna denominada "A imprensa em Belo Horizonte", apresentando características de 465 títulos de publicações em circulação até a década de 1930 (CASTRO, 1995).

A ocasião da publicação do catálogo *Itinerário da imprensa de Belo Horizonte - 1895-1954*, reunindo seus registros, em 1995, marcou as comemorações pelo centenário de Belo Horizonte e do jornal *Bello Horizonte*. Curiosamente, entre os eventos de comemoração pelos 100 anos da cidade, estava o lançamento do inventário sobre as publicações belorizontinas, o que nos mostra que, apesar das contradições sobre o papel da imprensa e de sua dificuldade de ali se estabelecer, como abordaremos a seguir, a relação entre os jornais e a capital mineira sempre foi peculiar. De acordo com Maria Céres Castro (1995), o texto de Linhares que consta no *Itinerário da imprensa de Belo Horizonte - 1895-1954* foi produzido ao longo de quatro períodos:

> O primeiro, que vai até 1903 e se refere às resenhas dos jornais e revistas que aparecem no artigo da Revista do Arquivo Público de 1903; o segundo, que vai daí até 1947, quando o

autor preparou-se para publicar seu trabalho, tendo inclusive redigido suas "Palavras Explicativas"; o terceiro refere-se à preparação das resenhas para publicação da coluna, no Diário da Tarde, em 1951. Finalmente, há redação da quarta parte, relativa aos títulos aparecidos após os anos 30. O estilo do texto revela as afinidades políticas do autor, suas idiossincrasias e suas preferências ideológicas. Defensor intransigente da "boa sociedade" liberal, Linhares não poupa críticas àqueles que, no seu entendimento, ofendem a moral e os bons costumes. A linguagem utilizada tem o sabor do tempo e percebe-se a erudição própria de sua geração pelo uso de citações latinas, boa parte delas retiradas dos "artigos de fundo" dos próprios jornais resenhados. (CASTRO, 1995, p. 17).

As resenhas sobre as publicações belorizontinas feitas por ele contribuem para a compreensão dos primórdios da imprensa na cidade, que era marcada pela heterogeneidade de temas, formas, tipos e objetivos, incluindo desde jornais informativos a literários, de natureza política, satíricos, associativos, religiosos, estudantis, entre outros. Muitos deles não contavam com investimento financeiro e não buscavam remuneração econômica para a iniciativa, sendo, portanto, marcados pela sina de não ultrapassarem a terceira edição (CASTRO, 1995). Assim, os jornais belorizontinos dos primeiros anos da nova capital tiveram dificuldade em oferecer à cidade uma atividade editorial moderna que acompanharia essa imagem da cidade.

À época da inauguração de Belo Horizonte, os registros de Linhares mostram que circulavam no local cinco publicações: *Bello Horizonte*, criado em 7 de setembro de 1895; *A Capital*, de 28 de janeiro de 1896; *Aurora*, de 15 de novembro de 1896; *Tiradentes*, de 21 de abril de 1897; e *Bohemio*, de 4 de julho de 1897. Até 1902, tinham sido lançados 41 jornais e oito revistas. A nova capital sinalizava que, para ser a cidade moderna que pretendia, era necessário ser considerada o centro da imprensa mineira, título ostentado naquele período por Juiz de Fora. No entanto, conforme Jairo Faria Mendes (2008), isso só viria a ocorrer três décadas depois.

Se os jornais da capital mineira tiveram papel importante no acompanhamento de suas obras e inauguração, também foram fundamentais na consolidação de sua vida cotidiana. Não raras vezes, cobravam do poder público a resolução de questões ordinárias do dia a dia de uma cidade em seus primeiros anos, tais como vendas de lotes, cobranças de aluguéis de casas do antigo arraial, ausência de eventos sociais, entre outros.

Ao longo do tempo, a imprensa belorizontina foi se firmando e deixando a fama de ser efêmera. O jornal *Estado de Minas*, por exemplo, fundado a partir da compra do acervo do *Diário da Manhã*, em 7 de março de 1928, e pertencente ao grupo Diários Associados, é um dos mais longevos da cidade. Em seu *slogan*, "o grande jornal dos mineiros", evidencia ter o objetivo de ser uma mídia noticiosa que escapa ao local e que busca, desde sua fundação, alcançar o estado:

> O editorial publicado na capa da primeira edição destacou a necessidade de Minas Gerais ter um grande veículo de comunicação e selou o compromisso com o leitor de "fazer um jornal de sentimento mineiro". Naquela data, o EM começou a trazer o mundo para Minas e a levar os assuntos do estado para além das fronteiras. (ESTADO DE MINAS, 2022a, n.p.).

Conforme registros de Linhares (1995), o *Diário da Manhã*, precursor do *Estado de Minas*, fundou a imprensa moderna na capital mineira, tendo sua inauguração sido marcada pela presença de grande maquinário e um arrojo técnico sem precedentes. Sua circulação, no entanto, não durou muito tempo: o primeiro exemplar data de 16 de julho de 1927, e o último, de 19 de fevereiro de 1928. Apesar disso, o empreendimento modernizante da imprensa mineira feito pelo *Diário da Manhã* marcou a cidade, especialmente quando da chegada da Marinoni, primeira impressora rotativa de um jornal privado de Belo Horizonte (ANTUNES, 1995). Uma imprensa que buscava ser moderna, acompanhando uma premissa que sempre pairou sobre a cidade, mas cujo provincianismo pode ser sintetizado na imagem dos carros de bois transportando a rotativa pelas ruas do Centro. Como relata Elton Antunes (1995), o equipamento foi puxado por bois ao longo de oito horas, acompanhado por um clima de festa associado a um suposto caráter cívico e à possibilidade de se instalar na capital mineira um jornal independente.

Esse paradoxo que circula em tom anedótico sobre a imprensa belorizontina também diz muito sobre a cidade, em suas contradições no intuito de pretender ser moderna, enquanto, por vezes, é associada a uma grande cidade do interior, ou a uma *roça grande*. Talvez isso se justifique pelo fato de historicamente abrigar vários interiores em seu interior, devido aos movimentos migratórios contínuos que vivencia e que contribuem para trocas culturais e simbólicas em seus territórios.

Ao olhar para a relação entre o *Estado de Minas* e a vida social, Vera França (1998) traz uma reflexão sobre a noção conceitual de mineiridade

A MEMÓRIA COLETIVA EM PERSPECTIVA: ENSAIOS SOBRE A MEMÓRIA COMO GESTO A PARTIR
DE NARRATIVAS DE UMA CIDADE-TRAPEIRA

como aquilo que caracteriza práticas consideradas típicas de Minas Gerais e seus moradores, o que reverbera em vários discursos sobre o estado. No entanto, para ela, mineiridade não seria um conceito único e acabado, mas uma construção "a partir das formas sociais vivas, das relações e dos fatos do cotidiano" (FRANÇA, 1998, p. 99). Em outras palavras, trata-se, conforme França (1998, p. 99), de "um sentimento e uma dinâmica simbólica" que pessoas diversas compartilham. Entendemos, portanto, que algumas instituições podem contribuir no fortalecimento e no compartilhamento desse sentimento comum, entre eles as mídias noticiosas como o *Estado de Minas*.

Oriundo do jornal fundador da imprensa moderna na capital mineira, o *Estado de Minas* herdou a alcunha de moderno tanto em relação ao seu formato, um dos maiores adotados, tendo folhas de 56 x 35cm, oito páginas e sete colunas em suas primeiras edições, conforme aponta Linhares (1995), quanto ao modo de produção jornalístico que empreendia:

> *Estado de Minas*, como já salientamos, é um grande jornal. Tudo publica, ótimo e desenvolvido serviço telegráfico interno e externo, fornecido pelas melhores agências; editoriais quase diários, firmados pelo ilustre e brilhante jornalista Assis Chateaubriand; crônicas, esportes, sociais, magníficas reportagens, noticiário amplo e desenvolvido, valiosas colaborações, correspondência do estrangeiro, firmadas por eminentes personalidades de fama e conceito mundiais, etc. Enfim, trata-se de uma das grandes publicações da atualidade. (LINHARES, 1995, p. 261).

Autoconsiderado uma "personagem da história de BH", o *Estado de Minas*, além de buscar congregar um sentido de mineiridade, manteve-se por 40 anos como o primeiro jornal em circulação no estado de Minas Gerais, no período de 1966 a 2006, conforme dados do Instituto Verificador de Comunicação - IVC Brasil (O TEMPO, 2022b). Durante esse período, foi seguido pelos jornais *Hoje em Dia*, também sediado na capital mineira, e *O Tempo*, da Sempre Editora, pertencente ao Grupo SADA, com sede em Contagem, na região metropolitana de Belo Horizonte, que oscilaram, ao longo desses 40 anos, no segundo e terceiro lugar. O título de primeiro jornal em circulação no estado, no entanto, foi perdido em 2006 para o popular *Super Notícias*, também da Sempre Editora, segundo o IVC Brasil (O TEMPO, 2022b).

Lançado em 2002, acompanhando a circulação de outros jornais populares no Brasil, o *Super Notícias* se tornou o jornal impresso de maior circulação no país em 2010, segundo o Media Ownership Monitor Brasil (2022a), mantendo-se, nos anos seguintes, entre os primeiros lugares em nível nacional. Em 2019, os jornais da Sempre Editora – *O Tempo* e *Super Notícias* – superaram em circulação os jornais impressos dos Diários Associados em Minas Gerais, *Estado de Minas* e *Aqui,* este lançado em 2005 como jornal popular. *O Tempo* e o *Super Notícias* conquistaram, à época, 90% do mercado em Minas Gerais (O TEMPO, 2022a). A partir de então, "o grande jornal dos mineiros" foi perdendo seu espaço como principal jornal de Minas Gerais, em termos de circulação de sua versão impressa.

A tiragem média diária do *Estado de Minas*, em dezembro de 2021, foi de 11.800 exemplares, enquanto, em junho de 2022, ficou em 11.400, segundo dados do IVC Brasil, divulgado pelo Poder 360 (2022), representando uma retração de 3,4%. No entanto, de acordo com o Núcleo Comercial da Diretoria de Comercialização e Marketing dos Diários Associados, a tiragem média do *Estado de Minas*, informada em 13 de dezembro de 2022, foi de 45 mil exemplares.

Levando em consideração os dados do IVC Brasil, nota-se também que o *Estado de Minas* posiciona-se pouco à frente do jornal *O Tempo*, que apresentou tiragem média diária de 10.300 exemplares, em junho de 2022. Talvez por esse motivo, a empresa assuma hoje sua força no ambiente digital, intitulando o portal UAI, do mesmo grupo, como "o maior portal de Minas Gerais". No entanto, o Uai também vem perdendo seu alcance, tendo tido uma retração das assinaturas digitais pagas em 3,4%, em junho de 2022, em relação a dezembro de 2021, ao passo que o portal do *O Tempo* teve um aumento de 105,6% no mesmo período (PODER 360, 2022), tendo superado o *Estado de Minas* em termos de assinatura digital em junho de 2022: 56.100 assinaturas digitais do *O Tempo* frente a 28.600 do *Estado de Minas*, segundo dados do IVC Brasil, divulgados pelo Poder 360 (2022).

Apesar dessa redução de assinaturas digitais no Portal UAI, é importante considerar que o seu lançamento, em 1997, foi considerado vanguardista. Ele colocou o *Estado de Minas* como uma das primeiras mídias noticiosas brasileiras a investir no digital, tendo o grupo Diários Associados sido pioneiro ao disponibilizar conteúdo on-line, em 1995, e ao lançar um provedor de acesso à internet, o UAI, em 1996 (ESTADO DE MINAS, 2022b; MEDIA OWNERSHIP MONITOR BRASIL, 2022b).

Embora o *Estado de Minas* venha perdendo seu título de "grande jornal dos mineiros", se considerarmos os números de tiragem de exemplares impressos e de assinantes virtuais, a relação entre ele e Belo Horizonte é peculiar desde o início da atuação de seu precursor, tendo o jornal simbolizado a imprensa moderna da capital que também tinha essa pretensão. A busca por esse vínculo como um agente ativo na cidade também alcança outras mídias noticiosas, que buscam reforçar esse papel especialmente quando da cobertura de efemérides. Nesse sentido, assim como o jornal *A Capital* dedicou sua capa à inauguração de Belo Horizonte, nos idos do século XIX, anualmente a comemoração do aniversário da cidade ganha espaço nos jornais da capital mineira.

Como reconhece Michael Schudson (2014, p. 85), as mídias noticiosas agem como instituições de comemoração, de modo que "todos os empreendimentos jornalísticos na manutenção da memória são influentes na formação, reforço ou renovação da memória cultural".[14] O autor retoma o termo *memória cultural* de Assmann (2010), segundo quem, como apontamos, a noção de memória coletiva, tal qual proposta por Halbwachs (1994), desconsidera haver uma estrutura hierárquica entre diferentes tipos de memória. A memória cultural, assim como a política, teria, em sua perspectiva, maior longevidade. Assim, conforme Schudson (2014), a mídia noticiosa atuaria diretamente na memória cultural, ou seja, na esfera da memória coletiva de longa duração. Em se tratando de memória de cidades, podemos notar que essa atuação passa, necessariamente, pela cobertura de efemérides, que retornam ciclicamente à esfera social, como o aniversário de sua fundação.

Tal como ocorre em outras localidades, a comemoração do aniversário de Belo Horizonte é um marco social que mobiliza ações que envolvem poder público, cidadãos e a imprensa local, que muitas vezes aborda essa efeméride com a chancela de *especial*, como se deu no aniversário de 120 anos da capital mineira, celebrado em dezembro de 2017. Nessa ocasião, a cidade foi destaque nos principais jornais mineiros, tais como *O Tempo*, *Hoje em Dia* e *Estado de Minas*, que fizeram especiais digitais dedicados à efeméride.

No especial feito pelo jornal *O Tempo* (O TEMPO, 2022c), há um *tour* 360° pela Praça da Estação, um dos símbolos arquitetônicos e de sociabilidade de Belo Horizonte; um álbum de fotografias dos anos de 1890 aos tempos atuais; textos sobre lugares emblemáticos da cidade, tais como o conjunto arquitetônico da Pampulha e a Praça do Papa, em que são trazidas informações sobre o contexto de sua construção e depoimentos de frequentadores;

---

[14] Do original em inglês: "All of these journalistic ventures into memory-keeping are influential in shaping, reinforcing, or renewing cultural memory" (SCHUDSON, 2014, p. 85, tradução livre nossa).

quiz sobre dados e história de Belo Horizonte; depoimentos de moradores mais velhos que presenciaram as transformações da cidade; reportagem sobre ações de vanguarda e projetos que registram detalhes da Belo Horizonte de outros tempos, tais como o *Chão que eu piso*, que fotografa pisos e busca contar, a partir deles, a história dos lugares; a exposição fotográfica *Anônimas*, que registra caixas de correio espalhadas pela cidade, e o projeto *Urbano Ornamento: memória gráfica das grades ornamentais*, de Fernanda Goulart, entre outras iniciativas voltadas para o registro fotográfico. O especial apresenta, ainda, reportagens sobre símbolos de mineiridade, tais como o pão de queijo, incluindo receitas; recortes de textos sobre Belo Horizonte e declarações de personalidades à cidade. Já o especial do *Hoje em Dia* traz uma série de vídeos sobre pontos importantes da capital mineira, tais como as produções audiovisuais *BH 120 anos: a transformação da capital em imagens* (HOJE EM DIA, 2022), com fotografias de pontos da cidade; documentário sobre o Presépio de Pipiripau, composto por 580 figuras que se movem, feitas em papel machê por Raimundo Machado de Azevedo e tombado como patrimônio pelo Instituto do Patrimônio Histórico e Artístico Nacional (Iphan); além de vídeo sobre a presença dos bares na cidade.

Embora outros jornais e veículos de comunicação também tenham dado destaque ao aniversário de 120 anos da cidade, como mostramos, interessa-nos analisar o especial *BH 120 anos*[15], do *Estado de Minas*, por este se colocar como um jornal com um grande vínculo com Belo Horizonte, iniciado pelo seu precursor, o *Diário da Manhã*. Além disso, ainda que historicamente o jornal tenha tido uma relação de constituição mútua com a cidade, com a pretensão de ser "o grande jornal dos mineiros" (ESTADO DE MINAS, 2022a), o que se nota no cenário atual é a redução de sua força como mídia noticiosa de relevância. Com a queda de sua tiragem, no caso do impresso, e uma disputa acirrada no meio on-line com veículos nacionais e internacionais, o *Estado de Minas* parece ter perdido seus dias áureos, o que o leva a ser considerado uma memória menor, nos termos que aqui propomos. De todo modo, o especial *BH 120 anos* pode ser tomado como uma iniciativa de memória que tem como intuito estreitar o vínculo do jornal com a cidade. Parece pretender recuperar sua presença como um dos agentes da memória da capital mineira, uma autoridade legítima que, historicamente, vem contribuindo para a construção de sua identidade. Nesse sentido, tomando-o como ponto de partida para a reflexão que propomos,

---

[15] *BH 120 anos*. Disponível em: https://www.em.com.br/especiais/bh120/. Acesso em: 15 dez. 2022.

perguntamo-nos: como pensar a relação entre mídia noticiosa e memória, olhando para as narrativas jornalísticas sobre efemérides, como o aniversário da cidade? De que forma esse papel de agente da memória relaciona-se com o cotidiano heterogêneo das cidades, marcado pela espontaneidade (HELLER, 2008) e, nesse sentido, atravessado por disputas de naturezas diversas, inclusive tensionamentos temporais?[16]

Entendemos, na esteira do que propõe Bruno Souza Leal (2014, p. 2), que as mídias noticiosas atuam como personagens dotados de voz, de identidade, "capazes de falar, marcar posições, expressar opiniões e interpretações acerca dos acontecimentos". Isso evidencia sua condição de "dispositivos interpretativos", tendo, portanto, a função de agentes que se relacionam de forma estreita com outros atores sociais. Desse modo, no processo de mediação jornalística, por meio da qual é acionado um complexo conjunto de relações, as mídias noticiosas seriam, como aponta Leal (2014), agentes narrativos, haja vista que é na narrativa jornalística que os acontecimentos são configurados.

Seguindo esse pensamento, o autor considera que as mídias noticiosas constroem sua identidade principalmente a partir de dois fatores: os que reverberam da cultura da empresa jornalística e a relação que estabelecem com uma instância coletiva de "comunidade interpretativa" (LEAL, 2014). A primeira passa pelo seu entendimento como organizações dotadas de procedimentos e protocolos reguladores, um modo de ser que a orienta dentro de um segmento corporativo, e que também abrange os profissionais que nela atuam. Já a segunda diz respeito às relações que as mídias noticiosas estabelecem com a sociedade, à qual se voltam ao longo de todo o processo de produção das notícias. Nesse sentido, também ao lidar com efemérides como o aniversário de cidades, base para a reflexão que aqui propomos, mais que veicular uma notícia ou retomar um acontecimento passado, o jornal constrói narrativamente os acontecimentos e lida de forma peculiar com as temporalidades que deles se desprendem.

---

[16] Um primeiro esforço de pensar sobre esta questão é o artigo *BH 120 ANOS: temporalidades e memória em narrativas jornalísticas sobre aniversário de cidade*, apresentado ao GT Memória nas Mídias no XXIX Encontro da Associação Nacional dos Programas de Pós-Graduação em Comunicação - Compós, promovido pela Universidade Federal do Mato Grosso do Sul em Campo Grande e realizado em novembro de 2020, em formato remoto. Partindo dessa nossa primeira entrada no tema, buscamos aqui refletir a respeito da mobilização do passado na narrativa jornalística sobre efemérides, bem como sobre o papel do jornal como agente da memória da cidade. Uma versão estendida deste artigo foi escrita em parceria com Anna Cavalcanti e publicada em 2022, na *Revista Mídia e Cotidiano*, sob o título "Memória e temporalidade em narrativas jornalísticas: a efeméride "BH 120 anos" no jornal Estado de Minas".

Pensar as temporalidades na narrativa jornalística pressupõe, em primeira instância, rever seu vínculo imediato e mais forte à atualidade, pois, conforme Antunes (2007b, p. 91), as temporalidades no jornalismo são bem mais complexas. Dizem respeito a um dos modos de agenciamento da experiência social que "[...] busca compreender o fluxo de acontecimentos dispersos da experiência e conferir sentido à atuação dos atores sociais" e faz parte "[...] da atividade que constitui o texto noticioso como forma de acesso e conhecimento do mundo". Assim, mais que se referir ao tempo presente, a narrativa jornalística incorpora tanto a recuperação do passado quanto a dimensão de futuro, compondo uma forma própria de saber o mundo. Se tomarmos a perspectiva de Ricoeur (2010) sobre acontecimento como ato de palavra e narratividade do discurso histórico, podemos considerar que todo trabalho narrativizante que as mídias noticiosas operam já traria uma complexidade temporal, a despeito da natureza do acontecimento. Esse desdobramento temporal seria, a partir de Louis Quéré (2005, p. 69), próprio do acontecimento, que se volta para o passado e o futuro: "[o acontecimento] abre um horizonte de sentido, em particular introduzindo novas possibilidades interpretativas, relativas tanto ao passado como ao presente e ao futuro".

Podemos ainda considerar que, nas narrativas jornalísticas, o tempo mesmo pode ser tomado como matéria-prima, conforme propõe Keren Tenenboim-Weinblatt (2014):

> Mesmo que nada mais aconteça, o tempo passa e, nesse contexto, torna-se uma notícia por si só. Isso pode ser visto como uma prática de "notabilidade elástica", referindo-se à definição flexível do que constitui notícia, com base na necessidade de manter um certo nível de visibilidade para a história em um determinado momento (Tenenboim-Weinblatt, 2013b). O tempo, como em outros casos, serve aqui como recurso para moldar e remodelar critérios de notícias. (TENENBOIM-WEINBLATT, 2014, p. 101).[17]

Nesse sentido, é interessante observar que lidar com o tempo nas narrativas jornalísticas implica uma complexa articulação temporal que contribui para a própria conformação das notícias. Desse modo, Barbie

---

[17]   Do original em inglês: "Even if nothing else happens, time passes, and in this context, it becomes a news fact in and of itself. This can be viewed as a practice of 'elastic newsworthiness,' referring to the flexible definition of what constitutes news, based on the need to maintain a certain level of visibility for the story at a given point in time (Tenenboim-Weinblatt, 2013b). Time, as in other cases, serves here as a resource for molding and refashioning news criteria. (TENENBOIM-WEINBLATT, 2014, p. 101, tradução livre nossa).

Zelizer e Tenenboim-Weinblatt (2014) consideram que é urgente reconhecer que o jornalismo regula e sistematicamente olha para trás, ou seja, pode ser considerado um repositório primário da memória coletiva, o que se alinha ao pensamento de Huyssen (2000) e Pierre Nora (1993).

Isso contribui para compreender as nuances da complexidade temporal com a qual a mídia noticiosa trabalha, que dizem respeito tanto ao passado, como bem as autoras apontam, mas também incorporam uma dimensão de futuro, como apontaremos adiante. Para elas, jornalismo e memória possuem uma relação peculiar, embora considerem ter havido pouco investimento em estudos sobre tal conexão. A despeito desse fato, Zelizer (2004) argumenta que o jornalismo foi central para a evolução do campo dos estudos de memória e se pergunta se a memória coletiva poderia existir sem o jornalismo a manter. Seguindo essa perspectiva, Zelizer argumenta que os atributos do jornalismo fornecem certa paisagem sobre a qual a memória ganha forma. "Mas se não dermos lugar ao jornalismo como agente do funcionamento da memória, como podemos dar lugar à forma como ele molda as memórias que se seguem?" (ZELIZER, 2004, p. 46)[18], pergunta a pesquisadora estadunidense em jornalismo e cultura.

No nosso entendimento, podemos considerar a mídia noticiosa mais que um lugar contemporâneo de memória, nos termos de Huyssen (2000) e Nora (1993). Trata-se de um agente que atua diretamente na produção e no compartilhamento de memórias que são instituídas narrativamente e que lida com as temporalidades de modo complexo, mesmo quando aparenta voltar-se para o passado. Nesse sentido, podemos dizer que as instituições jornalísticas agem, na esteira do que propõe Zelizer (2014), tanto como repositório quanto como agente da memória compartilhada.

Especialmente no caso de cobertura de efemérides, que se materializa muitas vezes em edições e cadernos especiais, independentemente do suporte, observamos mais que a retomada de um acontecimento do passado na narrativa jornalística ou de um trabalho simples de rememoração. Nessas ocasiões, lançam-se luzes e sombreamentos que contribuem não só para conformar o registro dessa memória compartilhada, como também para, nos termos de Jeffrey Olick (2014), conformar o próprio modo de lembrar. Colocada no lugar privilegiado de remissão ao que já foi, esse tipo de cobertura pode ser pensado, conforme apontam Cida Golin, Anna Cavalcanti e

---

[18] Do original em inglês: "But if we have not made a place for journalism as an agent of memory's workings, how can we make a place for how it shapes the memories that ensue?" (Tradução livre nossa).

Júlia Correa Rocha (2015), como aquilo que presentifica o passado em ritmo cíclico e constrói a memória no espaço jornalístico efêmero. "A rememoração de datas históricas emblemáticas projetou sobre a cidade histórias vividas, invisíveis na geografia das ruas, reinventadas a cada narração tecida a partir das questões propostas pelo presente." (GOLIN; CAVALCANTI; ROCHA, 2015, p. 14). Nessa dimensão cíclica que as efemérides possuem, embora haja sempre uma proposta clara de retorno ao passado ao qual ela se vincula, há também o acionamento, via narrativa, de outras temporalidades, que aparecem em disputa e não pacificadas.

No caso de aniversários de cidade, especificamente, essa memória instituída narrativamente pela mídia noticiosa configura-se sobre narrativas silenciadas, apagamentos e esquecimentos, histórica e socialmente constituídos. Há, portanto, escolhas entre o que lembrar e o que esquecer e quais aspectos da memória evidenciar em função de demandas do presente. Há ainda que se considerar que, ao abordar narrativamente tal efeméride, a mídia noticiosa institui um modo de saber que se vincula à construção de uma imagem de cidade que se faz como memória e como projeto de futuro.

Parece-nos que, por meio do dizer sobre a cidade à luz de seu passado, ou seja, nessa memória que se faz hoje com os elementos do presente (CERTEAU, 1994), a mídia noticiosa reforça seu papel como um dos agentes de memória do lugar, mas, ao mesmo tempo, deixa entrever as temporalidades em tensão e as crises cotidianas que compõem a própria dinâmica da vida social.

Tomamos aqui o entendimento de *crise* não como um conceito fechado, mas como uma figura de historicidade, na perspectiva de Ana Paula Goulart Ribeiro, Bruno Souza Leal e Itânia Gomes (2017), ou seja, como uma imagem conceitual que atua no mundo, articulando práticas sociais e instaurando aberturas nos regimes de temporalidade. Conforme aponta Antunes (2020), podemos considerar a crise como uma figura de historicidade que pode mostrar processos de instabilização do tempo.

Desse modo, podemos inferir que a narrativa sobre a memória de cidades relaciona-se com a temporalidade, trazendo em seu bojo o acionamento de uma multitemporalidade heterogênea que constitui o próprio cotidiano, mas que também se assenta num certo espaço ou território, instituindo-o a partir das experiências e práticas do presente, que o ressignificam e atualizam. Nesse processo, consideramos, a partir de Heller (2008), que a vida cotidiana tem como característica dominante a espontaneidade, ou seja, o pensar e o agir sem uma reflexão crítica e consciente.

Conforme a autora, nem toda atividade cotidiana é espontânea no mesmo nível, ou seja, esta é marcada por hierarquias, "[...] assim como tampouco uma mesma atividade apresenta-se como identicamente espontânea em situações diversas, nos diversos estágios de aprendizado. Mas, em todos os casos, a espontaneidade é a tendência de toda e qualquer forma de atividade cotidiana" (HELLER, 2008, p. 47). Desse modo, considerando a espontaneidade e a heterogeneidade como características da vida cotidiana na esteira de Heller (2008), entendemos que ela se vincula tanto ao espaço quanto ao tempo, categorias que nos interessam em especial para se pensar a memória de cidades. Esta, ao ser instituída pela narrativa jornalística, faz emergir questões do tempo presente, tomado aqui como um tempo não homogêneo (ROBIN, 2016), mas também nos aponta futuros possíveis projetados a partir do acionamento e da atualização do passado, reverberando as tensões que se instauram no cotidiano das cidades.

2.2 A cidade instituída narrativamente pelo Estado de Minas

BH 120 anos é considerado pelo *Estado de Minas* um projeto multimídia, composto por 12 especiais lançados no jornal impresso ao longo de seis meses que antecederam o aniversário da cidade, cujos materiais audioverbovisuais constam reunidos em uma plataforma específica no ambiente digital, agrupados em 12 temáticas ou especiais digitais. Já na versão impressa, nota-se que o gênero textual adotado é a reportagem, que se baseia nos depoimentos que constam nos especiais digitais. Aqui, interessa-nos analisar o projeto multimídia divulgado no ambiente virtual, tomando-o como uma das iniciativas que nos ajudam a compreender a memória de caráter coletivo em sua relação com temporalidades e espacialidades da cidade.

Olhar para os especiais digitais do *BH 120 anos* permite-nos pensar as tensões temporais que estão postas nessa iniciativa de memória sobre a capital mineira, que consideramos institucionalizada, mas não oficial. Mais que um estabilizador da memória coletiva de determinado grupo social, como propõe Huyssen (2000), o jornal nos parece refletir a dimensão cíclica das efemérides (CAVALCANTI, 2021), contribuindo para desvelar passados, presentes e futuros em disputa no cotidiano de Belo Horizonte, como veremos a seguir. Evidencia, nesse sentido, não apenas o movimento característico das cidades, mas também da própria memória.

De acordo com o *Estado de Minas*, ainda na apresentação do *BH 120 anos*, o processo de produção do projeto multimídia envolveu cerca de 100 profissionais, que atuaram na definição dos temas dos especiais, na criação de um formato que integrasse os conteúdos impresso e digital, na criação da identidade visual, no processo de produção, na realização das entrevistas e na edição dos vídeos. Em seu formato no ambiente virtual, cada especial traz um *teaser* e trechos de depoimentos de personagens famosos e anônimos sobre os temas de cada um deles, indicados em seu título e subtítulo: Horizontes ("Quem são os trabalhadores que levam Belo Horizonte para além dos limites da Serra do Curral?"); Sentidos ("Moradores com alguma deficiência revelam a capital que muitos não enxergam ou ouvem"); Esquinas ("Cruzamentos de ruas e avenidas famosas da capital mineira são pontos de encontro de histórias e tradições"); Números ("Da economia à cultura, a capital esconde dados pouco conhecidos de seus habitantes"); Cicatrizes ("As marcas deixadas na história e no percurso de um ribeirão que corta o coração de Belo Horizonte"); Memórias ("Estátuas narram lembranças da capital de valores ambivalentes em eterna escrita"); Gerações ("Moradores dos 20 aos 70 anos debatem o que suas gerações deixam de legado para BH"); Paixões ("Três senhoras torcedoras explicam o que acelera a batida de seus corações"); Ambientes ("Um mergulho em problemas e soluções na cidade que sufocou suas águas"); Entornos ("Vidas em trânsito entre os locais que fazem da cidade uma Grande BH"); Contornos ("Três histórias a bordo do amarelinho mais famoso da cidade"); Movimentos ("Um passeio de bicicleta em busca de grupos sociais e culturais que tiram Belo Horizonte do lugar").

Há, em sua divulgação no ambiente virtual, certa mobilidade narrativa permitida pelo próprio meio, que congrega vídeos, textos, linhas do tempo, mapas, entre outros recursos audioverboaudiovisuais, que possibilitam uma navegação não linear dentro de cada especial, aberta a construções diferenciadas conforme o tema que abordam e à escolha do percurso de acesso pelo usuário. Por outro lado, há também abertura para que o usuário acesse os especiais que mais lhe interessam, sem ter que, necessariamente, seguir uma ordem imposta pela plataforma. Isso permite que ele se sinta, em certa medida, um editor das memórias ali concatenadas e crie narrativas variadas a partir do acionamento de um ou outro especial, um ou outro depoimento em vídeo, um ou outro recurso interativo, abrindo e fazendo emergir novas textualidades entre e a partir deles. Assim, a entrada em Belo Horizonte pelo *BH 120 anos* pode ser feita de diversas maneiras, e, a cada acionamento de uma dessas linhas, uma nova face da cidade apresenta-se, e novas articulações e nós podem ser feitos na malha de Belo Horizonte.

Apesar dessa liberdade de escolha temática e da possibilidade de construção de um percurso narrativo próprio por parte do usuário, é possível notar que o agenciamento da memória da cidade pela/na narrativa jornalística já se dá por meio da escolha dos assuntos dos especiais, que dizem respeito a demandas atuais de seus moradores. Além disso, também notamos a presença institucional do jornal no levantamento de personagens, que são aquelas que trazem suas experiências na cidade e dão a ela visibilidade, de locações para as gravações e de informações que são agregadas a cada *teaser* e disponibilizadas nos especiais; na identidade visual de cada um deles; na edição e escolha dos trechos dos depoimentos a serem divulgados; além da sua disposição na página inicial da plataforma, entre outros. Ou seja, o próprio modo de ser da mídia noticiosa, sua institucionalidade e sua identidade já conformam esse papel de autoridade articuladora do que deve ou não ser noticiado, do que deve ou não conformar uma memória a ser registrada.

O primeiro especial, *Horizontes*, traz o subtítulo: "Quem são alguns dos moradores que levam Belo Horizonte para além dos limites da Serra do Curral". A proposta é mostrar três personagens que se destacam em suas respectivas áreas de atuação, levando a cidade para além de suas fronteiras. Os escolhidos foram Berthier Ribeiro-Neto, diretor de engenharia para a América Latina do Google; Miqueias do Valle, judoca que tem o sonho de disputar as Olimpíadas 2024; e Priscila Amoni, artista e idealizadora do Circuito Urbano de Arte – CURA.

Os cenários onde foram gravados os depoimentos reforçam suas respectivas profissões, e as falas se iniciam sempre com uma minibiografia, em que as personagens contam um pouco de sua trajetória de vida, as escolhas profissionais feitas e sua relação com a capital mineira. Berthier Ribeiro-Neto destaca a cena tecnológica belorizontina e a vida mais simples que a cidade o permite viver; Miqueias do Valle diz das questões familiares que o levaram ao judô, evidenciando o fato de ser judoca de um clube de elite tradicional e ter sido bem recebido naquele lugar, a despeito de sua condição social periférica; Priscila Amoni, por sua vez, relata as intervenções artísticas que fez no Centro de Belo Horizonte, destacando a imagem pintada em uma empena do hipercentro para o projeto Circuito Urbano de Arte (CURA), que traz uma mulher segurando ervas e flores, que, segundo ela, é uma oração, uma forma de externalizar desejos e pedidos para a cidade.

Notamos, nesse especial, que o tom biográfico está presente nos depoimentos, que dizem das experiências de se viver na cidade por personagens que a representam para além de seus limites geográficos. A memória individual, além de reforçar narrativas de vida, parece estar a serviço de reverenciar a cidade que acolheu as personagens e deu asas aos seus sonhos, como pode ser observado na fala de Miqueias do Valle:

> Não troco BH por lugar nenhum, Minas Gerais por lugar nenhum. É um lugar tranquilo de se viver, muito bom, as pessoas daqui, a convivência, poder ir em qualquer lugar sem ter problema algum, e aqui em BH você tem tudo isso, o acolhimento, eu acho fantástico. (ESTADO DE MINAS, 2020, n.p.).

Relembrar sua existência vinculada a Belo Horizonte ajuda a reforçar um laço identitário e a conformação de um território, não apenas espacial, mas afetivo. Dizer da cidade onde nasceu ou se escolheu viver, voltando o olhar para a trajetória individual, é uma forma de vincular memória a identidade (CANDAU, 2019), um modo de reconhecer que a capital mineira faz parte da vida dessas pessoas e, consequentemente, elas integram a cidade. Trata-se, portanto, de um vínculo de mútuo pertencimento, de mútuo atravessamento.

Por outro lado, podemos perguntar-nos: quem são as três pessoas escolhidas para terem suas biografias atreladas à de Belo Horizonte? Vemos, nessa definição, a tentativa de vincular à capital mineira a imagem de um lugar pulsante e dinâmico, uma vez que quem se narra a partir da cidade são o executivo que trabalha numa empresa que sintetiza o futuro, o desportista que está se revelando como uma grande promessa no judô e a idealizadora de um projeto cultural efervescente na cidade. Há, nessa escolha, a materialização dos discursos de sucesso e de futuro promissor. No entanto, que outras biografias foram invisibilizadas ou não cabem nessa imagem de cidade que o *Estado de Minas* projeta? Que outras narrativas, para além das referentes ao sucesso pessoal, poderiam compor novos horizontes para a cidade?

No especial *Sentidos*, a proposta foi ouvir moradores com alguma deficiência, que "revelam a capital que muitos não enxergam ou ouvem". As personagens selecionadas foram Ricardo Malta, dançarino; Maria Regina Paes, fundadora da Pastoral dos Surdos; Elizabet Dias de Sá, coordenadora do Centro de Apoio Pedagógico ao Deficiente Visual; Aldemar Alves e Hélio de Melo, surdos.

Todos eles possuem alguma deficiência, sendo predominantemente surdos ou cegos. Os lugares escolhidos para a gravação desse especial são locais de referência na cidade e com reconhecida importância histórica, tais como a Casa do Baile, integrante do conjunto arquitetônico da Pampulha;

o Centro Cultural Banco do Brasil, que faz parte do Circuito Liberdade, importante conjunto de museus e centros culturais que se localizam dentro da avenida do Contorno, criado em 2010 após a inauguração da Cidade Administrativa e a transferência da sede do governo da Praça da Liberdade para a região Norte de Belo Horizonte; o Parque Municipal Fazenda Lagoa do Nado, na região Norte; e o Mirante, que se localiza aos pés da Serra do Curral, no bairro Mangabeiras, na região Centro-Sul. Cumprem, de certa forma, uma função de cartão-postal, evidenciando como a cidade hoje acolhe ou não pessoas com deficiência, especialmente em tais pontos turísticos.

As falas giram em torno das lembranças sobre a cidade e da experiência de ser uma pessoa com deficiência que nela reside e com a qual se relaciona, bem como das demandas quanto à inclusão, que não têm sido atendidas pelo poder público. Ricardo Malta, que perdeu sua visão quando adulto, ressalta sua capacidade de ver além do visível e as lembranças que possui de Belo Horizonte quando era "vidente", especialmente relativas à região de Venda Nova. Relata o que se lembra da construção da avenida Vilarinho e da quadra de mesmo nome, que, em sua opinião, trouxeram uma dinâmica nova para a localidade, que veio se desenvolvendo ao longo dos anos:

> As lembranças são... Nossa senhora, são muito fortes, porque eu lembro ali, em 82, quando inaugurou a quadra do Vilarinho, né? Foi quando começou a vir muitas coisas para Venda Nova também, acho que a quadra do Vilarinho tem essa marca também, porque trouxe muitas coisas para lá. Pegaram o rio e fizeram a avenida em cima, né? Essa avenida não foi transitável no início igual é hoje em dia com o Move. E ali começou a ter feiras nos finais de semana. Você sentava e encontrava os amigos [...]. Eu vi isso tudo. (ESTADO DE MINAS, 2020, n.p.).

O final de sua fala aponta para expectativas de futuro em relação ao que a cidade pode oferecer para pessoas cegas como ele e seu sentimento em relação à dança, atividade artística que marca sua vida. Maria Regina Paes, por sua vez, dá seu depoimento em uma sala do Centro Cultural Banco do Brasil, instalado em um dos prédios que circundam a Praça da Liberdade, construído nos primeiros anos da capital mineira para receber a administração do estado. Destaca como a acessibilidade tem sido uma preocupação cada vez maior na cidade e sua relação com esse espaço cultural em especial, que costuma frequentar e que tem uma boa acessibilidade, em sua avaliação.

Elizabet Dias de Sá, do alto do Mirante Mangabeiras, descreve o ponto turístico como um lugar agradável, de onde as pessoas reconhecem pontos estratégicos da paisagem, apesar de ela mesma não ter essa experiência, por ser cega. Questiona a cidade que, em suas palavras, é "selvagem" no que diz respeito à inclusão, principalmente para quem tem mobilidade reduzida, e levanta uma série de demandas nesse sentido, que recebem pouca atenção do Poder Executivo municipal.

Já Aldemar Alves e Hélio de Melo, surdos, entrevistados juntos, destacam o fato de não serem vistos ou considerados quando de decisões políticas, apesar de notarem uma divulgação atual maior da Língua Brasileira de Sinais (Libras). Ainda há, segundo eles, muito a melhorar no quesito educação e acessibilidade, uma reivindicação que, se até pouco tempo não era evidenciada, hoje se torna uma preocupação dos gestores públicos, embora ainda não seja totalmente atendida. Os entrevistados esboçam, em suas falas, a demanda para que a cidade melhore nesse aspecto, um desejo que Belo Horizonte seja cada vez mais uma cidade inclusiva e aberta aos seus.

Aqui, busca-se alcançar diferentes experiências da cidade vivenciadas por quem passa pela privação de um ou mais sentidos, mas também há certa projeção de futuro, de expectativa sobre a cidade que gostariam de habitar, ao se lançar luz sobre reivindicações atuais dos cidadãos com deficiência. As temporalidades se articulam nessa narrativa de forma peculiar, sendo que cada experiência particular da cidade faz coro a uma demanda compartilhada pelas personagens desse especial, a uma pauta comum que é a mobilização por acessibilidade nos espaços públicos da capital mineira. A narrativa de memória, aqui, parece atender às questões do presente e ancorar projeções de futuro (CAVALCANTI; AMORMINO, 2022).

Esquinas apresenta memórias sobre cruzamentos de ruas e avenidas famosas da capital mineira, pontos de encontro de histórias e tradições: a esquina do bairro Santa Tereza que dá nome ao importante movimento musical Clube da Esquina, reconhecido nacional e internacionalmente, sobre a qual falam Marilton Borges, Márcio Borges, Telo Borges, Murilo Antunes e Toninho Horta; a esquina da Praça Sete de Setembro, onde está instalada a Galeria do Rock, que é apresentada pelo músico Fran Lurex; a esquina do Minas Tênis Clube, sobre a qual discorre o jogador Pelé do Vôlei, mesmo clube onde atua o judoca do especial *Horizontes*; e a esquina onde está instalado o tradicional Bar do Orlando, também no bairro Santa Tereza, cujas histórias são contadas pelo atual dono, Orlando Júnior.

Casos engraçados sobre o início do Clube da Esquina marcam as falas sobre a emblemática esquina do bairro, que também figura na referência ao Bar do Orlando. Em relação ao depoimento de Orlando Júnior, este gira em torno de memórias sobre o bar e o bairro nos primórdios da capital mineira, revelando os ares interioranos de seu entorno:

> *O bar realmente foi fundado em 1919, pelo Sr. José Inácio, como Bar dos Pescadores, na época. O nome Bar dos Pescadores veio da esquina que a turma passava sempre para ir pescar tanto no rio Arruda, quando era aberto e limpo ainda, e no Rio das Velhas. Aqui era aberto, não tinha rua e não tinha metrô na época. Chegou na família nossa, família Siqueira, em 70, de um tio do meu pai, que ainda é vivo. E meu pai comprou dele e desde os anos 80 é chamado Bar do Orlando.* (ESTADO DE MINAS, 2020, n.p.).

O tom nostálgico está presente em ambos os depoimentos, tanto por quem vivenciou o que relata, como no caso dos membros do Clube da Esquina, quanto por quem ouviu contar de seus antepassados, como é o caso de Orlando Júnior, terceira geração de donos do bar. Aqui, nosso entendimento sobre o termo *nostalgia* aproxima-se do que propõem Ribeiro e Ítala Maduell (2018), ou seja, entendemos nostalgia como uma prática mnemônica em que o passado é valorizado em detrimento do futuro, entendendo-a como um "fenômeno complexo", "que algumas vezes aciona sentidos idealizados e conservadores em relação ao passado, mas que também pode fundamentar utopias e projeções em relação ao futuro" (RIBEIRO; MADUELL, 2018, p. 261).

Conforme apontam Leal e Ribeiro (2018), o termo foi utilizado inicialmente na Europa do século XVII, no campo da Medicina, sendo entendido como um desejo de voltar para casa. Do discurso médico, a nostalgia entrou para o vocabulário popular no início do século XX (NIEMEYER, 2014), sendo considerada por alguns autores como resultante da modernidade e de suas descontinuidades, uma crítica ao tempo linear que segue rumo ao progresso. "Trata-se de um tipo particular de prática mnemônica, na qual o passado é pensado como um autêntico lugar de retorno, seja de valores morais, políticos ou estéticos." (LEAL; RIBEIRO, 2018, p. 72). Apesar desse vínculo mais imediato com um passado que se perdeu e ao qual se pretende voltar, os autores acreditam, assim como Ribeiro e Maduell (2018), que a nostalgia também incorpora uma dimensão utópica, um desejo de futuro:

> A nostalgia hoje não expressa apenas uma leitura romântica e pouco problematizadora do passado e nem só saudosismo e escapismo em relação ao presente. Está também embrenhada de tensões e ambiguidades em relação ao futuro e

> pode apresentar certa positividade, que aponta para potência criativa e crítica da memória. (LEAL; RIBEIRO, 2018, p. 72).

Dessa forma, é interessante observar que, nos depoimentos em que há traços de nostalgia, não vemos apenas elementos que remetem a um passado supostamente melhor que o presente. Notamos, também, um desejo de que o futuro seja mais parecido com o passado, ou seja, trata-se de um modo possível de se imaginar como a cidade pode vir a ser. Diante disso, interessa-nos perguntar, olhando para esse especial, se as personagens escolhidas fossem outras, ainda teríamos a chave da nostalgia como elemento norteador dessa narrativa. Que outras memórias seriam acionadas em outras esquinas menos reconhecidas?

A escolha por essas duas esquinas do Santa Tereza como destaque nesse especial chama atenção por evidenciar a construção de uma memória sobre a cidade que se ancora em bairros tradicionais. No caso do Santa Tereza, trata-se de um dos bairros que têm seu patrimônio material registrado pelo *Quanto tempo dura um bairro?*, sobre o qual discorreremos no Capítulo 3, para o qual vários outros projetos de memória também se voltam. Ao reforçarem a relevância desses lugares para a memória de Belo Horizonte, evidenciam-se escolhas sobre a não valorização dos outros bairros para além da avenida do Contorno, como a periferia com suas esquinas não registradas (AMORMINO, 2020a).

Já na fala de Fran Lurex sobre a Galeria do Rock, localizada no hipercentro, na Praça Sete, também notamos o tom nostálgico de quem viveu os tempos áureos da galeria e hoje questiona certas decisões do poder público para manter a efervescência do lugar, que está em decadência. Mais um desejo de que o futuro seja mais parecido com o passado do que com o presente, o que se alinha com o pensamento de Carolyn Kitch (2007, p. 37), segundo quem "a nostalgia também é uma influência conservadora; ele justapõe as incertezas e ansiedades do presente com presumíveis verdades e confortos do passado vivido".[19]

A nostalgia também predomina na fala de Pelé do Vôlei sobre a esquina do Minas Tênis Clube, onde ele foi recebido várias vezes pela população, após vitórias de seu time em campeonatos. Nesse caso, é interessante observar que o tom saudosista do depoimento aproxima-se do que Kitch (2007) considera sobre nostalgia, segundo quem ela personaliza o passado,

---

[19] Do original em inglês: "Nostalgia is also a conserving influence; it juxtaposes the uncertainties and anxieties of the present with presumed verities and comforts of the lived past". (KITCH, 2007, p. 37, tradução livre nossa).

misturando a memória individual à compartilhada por geração, região ou nação. Assim, pode-se observar que, na fala do Pelé do Vôlei registrada pelo *Estado de Minas*, além de recuperar uma vivência pessoal da época de sua juventude e dos tempos de glórias como atleta, evidencia-se, mais uma vez, um clube que incorpora a tradição da cidade e que se confunde com sua memória. Tal vínculo pode ser notado também na literatura sobre ela, como o romance *Hilda Furacão*, de Roberto Drummond, publicado em 1991, a partir do qual foi produzida minissérie homônima pela Rede Globo, em 1998, em que o Minas Tênis Clube figura como um lugar de destaque. Trata-se de um clube belorizontino tradicional, que também é mencionado no depoimento do judoca Miqueias do Valle, no especial *Horizontes*, e no *Projeto Moradores*, o qual analisaremos no Capítulo 4.

O especial *Números*, por sua vez, busca apresentar dados da economia e relativos à cultura de Belo Horizonte. Em sua narrativa, apresenta, além dos depoimentos, infográficos que trazem estatísticas relativas a cada abordagem. E assim lemos dados sobre idosos, que permeiam a fala de Raimunda Luzia, belorizontina de 106 anos; sobre desemprego, a partir da fala de Jonathan Wilker, vendedor de bala; relativos à venda de queijos, com o comerciante José Edmundo, que trabalha há 61 anos na Feira dos Produtores, patrimônio da cidade; sobre o preço da viola e o número de violas construídas por Elias de Souza; e a respeito do número de alunos da Orquestra de Viola, sobre a qual comentou Lucas de Oliveira. A relevância de tais números é destacada já no texto inserido no *teaser*:

> O número representa um espaço de tempo que deixou marcas na história de Belo Horizonte. Mas além dos seus 2,5 milhões de habitantes, outros números estão escondidos no dia a dia da cidade: 191 mil pessoas desempregadas. Uma tonelada de queijo por semana. 219 violas construídas. 74 alunos formados em dois anos. 333 idosos com 100 anos ou mais. (ESTADO DE MINAS, 2020, n.p.).

Nesse especial, abordam-se temas recorrentes em cobertura de aniversários de cidade, tais como o cidadão mais velho e o comerciante mais antigo da feira. Esses são colocados lado a lado com o número atual de desempregados e o número de alunos da Orquestra de Viola. Em relação a esse último, nota-se a valorização de um patrimônio que é a viola, cujo reconhecimento como patrimônio cultural de Minas Gerais estava em vias de acontecer à época do lançamento do projeto, ocorrendo no ano seguinte, em 2018.

Em *Cicatrizes*, a proposta é apresentar "as marcas deixadas na história e no percurso de um ribeirão que corta o coração de Belo Horizonte". O rio Arrudas é a personagem central desse especial, que ganha certa biografia, com registros sobre seu local de nascimento, histórico de tragédias, os problemas atuais enfrentados e as possíveis soluções para eles. Para tanto, são ouvidos moradores próximos ao rio, ambientalistas e especialistas como Josiane de Jesus, gerente do Parque das Águas, no Barreiro, onde o rio nasce; Vanderlei da Silva e Bruno Caboclo, moradores do entorno do rio; Márcio Batista, professor da Escola de Engenharia da UFMG; e Apolo Heringer, ambientalista. Além dos depoimentos, o especial traz uma linha do tempo em vídeo, com imagens em que se apontam tragédias que aconteceram no Arrudas, tais como enchentes e queda de automóveis.

Um ponto interessante a respeito desse especial é o protagonismo do rio, que corta boa parte da cidade e que, principalmente no período de chuvas, relembra, por meio de inundações e enchentes, sua existência embaixo de canalizações, questões já antecipadas no *teaser* que apresenta o especial *Cicatrizes*:

> O Parque das Águas, no Barreiro, abriga uma das nascentes do Arrudas. É uma rara fonte de água limpa do ribeirão no limite urbano. Mas, basta atravessar a rua, e ele já está poluído. As marcas desse descaso se estendem por seus 26 km canalizados. As enchentes deixam cicatrizes na história de BH. Especialistas criticam a canalização. Motivo: alterou o curso natural do ribeirão. O Arrudas foi sendo coberto ao longo do tempo. São 4,2 km sob asfalto entre o Calafate e o Santa Efigênia. Na Avenida dos Andradas, lixo e esgoto agravam suas feridas. Até desembocar no Rio das Velhas, entre BH e Sabará. O Arrudas tem solução? (ESTADO DE MINAS, 2020, n.p.).

Dizer dos rios invisíveis da cidade (BORSAGLI, 2016), tais como o Arrudas, é retomar um passado-presente que foi encoberto pelo cimento do progresso, e que é lembrado em iniciativas de memória como o projeto *Sobre o Rio*, que mencionamos, realizado em 2020, pela artista plástica Isabela Prado, consistindo na instalação de placas com o nome das bacias existente embaixo de ruas e avenidas. Rios que cortam a cidade e que hoje habitam seu subsolo e a memória de muitos dos seus moradores.

As temporalidades em tensão nos depoimentos dizem respeito tanto à abordagem nostálgica do passado, como pode ser observado na fala de Vanderlei da Silva, morador que já pescou no Arrudas e que tem saudades daquele tempo, quanto de especialistas sobre as transformações do rio ao longo dos anos, em função do modelo de desenvolvimento adotado na cidade, que optou por sua canalização. Por outro lado, há uma dimensão de futuro nas falas dos ambientalistas, que vislumbram possibilidades para o tratamento de suas águas. Em todos os casos, o tom reivindicatório está presente, quer cobrando soluções para o rio tornar a viver, quer demonstrando a insatisfação por serem esquecidos pelo poder público e sofrerem com as enchentes no leito do Arrudas, como podemos observar no depoimento do morador Bruno Caboclo:

> Esse lugar aqui, eu falo com você, é esquecido. Aqui não existe, este lugar não existe. [...]. A gente mora na beira de um córrego que, quando chove, a gente perde tudo. Meu pai já perdeu o carro dele duas vezes. [...] A sensação é muito ruim. A gente joga o lixo no córrego por falta de opção. Não passa caminhão de lixo na rua, não tem lixeira na rua. Se não jogar vai acumular o lixo na rua. A sensação é de revolta porque tem 27 anos que eu moro nesta situação. E eu sei que vai continuar assim. (ESTADO DE MINAS, 2020, n.p.).

A linha do tempo que compõe o especial, sem locução, aponta as tragédias por meio de fotos, o que leva ao entendimento da dimensão histórica dos problemas relatados e da falta de solução que permanece ano após ano. Assim, se a linha do tempo mostra os registros dessas *cicatrizes* da cidade, os depoimentos dos moradores vinculam-nas à experiência daqueles que vivenciam essas chagas, enquanto as falas dos especialistas apontam para soluções possíveis (AMORMINO, 2020a).

Memórias é um especial que se difere dos demais em relação à estrutura narrativa e às temporalidades que mobiliza. Trata-se do único cujos depoimentos não são atuais, mas trechos narrados sobre Belo Horizonte, retirados de livros de escritores ilustres que, de alguma forma, vivenciaram a cidade, cada qual à sua época. Tais escritores – Carlos Drummond de Andrade, Henriqueta Lisboa, Fernando Sabino e Pedro Nava – foram homenageados com estátuas espalhadas pela região central de Belo Horizonte. Por esse motivo, o subtítulo do especial assinala: "Estátuas narram lembranças da capital de valores ambivalentes em eterna escrita".

Sob o olhar de cada escritor, Belo Horizonte é apresentada. Cada vídeo traz um lugar que atua como símbolo da cidade e que marcou suas vidas ou suas obras: Praça da Liberdade, Parque Municipal, Viaduto Santa Tereza e Praça Milton Campos. No *teaser*, fotos antigas são exibidas diante de imagens atuais de tais cartões-postais, numa apresentação antes e depois/ontem e hoje. Além do trecho em áudio, há a fala do também escritor Fabrício Marques, que explica como tais personalidades participaram ativamente da vida da cidade e como a literatura apresenta Belo Horizonte em seus paradoxos: provinciana e moderna, lenta e veloz, moderna e reacionária.

É curioso observar que esse especial, o único que assume fazer memória em seu título, delega às estátuas essa função, o que evidencia aqueles que podem narrar a cidade, tanto pelo reconhecimento como cidadãos prestigiados quanto pela imortalização de outros tempos em suas obras literárias. Isso parece dizer de uma valorização da escrita em detrimento de outros saberes, atribuindo a ela a função de registro de memórias, embora todos os especiais e suas demais personagens também estejam atualizando memórias.

Aqui, no entanto, se trata de uma Belo Horizonte que emerge dos intelectuais, imortalizada em suas narrativas, mas que, curiosamente, também questionam suas feições e mudanças à época, como é o caso do texto *Triste horizonte,* de Drummond, publicado em 1976, no *Jornal do Brasil,* em que o poeta diz que não querer mais voltar à cidade, em função das transformações às quais ela foi submetida ao longo dos anos. Apesar disso, o que se escreveu sobre a capital mineira por seus ilustres escritores funciona como um acionador de outras temporalidades, permitindo alcançar um passado da cidade que é também reforçado pela presença da fotografia daquele espaço em outro tempo. Aquela cidade registrada em texto escrito, agora lido, só existe enquanto memória, tanto fotográfica quanto textual. Por outro lado, ao ser justaposta à cidade de hoje, acrescenta novos sentidos às localidades às quais se referem.

O especial *Gerações* tem um formato também peculiar. Numa roda de conversa, moradores dos 20 aos 70 anos debatem o que suas gerações deixam de legado para BH. Os participantes são Cleuson Corrêa, dono de um bar tradicional na cidade; Teffy Angel, cantora de funk; Lucinha Bosco, cantora de samba; Gustavo Elias, fundador de *startup*; e a arquiteta Luciana Féres. Apesar de estarem juntos, cada um tem um vídeo com um trecho de seu depoimento em destaque. Aqui, nota-se que a diversidade –de idade, classe social, profissões e relação com a cidade – é o mote para o especial, que evidencia, nas falas dos entrevistados, passagens que ilustram a necessidade de se criar um lugar que agregue, que inclua e valorize as pessoas em suas singularidades. Mais que acionar lembranças sobre Belo Horizonte, as falas convergem para uma dimensão de presente, mostrando como cada um a vê, e de futuro, com conjecturas sobre a cidade que cada um está ajudando a construir.

A diversidade das personagens mostra, também, uma intenção de que a capital mineira seja aberta ao diferente, ao plural, e que reconheça e valorize seus moradores. No entanto, essa congregação que a narrativa jornalística propõe não se efetiva, haja vista que uma das narrativas fundantes da cidade, embora controversa, aponta que, historicamente, Belo Horizonte apartou da *Cidade*, como até pouco tempo era tratada a região central abraçada pela avenida do Contorno, que não cabia no projeto moderno branco e elitista que a constituiu. Sobre esse aspecto específico, trataremos na análise da *Ocupação NegriCidade*, no Capítulo 6.

Essa versão da função da Contorno pode ser pensada também como uma iniciativa de memória, feita por historiadores e intelectuais, que vem sendo repetida ao longo dos anos, transformando-se numa face da identidade da cidade. Aqui, não nos cabe recuperar essa historiografia ou buscar conciliá-las numa história compartilhada, mas apontar que, assim como outras narrativas que são contadas e recontadas sobre Belo Horizonte, esta é mais uma que acaba sendo reiterada como memória, contribuindo para mostrá-la como pouco amistosa a uma parcela de seus cidadãos. De todo modo, essa diversidade que se pretende evidenciar tampouco se efetiva no especial ou na memória que o jornal busca instituir, uma vez que os depoimentos não se relacionam entre si, mas dizem de experiências particulares de cada depoente. Uma diversidade composta por pessoas que se encaixam nos critérios definidos pela mídia noticiosa para tal, ou seja, uma diversidade que não reflete de fato a cidade diversa e contraditória para além da narrativa jornalística.

Paixões aborda a biografia e a relação de afeto de três torcedoras dos principais clubes mineiros: Zuleine Leão, conhecida como Dona Zuzu, de 83 anos, torcedora do América Futebol Clube; Ana Marques, a Vovó do Galo, de 97 anos, torcedora do Clube Atlético Mineiro; e Salomé da Silva, de 83 anos, torcedora do Cruzeiro Esporte Clube. Os três vídeos possuem estrutura narrativa semelhante, com tomadas das torcedoras no estádio, mescladas a imagens de suas casas, onde elas dão entrevista usando camisa e adereços dos seus respectivos times, além de mostrarem recortes de notícias e objetos de coleção que trazem seus emblemas e cores. Em suas falas, comentam sobre quando começaram a torcer pelo clube, as loucuras já feitas pelo time, e encerram cantando o hino do coração. As três personagens, destacadas pelos anos de dedicação ao futebol mineiro, sintetizam as torcidas dos principais clubes de Minas Gerais e trazem em seus depoimentos memórias de suas experiências como torcedoras de cada um deles. Produz-se também, nesse especial, uma memória dos mais expressivos times de futebol mineiros, retratada a partir de suas falas e registros de arquivos particulares. Além disso, notamos um atravessamento temporal marcado pelo encontro entre gerações distintas de fãs, de diferentes tempos e momentos dos clubes.

Os rios invisíveis da capital mineira são abordados em *Ambientes*, que assim é apresentado: "Um mergulho em problemas e soluções na cidade que sufocou suas águas". Aqui, há um retorno à questão da canalização feita nos rios da capital em função do modelo de desenvolvimento adotado, o que, assim como mencionado no especial *Cicatrizes*, que trata do Arrudas, vem historicamente causando uma série de transtornos em períodos de chuva. A palavra *sufocou*, registrada no subtítulo do especial, evoca o encobrimento dos rios pelo asfalto das ruas, não os permitindo respirar. Apesar disso, o especial vem mostrar os problemas e as soluções adotados em relação a essa questão, avançando na denúncia do apagamento de grande parte da hidrografia da cidade, operado em função de seu desenvolvimento.

Numa estrutura semelhante ao *Cicatrizes*, esse especial reúne especialistas e moradores próximos às nascentes de ribeirões que cortam Belo Horizonte. São eles: Alessandro Borsagli, geógrafo e autor do livro *Rios Invisíveis*; Isabela Prado, artista plástica responsável pelo projeto de gravação do som de rios subterrâneos, canalizados em nome do progresso, que viria a realizar posteriormente o projeto *Sobre o Rio*, que mencionamos; Josete Aquino, moradora da região Leste, onde se localiza a Bica do Noventa; Márcio Eustáquio, morador do bairro São Francisco, onde se encontra a Bica do Brejinho; e Marcus Polignano, presidente do Comitê da Bacia Hidrográfica do Rio das Velhas.

O tom reivindicatório também aparece nesse especial, mesclado a propostas de conscientização ambiental, como pode ser observado na fala de Márcio Eustáquio: *"Tem que ter uma autoridade responsável para resolver isso. Eu podia usar ela [a bica] para uso doméstico. É água limpa, é nascente, se tratada, todo mundo poderia usar. [...] Espero que resolvam não só para mim, mas para todo mundo do bairro São Francisco"* (ESTADO DE MINAS, 2020, n.p.).

Diferentemente do especial *Cicatrizes*, nesses vídeos, há a presença de elementos gráficos que trazem informações sobre o número de nascentes catalogadas, recuperadas e em processo de recuperação em Belo Horizonte, assim como em relação ao tempo necessário para concluir essa tarefa. Aqui, ao lançar tais dados junto aos depoimentos, o especial parece colocar-se também como um ator social, ponderando e apontando questões sobre o problema recorrente que é a poluição dos rios da cidade, mas com uma visão otimista sobre o futuro, ao estimar o tempo necessário para a recuperação das nascentes (AMORMINO, 2020a). Trata-se, conforme o jornal, de um problema atual que pode ter uma resolução positiva a longo prazo, evidenciando um projeto de futuro ao olhar para esse histórico de descaso.

Em *Entornos*, destaca-se a relação entre Belo Horizonte e as cidades à sua volta, bem como o trânsito de moradores entre elas, o que fica evidenciado no subtítulo: "Vidas em trânsito entre os locais que fazem da cidade uma Grande BH". Os depoimentos são de Naiara Dias, assistente financeira que reside em Belo Horizonte e trabalha em Contagem; Felipe Schepers, executivo de *startup* que vive em Nova Lima e trabalha em Belo Horizonte; e Maria Nogueira, babá, que mora em Ribeirão das Neves e trabalha na capital mineira. Nas falas, são realçadas as diferenças entre as cidades, as vantagens e as desvantagens da vida em trânsito e o ponto comum do medo e da falta de segurança por andarem à noite na volta do trabalho, especialmente para Naiara e Maria, que fazem uso do transporte público.

Podemos pensar, nos termos de Ingold (2015), que as histórias de vida dessas pessoas que moram em outros municípios, mas se relacionam com Belo Horizonte, configuram-se como mais algumas das linhas que compõem a malha da cidade, extrapolando seus contornos e colocando-se no entre, no limiar, na fronteira. As personagens esgarçam divisas geográficas e borram limites de municípios, que, muitas vezes, são apenas formais por não serem reconhecidos nas relações sociais cotidianas, e se encontram com as demais linhas de Belo Horizonte, tornando-se também parte dessa malha e dos nós que a compõem.

Mesmo a Contorno, tão lembrada como uma avenida segregadora em narrativas sobre a cidade, como apontamos, possui também sua porosidade, evidenciando que os limites são mais permeáveis do que parecem ser. São fluídos e permitem não apenas a passagem de pessoas vindas de outros bairros ao Centro, mas de outras cidades à capital, num trânsito contínuo que propicia trocas que relembram, inclusive, o período da construção da cidade, marcado pela chegada de pessoas de várias partes de Minas Gerais, do Brasil e de outros países, sobretudo italianos, estes com um claro intuito de embranquecimento da população (PEREIRA, 2019). Ouvir esses relatos leva-nos a compreender as relações no espaço urbano como linhas de movimento (INGOLD, 2015), de fluxo contínuo, de trocas que acontecem em meio à confluência e coexistência de outras culturas, outras temporalidades e outros saberes. Aqui, as temporalidades presentes se relacionam ao movimento na espacialidade da cidade, mas também ensejam perspectivas sobre como esses deslocamentos podem ser melhores. Mobiliza-se, portanto, uma condição atual para se propor um desejo de futuro.

Pensando na avenida do Contorno e em sua importância como delimitadora simbólica do que seria entendido como a *Cidade*, ou o Centro de Belo Horizonte, o especial *Contornos* dá destaque para o Amarelinho, apelido do Circular 01, ônibus que roda somente nessa avenida. O *teaser* que apresenta o tema traz fotos da comissão construtora da capital, além de imagens do mapa da cidade e do traçado da avenida, numa abordagem com tom memorialista:

> Esta foi a comissão construtora de Belo Horizonte. A avenida 17 de Dezembro foi criada para contornar a cidade. Mas o plano original já previa áreas fora desse limite. Hoje, a Avenida do Contorno tem 12 km. Embarcamos no SC01, linha de ônibus que percorre esse trajeto. E encontramos personagens que também reinventam seus próprios planos. (ESTADO DE MINAS, 2020, n.p.).

Contudo, esse tom é subvertido nos depoimentos, uma vez que a proposta, como consta no subtítulo, é apresentar "três histórias a bordo do amarelinho mais famoso da cidade". A primeira delas é a de José Paulo Saraiva, motorista do Circular 01 há 20 anos, que narra sua história de vida, enfatizando seu trabalho como motorista. Solange Soares, vendedora, usa o circular para ir à aula de dança flamenca, sobre a qual discorre em sua fala. Já a estudante Ana Mayrink, que mora perto da Contorno, diz de sua relação com o ônibus e com a questão de estar dentro ou fora da avenida, o que não faz sentido para ela, considerando que o que está fora é muito maior do que o que se encontra dentro.

Aqui, relembramos uma das identidades narrativas da avenida do Contorno, criada para ser uma via de distribuição à semelhança de outras cidades como Paris e Buenos Aires, mas que é sempre lembrada como elemento discriminatório. Isso se deve ao fato de se atribuir à avenida a separação entre aqueles que podiam estar dentro de seus limites, ou seja, dentro da *Cidade*, e os que estariam fora dela, como bem dissemos. Esse passado, que é acionado recorrentemente quando se fala da Contorno, no entanto, é subvertido quando o especial se propõe a mostrar seu movimento e sua função de conectora de histórias de vida, menos que de fronteira ou limite. Vemos, portanto, um tensionamento temporal em que o passado emerge, mas é revisto em função da dinâmica social do presente.

Já em *Movimentos*, "um passeio de bicicleta em busca de grupos sociais e culturais que tiram Belo Horizonte do lugar", acompanhamos o trajeto de uma ciclista, a partir do qual são apresentados outros movimentos da cidade. Os escolhidos são o carnaval e a Praia da Estação, sobre os quais fala Guto Borges, historiador e músico; o ecossistema de *games*, abordado por João Paiva, da Associação Mineira de Produtores de Jogos; e os *foodtrucks*, apresentado por Felipe Corrêa, da Associação Mineira de *Foodtrucks*. Além dos depoimentos, há vídeos com tomadas feitas por drones, mostrando o passeio da ciclista por lugares que são referência na capital, tais como Praça da Estação, Praça Sete e Praça da Liberdade, com o mapa da cidade apontando para a sua localização. Já as falas dos entrevistados giram em torno da percepção sobre a dinâmica da cidade e o que precisa ser melhorado para o desenvolvimento dos segmentos ali representados. O trajeto, que vai do baixo centro à Praça da Liberdade, evoca a referência que é costurada pela emblemática rua da Bahia, que liga a boemia à liberdade: o local onde a cidade começou, a Praça da Estação, ao seu coração político, a Praça da Liberdade. Os segmentos registrados nesse especial evidenciam a cena cultural e econômica da cidade que têm ganhado destaque nos últimos anos.

Se tomarmos a cidade em sua dimensão de movimento a partir de Ingold (2015, 2018), podemos inferir que o deslocamento está presente em todas as ações das linhas que a animam, uma vez que entendemos que cidade é fluxo, dinamismo, trocas, vida pulsante. Assim, atribuir o aspecto de movimento a um especial específico leva-nos a contrapô-lo aos demais, como se apenas este estivesse vinculado ao deslocamento dos corpos e sujeitos pelo espaço urbano. Em nossa perspectiva, a cidade é movimento de linhas, que podem formar nós mais ou menos estáveis, com durações de tempos e qualidades diferentes, o que nos permite pensar a memória também nesses termos. Por outro lado, o jornal, como agente de memória, atua de modo a ainda colocá-la em lugares mais estanques e aparentemente estáveis. Isso pode ser notado por meio das escolhas de lugares simbólicos e reiteradamente associados à memória da cidade, pelos modos de acionamento dos depoimentos, que chancelam certas premissas dos especiais, na definição das personagens das reportagens, muitas delas já consideradas porta-vozes de Belo Horizonte, entre outros elementos a partir dos quais podemos inferir o desaceleramento pontual de seu movimento, promovido pelo especial multimídia. O jornal, portanto, institui narrativamente a cidade e, em certa medida, agencia sua memória em função da imagem que se quer para ela no futuro.

2.3 O jornal como agente da memória

Para pensarmos o jornal como agente da memória da cidade a partir do projeto multimídia *BH 120 anos,* faz-se necessário considerar que jornalismo e memória possuem uma relação intrínseca, embora esta venha sendo negligenciada, como mencionamos, recuperando as considerações de Zelizer e Tenenboim-Weinblatt (2014). Segundo as autoras, a complexidade interna do jornalismo, sua relação com outras instituições, seu senso de dever público e sua presença nos eventos e questões que moldam a história colocam-no a serviço da memória. Por outro lado, a memória serve ao jornalismo "por meio de sua maleabilidade, sua capacidade de construção de comunidades, seus recursos visuais e narrativos e sua sinalização e legitimação de eventos e instituições específicas no imaginário coletivo" (ZELIZER; TENENBOIM-WEINBLATT, 2014, p. 14).

Tal relação do jornalismo com a memória, especialmente de caráter coletivo, já aparece, de acordo com Zelizer (2014), no pensamento de Halbwachs, embora não de modo direto. Segundo ela, o jornalismo estava implícito em três aspectos de seus escritos: na relação que ele estabelece entre memória e linguagem, nos quadros sociais que propõe e em sua consideração sobre a natureza narrativa da atividade mnemônica. Apesar de Halbwachs não mencionar o jornalismo propriamente dito, Zelizer (2014) aponta que, ao considerarmos esses três pontos, a memória é colocada como dependente de um agente distinto, no qual poderia ser considerado o jornalismo, especialmente no que diz respeito à memória contemporânea, como também considera Huyssen (2000).

Desse modo, nosso intuito de olhar para a memória de Belo Horizonte por meio do *BH 120 anos* permite-nos ampliar o entendimento de agência, que dialoga com a noção de gesto que aqui propomos, partindo da iniciativa de memória operada pelo jornal, especialmente em se tratando da cobertura de efemérides. Como apresentamos, faz-se necessário considerar a dimensão de agência da mídia noticiosa, levando em conta o que nos propõe Leal (2014): a configuração de mundos produzidos nas textualidades e narrativas da mídia noticiosa incorpora aspectos éticos e políticos, contribuindo para a sua identidade. Ou seja, a construção narrativa de mundos – e por que não de cidades? – pelas mídias noticiosas é um indício de sua agência. Em relação à memória, cuja simbiose com o jornalismo é evidente, como nos mostra Zelizer (2014), tal agência se torna ainda mais clara.

No caso das narrativas de memória do *BH 120 anos*, notamos que o acontecimento *aniversário de Belo Horizonte* foi tratado não apenas em sua dimensão memorialística, mas como um modo de afirmação do *Estado de Minas* como agente e parte da memória da cidade, como defendemos em Amormino (2020[a]). Isso parece dar-se tanto pela própria iniciativa de abordagem da efeméride *aniversário de cidade* como por uma memória atualizada ciclicamente pelo jornal, quanto por meio da institucionalidade jornalística, que podemos apreender nos processos e nas escolhas que perpassam a definição da pauta, dos temas de cada especial, das personagens, da abordagem e do enquadramento das narrativas, do uso de recursos expressivos, entre outros. Como considera Tenenboim-Weinblatt (2014):

> Ao marcar com destaque datas especiais, que são definidas menos por acontecimentos noticiosos atuais e mais por uma certa relação temporal com eventos que aconteceram no passado, a mídia desempenha um papel importante na formação do calendário coletivo e na organização do tempo coletivo. [...] Ao mesmo tempo, estabelece a autoridade social do jornal em relação a esse ritual nacional. (TENENBOIM-WEINBLATT, 2014, p. 105).[20]

Nesse sentido, ao agendar a comemoração do 120º aniversário da capital mineira por meio da publicação quinzenal em meio impresso de especiais, ao longo dos seis meses que o antecederam, entendemos que o projeto multimídia não apenas abordou a efeméride quando ela estava prevista, mas fez uma espécie de *contagem regressiva* para o aniversário. Isso contribuiu para reforçar a importância da data como acontecimento histórico, colocando o *Estado de Minas* como peça fundamental e autoridade da memória de caráter coletivo que perpassa os sentidos de pertencimento, celebração e do próprio pensar Belo Horizonte.

---

[20] Do original em inglês: "In prominently marking special dates, which are defined less by current news developments and more by a certain temporal relation to events that happened in the past, the media play an important role in shaping the collective calendar and organizing collective time. In the above example, the framing and prominence of the coverage not only position the case of the captive at the top of the day's public agenda, but also make it part of the collective calendar. At the same time, it establishes the newspaper's social authority in relation to this national ritual". (TENENBOIM-WEINBLATT, 2014, p. 105, tradução livre nossa).

A escolha dos 12 temas dos especiais, por exemplo, parece-nos evidenciar a agência do jornal quanto à prioridade dos assuntos caros à cidade de hoje, a partir dos quais se deve acionar a memória e projetar o futuro. Por mais que o ponto de interseção entre os especiais seja a cidade, a existência de 12 temáticas diferentes, porém complementares, ajuda-nos a pensar a memória para além de seu vínculo com o espaço, inserindo também as comunidades simbólicas como eixos nos quais ela pode se ancorar. Ao tratar da questão da acessibilidade em *Sentidos*, por exemplo, o especial cria uma conexão não apenas com os belorizontinos, mas com as comunidades de pessoas com deficiência, que partilham as dificuldades e os desejos relatados por suas personagens. Nesse sentido, notamos que as comunidades de lugar e as comunidades simbólicas ou de interesse são abordadas conjuntamente pelo projeto multimídia, de modo que, na esteira do que propõe Jill Edy (2014), o vínculo com a memória pode dar-se também entre o que ele chama de "silo de memória": "Um silo de memória pode surgir se grupos distintos de pessoas dentro de um sistema social vierem a compartilhar uma memória coletiva única para eles e não estiverem cientes de que essa memória não é típica além dos limites de seu grupo" (EDY, 2014, p. 74)[21]. Dessa forma, um ou mais silos de memória, como uma comunidade fechada que compartilha uma memória de caráter coletivo entre si, podem ser acionados em cada um dos 12 especiais, ou seja, a iniciativa de memória promovida pelo jornal vincula-se tanto em função de um espaço partilhado, comum, quanto de experiências que cada nicho partilha simbolicamente.

Em relação à escolha de determinadas personagens para darem seus depoimentos e contarem suas experiências com a cidade, percebemos que há intenção do jornal de se colocar como autoridade mediadora entre o individual e o coletivo, mobilizando a memória em função das demandas presentes e de possíveis projetos de futuro para a cidade. No entanto, como apontamos em Amormino (2020a, p. 19), a "iniciativa de memória empreendida pelo jornal, por mais que busque abrir o leque temático e de personagens, acaba reforçando certos lugares geográficos e simbólicos da cidade que reiteram um dizer oficial sobre ela". Isso pode ser percebido nos cenários que aparecem nos especiais, em sua maioria circunscritos à regional Centro-Sul e àqueles que cumprem a função de cartões-postais.

---

[21] Do original em inglês: "A memory silo may emerge if distinct groups of people within a social system come to share a collective memory unique to them and are unaware that this memory is not typical beyond the boundaries of their group". (EDY, 2014, p. 74, tradução livre nossa).

Olhando para a força dos depoimentos de personagens nos especiais, podemos inferir que, ao narrarem suas questões mais particulares, os entrevistados estão dizendo de um comum, de uma coletividade ou mesmo das demandas de seus "silos de memória" (EDY, 2014). O jornal, portanto, tenta estabilizar uma narrativa sobre um espaço ou uma comunidade compartilhados, mas, ao mesmo tempo, aciona e tensiona temporalidades diversas que os compõem e evidencia as crises que marcam o cotidiano da cidade. São gestos contraditórios entre si, mas coerentes com o esforço do jornal de se posicionar na cidade como seu porta-voz.

Descortinando o tensionamento temporal na composição narrativa da memória empreendida em cada especial, observamos que os depoimentos do projeto, entendidos como seus elementos centrais, contribuem para dotar o acontecimento – o aniversário de 120 anos da capital mineira – de maior espessura temporal, em que passado, presente e futuro são tensionados e ressignificados. Esse procedimento parece dialogar com o conceito de "memória reversa", de Tenenboim-Weinblatt (2014), segundo quem o mecanismo cultural da prática jornalística foca no presente enquanto comemora um passado partilhado, sendo, para ela, um dispositivo narratológico em que a temporalidade vai do presente ao passado:

> As narrativas da memória coletiva sempre giram simultaneamente em torno do passado e do presente (Zelizer, 1992; Meyers, 2007). E assim, nesse caso, o presente oferece aos indivíduos e às culturas uma moldura e uma perspectiva para avaliar e compreender o passado. Quando abordamos o conceito de memória coletiva, geralmente nos concentramos na representação narrativa do passado; no entanto, ao discutir esse conceito devemos levar em conta que a memória coletiva não é meramente uma narrativa do passado, mas sim um "(1) processo multidirecional (entre o passado e o presente) de (2) concretizar um (3) narrativa do passado em um (4) funcional, (5) constructo político-social" (Neiger, Meyers e Zandberg, 2011: 9). Além disso, na maioria dos casos, esses processos e mecanismos são aproveitados para o avanço das ideologias dominantes e das necessidades do coletivo de memória. Nesse contexto, a memória reversa corresponde à conceituação de pós-memória de Hirsch (2001), facilitando a compreensão

de que o efeito de eventos passados continua no presente. (TENENBOIM-WEINBLATT, 2014, p. 105).[22]

Embora reconheçamos que o presente enquadra a forma como o passado é retomado e que o passado continua a impactar e tensionar o presente, notamos, a partir do *BH 120 anos*, que esse movimento não acontece apenas do presente para o passado ou num processo multidirecional entre ambos. Também é feito em direção ao futuro, num exercício imaginativo de projeção da cidade que se quer, ainda que esta encontre referência no próprio passado. Desse modo, a articulação temporal nessas narrativas parece-nos ainda mais complexa, pois o retorno cíclico da efeméride *aniversário da cidade* abre-se como um campo de possibilidades de não apenas rever o passado partindo do presente ou de buscar responder questões do presente olhando para o passado, mas também de incorporar possibilidades de imaginação de futuros. Por outro lado, parece também evidenciar as fissuras na constituição da própria memória da cidade, ao mostrar, em suas narrativas, aberturas em sua história oficial, problemas do passado que ainda impactam o presente e colocam em xeque o futuro, além de demandas e desejos atuais que nos ajudam a vislumbrar o coletivo que se quer construir.

Isso pode ser percebido nos depoimentos que, ao olharem para o passado pela chave da nostalgia ou comentarem os problemas do presente, conformam modos de imaginar um futuro possível, assim como na escolha de várias personagens representantes de *startups*, área que demonstra um crescimento recente em Belo Horizonte. Ao inseri-las de forma tão incisiva nos especiais, o projeto parece vincular tal segmento à ideia de um futuro promissor, desenvolvimentista e tecnológico desejado para a capital mineira. No entanto, essa projeção, menos que dizer de um porvir, remete ao passado que marca a história de Belo Horizonte e justifica sua própria construção, ainda no final do século XIX, uma vez que, como apontamos, a cidade foi criada para ser a síntese do novo, alinhada ao projeto republicano

---

[22] Do original em inglês: "Narratives of collective memory always revolve simultaneously around the past and present (Zelizer, 1992; Meyers, 2007). And so, in such case, the present offers individuals and cultures a frame and a perspective for evaluating and understanding the past. When we address the concept of collective memory we usually focus on the narrative depiction of the past; nevertheless, when discussing this concept we must take into account that collective memory is not merely a narrative of the past, but rather a '(1) multi-directional process (between the past and present) of (2) concretizing a (3) narrative of the past into a (4) functional, (5) social-political construct' (Neiger, Meyers and Zandberg, 2011: 9). Moreover, in most cases, these processes and mechanisms are harnessed towards the advancement of dominant ideologies and the needs of the remembering collective. Within this context, reversed memory corresponds with Hirsch's conceptualization of postmemory (2001), facilitating the understanding that the effect of past events continues into the present" (TENENBOIM--WEINBLATT, 2014, p. 105, tradução livre nossa).

e positivista do país. Além disso, também em nome desse ideal, têm sido realizadas várias obras urbanas e viárias, como as de canalização de rios e córregos, que são a causa de muitos problemas vivenciados atualmente e evidenciados pelo próprio projeto.

Assim, o especial nos mostra uma Belo Horizonte que almeja reconciliar-se com seu passado, mas que ainda tem na chave do progresso um importante elemento de sua identidade. Esse parece agora se ancorar no movimento da cidade, no dinamismo que reverbera em iniciativas de segmentos ligados à inovação e à criatividade, nas fronteiras e nos limites rompidos, mas também na busca pelo passado como um modo possível de se construir a Belo Horizonte do futuro. Isso pode dar-se por meio da nostalgia de um tempo que resiste na memória de seus moradores: aquele dos rios limpos onde se podia pescar, de uma vida de glórias e reconhecimentos, da valorização de segmentos que foram historicamente negligenciados, da força simbólica de certos lugares considerados cartões-postais da cidade, mas também pela lembrança de problemas antigos que ainda precisam ser enfrentados, reconhecendo suas falhas históricas, tais como sua problemática relação com sua hidrografia, refletida na poluição do Arrudas e nas contraditórias canalizações de outros tantos rios e ribeirões de sua farta bacia hídrica.

Desse modo, nesse olhar para o passado à luz do presente, nota-se tanto a dimensão de reconciliação quanto de desejo de retorno a ele no futuro. O presente, este lugar aberto para onde tudo converge, é o lugar dos problemas a serem resolvidos, o lugar da ação, o lugar da imaginação, da concepção desta Belo Horizonte que ainda parece entender-se e pretender moderna. Assim, se o jornal *A Capital*, em sua histórica edição de 12 de dezembro de 1897, trouxe a inauguração de Belo Horizonte em sua capa, numa narrativa em tom de elegia, agora, esse acontecimento, tornado efeméride e recuperado em seu aniversário, mobiliza as mídias noticiosas, que tornam, ano a ano, a reinaugurá-la e a instituí-la narrativamente, como o fez o *Estado de Minas* por meio de seu projeto multimídia.

A partir dele, o jornal afirma sua legitimidade como um agente da memória de Belo Horizonte, o que se dá por meio da abordagem narrativa do acontecimento-efeméride *aniversário da cidade* e por sua interpretação e ressignificação. "Há, nesse sentido, um dizer do próprio jornal sobre a cidade." (AMORMINO, 2020a, p. 19). Esse evidencia uma memória fissurada, conflituosa que, no caso específico da capital mineira, diz de uma crise historicamente constituída e de demandas do presente ainda não atendidas. No entanto, cabe-nos perguntar se o futuro da cidade comporta ainda a existência do *Estado de Minas* e se esse seria o desejo do *BH 120 anos*.

O que percebemos é que o *Estado de Minas*, por meio da cobertura da efeméride do aniversário da capital mineira, parece pretender ser uma amálgama de sua multitemporalidade e de sua memória, propondo uma visão da cidade que é, em certa medida, homogeneizadora, a qual visa a convergir as diferenças na direção de uma identidade normativa. Pretende mostrar, portanto, como a Belo Horizonte que emerge narrativamente no jornal é ou deveria ser, intenção que, como apontamos, escapa ao gesto de memória que a iniciativa promove. Como vimos, no caso de *BH 120 anos*, o *Estado de Minas*, embora queira projetar uma cidade, estabilizando sua memória, acaba nos revelando diferentes Belo Horizontes e colocando-se como um mediador legítimo de suas memórias, um agente imprescindível na constituição da tessitura da capital mineira, uma linha para a qual outras tantas convergem, estabelecendo nós de qualidades distintas.

3

ENTRE PERMANÊNCIAS E MUDANÇAS, A IDENTIDADE NARRATIVA DA CIDADE EM QUANTO TEMPO DURA UM BAIRRO?

Se a memória das cidades é feita de retalho de tecidos, linhas e fios que vão compondo uma malha heterogênea e, por vezes, sobreposta e não harmônica, seus elementos reconhecidos como patrimônio podem ser considerados parte desses fragmentos. No caso das edificações tombadas, percebemos que elas conformam uma textura de tempos difusos, à qual também se juntam aquelas que não foram alçadas a esse reconhecimento. Convivem lado a lado, perfazendo a materialidade inscrita na paisagem urbana.

Ao percorrermos Belo Horizonte, especialmente os bairros mais antigos, notamos a coexistência de edificações de diferentes tempos, com seus respectivos estilos arquitetônicos. Entre prédios altos, residenciais e comerciais, com galerias e lojas no nível da rua, janelas e varandas envidraçadas, incrustam-se sobrados, casas com alpendre e entradas com gradis decorativos, cujos arabescos e padrões são reproduzidos também nas janelas que avistam a rua. Uma convivência pouco harmoniosa, especialmente em função da especulação imobiliária, em nome da qual, de tempos em tempos, edificações mais antigas são derrubadas, dando lugar a arranha-céus, que também arranham a terra e modificam modos de ser e estar nos espaços da cidade. Reproduz-se, assim, a mesma lógica do início de Belo Horizonte, quando da derrubada de casas do Arraial de Curral del Rey: o velho saindo para dar lugar ao novo, que, numa linha evolutiva moderna, se sobrepõe ao antigo, suplantando um passado histórico colonial e escravagista de Minas Gerais, como apontamos.

Dando continuidade ao movimento trapeiro que aqui empreendemos, deparamo-nos com um projeto cultural que lida com a memória da cidade de modo peculiar. A ele fui apresentada por um colega do doutorado que, sabendo do foco de minha pesquisa em iniciativas de memória de Belo Horizonte, me indicou um projeto com um nome intrigante: *Quanto tempo dura um bairro?*, que pode ser acessado pelo *site* (https://quantodura.com.br/), pelo perfil no Instagram (@quantobairro) e livro. Em vez de um título que se relacionasse de modo direto com a cidade, uma pergunta, uma inquietação. Um projeto cultural que se desdobra em três produtos, aprovado na área Patrimônio Material/Memória na Lei Municipal de Incentivo à Cultura de Belo Horizonte, modalidade Fundo, do Edital 2017/2018, embora conste o ano de 2014 como o de seu início, no texto de Apresentação. Idealizado pela fotógrafa Mirela Persichini e pelo designer Philippe Albuquerque, sua proposta é "contribuir para a valorização e para a difusão da potência cultural, simbólica e urbanística do conjunto arquitetônico e afetivo de BH" (QUANTO TEMPO DURA UM BAIRRO, 2021).

Apesar de ser composto por três mídias – *site*, perfil no Instagram e livro –, o primeiro parece ser a matriz a partir da qual as demais se baseiam ou o ponto de ancoragem do projeto, embora o perfil do Instagram seja anterior ao *site* e tenha ganhado novos usos após o seu lançamento, como detalharemos adiante. Em relação ao *site,* que nos interessa em especial, esse traz fotografias de fachadas de casas tombadas ou em processo de tombamento como patrimônio na esfera municipal de três bairros/regiões de Belo Horizonte: Santa Tereza, na Zona Leste; Savassi, na Zona Sul; e Lagoinha, na região Nordeste, além de textos sobre a memória da cidade e a história dos lugares registrados, dentro dos quais foram inseridos depoimentos de moradores.

Ao tomar conhecimento da proposta do projeto, entendi que ele poderia ser considerado mais uma memória menor da cidade, por reverberar algumas inquietações relevantes para a reflexão que aqui propomos. A primeira delas é a própria pergunta que dá nome ao projeto, problematizando a questão da duração, tão cara aos estudos de memória. Outro ponto é a relação do bairro com a cidade, do micro com o macro, o que o reforça como uma memória menor, uma vez que o projeto não tem a pretensão de ser algo totalizante. Além disso, o olhar diferenciado para a questão do patrimônio também nos possibilita pensar a relação entre memória e permanência, mesmidade e ipseidade, circunscritas e encarnadas na materialidade que resta como ruína, como fragmentos de temporalidades distintas espalhados pela espacialidade da cidade.

Embora, à primeira vista, o entendimento de patrimônio pareça ser um lugar já dado, posto que o projeto lida com a materialidade já reconhecida como tal por órgãos oficiais na esfera municipal, esse reconhecimento é subvertido pelos depoimentos que compõem o projeto. O tempo do tombamento pelas instâncias oficiais não parece ser o mesmo tempo das memórias daqueles que comentam tais patrimônios[23], conforme discutiremos a seguir.

A iniciativa para realizar o projeto partiu da experiência pessoal de um de seus idealizadores, que recebeu um comunicado oficial emitido pela Prefeitura de Belo Horizonte, informando que a casa onde morava, no Santa Tereza, seria indicada ao processo de tombamento como patrimônio histórico, junto a outras edificações e praças que conformam o conjunto urbano preservado do bairro. Esse fato serviu de ponto de partida para a realização de um registro audiovisual das fachadas dos imóveis e praças integrantes da lista. A partir de então, o *Quanto tempo dura um bairro?* foi tomando forma, extrapolando o Santa Tereza e alcançando também os outros dois bairros que o integram: Savassi e Lagoinha.

O Santa Tereza possui entre 10 mil e 20 mil de habitantes, conforme dados divulgados pela Prefeitura de Belo Horizonte (2022b), baseados no Censo Demográfico de 2010 realizado pelo IBGE, e faz divisa com os bairros Floresta, Santa Efigênia, Paraíso, Horto, Esplanada e Sagrada Família. O projeto o descreve como um bairro que está próximo ao Centro e é reconhecido por sua boemia, tendo como característica o fato de ser residencial, cujo tipo de edificação predominante são casas com quintais, além de oferecer uma vida comunitária ativa, como pode ser observado no trecho a seguir:

> Sobre Santa Tereza convencionou-se dizer: bairro boêmio, tranquilo, acolhedor. Ruas pequenas, de clubes e esquinas. De bares, carnavais e ares de interior. Um bairro bem mineiro, que te recebe com café enquanto matuta revoluções – muitas delas para barrar a especulação imobiliária, que o está comendo pelas beiradas. Tem quem Salve Santa Tereza no grito, e há quem salve com palavras as memórias que Santa Tereza Tem. A especulação imobiliária é só uma das questões que avança os sinais vermelhos em alta velocidade nas ruelas do bairro. Os moradores as atravessam atentos, pois cada hora chega a notícia de um atropelo diferente. Já quiseram construir por lá o maior edifício da América Latina. Os tratores e máquinas já estavam a postos para botar de pé o empreendimento, às custas da desapropriação da comunidade Vila Dias, mas foram freados pela força dos movimentos sociais

---

[23] Uma versão inicial da reflexão que aqui propomos está presente no artigo "Mesmidade e ipseidade em narrativas da memória de cidades: fricções temporais num cotidiano em tensão em *Quanto tempo dura um bairro?*", apresentado ao GT Memória nas Mídias, no XXX Encontro da Associação Nacional dos Programas de Pós-Graduação em Comunicação - (Compós), promovido pela Pontifícia Universidade Católica de São Paulo - (PUC0-SP) e realizado em julho de 2021.

> porque o projeto feria especificações urbanísticas da Área de Diretrizes Especiais. Por ser tombado pelo patrimônio cultural de Belo Horizonte, Santa Tereza possui uma série de normas específicas e uma delas define o limite de 15 metros de altura para os edifícios que quiserem se mudar pra lá.
>
> No bairro há muitos espaços que decidiram desafiar o tempo, a lógica imobiliária imediatista e os cabelos brancos de seus vizinhos. Alguns deles conseguiram resistir e preservar características arquitetônicas do início do século XX, como o restaurante Bolão e o Cine Santa Tereza. Também é o caso do quase centenário Bar do Orlando, que fica ao redor de uma pracinha repleta de bares e restaurantes que movimentam as noites com música, petiscos e cerveja. (QUANTO TEMPO DURA UM BAIRRO, 2021, n.p.).

Características como a boemia, a tranquilidade que lembra uma cidade do interior e o reflexo de uma mineiridade como um elemento que o vincula à certa tradição são imagens recorrentemente associadas ao Santa Tereza. O texto também faz menção, de modo sutil, ao dia a dia do bairro, como à presença do *site Santa Tereza Tem*, que divulga atividades, histórias e informações sobre a região; a construção de duas torres que tinham a pretensão de ser as maiores da América Latina, projeto que foi interrompido, restando a edificação inacabada; além de lugares de referência, como o restaurante Bolão, o Bar do Orlando, mencionado em *BH 120 anos*, e o Cine Santa Tereza, que ocupam imóveis do início do século XX.

Já a Savassi, reconhecida oficialmente como bairro somente em 2006, possui, segundo dados oficiais da Prefeitura de Belo Horizonte de 2010, população semelhante à do Santa Tereza, tendo como vizinhos o Centro e os bairros de Lourdes, Santo Antônio e Funcionários (PREFEITURA DE BELO HORIZONTE, 2022b). É apresentada no projeto como uma região de grande apelo comercial e de entretenimento, destacando a coexistência de casas da época da criação da cidade com grandes edificações. Como consta no texto sobre o bairro do próprio projeto,

> Fachada é o que não falta na Savassi, bairro localizado em uma das mais antigas regiões de Belo Horizonte. Nas últimas décadas, seus moradores viram dezenas dos seus casarões darem lugar a edifícios contornados por vidros e espelhos, cercas elétricas e estacionamentos. Do que era casa restou somente a capa. Comandado por construtoras e pela intensa especulação imobiliária, este processo não apenas derrubou

> casas (muitas delas tombadas como patrimônio da cidade), mas soterrou memórias de toda uma época. (QUANTO TEMPO DURA UM BAIRRO, 2021, n.p.).

Observamos, portanto, uma crítica à especulação imobiliária, em função da qual casas antigas dão lugar a prédios novos. Isso é apontado com pesar pelo projeto, uma vez que, segundo seus textos, tal fato contribuiria para a perda de uma Belo Horizonte em suas primeiras feições, uma perda da cidade do passado. O termo *fachada* aparece ainda com um duplo sentido: remete tanto ao que remanesce como parte externa de edificações, mas também ao que existe "só de fachada", para se fazer ver.

A Lagoinha, referência da boemia nos primeiros anos da capital mineira, também é lembrada pelo fato de ter sido historicamente impactada por intervenções feitas pelo poder público. Entre elas, destacamos as significativas alterações viárias quando da construção do complexo rodoviário, na década de 1980, que foi responsável pela demolição da Praça Vaz de Melo, referência de sociabilidade; a construção do Aeroporto da Pampulha em 1933, cujo acesso se dava pela Lagoinha; a construção do Túnel Lagoinha-Concórdia, ou Túnel Souza Lima, iniciada em 1948 e concluída em 1971; e a construção do Terminal Rodoviário, na década de 1970, e do trem metropolitano, em 1986 (FREIRE, 2011), o que marcou sua arquitetura e alterou significativamente o cotidiano de seus moradores.

Além disso, trata-se de uma região considerada berço de Belo Horizonte, pois dela faz parte a Pedreira Prado Lopes, da qual foi retirada boa parte de matéria-prima para a construção da cidade, onde hoje se localiza uma comunidade de mesmo nome. É, ainda, historicamente marcada pela presença de imigrantes estrangeiros e pela grande ocupação de operários. Conforme Cíntia Mirlene Perla Freire (2011), seu nome se refere à lagoa que existia na localidade, e sua ocupação se deu por meio da Lei das Vilas Operárias de 1918, que viabilizou a regularização do uso de terrenos da prefeitura em áreas da Zona Suburbana da capital. Ainda segundo a pesquisadora, trata-se de um bairro de limites dispersos, confrontando com os bairros Bonfim, Carlos Prates, Santo André, Colégio Batista e Centro, além de abrigar a Pedreira Prado Lopes e a Vila Senhor dos Passos. No texto sobre a Lagoinha, disponível no *site* do projeto, assim ela é caracterizada:

> Descobrimos um bairro de topografia acidentada, viadutos e desvios bruscos, ruas apertadas de mão única, perspectivas vertiginosas, terreiros, encruzilhadas, bifurcações e súbitas travessias. Onde choro, samba e gargalhadas ritmavam a vida

em múltiplos bares, dancing clubs, motéis e mitos sem fim. Há quem diga que ele já chegou rompendo padrões (e pedreiras), meio trôpego, meio boêmio, meio tombando, meio tombado. Tombado? Só se for pelas más-línguas de quem não o olha nos olhos, ou finge não ver a humanidade de suas ruínas e personas. Lagoinha nasceu das águas, das pedras, das eiras sem beiras, de gente que ajudou a abrir as alas (e as ruas) para a nova capital de Minas passar. [...] O progresso era o mote na época da construção da cidade. No século seguinte, moradores viram várias dessas casas serem derrubadas, enquanto o bairro era coberto por cimento e tomava pra si a alcunha de seu conjunto de viadutos: Complexo (da) Lagoinha. Por mais que muitos o definam como um bairro de passagem, especialmente para carros, para compreender a Lagoinha, há de adentrar seus muros e transbordar o que há de concreto; há de habitá-la para sentir o que flui por seus poros de uma dureza (e de uma beleza) particular. Como não admirar, por exemplo, o que se encontra para além das belas fachadas (e modos de viver) que ainda resistem? (QUANTO TEMPO DURA UM BAIRRO, 2021, n.p.).

Algumas características da Lagoinha são, portanto, reforçadas, tais como a sua boemia, presente nas referências sutis ao samba e à prostituição, por meio da citação de personagens lendários como Maria Tomba Homem, mencionada no livro *Hilda Furacão*, de Roberto Drummond. Também são lembradas a importância da Pedreira Prado Lopes na história de Belo Horizonte e todas as alterações viárias que a região vem sofrendo, além de serem apontadas questões que decorrem do processo de tombamento de seus imóveis, nem sempre suficiente para a proteção do patrimônio material, embora o imaterial ainda resista nos modos de ser do bairro.

Santa Tereza, Savassi e Lagoinha são localidades muito distintas, tanto em relação à sua formação e ao vínculo com a história de Belo Horizonte quanto no que diz respeito ao perfil de seus moradores e às transformações a que foram sujeitas desde seus primórdios. Isso se reflete nas imagens das fachadas das casas registradas pelo *Quanto tempo dura um bairro?*, quando examinadas por um olhar mais atento, que se mostram mais simples ou mais sofisticadas, mais preservadas ou não, dependendo de onde se encontram, embora tal diferenciação não tenha relevância no projeto.

Apesar disso, os três bairros localizam-se próximos à região central da cidade e possuem relevância histórica e cultural, o que reverbera na grande quantidade de edificações tombadas ou em processos de tombamento em tais localidades. No caso de Santa Tereza e Lagoinha, trata-se de regiões classificadas como Áreas de Diretrizes Especiais (ADEs) pela Prefeitura de Belo Horizonte, por sua relevância cultural e histórica, pressupondo uma atenção especial no Plano Diretor da cidade.

Como vimos, o início do projeto deu-se por Santa Tereza. Partindo da lista oficial de imóveis do conjunto urbano tombado no bairro, foi realizada uma cartografia afetiva, com o trânsito de corpos pelo espaço a olhar e registrar tais edificações, que também podem ser tomadas como corpos que compõem esses lugares. O registro em fotografias e vídeos a partir das caminhadas foi compartilhado, inicialmente, em uma conta no Instagram e, posteriormente, em *site* e livro.

No perfil do Instagram, o projeto se define como "acervo fotográfico de imóveis históricos de Belo Horizonte que virou livro e *site*. Patrimônio cultural, memória e arquitetura de BH" (QUANTO TEMPO DURA UM BAIRRO, 2021). Traz, na maioria de suas postagens, imagens das fachadas dos imóveis também publicadas no *site* e no livro, cujas legendas são trechos de textos que constam nesses outros dois suportes. Há, ainda, o registro de oficinas realizadas em 2020, como o Rolê Fotográfico na Savassi; *links* para o *site* e para o *podcast* audiodescritivo *A rua ao pé do ouvido*, do coletivo Ao Pé do Ouvido, fruto de caminhada audiodescritiva feita na Savassi, em março de 2020, voltado para acessibilidade de pessoas com deficiência visual; informações sobre o livro; e divulgação de fotos, textos e mapas que também constam nos demais produtos.

Nota-se que o Instagram continua sendo um divulgador de outras iniciativas dos idealizadores relacionadas ao patrimônio material da capital mineira, sendo atualizado de modo mais contínuo, talvez em função de sua natureza como rede social. A exemplo, menções a iniciativas como *Pampulha: tempo, história e museus*, lançada em 2021, em parceria com a Peixe Vivo Histórias e o Instituto Periférico, constituída de três cadernos que revelam a vocação cultural e museológica da Pampulha, destacando o Museu de Arte da Pampulha, o Museu Casa Kubitschek e a Casa do Baile; e a chamada pública *Casas da Pampulha*, lançada também em 2021, um convite para o registro fotográfico da diversidade e da pluralidade arquitetônica das casas da Pampulha, cujas imagens selecionadas foram incorporadas ao acervo documental do Museu Casa Kubitschek e exibidas nas redes sociais do museu e do Instituto Periférico.

O livro que também compõe o *Quanto tempo dura um bairro?*, por sua vez, foi lançado em 2020. Envolto numa capa que traz o título do projeto sobreposto a todos os endereços catalogados e com uma textura que remete a revestimento de edificações, lacrado com uma fita adesiva carimbada com o nome do projeto, o livro dá um grande destaque às fotografias, que ora aparecem em página inteira, ora em página dupla. A partir delas, é possível observar, com maior apuro, os detalhes dos imóveis e as marcas do tempo que carregam em suas fachadas. Também há um mapa com a delimitação das localidades abarcadas pelo projeto que, embora não sejam limítrofes, estão dentro ou muito próximas do Centro de Belo Horizonte.

Já o *site*, ao qual nos voltaremos nesta análise, traz fotografias das fachadas organizadas por bairros e estes por ruas, dispostas lado a lado e, ao serem clicadas, ampliadas, possibilitando a navegação entre elas. Também disponibiliza textos sobre cada lugar, com depoimentos de moradores, ensaio de apresentação do projeto, ficha técnica, *link* para o Instagram, além de um mapa com referência aos imóveis registrados, apontando suas diferentes fases no processo de tombamento como patrimônio histórico do município. Após o lançamento do *site*, foi incluído um novo texto, escrito por Alícia Duarte Penna, para a tela de conversa sobre o projeto, da qual participou em 15 de julho de 2020, junto de Priscila Musa e Rafael Barros, que também assinam o ensaio *A vida na escala da rua*. Há, ainda, *link* para o *podcast A rua ao pé do ouvido*. De certa forma, o conteúdo é o mesmo do perfil no Instagram, diferenciando deste em relação à forma e ao tom de proximidade com o usuário que, no caso da rede social, é mais íntimo e afetivo, enquanto o *site* tem uma proposta mais institucional.

Podemos notar que as três mídias compartilham o mesmo conteúdo, que traz um tom diferente em cada uma delas, adequado às suas características particulares: o apelo visual e sensorial do livro, com texturas, vincos e elementos gráficos que potencializam os detalhes de cada fachada; o tom afetivo das publicações no perfil do Instagram, além da ampliação temática para outros bairros e patrimônios e uma maior dinamicidade que busca estreitar o vínculo com o usuário, tais como sorteios e respostas aos comentários; e o tom mais formal do *site*. Três suportes que, de certa forma, atuam de modo complementar e possibilitam experiências diferentes e entradas alternativas aos imóveis catalogados.

Olhando para a página inicial do *site*, deparamo-nos com a frase em destaque: "Este é um chamado para olhar a cidade. Memória, urbanidade, permanência, patrimônio." (QUANTO TEMPO DURA UM BAIRRO, 2021). Do seu lado direito, um conjunto de fachadas de casas de vários tempos constitui um mosaico pelo qual se navega por bairro ou rua. Imagens de vestígios de tempos diversos, que compõem a materialidade dos lugares aos quais o projeto se volta. Entendemos vestígios aqui no sentido que nos propõe Ricoeur (2010), segundo quem ele atua como sinal ou marca, sendo visível no momento presente, ao mesmo tempo que indica o passado da passagem, a anterioridade dessa presença, sem fazer aparecer o que passou por ali. Retomando a metáfora proposta por Agostinho sobre o tempo como passagem, Ricoeur (2010, p. 203) aponta o paradoxo que o vestígio traz: a passagem não existe, mas o vestígio permanece: "Nesse sentido, ter passado por ali e ter posto uma marca se equivalem: a passagem expressa melhor a dinâmica do vestígio, a marcação expressa melhor sua estática". Desse modo, o vestígio incorpora tanto a dimensão de significância, uma vez que pode ser interpretado e compreendido, adquirindo significado em sua relação com o contexto, quanto a de representância, ou seja, sua capacidade de evocar a presença ausente daquilo que deixou sua marca.

Em *Quanto tempo dura um bairro?*, trata de vestígios que indicam a remanescência de outros tempos na espacialidade da cidade, que evidenciam tanto a mudança refletida na passagem temporal e nos diferentes modos de habitá-la quanto a permanência expressa em sua presença material, que ainda resiste no espaço urbano. Além disso, são vestígios que carregam outros vestígios, outras inscrições que marcam sua materialidade, e que, em algumas situações, se assemelham a ruínas, nos termos benjaminianos (BENJAMIM, 2020c), como apontaremos adiante.

Ainda na página inicial, observando as fotografias que ela apresenta, a primeira impressão que temos é a de que Belo Horizonte é uma cidade antiga, composta por casas baixas e sobrados, com fachadas adornadas com gradis artesanais e arabescos. No entanto, ao percorrer suas ruas fisicamente ou mesmo ao atravessá-la por meio do *site*, levando em conta também os textos de apresentação e os depoimentos sobre os bairros, entendemos que esse conjunto de casas só existe na espacialidade virtual que o projeto cria. Da mesma forma, a Belo Horizonte de casas antigas só existe fora desse ambiente como vestígio de outros tempos, como resistência. Mais que compor um arranjo de vizinhança, como o projeto faz parecer, compartilham um mesmo bairro como edificações dispersas entre outras tantas de tempos distintos e mais recentes. O que de fato partilham é a (r)existência num tempo cronológico e num espaço comum.

Assim, desdobrado nos três suportes detalhados anteriormente, o *Quanto tempo dura um bairro?* traz em seu nome uma interrogação da qual se desprendem outras perguntas: o bairro teria um tempo ou uma duração?

Que tempo seria esse? O que permanece e o que muda? Por trás desse título--pergunta, está a inquietação de que um bairro pode ter um tempo próprio, para além do tempo da cidade. Podemos nos perguntar, ainda, se a duração de um bairro pode ser maior ou menor em função das transformações inevitáveis ao longo de sua história, tanto aquelas mais espontâneas, fruto da dinâmica da vida social, quanto as institucionais, resultantes de escolhas do poder público. Nessas cabem alterações estruturais em função da abertura de novas avenidas, como se nota ao longo da história de Belo Horizonte, e da existência de políticas públicas, como as que abarcam tombamentos de edificações como patrimônio histórico, o que confere certa garantia de permanência de elementos materiais tidos como de relevância histórica e cultural. Sobre essa inquietação que move o projeto, um dos textos que compõem o *site* traz a seguinte reflexão:

> Quanto tempo dura um bairro? Quanto tempo dura um bairro em nós? Quem sabe o tempo entre "felizes para sempre" e "até que a morte nos separe"? Quem sabe o tempo de uma fortuna, de uma necessidade, o tempo de uma foto amarelar – ou ser apagada. O tempo da espera do ônibus ou do bonde, da mensagem ou carta não respondida, da história não vivida, o tempo do bloco de carnaval passar (e nos fazer multidão).
>
> Quiçá ainda o tempo de dar conta que o bairro existe primeiro do lado de dentro. E que pode atravessar gerações nos interiores do mesmo peito.
>
> A verdade é que os bairros nunca morrem. Mas viajam pelos pés dos que ali passam. Esses, sim, acabam levando muito do que deixa saudades nas gentes que gostam de ganhar tempo observando a vida por janelas – e pelo que jaz(z) nelas.
>
> Às vezes, para descobrir uma casa ou um bairro é necessário mudar-se antes para dentro de si mesmo e só assim abrir as portas do aprender a caber ali. O importante é não ficar só na fachada. (QUANTO TEMPO DURA UM BAIRRO, 2021, n.p.).

Vemos, portanto, que diferentes temporalidades atravessam a materialidade dos espaços, fazendo com que sua duração alcance a esfera das experiências de seus moradores, especialmente aquelas vinculadas a tais lugares. Experiências que residem dentro de cada um, transformadas em memórias enquadradas na esfera social daquela comunidade que partilha um espaço comum. Essa reflexão reverbera também no texto sobre o bairro Lagoinha, em que se atribui uma maior duração dos lugares à memória dos moradores:

> Fomos em busca das cartografias afetivas e o que encontramos foram memórias apagadas, esquecidas, histórias de descabimento. [...] Descobrimos, por entre ruas e portas adentro, que os bairros duram mais nas pessoas que nos registros. E que há bairros inteiros dentro de cada um – mesmo quando a cidade é cúmplice do soterramento de lembranças de certa parte da população. (QUANTO TEMPO DURA UM BAIRRO, 2021, n.p.).

Nesse sentido, é interessante notar que, para sair da fachada e alcançar esse outro modo de permanência no tempo, que se conjuga às vivências e práticas sociais, faz-se necessário recorrer à memória de seus moradores, em que tais lugares podem ter uma duração maior. Já em relação à materialidade das edificações, cabe ao seu registro como patrimônio contribuir para sua maior permanência, embora o tombamento não seja limitador das transformações a que essas estão sujeitas ao longo do tempo, nem seja suficiente para garantir sua continuidade nos espaços, como veremos adiante.

Levando em conta tais questões, o *Quanto tempo dura um bairro?* instiga-nos à reflexão sobre o que permanece como valor, bem como sobre a multiplicidade temporal presente e constituinte do espaço urbano, embora ele não pretenda, em sua proposta inicial, discutir o tombamento ou o conceito de patrimônio, uma vez que parte da ação do poder público para instituir seu gesto de memória. Isso nos possibilita compreender, portanto, as dimensões de permanência e mudança e pensá-las como categorias da identidade narrativa da cidade, que o próprio projeto ajuda a configurar.

3.1 Quanto tempo dura um patrimônio? Mesmidade e ipseidade em questão

Para compreendermos como são efetuadas as políticas de proteção dos patrimônios materiais e imateriais em níveis federal, estadual e municipal, partimos da definição de patrimônio do Iphan (2021). Para esse órgão federal, pode ser considerado como tal um conjunto de bens móveis e imóveis existentes no país, cuja conservação é de interesse público, tanto por estar vinculado a fatos memoráveis da história do Brasil ou quanto por seu valor arqueológico, etnográfico, bibliográfico ou artístico.

O processo de tombamento como patrimônio de um bem material ou imaterial pode dar-se nas esferas municipal, estadual e federal, ou ainda em nível mundial, com a chancela de Patrimônio Mundial da Humanidade, adotada em 1972, pela Organização das Nações Unidas para a Ciência e a

Cultura (Unesco), na Convenção do Patrimônio Mundial Cultural e Natural. Conforme o Iphan (2022, n.p.), "trata-se de um esforço internacional de valorização de bens que, por sua importância como referência e identidade das nações, possam ser considerados patrimônio de todos os povos". Nesse sentido, o tombamento diz respeito ao instrumento de reconhecimento e proteção do que possui relevância histórica, artística e/ou cultural.

Na esfera federal, cabe ao Iphan gerir os tombamentos. Estes podem ser solicitados por qualquer pessoa física ou jurídica, que formaliza seu pedido junto à Superintendência do Iphan no seu respectivo estado, à Presidência do Iphan ou ao Ministério da Cultura. A partir de então, inicia-se um processo administrativo para analisar a importância do bem em âmbito nacional, e, caso aconteça o tombamento, ele é inscrito em um ou mais Livros do Tombo (IPHAN, 2021). Uma vez registrado como patrimônio, cabe ao Iphan fiscalizar as condições de conservação do bem, que pode ser móvel ou imóvel, entre os quais estão conjuntos urbanos, edificações, coleções e acervos, equipamentos urbanos e de infraestrutura, paisagens, ruínas, jardins e parques históricos, terreiros e sítios arqueológicos. "O objetivo do tombamento de um bem cultural é impedir sua destruição ou mutilação, mantendo-o preservado para as gerações futuras." (IPHAN, 2021, n.p.).

No âmbito estadual, o órgão responsável pelos processos de tombamento é o Instituto Estadual do Patrimônio Histórico e Artístico de Minas Gerais (Iepha-MG), que se alinha ao Iphan quanto à definição de patrimônio, vinculando-o à sua relevância cultural para um grupo determinado de pessoas, podendo ser material ou imaterial. Também nessa esfera, conforme o Iepha-MG (2022), a solicitação do tombamento como patrimônio cultural material ou imaterial pode partir de qualquer cidadão ou entidade pública ou privada, cujo processo é regulado pela portaria n.º 29, de 2012. Expostas as razões para a solicitação e contando com descrição do bem, informações históricas, registro fotográfico, plantas ou outras imagens, explicação sobre a utilização original e a atual, entre outros detalhamentos que confirmem seu valor, é feita uma análise por parte do instituto. Aprovado o pedido, instaura-se um processo que instrui uma decisão final pelo Conselho Estadual de Patrimônio Cultural (Conep).

Já as políticas de proteção do patrimônio cultural da Prefeitura de Belo Horizonte buscam envolver os cidadãos e as comunidades na identificação, guarda e promoção de bens culturais representativos da memória da cidade. Como referência para sua atuação, o Conselho Deliberativo do Patrimônio Cultural do Município de Belo Horizonte (CDPCM-BH) possui o Inventário de Conjuntos Urbanos na cidade, definido a partir de áreas polarizadoras, onde são percebidos ambiências, edificações ou conjunto de edificações que apresentem expressivo significado histórico e cultural. O intuito é preservar espaços que desempenhem "[...] uma função estratégica e simbólica na estruturação e compreensão do espaço urbano e de suas formas de ocupação, bem como sua identificação da população" (PREFEITURA DE BELO HORIZONTE, 2022a, n.p.).

O perímetro de proteção de cada Conjunto Urbano é definido pela concordância de dois espaços: o de valor simbólico e/ou polarizador e o de valor urbanístico. Os instrumentos de proteção dos quais o CDPCM--BH se cerca são: diretrizes especiais de projeto, que orientam em caso de intervenções, reformas e acréscimos de área no perímetro do Conjunto Urbano; registro documental, instrumento de proteção de edificações com valor histórico-urbanístico, mas que isoladamente não apresentam características relevantes capazes de justificar seu tombamento; tombamento específico, que recai sobre bens materiais, móveis ou integrados, com valor histórico, arquitetônico, cultural, simbólico e/ou afetivo para a cidade; e o registro imaterial, regulado pela Lei n.º 9.000/04, que versa sobre o inventário e a salvaguarda dos processos de criação, manutenção, transmissão de conhecimentos e das práticas e manifestações de grupos socioculturais que se vinculam à identidade e à memória do município (PREFEITURA DE BELO HORIZONTE, 2022a).

Curiosamente, a criação do CDPCM-BH pela Lei n.º 3.802/84 aconteceu como reação à demolição do Cine Metrópole, edificação histórica que se localizava na rua da Bahia, esquina com a rua Goiás, no Centro, que mencionamos. Às voltas com a constante mudança de feições de Belo Horizonte, fez-se necessário, na aproximação do seu centenário, preocupar-se com o que deveria permanecer como elemento de valor em seu espaço urbano, tendo em vista a perda de um de seus cinemas de rua mais emblemáticos.

Por outro lado, para além dessa definição institucional de patrimônio, que chancela políticas públicas de tombamento e reconhecimento do valor de determinado bem, há que se considerar também a perspectiva das pessoas, daqueles que habitam a cidade e suas edificações históricas e que, como nos lembra o *Projeto Moradores*, que analisaremos a seguir, são, de fato, o "patrimônio por trás do patrimônio" (PROJETO MORADORES - BELO HORIZONTE, 2021). Desse modo, na esfera do cotidiano, da cidade vivida e experienciada, esse conceito se torna insuficiente e muitas vezes é problematizado pelos próprios moradores, como podemos observar no texto sobre a Lagoinha. Apesar de o tombamento reconhecer o valor histórico-cultural da região, uma das mais antigas de Belo Horizonte, "[...] grande parte das vias e das edificações da Lagoinha apresentam [sic] um progressivo estado de degradação – ainda que se fale muito sobre conservação após o tombamento de parte das casas como patrimônio da cidade" (QUANTO TEMPO DURA UM BAIRRO, 2021). Sobre isso, Dona Graça, uma das moradoras da Lagoinha que têm o seu depoimento registrado, comenta: *"o bairro é a gente que faz. Por ser tombado, a prefeitura deveria cuidar mais dos casarões. E não cuida. Olha que construção bonita aqui na frente. Tinha que cuidar, pra conservar. A história da Lagoinha vem destas casas aí"* (QUANTO TEMPO DURA UM BAIRRO, 2021). O que se observa, portanto, é que os depoimentos, em certa medida, descentram as definições de patrimônio das quais se servem a política de reconhecimento do valor histórico e cultural em níveis municipal, estadual e federal. Colocam em xeque a sua eficácia na preservação das edificações tombadas, que parecem encontrar nas pessoas, em suas memórias, uma maior duração.

Apesar das controvérsias sobre o processo de tombamento como patrimônio, e considerando que este também reside nas pessoas que experienciam os bairros, como nos mostram os depoimentos e como veremos em relação ao *Projeto Moradores,* entendemos que, em ambos os casos, há um ponto em comum: a dimensão de valor está presente na definição do bem que deve ser chancelado como patrimônio, quer pelo poder público, quer pelas pessoas. Nesse sentido, ao levantar a questão da permanência dessas edificações valoradas tanto numa dimensão de política pública quanto simbolicamente, o *Quanto tempo dura um bairro?* permite-nos entrever certa fricção na memória da cidade e nas temporalidades que marcam seu cotidiano (AMORMINO, 2021).

A partir do projeto, a questão da permanência parece ser central para se compreender a dinâmica desses vestígios que se colocam como parte da memória da cidade. Isso nos permite refletir sobre a continuidade dessas edificações num cotidiano heterogêneo e temporalmente marcado, na esteira do pensamento de Certeau (1994) e Heller (2008), restaurando-as ao fluxo da cidade, ao movimento que tanto as constituem quanto as atravessam. Assim, interessa-nos olhar para a identidade narrativa que se desprende entre mesmidade e ipseidade (RICOEUR, 2010, 2014), entre permanência e mudança que constituem a cidade a partir de seus patrimônios.

A reflexão sobre identidade narrativa é feita por Ricoeur, em *Tempo e Narrativa* (2010), numa proposta em que o autor busca fazer uma hermenêutica do si, levando em conta a constituição do tempo humano e sua contribuição nesse processo. Já em *O si-mesmo como outro,* Ricoeur (2014) amplia essa discussão, apontando que a construção da identidade dá-se numa lógica concordante-discordante, sendo a identidade narrativa uma dialética entre mesmidade e ipseidade, dois polos ou conceitos que a constituem. "A verdadeira natureza da identidade narrativa, a meu ver, só se revela na dialética entre ipseidade e mesmidade" (RICOEUR, 2014, p. 146). O filósofo francês introduz, aqui, o entendimento de que um aspecto importante deve ser considerado nessa relação: a dimensão temporal da existência humana, com a qual se articula a identidade narrativa.

A visada que o autor propõe, considerando a compreensão do si como uma interpretação, é que esta encontra na narrativa uma instância de mediação privilegiada tanto na história quanto na ficção. "O que faltava a essa apreensão intuitiva do problema da identidade narrativa é a clara compreensão do que está em jogo na própria questão da identidade aplicada a pessoas ou a comunidades" (RICOEUR, 2014, p. 112-113), que é compreender a identidade na chave da relação entre mesmidade e ipseidade.

Conforme Ricoeur (2010, 2014), ambas são categorias de permanência no tempo. Por ipseidade, entendemos o reconhecimento da alteridade constitutiva do si, que incorpora a diferença, a diversidade e a divergência. Já a mesmidade, para o autor, seria entendida como prática interpretativa, possibilitando a apreensão de si como o mesmo. Na articulação desses dois polos – mesmidade e ipseidade –, a identidade narrativa se configura.

À mesmidade, cabe o entendimento de "continuidade ininterrupta" (RICOEUR, 2014), ou seja, aquilo que possibilita o reconhecimento, a unicidade e o entendimento de algo como o mesmo, configurando um modo de identificação. Trata-se, portanto, da possibilidade de sanar a fragilidade da semelhança em caso de grande distância no tempo, permitindo que duas ocorrências aparentemente distintas possam ser tomadas como a mesma. Para o autor:

> A demonstração dessa continuidade funciona como critério anexo ou substitutivo da semelhança; a demonstração baseia--se na seriação ordenada de pequenas mudanças que, tomadas uma a uma, ameaçam a semelhança, mas não a destroem; é o que fazemos com as fotografias que nos retratam em idades sucessivas da vida; como se vê, o tempo é aqui fator de dessemelhança, divergência, diferença.

> Por esse motivo, a ameaça representada para a identidade só será inteiramente conjurada se, como base da semelhança e da continuidade ininterrupta da mudança, se apresentar um princípio da permanência no tempo. (RICOEUR, 2014, p. 116 - 117).

Nesse sentido, se o tempo é fator de dessemelhança, uma vez que sua passagem traz modificações, a continuidade ininterrupta ou o princípio de permanência no tempo ajuda no processo de identificação. Isso pressupõe considerar o caráter relacional da identidade, sendo a mudança aquilo que acontece a algo que supostamente não muda, fazendo com que, segundo Ricoeur (2014, p. 117), "toda a problemática da identidade pessoal vai girar em torno dessa busca de uma invariante relacional, conferindo-lhe a significação forte de permanência do tempo".

No Livro X das *Confissões*, Agostinho (1980, p. 265) lança a pergunta "Que é, por conseguinte, o tempo?", apresentando em sua argumentação uma aporia que não tem uma resposta, mas que contribui para se estabelecer uma visada fenomenológica sobre o tempo. Conforme Ricoeur (2010), tal pergunta traz um paradoxo ontológico. A respeito dessa aporia, Agostinho (1980, p. 256) argumenta:

> Se ninguém me perguntar [o que é o tempo], eu sei; se o quiser explicar a quem me fizer a pergunta, já não sei. Porém, atrevo-me a declarar, sem receio de contestação, que, se nada sobrevivesse, não haveria tempo futuro, e se agora nada houvesse, não existiria o tempo presente.

Nessa perspectiva, evidencia-se o vínculo do tempo à experiência, uma vez que esse pode ser sentido, experimentado, mas dificilmente explicado. Para esse fato, chama atenção Ricoeur (2010, p. 16), segundo quem "a especulação sobre o tempo é uma ruminação inconclusiva cuja única réplica é a atividade narrativa". Dessa forma, é a narrativa que o organiza, o que a permite ser compreendida como condição humana de experiência do tempo, responsável por sua configuração, sendo um modo de interromper temporariamente sua passagem inexorável e torná-lo comunicável.

A associação à ideia de passagem, à qual se vincula o entendimento ocidental sobre o tempo, faz com que, muitas vezes, ele seja compreendido como algo que se desloca do passado em direção ao futuro, numa visada linear e, por vezes, teleológica da História. Esse movimento, conforme Ricoeur (2010, p. 16), se daria em certa espacialidade, de modo que "todas as relações entre intervalos de tempo se fazem 'num certo espaço' e que todas as relações entre intervalos de tempo concernem a 'espaços de tempo'". Para além do tempo que passa, o entendimento de que as coisas passam pelo tempo permite-nos compreender a identidade narrativa entre mudanças e permanências, entre mesmidades e ipseidades, dentro da qual se instaura um processo constante de reconhecimento do mesmo como continuidade ininterrupta. O processo de identificação, portanto, além de relacional, oscila entre os polos da mesmidade e da ipseidade. Há momentos em que um polo se sobrepõe ao outro, e há momentos em que eles se distanciam, mas sempre esse processo de identificação pressupõe considerar a permanência no tempo. Ou seja, conforme Ricoeur (2014, p. 127), "é na ordem da temporalidade que se deve buscar a mediação". Para ele:

> É comparando uma coisa a si mesma em tempos diferentes que formamos as ideias de identidade e diversidade; quando perguntamos se uma coisa é a mesma [same] ou não, sempre se faz referência a alguma coisa que existiu em tal tempo e em tal lugar, sendo certo que nesse momento essa coisa era idêntica a si mesma [the same with itself]. Essa definição parece acumular os caracteres da mesmidade em virtude da operação de comparação, e os da ipseidade em virtude do que foi coincidência instantânea, mantida através do tempo, de uma coisa com ela mesma. (RICOEUR, 2014, p. 127).

Nessa perspectiva, de acordo o filósofo francês, é a própria composição do enredo que possibilita "integrar na permanência do tempo o que parece ser seu contrário sob o regime da identidade-mesmidade, a saber, a diversidade, a variabilidade, a descontinuidade, a instabilidade" (RICOEUR, 2014, p. 146). Essa composição, segundo o autor, é marcada pela exigência de concordância e admissão de discordâncias que, até o encerramento da narrativa, coloca em risco essa identidade, o que ele chama de "síntese do heterogêneo".

Retomando a questão da identidade pessoal, o autor volta seu olhar para a personagem, quem executa a ação na narrativa e é composta em enredo, com o qual estabelece uma relação dialética. Dessa forma, a concordância discordante da personagem precisa ser inscrita na dialética da mesmidade e ipseidade, sendo que "essa função mediadora que a identidade narrativa da personagem exerce entre os polos da mesmidade e da ipseidade é essencialmente comprovada pelas variações imaginativas a que a narrativa submete essa identidade" (RICOEUR, 2014, p. 155). Identidade, aqui, não numa visada essencialista, mas relacional, conformando uma identidade narrativa que pressupõe um agir ético no mundo. Embora não se atenha a uma conceituação apurada de variações imaginativas, o termo é recorrente na obra de Ricoeur, tendo sido mobilizado tanto em *Tempo e Narrativa* quanto em *O si-mesmo como outro*. Um apontamento interessante é que, segundo o autor:

> [...] experiências ficcionais sobre o tempo são variações imaginativas, já não apenas umas com relação às outras, mas propriamente como ficções; esse termo fixo só foi reconhecido no final de nossa análise da constituição do tempo histórico por reinscrição do tempo fenomenológico no tempo cósmico (RICOEUR, 2010, p. 214).

Assim, se a identidade narrativa advém de uma relação dialética entre mesmidade e ipseidade, poderíamos partir dela para refletir sobre as fachadas registradas pelo *Quanto tempo dura um bairro?*, levando em conta que essas são fundadas em sua permanência no tempo, que inevitavelmente incorpora mudanças, ao passo que também há algo que nos permite reconhecê-las como as mesmas.

Tomando essa reflexão de Ricoeur (2014) sobre a identidade narrativa e considerando a articulação entre mesmidade e ipseidade como dimensões de permanência no tempo, podemos olhar para as edificações mapeadas e registradas pelo *Quanto tempo dura um bairro?* como vestígios que precisam permanecer como os mesmos para serem memória, como apontamos em Amormino (2021). No entanto, além da mesmidade, que permite o reconhecimento das edificações como patrimônio, a ipseidade evidencia as mudanças a que foram sujeitas ao longo de sua duração. Assim, perguntamos: qual seria a mesmidade desses locais registrados, que confere a eles identidade (ou identificação com ele) ao longo de sua permanência? Se nada escapa à mudança que é própria do estar no mundo, como pensar a dialética entre permanecer e mudar a partir de lugares que compõem o cotidiano de um bairro, como os registrados pelo projeto, cuja própria existência já pressupõe atualizações por usos e práticas distintos ao longo do tempo?

3.2 Vestígios de tempos outros: quanto dura o que permanece?

Como apontamos, a questão da permanência é central em *Quanto tempo dura um bairro?*. Para lidar com ela, o projeto se propõe a fazer uma cartografia do patrimônio material e imaterial de três regiões de Belo Horizonte por meio de registro fotográfico, articulado a textos e depoimentos, trazendo também um convite para se olhar e pensar a cidade.

A fotografia permite um encontro com as edificações tombadas dos lugares escolhidos e possibilita a construção de um mosaico de fachadas, que se dá por meio de seu recorte do local de origem – a rua, a vizinhança, o bairro – e de sua inclusão em outros ambientes – o virtual e o impresso. O projeto cria, dessa forma, novas espacialidades nas quais as imagens das edificações são inseridas, compondo uma nova cidade, novos modos de imaginá-la e de experienciá-la.

Desse modo, a dimensão material das fachadas de imóveis ganha destaque em *Quanto tempo dura um bairro?*, já que é o registro fotográfico o elemento central do projeto em todos os seus três suportes. Em sua materialidade, as edificações incorporam tanto o caráter da marcação, característico dos vestígios na perspectiva de Ricoeur (2010), uma vez que continuam presentes no cenário arquitetônico da cidade, quanto da passagem, por deixarem à mostra inscrições de tempos outros, que também adquirem materialidade em sua permanência. Nesse sentido, as edificações se tornam vestígios de temporalidades diversas, registrados neste outro vestígio que é a própria edificação, presente na cidade e nas imagens do projeto. Ou seja, nota-se, nas fotografias, a relação dialética da identidade narrativa, em que a mesmidade aponta aquilo que permanece, e a ipseidade, o que se transforma.

As fachadas, portanto, acolhem e dão a ver a coexistência de diferentes temporalidades, além de se inscreverem como parte da espacialidade da cidade. Transpostas para o espaço virtual, no caso do *site* e do perfil no Instagram, ou impresso, em se tratando do livro, a fixação do momento em que foram registradas preservam-nas de outras alterações às quais continuamente estão sujeitas. Nesse momento, novas inscrições podem ter sido acrescentadas, outras podem ter sido removidas, uma restauração pode ter sido iniciada, um reboco pode ter se soltado... Desse modo, olhar para esses vestígios materiais, dando-lhes uma dimensão de valor e buscando sua permanência, é lançar luz sobre uma história marcada por apagamentos, presentes desde a construção da capital mineira, como destacamos ao trazer um breve histórico sobre sua fundação.

Reverbera ainda no projeto um movimento que se aproxima dos registros efetuados pelo Gabinete Fotográfico, instalado junto à comissão construtora, nos idos do século XIX, que registrava as edificações do antigo arraial antes de sua demolição, além das obras e novas construções. Conforme Rogério Arruda (2011), alguns desses registros foram incorporados à *Revista Geral dos Trabalhos* e ao Álbum de Vistas Locaes e das Obras

Projectadas para a Nova Cidade, que reúne fotografias de edificações antigas do arraial e reproduções de projetos da nova capital a ser construída. Ele aponta, ainda, que as características das imagens produzidas pelo Gabinete e o modo como instituíram uma representação da cidade cumpria tanto um papel de divulgação, de modo a atrair moradores e investidores, quanto de memória. Pode, assim, ser considerado uma forma de lidar com o apagamento físico das edificações da antiga localidade, permitindo-lhes sobreviver nas imagens fotográficas, feitas pelo Gabinete Fotográfico, e em pinturas em tela, por meio da contratação do artista francês pela comissão construtora, Émile Rouède, em 1894 (OLIVEIRA, 2017). Ele produziu três telas de Curral del Rey, denominadas Vista do largo da Matriz de Nossa Senhora da Boa Viagem de Belo Horizonte, Rua do Sabará e Panorama do Arraial de Belo Horizonte, e Tomada do Alto do Morro do Cruzeiro, que atualmente compõem o acervo do Museu Histórico Abílio Barreto, instalado na antiga fazenda do Leitão, um dos poucos imóveis do arraial sobreviventes à construção da nova capital.

No *Quanto tempo dura um bairro?*, por sua vez, mais que divulgar as fachadas, seu objetivo nos parece ser o de garantir certa permanência de tais edificações tal como estão agora, operando uma iniciativa de memória, ao passo que apresenta questões relativas à conservação dos patrimônios no município, como podemos ver na Imagem 1, a seguir.

Figura 1 – Fachada de edificação tombada na Lagoinha

Fonte: *Quanto tempo dura um bairro?*[24]

Embora tal edificação tombada não possa vir a ser demolida pelo poder público, como ocorreu com aquelas do Arraial de Curral del Rey, registradas pelo Gabinete Fotográfico antes de sua retirada da paisagem urbana, ao fotografá-la e reinseri-la no ambiente virtual, o projeto também efetua uma iniciativa de memória. Aqui, é necessário lembrar dessa edificação tal como ela se encontra hoje, com a ação do tempo até este momento, observada em suas paredes já sem reboco e em sua resistência como inscrição de outras temporalidades na espacialidade da cidade. Tais temporalidades encarnadas nas edificações dizem do período em que elas foram construídas, das marcas de seus diferentes usos ao longo do tempo, das inscrições que receberam em sua fachada, das modificações que sofreram, ou seja, reverberam nos distintos modos de materializar a sua permanência frente à passagem do tempo.

Esses bens remanescem como ruínas, muitas vezes intencionais, já que alguns proprietários não têm condições financeiras ou interesse em

---

[24] Disponível em: https://www.quantodura.com.br/. Acesso em: 10 mar. 2022.

preservar os imóveis tombados, ao passo que são impedidos pelo poder público de demoli-los. Aqui, cabe lembrar que, segundo a perspectiva benjaminiana, ruína pode ser compreendida como lugar de trabalho, a partir da qual é possível fazer história a contrapelo. Trata-se de um algo produtivo, que permite a fabulação sobre o que poderia ter sido tais edificações, à medida que também denuncia o que não pode ser repetido, fazendo-se de marcador do que não pode ser esquecido. Ruína, portanto, se torna potência. Na perspectiva de Huyssen (2014), contudo, diante da velocidade com que o presente produz ruínas e de uma atual "nostalgia das ruínas", pelo fato de elas incorporarem a promessa de um futuro alternativo, só temos sido capazes de produzir escombros. Para ele, "o presente é uma era de preservação, restauração e novas versões, todas as quais anulam a ideia de ruína autêntica, que se tornou, ela mesma, histórica" (HUYSSEN, 2014, p. 113).

Na Imagem 1, por exemplo, vemos as paredes de uma edificação em ruínas pintadas com a personagem Bolinho, criada por Maria Raquel Bolinho, que aciona outras textualidades para se pensar sobre esse patrimônio. Trata-se de uma personagem de arte urbana, segmento que tem sido muito valorizado na capital mineira, especialmente após a realização do projeto Cura, que se iniciou em 2019 com intervenções artísticas na Lagoinha e se expandiu para a região central nos anos seguintes. O Cura é abordado por sua idealizadora, Priscila Amoni, no especial *BH 120 anos*, como apresentamos, o que o coloca como uma das iniciativas culturais que contribuem para reverberar a imagem de cidade criativa, pulsante e dinâmica que o especial produzido pelo *Estado de Minas* pretendeu reforçar.

Aqui, junto ao texto verbal *Eu amo BH!!!*, o Bolinho parece chamar atenção para o valor que se atribui à edificação na fachada da qual foi inscrito. Considerando que os grafites são feitos em paredes e áreas desvalorizadas ou degradadas, sua associação a uma edificação tombada, mas em ruínas, parece-nos destacar sua decadência. Por outro lado, o texto verbal enfatiza o amor à cidade que lida de forma contraditória com seus bens que, embora tombados como patrimônio, permanecem como ruínas. Contudo, perguntamo-nos: não seria também tal personagem de arte urbana um item de valor para a cidade, assim como a edificação o é? Como um elemento de arte efêmera que, tal qual as fachadas, está sujeito à ação do tempo e de outras inscrições que podem sobrepor-se a ele, o grafite fotografado também não estaria protegido de seu caráter de mudança, assim como a fachada tombada, ao serem registrados pelo projeto? Parece-nos haver, nesse gesto de fotografar tais lugares, um apelo à permanência, um modo de paralisar o movimento ao qual as materialidades da cidade estão submetidas; uma forma, ainda que provisória, de estancar a passagem do tempo sobre o espaço. No entanto, o que ela revela são camadas não sobrepostas de tempos distintos, temporalidades abigarradas, como veremos adiante, das quais emergem diferentes cidades, e que nos ajudam a caracterizar nossa cidade-trapeira.

É interessante observar que, em alguns textos que compõem o projeto, há referências a Belo Horizonte que reside na memória de seus moradores, construída a partir de uma historiografia que insiste em apontar certas passagens como traços característicos da cidade e que, como mencionamos, conforma uma identidade narrativa possível para ela. Entre eles, destacamos a sua dificuldade em lidar com a memória e com seus patrimônios, a delimitação da cidade pela controversa avenida do Contorno, o fato de a capital mineira ter sido fruto de um planejamento, sendo criada em nome do projeto republicano, os problemas historicamente recorrentes advindos das políticas de canalização de seus rios, entre outras referências que também encontram ressonância em *BH 120 anos* e que podem ser notadas no excerto seguinte:

> Recortes do real. De frames da vida que nenhuma publicação, discurso ou linguagem consegue dar a ver por completo. Nem tudo cabe dentro dos limites do que se convencionou chamar de História. Recortes do imaginário. O desafio de reconstruir coletivamente um espaço a partir de novos olhares, narrativas, percursos. Do que se convencionou chamar de bairro. Das memórias de quem nunca teve sua importância olhada nos olhos.

> Em Belo Horizonte, convencionou-se contar o causo de uma cidade planejada. Mas para aonde será que foi tudo aquilo que ficou de fora da Contorno? Fora das páginas e fotografias que registraram a construção da metrópole que vinha para romper com a imagem do Império e reforçar a chegada da República. Dos mapas de Aarão Reis, que traçaram avenidas e palácios com pompas de Paris, mas que esqueceram de lembrar dos nomes daqueles que levantaram nos braços as calçadas e imóveis modernos da nova capital das Geraes.

> Foi de geração pra geração, que subia Bahia, descia Floresta e muitos quilômetros mais além, a pé. Foi pros cantos e rezas. Ou ficou guardado em gavetas.

> Foi pra debaixo da terra, junto dos rios que minavam e agora explodem o que há de concreto. Foi pro outro lado da Terra, no trem de ferro, com o minério que fez horizontais os que um dia foram nossos – e belos – horizontes. De tudo e de tanto(s), o que será que fica – e vale? (QUANTO TEMPO DURA UM BAIRRO, 2021, n.p.).

Nessa cidade contraditória, aquilo que tem seu valor reconhecido passa necessariamente pelo que consta na lista dos tombamentos municipais, mas não se limita a ela. Há outras Belo Horizontes que não estão ali contempladas e que também são valorizadas por aqueles que as habitam e que escapam à própria iniciativa de memória do projeto. Retomando a fundação de Belo Horizonte, *Quanto tempo dura um bairro?* aponta uma crítica às suas constantes mudanças e às violências historicamente empreendidas. Em ensaio intitulado "A vida na escala da rua", publicado no *site* do projeto, Priscila Musa e Rafael Barros (2021) colocam que:

> A Belo Horizonte metropolitana são 3 milhões de cidades, mas não nos enganemos. A cidade metáfora do progresso já de início engoliu o pequeno Curral Del Rey, fez desaparecer os nichos de muitos homens comuns do arraial sem ouro que por sorte ou infortúnio logrou sediar a nova capital de Minas. Em um primeiro momento os casarões e avenidas da nova capital sobrepuseram pequenas ruelas ladeadas de casebres e vendas de onde se via a vida passar aos passos lentos dos cavalos. [...] Em um segundo momento algumas avenidas foram alargadas e uma série de altos edifícios atropelou árvores, dividiu parques e praças, esmagou os então pequenos casarões e o vizinho se mudou para longe.
>
> Em um terceiro momento novas avenidas se espraiaram sobre as casas daqueles que construíram a cidade, seus lugares comuns, pequenas centralidades de comércio local desapareceram junto com rios, córregos, lagoas, praças, o centro precisava chegar até a grande lagoa artificial, precisava chegar até a cidade industrial. E assim segue, são cidades se sobrepondo a outras cidades, não sem violência, enquanto muitas e muitos ainda não conseguiram subir a primeira fiada de tijolos, as avenidas já ganharam o segundo andar.
>
> Existe uma cidade recalcada, sim. Cidade das histórias que ninguém contou ou que ficaram esquecidas. Cidade das casas demolidas, da memória destruída, das referências perdidas. (MUSA; BARROS, 2021, n.p.).

A cidade, na fachada, são suas milhares de edificações, ruas, prédios, parques, favelas... mas a cidade também são seus quase 3 milhões de moradores, com seus antepassados e futuros descendentes. Ainda que os prédios sejam ruínas, ou mesmo que não existam mais, em cada morador uma cidade resiste, permanece, se constitui, é afirmada e reimaginada continuamente. No entanto, o lamento pela perda daquilo que foi e "[...] que ninguém contou ou ficaram esquecidas" (MUSA; BARROS, 202, n.p.), e que talvez só resista como memória de uma cidade recalcada, que ainda permanece latente e, em certa medida, justifica o projeto. Assim, talvez como resposta a esse histórico autofágico sobre o qual os autores discorrem, e que, como mostramos, faz parte de um discurso sobre Belo Horizonte que se repete, constituindo também uma memória que conforma certa identidade narrativa da cidade, nota-se que o *Quanto tempo dura um bairro?* lida, de modo mais pujante, com a questão da permanência, ligando-a a valor. O que permanece fá-lo, em grande medida, porque houve reconhecimento de seu valor, especialmente pelo poder público, responsável por efetivar os processos de tombamento como patrimônio. Por outro lado, o valor também permeia os depoimentos sobre o bairro, vinculando-o a histórias de vida dos sujeitos que habitam, habitaram ou se relacionam com tais edificações e/ou lugares. Nesse sentido, a dimensão material, presente nas fotografias, é atualizada pela imaterial dos depoimentos de moradores. Estes adicionam novas camadas de sentido aos patrimônios, dando-lhes um aspecto ainda mais afetivo e vinculado à experiência.

Por meio dessas vozes, é possível conjugar o bem material e o imaterial, ancorando as edificações no cotidiano vivido, na experiência de pessoas que são parte desses patrimônios e com eles se relacionam. As imagens que advêm dos depoimentos revelam-nos uma lógica que escapa à visada patrimonial ordenada por interesses políticos e econômicos. Trata-se de um vínculo constituído pelos afetos, pelas experiências mais ordinárias, pelas relações com outras pessoas, das quais a edificação e mesmo o bairro são partes.

Por outro lado, além de um vínculo com o passado, com a Belo Horizonte de outros tempos, é possível vislumbrar, nesses depoimentos, projeções de futuro, do que se espera ou deseja para a cidade. Podemos pensar esses atravessamentos como possibilidade de articulação entre *espaço de experiência* e *horizonte de expectativa*, nos termos de Reinhardt Koselleck (2006), assim como é possível pensar essa multitemporalidade presente na cidade partindo de sua definição de *estratos do tempo* (KOSELLECK, 2014), atualizando-a conforme o pensamento de Rivera Cusicanqui (2018), que traz uma perspectiva aymara para pensar as realidades latino-americanas.

Considerado um revisionista da história linear, Koselleck (2006), a partir das categorias meta-históricas *espaço de experiência* e *horizonte de expectativa*, lança a pergunta: "Que experiência de passado e futuro existe?". Em sua perspectiva, o passado deixa de ser percebido como um acúmulo ou um lugar de depósito de experiências e passa a ser entendido na sua dimensão de experiência viva, fundado na linguagem. Segundo ele, "a experiência é o passado atual, aquele no qual acontecimentos foram incorporados e podem ser lembrados" (KOSELLECK, 2006, p. 309) e estaria tanto ligada à pessoa quanto ao interpessoal. Da mesma forma, dar-se-ia a expectativa ou o futuro, haja vista que, para o autor, esse "[...] se realiza no hoje, é futuro presente, voltado para o ainda-não, para o não experimentado, para o que apenas pode ser previsto" (KOSELLECK, 2006, p. 310). Nessa perspectiva, pensar em futuros e passados a partir de Koselleck pressupõe não os considerar de forma isolada ou fechada em si mesma, mas como parte de um processo de imbricamento de tempos, sendo que é no presente que se desembocam tanto o passado atualizado quanto o futuro esperado, embora a presença do passado seja diferente da presença do futuro (AMORMINO, 2020b).

Como apontam Bruno Souza Leal e Ana Regina Rêgo (2022), em seu percurso teórico-metodológico, Koselleck relaciona história e tempo à experiência social dos seres humanos e sua potência para a ação. O tempo histórico, portanto, seria construído por meio das percepções sociais sobre o tempo, destacando, especialmente, o olhar para o futuro. Os autores apontam, ainda, que Koselleck considerava o foco da história não no passado, mas no futuro. Nesse sentido, a volta para o passado não pode ser estática, haja vista que "[...] o entre tempos comporta uma relação entre a experiência e a potência da ação que convoca, por sua vez, uma expectativa que se apresenta como possibilidade de futuro." (LEAL; RÊGO, 2022, p. 8).

No caso de *espaço de experiência*, entende-se que as experiências não seriam mensuráveis ou demarcadas cronologicamente, nem se dariam como adição, mas estariam colocadas no mesmo espaço, por mais que digam respeito a momentos diferentes. Para Koselleck (2006, p. 312), "o que distingue a experiência é o haver elaborado acontecimentos passados, é o poder torná-los presentes, o estar saturada de realidade, o incluir em seu próprio comportamento as possibilidades realizadas ou falhas". Como argumentam Leal e Rêgo (2022), no *espaço de experiência*, trata-se de experiências que podem ser entendidas como vivências, que implicam tanto um indivíduo quanto os coletivos aos quais ele integra.

Analisando as propostas de Koselleck, Rogério Gimenes Giugliano (2016) considera a questão espacial que tais termos evocam, menos como uma instância simbólica e mais como um território que se delineia como um platô, especialmente no caso do espaço de experiência:

> Para Koselleck, o espaço da experiência - que substitui a ideia ampla de experiência humana usada por Heidegger e Ricoeur - condensa em um território o passado e presente - constituindo um platô. A experiência humana transcorre, portanto, entre diversas camadas de passado que convivem em um mesmo local. A conexão com o passado não se dá somente pela narrativa, ocorrendo também no espaço. No entanto, na relação espacial com o passado não há indicação clara de sucessão. Serão as narrativas sobre a história que, em última análise, fornecerão ordem, conexão e importância a estes eventos condensados no espaço. (GIUGLIANO, 2016, p. 73).

Já a categoria *horizonte de expectativa* remonta ao que ainda não pode ser contemplado, uma vez que a expectativa, ou o vir a ser, está delimitada por um horizonte, ou seja, há um limite que impede o acesso a ela. Novamente, a metáfora espacial se faz presente, e, no encontro entre as duas metacategorias, Koselleck (2006) contribui para dotar o tempo humano de especificidade e não universalidade, como aponta Giugliano (2016).

Leal e Rêgo (2022) lembram, ainda, que essas duas metacategorias propostas por Koselleck são formais e relacionais, mas não se complementam nem possuem reciprocidade entre elas:

> Não há possibilidade de coincidência plena entre passado e futuro, nem tampouco "uma expectativa jamais pode ser deduzida totalmente da experiência", o que incorre no fato de que "a presença do passado é diferente da presença do futuro" (KOSELLECK, 2014, p. 310-311). Para Koselleck, a presença do passado experiência é *espacial,* porque se aglomera para formar "um todo em que muitos estratos de tempos anteriores estão simultaneamente presentes". Já a expectativa por sua vez, não é espacial *ainda*, visto que guarda potência para a ação que pode ou não se concretizar. Nesse sentido, a metáfora do horizonte vem para que se possa vislumbrar um "novo espaço de experiência que ainda não pode ser contemplado" (KOSELLECK, 2014, p. 311). (LEAL; RÊGO, 2022, p. 9).

No que diz respeito à noção de *estratos do tempo*, também proposta por Koselleck (2014), a relação entre tempo e espaço tem como referência o modelo geológico, que passou a interpretar as paisagens segundo uma conotação temporal. Conforme o historiador alemão, quando Carus, médico fisiologista alemão que desempenhou vários papéis durante a era romântica, entre eles os de naturalista e pintor de paisagens, fez retroceder a história da Terra, temporalizando-a para conciliar certas formas de montanhas com sua estrutura interior, ele permitiu que se fizesse também uma interpretação da história humana por meio de metáforas que abarcam períodos de longa duração. A expressão *estratos do tempo*, portanto, remete a formações geológicas que remontam a tempos e profundidades diferentes, constituídos em velocidades distintas no decurso da chamada história geológica. Segundo Koselleck (2014, p. 19):

> É uma metáfora que só pode ser usada a partir do século XVIII, depois que a antiga ciência natural, a história natural, foi temporalizada e, com isso, historicizada. Sua transposição para a história humana, política ou social, permite superar analiticamente os diversos planos temporais em que as pessoas se movimentam, os acontecimentos se desenrolam e os pressupostos de duração mais longa são investigados.

Assim, a lógica da existência de camadas de durações e origens diferentes, presentes e atuantes simultaneamente, sintetizada na imagem de estratos do tempo, permite ver a contemporaneidade do não contemporâneo, o que Koselleck (2014, p. 9) chama de "um dos fenômenos históricos mais reveladores". Trata-se de estratos que se remetem uns aos outros, mas não dependem completamente uns dos outros, numa perspectiva que se contrapõe aos modelos lineares de entendimento do tempo como uma flecha, tal como o judaico-cristão, ou a perspectiva circular grega, cuja linha acaba remetendo-se a si mesma.

Estratos do tempo, em seu entendimento, equivalem a vestígios da experiência. Assim, para Koselleck (2014), um dos primeiros estratos do tempo histórico seria a singularidade, que se associa à outra face: a recorrência. Para o autor, "na medida em que se mostram imutáveis, até mesmo estruturas de repetição duradouras adquirem um caráter singular" (KOSELLECK, 2014, p. 22). A mudança, desse modo, não estaria apenas em acontecimentos súbitos e singulares, mas também constituiria a própria recorrência. Com a noção dos estratos do tempo proposta por Koselleck, seria possível medir diferentes velocidades, acelerações ou atrasos, "tornando visíveis os diferentes modos de mudança, que exibem grande complexidade temporal" (KOSELLECK, 2014, p. 23).

Nesse sentido, a permanência do imóvel chancelado como patrimônio no espaço urbano é marcada por temporalidades múltiplas, estratos de tempo não sobrepostos, como a imagem de Koselleck nos sugere, e sim abigarrados ou *ch'ixi*, conforme perspectiva de Rivera Cusicaqui (2018). Criticando uma visada pós-colonial ou decolonial, a socióloga boliviana de origem aymara compreende que a luta anticolonial ainda se dá no cotidiano, sendo a mais importante delas a luta por uma descolonização das subjetividades. Para ela, é necessário haver uma descolonialização epistêmica, no sentido de se fomentar o pensamento local a partir do Sul Global, frente ao pensamento que se assenta em bases eurocêntricas. Uma das formas que Rivera Cusicanqui (2018) toma para isso parte da noção do mundo *ch'ixi*, que aponta como possibilidade de ampliação do entendimento das relações espaço-temporais na América Latina.

A noção de *ch'ixi* é caracterizada por ela como uma recombinação de mundos opostos e significantes contraditórios que formam um tecido na fronteira de polos antagônicos, como apontamos em Amormino (2020b). A vitalidade desse processo converte-a em uma trama e um tecido intermediário, *taypi*, entendido como arena de antagonismos e seduções. Na perspectiva de Rivera Cusicanqui, esse seria um mundo do meio, uma zona de contato, encontro e violência que une o mundo espiritual e o material. O choque ou a oposição desses mundos constitui, para ela, uma fonte de dinamismo, sendo precisamente por essa razão que a ação coletiva e a transformação do existente fazem-se possíveis.

O ponto de partida para se compreender a heterogeneidade da realidade latino-americana em toda sua profundidade histórica pelo viés do mundo *ch'ixi*, conforme Rivera Cusicanqui, é o pensamento de René Zavaleta sobre *lo abigarrado*, ou o abigarrado, conceito ao mesmo tempo espacial e temporal, afim à ideia quechumara de *pacha* que, em certa medida, dialoga com a proposição de estratos do tempo de Koselleck (2014). Segundo Pablo Quintero (2018), pacha é:

> [...] a convergência cósmica entre as forças do universo, o tempo/espaço onde habita a vida de todos os seres. O ordenamento cósmico, seguindo a concepção aymara, estaria sustentado na organização geoespacial das quatro principais forças cósmicas: Akapacha, Manqhapacha, Alaxpacha e Kawkipacha. Tais forças atuam como separações/articulações

entre os topos da existência cósmica, mas não na forma de oposições binárias, senão como áreas de fluxos e conexões vitais. Do mesmo modo, a Pacha se refere a um ordenamento temporal, que, de modo circular, organiza o movimento constante da vida. (QUINTERO, 2018, p. 118).

O termo *abigarrado*, por sua vez, remete ao cinza jaspeado de esquistos de mineração formado pela conjunção de minerais fragmentados provenientes de épocas geológicas distintas, que dá a ver profundidades históricas diversas. Trata-se, segundo Rivera Cusicanqui (2018, p. 16), de "[...] uma característica constitutiva, mas também como uma disjunção crítica que é necessário superar"[25]. Desse modo, Rivera Cusicanqui propõe o *ch'ixi* como prática descolonizadora, uma versão da noção de abigarrado, que se vincula a um exercício de imaginação sociológica. A partir do *ch'ixi,* seria possível estabelecer genealogias ou origens, voltadas para trazer à cena uma descolonização epistêmica que não esteja apartada do contexto do Sul Global e que, nesse sentido, avançaria em relação ao conceito de abigarrado proposto por Zavaleta:

> Em contraste com a noção de abigarrado, aquela da epistemologia *Ch'ixi* que desenvolvemos coletivamente, é antes o esforço para superar o historicismo e os binarismos da ciência social hegemônica, usando conceitos-metáforas que descrevem e interpretam as mediações complexas e a constituição heterogênea de nossas sociedades. Se nos anos setenta e oitenta o debate intelectual tomou por certo a iminente homogeneização ou hibridização cultural das sociedades latino-americanas, a partir de meados dos anos noventa, experimentamos a irrupção múltipla de passados não diretos e indigestos. As lutas indígenas, as lutas feministas e as lutas ambientais são um pesadelo para que os Acordos de Livre Comércio (TLCs) que estão sendo tentados sejam rigorosamente cumpridos em todo o continente, e para tantos delírios eurocêntricos que querem uma fabricação global do ser humano. (RIVERA CUSICANQUI, 2018, p. 17).[26]

---

[25]   Do original em espanhol: "[...] que a ratos ve como un rasgo constitutivo, pero también como disyunción crítica que es necesario superar." (RIVERA CUSICANQUI, 2018, p. 16, tradução livre nossa).

[26]   Do original em espanhol: "En contraste con la noción de abigarramiento, la de epistemología ch'ixi que hemos elaborado colectivamente, es más bien el esfuerzo por superar el historicismo y los binarismos de la ciencia social hegemónica, echando mano de conceptos-metáfora que a la vez describen e interpretan las complejas mediaciones y la heterogénea contituición de nuestras sociedades. Si en los años setenta y ochenta el debate intelectual daba por supuesta la inminente homogeneización o hibridación cultural de las sociedades lationamericanas, desde mediados de los noventa vivimos la múltiple irrupción de pasados no diregiros e indigeribles. Las luchas indígenas, las luchas feministas y las luchas medioambientales son una pesadilla para los Tratado de Libre Comercio (TLC) que se intentan imponer a rajatabla en todo el continente, y para otros tantos delirios eurocéntricos que desean una manufactura global de lo humano." (RIVERA CUSICANQUI, 2018, p. 17, tradução livre nossa).

Desse modo, a partir dessa imagem que congrega heterogeneidades, as temporalidades assumem concretudes e se espacializam, evidenciando a coexistência de diferentes, certo conviver e habitar das contradições. Além disso, tal metáfora contribui para se pensar o território na esfera do cotidiano como algo temporalmente marcado (AMORMINO, 2020b). As diferenças – de temporalidades, de subjetividades, de identidades, entre outras – permaneceriam evidenciadas e comporiam uma *homogeneidade heterogênea*. Para Rivera Cusicanqui (2018), o cotidiano é fraturado e não está para ser reparado, mas vivenciado. Desse modo, as temporalidades seriam abigarradas em relação à sua heterogeneidade e estariam também presentes e atuantes no cotidiano.

Na cosmovisão aymara que inspira seu pensamento, o passado e futuro estão contidos no presente, sendo que "a regressão ou a progressão, a repetição ou a superação do passado estão em jogo em cada conjuntura" (RIVERA CUSICANQUI, 2015, p. 55). Isso resulta no entendimento da temporalidade como um movimento em espiral, que traz diferentes horizontes históricos, numa contínua retroalimentação do passado sobre o futuro, conforme é apontado por Romina Accossatto (2017):

> Os horizontes, como grandes camadas históricas que recobrem a superfície atual, não formam uma sucessão linear que permanentemente ultrapassa a si mesma e avança em direção a um "destino": são referências inerentemente conflitivas, parcelas vivas do passado que habitam o presente e bloqueiam a geração de mecanismos de progressão histórica. A este movimento conflitivo, Silvia Rivera chama de contradições não contemporâneas. Esta noção permite propor a coexistência simultânea de uma multiplicidade de camadas, horizontes ou ciclos históricos. (ACCOSSATTO, 2017, p. 174).[27]

Partindo da perspectiva de temporalidade aymara, tal arranjo de temporalidades distintas não é apaziguador e, ao mesmo tempo, deve ser compreendido no interior de uma coletividade, observando-se as marcas da territorialidade, no âmbito do cotidiano. Esse entendimento de Rivera

---

[27] Do original em espanhol: "Los horizontes, como grandes capas históricas que recubren la superficie presente, no forman una sucesión lineal que permanentemente se supera a sí misma y avanza hacia un "destino": son referentes inerentemente conflictivos, parcelas vivas del pasado que habitan el presente y bloquean la generación de mecanismos de progresión histórica. A este movimiento conflictivo, Silvia Rivera lo llama contradicciones no-coetáneas. Esta noción, le permite plantear la coexistência simultânea de una multiplicidad de capas, horizontes o ciclos históricos". (ACCOSSATTO, 2017, p. 174, tradução livre nossa).

Cusicanqui ajuda-nos também a ampliar a compreensão da memória em seu caráter coletivo, evidenciando que o tempo, na realidade latino-americana, não pode ser considerado uma instância coesa, mas fraturada, deslocada, não apaziguada, o que nos é caro aqui na caracterização da experiência de memória de caráter coletivo. Assim, podemos pensar nesses termos tanto em relação aos tempos dos patrimônios que resistem no espaço urbano e que, com o *Quanto tempo dura um bairro?*, passam a resistir nos novos espaços configurados no projeto, quanto em relação aos tempos dos depoimentos, da memória vinculada à experiência, que abarca tanto lembranças de um passado quanto o desejo e as expectativas a respeito do porvir.

Nesse sentido, ao olharmos para as edificações registradas pelo projeto, considerando as permanências e as mudanças a que estão submetidas, entendemos que não há uma sobreposição bem resolvida de temporalidades distintas, mas uma fricção entre elas. Ao mesmo tempo, a atribuição de valor ao que permanece é sempre relativa e atravessada por disputas constantes, o que pode ser notado ainda no texto de apresentação do projeto:

> A cidade é constituída por um conjunto descontínuo de forças que vão desde a presença e a ausência do poder público, às imposições e ao ordenamento do austero poder econômico, à disciplina belicosa do poder "político", e ao comando violento daqueles que detêm o poder de ordenar a visibilidade e a discursividade. O ordenamento dos corpos perpassa o ordenamento do território; o espaço da cidade é também recortado em diferentes partes disciplinadas pela divisão dos lugares. Em meio a esses jogos de forças um certo gesto insurgente, precipitado pela política patrimonial, pode ser apreendido, mesmo diante de tantas idiossincrasias. Ao lutar contra a força imperiosa do mercado, que busca a todo o instante apagar, outras formas de vida, várias lembranças podem atrever-se a resistir. (QUANTO TEMPO DURA UM BAIRRO, 2021, n.p.).

Dessa forma, se o poder público, por meio da política patrimonial, valoriza certas edificações da cidade, atribuindo-lhes a chancela de patrimônio, há outras instâncias que também podem, mesmo que informalmente, reconhecer sua relevância e cobrar do poder público o seu tombamento. Por outro lado, conforme o excerto anterior, pode-se pensar o tombamento como um processo que faz frente ao mercado imobiliário, evidenciado aquilo que é relevante cultural e historicamente para determinada coletividade. Há, ainda, uma crítica no senso comum de que o tombamento como patrimônio, embora preserve o bem material tal como se encontra no tempo presente, acarretaria uma série de engessamentos e impedimentos de usos desses espaços, em constante atualização pela experiência urbana. Isso demonstra que tanto a atribuição de valor pelos diversos atores sociais quanto o reconhecimento como patrimônio a ser reconhecido e preservado, oficial ou extraoficialmente, dizem de disputas que atravessam o cotidiano temporal e historicamente marcado das cidades.

3.3 O que deve durar no espaço público? Valores em disputa na esfera do cotidiano

Considerando que o tombamento como patrimônio é um processo de memória efetuado pelo poder público tal qual a edificação de monumentos e o arquivamento de documentos, devemos levar em conta que esses se vinculam de modo muito estreito a instâncias de poder, que possuem autoridade para selecioná-los, preservá-los e instituí-los (LE GOFF, 2013). Ao fazer isso, o poder público define o que deve ou não vir a ser tomado como memória materializada no espaço público.

Conforme Le Goff (2013), a palavra latina *monumentum* remete à raiz indo-europeia *men*, que exprime uma das funções essenciais do espírito (*mens*): a memória (*memini*). O verbo *monere* significa *fazer recordar*, de onde derivam as palavras avisar, iluminar e instruir. Assim, entende-se que o *monumentum* é um sinal do passado, que se liga ao poder de perpetuação das sociedades históricas, sendo um legado à memória social.

Em relação aos monumentos, de acordo com Ricoeur (2010, p. 201), "o que tornava o monumento suspeito, apesar do fato de ser com frequência encontrado *in situ*, era sua finalidade escancarada, a comemoração de acontecimentos que os poderosos julgavam dignos de ser integrados à memória coletiva". Há que se considerar que esses compreendem também uma dimensão de homenagem, especialmente as estátuas e os bustos, e, nesse sentido, sintetizam determinados valores que, de tempos em tempos, são revistos e questionados.[28]

As estátuas, mais do que monumentalizarem determinado passado, trazem ainda a carga simbólica de prestarem homenagens, o que nos leva a questionar a quem se homenageia e por quais feitos. Entendemos que, incrustado na cidade, o monumento representa um passado que ainda não

---

[28] Sobre nossa leitura em relação aos fenômenos contemporâneos de "desmonumentalização", ver Amormino (2020c).

passou e que continua sendo um instrumento de poder e imposições que se refletem na presença de questões não resolvidas que assolam o presente. Ainda são modos de lembrar que se inscrevem no espaço urbano, evidenciando valores do período em que foram instituídos, em detrimento de outros, que são levados ao esquecimento.

Dessa forma, monumentos, documentos e os tombamentos dizem de escolhas sobre o que tem ou não valor para a memória de determinado lugar. Por esse motivo, são os monumentos muitas vezes alvo de disputas e questionamentos, tanto de modo institucional, especialmente quando da queda de regimes e da troca de governos, quanto por parte da sociedade civil, que põe em interrogação sua legitimidade, como os movimentos recentes de desmonumentalização em nível mundial. Como apontamos em Amormino (2020c), tais questionamentos têm sido direcionados especialmente à presença na paisagem urbana de monumentos que homenageiam torturadores, escravagistas, colonizadores, entre outros, que representam uma história que, por muito tempo, foi tomada como única, fiada na versão dos vencedores em detrimento de outras tantas que foram apagadas ou silenciadas. Há, nesse sentido, uma disputa sobre o que é considerado valor por uma coletividade e o que deve ou não ser registrado como memória nos espaços públicos da cidade, por meio de sua inserção no cotidiano daqueles que a habitam.

De acordo com Heller (2008, p. 18), a explicitação dos valores acontece em esferas heterogêneas que se desenvolvem de modo desigual: "Uma esfera pode explicitar a essência em um sentido, ao passo que outra esfera impede isso em outro sentido e se orienta para uma desvalorização. A história é história de colisão de valores de esferas heterogêneas." Assim, o cotidiano é marcado por disputas entre esferas diversas, sobre o que também discorre Certeau (1994), que nos propõe a pensá-lo em sua relação com a experiência do homem ordinário, vinculado à sua criatividade, ao prazer e à resistência. Esse cotidiano vai sendo inventado, reelaborado e reconstruído por meio de práticas que caracterizam a atividade sutil de resistência daqueles que, não tendo um próprio, lidam e jogam com "uma rede de forças e de representações estabelecidas" (CERTEAU, 1994, p. 85). É dentro desse lugar povoado de regras, seguidas e subvertidas, que as pessoas atuariam, intervindo sobremaneira no espaço e no tempo, o que nos levaria a compreender ambos como processos inacabados e em constante fricção.

As práticas cotidianas seriam, para Certeau (1994), do tipo tático, ou seja, diriam respeito a uma criatividade invisível, a um uso subversivo do consumo, a uma inventividade relacional, articulada coletivamente no terreno do outro. Essa se diferenciaria da estratégia, o cálculo das relações de força que se torna possível a partir de quando um sujeito de querer e poder é isolável de um ambiente. A diferença entre elas, segundo o pensador francês, estaria nos tipos de operações de cada uma: a estratégia pode produzir, mapear e impor, ao passo que a tática pode utilizar, manipular e alterar. As táticas operariam nos interstícios e visariam a burlar as estratégias existentes, sendo uma configuração que a elas escapa. Nesse sentido, as práticas cotidianas atuariam sob a forma de táticas, uma arte de reapropriação da produção dominante.

Entre a permanência e a mudança, entre durações maiores ou menores, é inevitável que bairros, cidades e lugares sejam impactados pela dinâmica própria da vida cotidiana, permeada por suas estratégias e táticas, o que faz de cada espaço um lugar habitado de sentidos e temporalidades coexistentes e não resolvidas. Isso pode ser percebido tanto com a dimensão material que constitui as edificações registradas por meio de fotografias pelo *Quanto tempo dura um bairro?*, quanto com a dimensão imaterial que as atravessa, com os depoimentos dos moradores. É no cotidiano que essas temporalidades diversas, presentes nos vestígios de uma Belo Horizonte fragmentada, se encarnam; no cotidiano micro, do tamanho do bairro ou da rua; na vida cotidiana que, segundo Heller (2008, p. 34), está no centro do acontecer histórico, posto que é "a verdadeira 'essência da substância social'". E parece ser isso o que o projeto reconhece, como aponta o texto sobre o bairro Savassi:

> Quiçá ainda o tempo de dar conta que o bairro existe primeiro do lado de dentro. E que pode atravessar gerações nos interiores do mesmo peito. A verdade é que os bairros nunca morrem. Mas viajam pelos pés dos que ali passam. Esses, sim, acabam levando muito do que deixa saudades nas gentes que gostam de ganhar tempo observando a vida por janelas – e pelo que jaz(z) nelas. Às vezes, para descobrir uma casa ou um bairro é necessário mudar-se antes para dentro de si mesmo e só assim abrir as portas do aprender a caber ali. O importante é não ficar só na fachada. (QUANTO TEMPO DURA UM BAIRRO, 2021, n.p.).

A partir dos depoimentos, que estão em maior destaque especialmente no *site*, as imagens dos edifícios saem da fachada, e podemos adentrar a vida pulsante que articula tempos diversos e se vincula à experiência daqueles que se relacionam com esse patrimônio, tanto no sentido de um retorno às vivências em tempos outros naqueles espaços quanto a projeções de futuro desejados para a cidade. Os depoimentos, que se somam às imagens das fachadas, apontam para o que o vestígio material – tanto o imóvel tombado quanto o seu registro – não alcança: os sons, as relações sociais, os afetos, os costumes, a convivência entre vizinhos, a relação com aqueles espaços de sociabilidade que são a casa, a rua, o bairro e a cidade. Cruzando-os com as imagens, temos uma ampliação dos sentidos e significados dos patrimônios da cidade, que passam a ter uma permanência também em cada um dos entrevistados, atualizada a cada narrativa de suas memórias em relação aos lugares onde vivem ou viveram, mas que se inscreveram em suas experiências.

Associados à fotografia de cada fachada, novas imagens se formam a partir das falas, e diferentes camadas temporais são acrescentadas àquelas já inscritas e registradas em cada edificação; camadas vinculadas de forma mais estreita aos modos de ser, conviver e existir naquela localidade. Assim, novas linhas se somam na tessitura da malha daqueles lugares e da própria cidade, acrescentando outros cruzamentos e diferentes possibilidades de se efetuar nós. É o caso do depoimento de Helcy, conhecida como Dona Cicica pelos amigos do bairro Lagoinha. Partindo da casa, de informações mais descritivas e históricas, sua fala, introduzida em trechos no texto criado pelo projeto, alcança uma outra Belo Horizonte por muitos desconhecida, que se confunde com a história de vida de cada um, como pode ser visto no trecho a seguir:

> Como não admirar, por exemplo, o que se encontra para além das belas fachadas (e modos de viver) que ainda resistem? A casa de Helcy, que é Dona Cicica para os amigos do bairro, ainda mantém diversos aspectos do tempo em que foi construída. *"Esta casa ficou pronta em 12 de setembro de 1912. E aqui nós estamos até hoje. Cento e sete anos de construção"*, diz, orgulhosa.
>
> *"Meus pais vieram pra cá em 1910, por aí. Outro registro fala que o terreno foi comprado nos idos de 1900 e poucos. Eles vieram de Soares, um vilarejo entre Itabirito e Cachoeira do Campo, município de Ouro Preto. Meu avô tinha um grande comércio no arraial. [...]"*. (QUANTO TEMPO DURA UM BAIRRO, 2021, n.p., grifos nossos).

Além de Dona Cicica, a vizinha Dona Maria das Graças Moraes Xavier, a Dona Graça, também dá o seu depoimento sobre a Lagoinha e ajuda a compor o texto que apresenta o bairro. Duas vivências que não necessariamente se cruzam naquele espaço, mas que são colocadas lado a lado no texto do projeto, ajudando a alinhavar um modo de ser da Lagoinha.

No caso do Santa Tereza, as duas falas presentes no texto são a de Seu Orlando, dono de um dos bares tradicionais do bairro, o Bar do Orlando, que também é abordado pelo especial multimídia *BH 120 anos*, e a de Gláucia Cristiane Martins, moradora do Quilombo Souza. Segundo o texto, o Quilombo Souza é mais um lugar que "respira histórias, nostalgia e resistência" (QUANTO TEMPO DURA UM BAIRRO, 2021, n.p.).

Nostalgia é uma palavra que aparece de modo recorrente nos textos sobre os bairros. Assim como em *BH 120 anos*, é na chave da nostalgia que o projeto insere as falas dos moradores, com a lembrança de um tempo passado melhor que o atual ou com o saudosismo pelo que se perdeu ou foi transformado com o passar dos anos, como podemos observar na passagem relativa ao Bar do Orlando:

> O bar, que ainda tem portas e estantes da época em que foi fundado, no início do século XX, já teve pisos e o teto trocados, mas ainda mantém aquele clima de venda antiga. *"Quando assumi o bar, eu comprava as mercadorias lá no Mercado Distrital. Ficava lotado. A gente via o pessoal carregando de tudo. E muitos paravam aqui pra "tomar uma" antes ou depois. Hoje o mercado está aí, parado",* reflete Seu Orlando, que confessa sentir saudades daquele tempo.

> A nostalgia de Seu Orlando também acomete outros moradores – e não faltou nas canções do Clube da Esquina, movimento musical que nasceu no Santa Tereza e eternizou mundo afora alguns de seus costumes: *"em volta desta mesa velhos e moços lembrando o que já foi. Em volta dessa mesa existem outras falando tão igual. Em volta dessas mesas existe a rua vivendo seu normal, em volta dessa rua uma cidade sonhando seus metais".* (QUANTO TEMPO DURA UM BAIRRO, 2021, n.p., grifos nossos).

Em relação ao Quilombo Souza, embora este sido quase fundado junto do bairro Santa Tereza, tendo uma diferença de apenas 20 anos entre eles, a comunidade foi ameaçada de despejo, tendo seu valor como patrimônio reconhecido por meio da chancela de quilombo somente em 2019. Curiosamente, como apontamos em Amormino (2021), enquanto o Quilombo Souza ganha destaque no *site* do *Quanto tempo dura um bairro?* por meio do depoimento de uma de suas moradoras, não há nenhuma imagem de fachada tombada ou em vias de tombamento do bairro que pertença ao quilombo. As quatro fachadas que o projeto vincula à rua Teixeira de Freitas, onde o quilombo se localiza, não se referem à numeração divulgada como sendo relativa à sua delimitação[29].

A partir desse episódio, podemos novamente refletir sobre a noção de patrimônio, bem como a respeito dos procedimentos de reconhecimento de determinado bem como tal. Embora o Quilombo Souza seja considerado patrimônio por seus moradores, como a depoente Gláucia, e a comunidade tenha sido reconhecida como quilombo em 2019 e como Patrimônio Cultural Imaterial de Belo Horizonte em 2020, o fato de não haver fachada de suas casas nos registros fotográficos do bairro Santa Tereza mostra-nos que há um descompasso entre o reconhecimento formal e o informal do valor da materialidade da cidade. Isso demonstra que o tombamento de um território como quilombo e seu reconhecimento como patrimônio imaterial não resultam, necessariamente, no tombamento de suas edificações. Há que se pensar em políticas públicas que prevejam o tombamento associado entre a dimensão material e imaterial de territórios como o Quilombo Souza e avaliar até que ponto o tombamento material, de fachadas ou edificações, dá conta de abarcar sua permanência sem a valorização de sua dimensão imaterial, como os modos de ser e habitar tais espaços.

Em projeto coletivo intitulado *Tecnologias ancestrais: resgate da memória e do conhecimento ancestral acerca do trato com a terra e gestão da água a partir da agroecologia urbana*, contemplado no programa Urbe Urge do Instituto Cultural do Banco de Desenvolvimento Econômico de Minas Gerais (BDMG Cultural), Gláucia Vieira, Daniel Dias e Patrícia Brito (2022) contextualizam o Kilombo Souza, grafado com K, em vez de Q, como o apresenta o *Quanto tempo dura um bairro?*. Segundo eles, trata-se do quarto quilombo urbano de Belo Horizonte reconhecido pela Fundação Cultural Palmares (FCP), somando-se às comunidades tradicionais Kilombo Manzo Ngunzo Kaiango, Comunidade Quilombola de Mangueiras e Quilombo dos Luízes.

Conforme Vieira, Dias e Brito (2022), o Kilombo Souza foi reconhecido como terra quilombola pela portaria da Fundação Cultural n.º 126, em 16 de julho de 2019 e, em âmbito municipal, foi registrado enquanto

---

[29] Fonte: Prefeitura de Belo Horizonte. Disponível em: https://prefeitura.pbh.gov.br/noticias/quilombo-souza-e-registrado-como-patrimonio-cultural-imaterial-de-bh. Acesso em: 11 maio 2023.

Patrimônio Cultural Imaterial de Belo Horizonte, por decisão unânime do CDPCM-BH. Os autores explicam que ele foi fundado por Elisa de Souza e Petronillo de Souza, nascidos na Freguesia de Angustura e em São José d'Além Parahyba, respectivamente, tendo Elisa nascido sob a égide da Lei do Ventre Livre, enquanto Petronillo viveu temporariamente na condição de escravizado na cidade onde nasceu. Casaram-se em 1902 e, após oito anos migrando entre várias localidades com os filhos, mudaram-se para Belo Horizonte.

Ainda segundo Vieira, Dias e Brito (2022), na capital mineira, Elisa e Petronillo adquiriram um terreno no Santa Tereza, comprado com registro de compra e venda lavrado em cartório. Nessa localidade, desenvolveram produção agrícola e criação de víveres, exportados para outras cidades como o Rio de Janeiro. Além disso, Petronillo atuava como carpinteiro, tendo, conforme relatos orais registrados pelos autores, esculpido as portas da antiga Catedral de Nossa Senhora de Boa Viagem. Seus descendentes, desde então, ocupam esse território, agora reconhecido como patrimônio imaterial de Belo Horizonte.

Ao relembrar o histórico do quilombo no *Quanto tempo dura um bairro?*, Gláucia o vincula à história de vida de seus antepassados que o fundaram, reiterando o vínculo da família aos primórdios da capital mineira:

> *Meu bisavô, Petronillo de Souza, trabalhou na construção da Igreja da Boa Viagem. Ele madrugava todos os dias e quem levava o almoço dele era minha bisavó, Eliza de Souza, que saía de Santa Tereza e cruzava a cidade a pé para levar a marmita até lá.* (QUANTO TEMPO DURA UM BAIRRO, 2021, n.p.).

Na fala de Gláucia, além do histórico do Quilombo Souza, misturam-se lembranças saudosistas sobre a infância na rua, as brincadeiras e as festas tradicionais, que se somam a um lamento pelas transformações do bairro ao longo dos anos, como podemos observar no trecho a seguir: *"'Eu não sou contra o progresso', como diz a música do Roberto. Mas confesso que tenho muita saudade de algumas coisas, como as brincadeiras de rua e o clima de comunidade do bairro."* (QUANTO TEMPO DURA UM BAIRRO, 2021, n.p.). Aqui, novamente é abordado o progresso que Belo Horizonte veio simbolizar quando de sua construção, que continua sendo a principal justificativa para mudanças tanto estruturais, em suas ruas e avenidas, quanto nos modos de ser de seus bairros.

Embora haja uma maior alteração ao longo do tempo em bairros mais centrais, como relata Gláucia, muitos deles, especialmente na periferia da cidade, ainda reverberam certo ar interiorano, o que contribui para as menções no senso comum de que Belo Horizonte é uma *roça grande*. *"Com os novos tempos, Santa Tereza está ganhando uma nova cara, que não é tão bonita de se ver. Só olhando mais ao fundo, penetrando no bairro, é que se vê que ele se mantém como um bom lugar de se viver."* (QUANTO TEMPO DURA UM BAIRRO, 2021, n.p.). Há que se levar em conta, portanto, as múltiplas cidades que habitam a cidade, assim como os múltiplos tempos e espaços que nela estão presentes, permanentemente tensionados.

Ainda podemos notar, na fala de Gláucia, o acionamento de outra temporalidade que é a da memória da população negra belorizontina, de grande importância na construção da capital mineira, mas sobre a qual há pouco ou quase nenhum reconhecimento ou registro na história oficial da cidade. Uma tentativa de apagamento que se revela quando olhamos as fotografias da época de sua construção, em que a maioria dos operários, negros, ainda que registrados, não é nomeada (PEREIRA, 2019). Nesse sentido, sua fala, ao relembrar o Quilombo Souza, seus ancestrais e sua importância para o bairro Santa Tereza, parece ser uma resposta a um passado que não valorizou a memória da população negra de Belo Horizonte, no intuito de que a cidade atual e a do futuro não se esqueçam desse patrimônio humano, temática que aprofundaremos no ensaio sobre a *Ocupação NegriCidade*, no Capítulo 6.

Já em relação à Savassi, são inseridos, no texto de apresentação do bairro, as falas de Leonora Weissmann e sua mãe, Selma Weissmann, que destacam a arquitetura das casas da vizinhança e histórias pitorescas que vivenciaram ali, dando grande ênfase às transformações que percebem no cotidiano da região.

> Leonora diz que, antes, o bairro era mais espontâneo, tinha festa junina na rua, feirinhas e que nos últimos tempos foi tomado por festas grandes, muito produzidas, com grades em volta. *"[...] A gente interagia com o lado de fora, agora não dá pra ver mais nada"* (QUANTO TEMPO DURA UM BAIRRO, 2021, n.p., grifos nossos).

Aqui, mais uma vez, notamos um dizer saudosista por um modo de vida que se alterou ao longo dos anos, trazendo um tom nostálgico presente em muitos dos depoimentos inseridos nos textos sobre os bairros. Diante disso, perguntamo-nos: se os entrevistados fossem outros, esse tom saudosista permaneceria?

Notamos, portanto, que as fotografias dos três bairros que compõem o *Quanto tempo dura um bairro?* são atravessadas por falas que dão destaque às mudanças em seu cotidiano ao longo do tempo, fazendo com que o projeto se ancore no registro material – as imagens de edificações legitimadas como patrimônio – e imaterial – as memórias de moradores de cada bairro. Mas quem fala? Que outras vozes não são ouvidas? Que bairros têm sua permanência garantida?

Curiosamente, nesse projeto, são abordados três bairros que também aparecem tanto em *BH 120 anos* quanto em outras iniciativas de memória que analisaremos adiante. Trata-se de bairros considerados tradicionais da cidade, uma tradição inventada (HOBSBAWM, 2018), mas simbolicamente importante, cujas identidades, muitas delas marcadas pela boemia e pela forte presença nos primeiros anos da capital mineira, se confundem com a da própria cidade. Escolhas que implicam relegar a um segundo plano outros tantos lugares emblemáticos para a capital e que demonstram que o processo oficial de tombamento na esfera municipal não consegue dar conta da cidade como um todo, mas se volta, em primeira instância, para lugares cujos valores já são reconhecidos.

Nesse sentido, observamos que, na instituição de memórias de caráter coletivo, é possível entrever disputas, tensionamentos, lacunas e marcas de um tempo presente não homogêneo, como apontamos. Questões que dizem de uma relação de fricção entre verticalidades e horizontalidades (SANTOS, 2001) e entre táticas e estratégias (CERTEAU, 1994) que se dão no cotidiano. Se, por um lado, vemos que a institucionalidade reverbera na decisão de tombamento pelo poder público, por outro, observamos que, em certos casos, essa pode ser resultado de pressões populares para tal, ou mesmo que há outras formas de também se legitimar o valor de determinado bem como patrimônio, a despeito de seu reconhecimento oficial, como veremos no Capítulo 6. Considerando a presença dessas memórias no espaço urbano, vemos, segundo Régine Robin (2016), que o urbanismo, o turismo, o romance, o cinema, o discurso histórico, o museu, entre outros, intercambiam-se mutuamente, conectam-se e reconectam-se, constituindo novas memórias de caráter coletivo que se ancoram narrativamente para se estabelecerem como tais. Por outro lado, podemos considerar também que essas conexões também dizem respeito à atribuição de sentido por parte dos habitantes dos lugares, nos quais a memória resiste:

> O plural se impõe imediatamente. Não forçosamente memórias afrontadas, embora muito fortemente conflituosas, mas memórias distintas, como manchas de passado que não se articulam umas com as outras, mas "permanecem juntas"

mesmo assim, desejosas de serem respeitadas e, sobretudo, de serem narradas, reconhecidas. (ROBIN, 2016, p. 79).

Isso nos leva a pensar que, a partir desses elementos materiais de Belo Horizonte, são instituídas narrativas da memória que os perpassam. Entre estratégias e táticas que se dão num cotidiano permeado por esses vestígios, descortinam-se fricções na própria memória da cidade, que parecem conformar uma identidade narrativa sustentada entre os polos da mesmidade e da ipseidade. Assim, no caso de *Quanto tempo dura um bairro?*, é por meio das narrativas sobre os lugares – formadas pelas imagens e depoimentos – que se constitui uma identidade narrativa em que mesmidade e ipseidade são partes fundamentais da memória da cidade que se pretende instituir.

Entendemos que o que move o projeto é uma ideia pressuposta de identidade, em certa medida alinhada à oficial, a partir da qual se afirma a permanência como mesmidade, apagando a dimensão de ipseidade que apreendemos nas imagens e nos depoimentos. Como identificamos em Amormino (2021), ao olhar para os registros do projeto, vemos que há uma tentativa de congelamento das mudanças por meio das fotografias das edificações tombadas ou em vias de tombamento. Concomitantemente, não se trata da mesma casa da época de sua construção, uma vez que essa esteve sujeita a diferentes usos, ocupações, intervenções e inscrições, conformando uma ipseidade que também compõe sua identidade. Algo a faz ser reconhecida como mesma, mas essa mesmidade se relaciona com uma ipseidade, a marca de diferenças e rupturas que também a constituem. Parece ser na dialética entre mesmidade e ipseidade que, não só a identidade narrativa, a própria memória se instaura.

Se, na proposição do projeto, o patrimônio é algo que permanece e é índice de memória, vemos, a partir de sua textualidade, que é o conjunto de transformações às quais as edificações foram submetidas o que de fato se mantém em tais registros. Nesse sentido, entendemos que a ideia de permanência requer a memória de cada um desses lugares, que se manifesta não apenas na sua imagem, mas nas lembranças das pessoas com as quais se relacionam. É preciso, portanto, produzir na chave da mesmidade cada uma das fachadas registradas, para que se efetive o gesto de memória do projeto, sendo o *mesmo* aquilo que sustenta a permanência que, por sua vez, viabiliza a noção de memória. O esforço de memória, portanto, parece dar-se como variação imaginativa que ancora a identidade de cada edificação, em que a permanência se funda a partir da identidade/mesmidade de tais lugares.

Tais variações imaginativas são produzidas tanto pelos depoentes, que comentam sobre os imóveis e os bairros, quanto pela própria iniciativa de memória, uma memória menor que expõe a multitemporalidade do cotidiano. Contudo, se o tombamento como patrimônio monumentaliza os lugares, tal gesto reverbera no próprio projeto *Quanto tempo dura um bairro*. Este, ao fotografar as fachadas e divulgá-las em livro, *site* e redes sociais, desacelera o movimento da cidade, no qual as edificações estão imersas, duplicando-as em um novo espaço, tornando a reificar esses vestígios do passado e expondo-os em um conjunto espacialmente demarcado, mas temporalmente distinto.

Os imóveis que adquiriram seu direito à permanência no espaço da cidade por meio do tombamento agora permanecem também no mosaico de fotografias que se forma nos espaços criados pelo *Quanto tempo dura um bairro?*. Essas se encontram agrupadas e organizadas em um espaço virtual, gesto que se assemelha a uma tentativa de novamente fazer o bem tombado permanecer como se encontra neste momento, a despeito da ação humana e do tempo incidir sobre cada um deles no ambiente físico.

Ao *pôr em imagens* certas edificações dos bairros, o projeto parece imaginar também a própria cidade. Aponta para uma Belo Horizonte que só existe em fragmentos e produz novas Belo Horizontes que só existem na narrativa criada por ele. Por outro lado, justamente pelo fato de agrupar diferentes vestígios de tempos diversos da capital mineira, conseguimos vislumbrar uma possível Belo Horizonte de outrora. Dispersas no espaço urbano, as edificações tombadas sucumbem à pressão das temporalidades ao seu redor. Contudo, ao serem recortadas e colocadas juntas, fazem figurar um tempo que estava quase consumido, mas que é resgatado pelo registro fotográfico, pela curadoria, pelo design e pela justaposição das imagens. A exemplo, a imagem de uma casa cujas janelas receberam uma camada de tijolo e já não deixam ver a rua, como nos mostra a Imagem 2, a seguir, a partir da qual podemos perceber que, embora nos pareça haver a tentativa de monumentalizá-lá, ela é atravessada por uma dinâmica temporal que a territorializa na cidade, num diálogo complexo em que o cotidiano se torna o lugar que abriga tais intermitências.

Figura 2 – Fachada de edificação tombada na Lagoinha

Fonte: *Quanto tempo dura um bairro?*[30]

Trata-se de uma casa que já não mais se faz habitável no seu interior, mas que admite habitações temporárias e passageiras em seu exterior, já que, para Benjamin (2009, p. 46), "habitar significa deixar rastros". Se, para o pensador alemão, o indivíduo resiste como vestígio em seus interiores, posto que, no espaço urbano da cidade, ele desaparece na massa, aqui ele se mostra por meio de seus vestígios inscritos no exterior de uma fachada que persiste ao longo de tempos diversos, sobressaindo-se em meio à multidão como sujeito singular. Essa casa, que já não se faz habitável em seu interior, também permanece como um vestígio que se assemelha a uma ruína, pois, como afirma Priscila Stuart da Silva (2018), retomando a perspectiva benjaminiana:

> Desta forma, somente a partir da ruína o homem conseguirá elaborar o presente em busca de seu futuro, pois, qual é o destino, isto é, o que deve esperar uma humanidade destituída da capacidade de elaborar os conteúdos de sua experiência, uma vez que sua memória foi e é constantemente atravessada pelos choques crescentes da realidade da metrópole moderna? (SILVA, 2018, p. 181).

---

[30] Disponível em: https://www.quantodura.com.br/. Acesso em: 11 mar. 2021.

As ruínas, que também aparecem na descrição que Benjamin faz do quadro *Angelus Novus*, de Paul Klee, dizem muito do imbricamento de temporalidades: o progresso impele o anjo para frente, enquanto seus olhos se voltam para trás, para o que foi. O passado, por sua vez, se assemelha a ruínas amontoadas em direção ao céu. Não há como evitar o progresso, mas, ao mesmo tempo, não há como abandonar o passado. Nas palavras de Benjamin (1996), o quadro:

> [...] representa um anjo que parece querer afastar-se de algo que ele encara fixamente. Seus olhos estão escancarados, sua boca dilatada, suas asas abertas. O anjo da história deve ter esse aspecto. Seu rosto está dirigido para o passado. Onde nós vemos uma cadeia de acontecimentos, ele vê uma catástrofe única, que acumula incansavelmente ruína sobre ruína e as dispersa a nossos pés. Ele gostaria de deter-se para acordar os mortos e juntar os fragmentos. Mas uma tempestade sopra do paraíso e prende-se em suas asas com tanta força que ele não pode mais fechá-las. Essa tempestade o impele irresisti-velmente para o futuro, ao qual ele vira as costas, enquanto o amontoado de ruínas cresce até o céu. Essa tempestade é o que chamamos progresso. (BENJAMIN, 1996, p. 226).

Se o anjo da história é impelido a voar em direção ao futuro, mas lança seu olhar para o passado constituído de ruínas sobre as quais ele paira, os seres humanos, tal qual o anjo, haverão de lidar com o progresso que os impele para a frente, enquanto as ruínas vão se acumulando atrás deles. O esforço de memória (*eingedenken*), termo utilizado por Benjamin e traduzido de formas distintas como rememoração, reminiscência e comemoração, diz, em seu sentido original, da aproximação de dois elementos, no caso, de dois níveis temporais diferentes. Não significaria evocar, isoladamente, a lembrança de um passado nem a manter como algo intacto. Para Georg Otte (1996, p. 214), "não se trata de conservar o passado num esforço museal da memória, mas de relacioná-lo diretamente com o presente e de reanimá-lo do mesmo modo que o anjo da 9ª Tese quer devolver a vida aos mortos". As ruínas do passado, para as quais o anjo da história volta seu olhar, precisariam ser analisadas à luz do presente que está em mudança contínua, que o impele para o futuro. Segundo Otte, "é no presente que a 'constelação' formada por elementos do passado e do presente 'relampeja' e é este relâmpago do presente que 'ilumina' o passado" (OTTE, 1996, p. 214).

Como apontamos em Amormino (2009), lançando um olhar con-temporâneo para o quadro de Klee, talvez possamos inferir que o anjo da história, em sua relação com os tempos passado, presente e futuro, vê-se impedido de realizar a tarefa de ordenar o passado não apenas porque ele está em ruínas, mas porque o que existe seria fluxo temporal. Talvez o anjo da história, na interpretação contemporânea do tempo, nem olhasse para o passado nem fosse puxado ao futuro, mas estaria perdido no incessante "agoras em permanente fluir" (SANTOS; OLIVEIRA, 2001, p. 56).

Pensar a respeito da instituição narrativa da memória sobre bairros operada pelo *Quanto tempo dura um bairro?*, a partir dos vestígios de tempos distintos que se encontram na cidade, pressupõe, primeiramente, compreender que a presença desses elementos do passado acontece em um cotidiano heterogêneo, marcado temporalmente e sujeito a disputas. Por outro lado, além das temporalidades, que se inscrevem tanto nos elementos materiais quanto nos depoimentos sobre eles, é necessário considerar as espacialidades como instâncias nas quais tais memórias se encarnam e que, no caso do projeto analisado, se funda no micro (da casa para a rua, da rua para o bairro) para, então, alcançar um caráter coletivo de Belo Horizonte.

Se o projeto toma a duração dos lugares que compõem o bairro como um elemento importante, pode-se compreender que há uma oscilação entre permanência e mudança, e que a duração pode ser entendida como aquilo que liga essas duas esferas, como o que dita a presença desses lugares no tempo. Assim, se a duração se coloca entre a permanência e a mudança, o que de fato dura? Mais que uma edificação que compõe um bairro, em sua dimensão material que, muitas vezes, já não se assemelha aos seus aspectos originais, o que parece durar é a própria memória das mudanças e dos atravessamentos a que ela foi sujeita. Tal memória, além de se inscrever na materialidade das edificações, também se encarna nas falas que passam pelas experiências dos moradores dos bairros que integram o projeto. Talvez o que dure seja a condição mesma de presença desses vestígios do passado como lugares marcados por temporalidades múltiplas que dão a ver a historicidade das experiências, do bairro e da cidade, registradas nessas edificações como cicatrizes sobrepostas e justapostas.

Há, nesse sentido, um movimento a partir do qual se pode verificar a dinâmica mesma da instituição da memória da cidade que, se formos apreender a partir da identidade narrativa, conforme propõe Ricoeur (2014), se sustenta entre os polos da mesmidade e da ipseidade. Parece ser a mesmidade, o reconhecimento desse vestígio material do passado como tal, o lugar principal de ancoragem do projeto *Quanto tempo dura um bairro?*. Ainda que seja preciso reconhecer-se como o mesmo, há uma dimensão de ipseidade que instaura uma mudança contínua própria da permanência no tempo, que expõe a inconstância e a intermitência do cotidiano no qual essas construções se inserem. Assim, embora o projeto lide de forma pujante com a mesmidade, é a ipseidade que nos lembra que a memória parece referir-se menos a um passado inerte, mas à própria condição de mudança.

Assumindo a dificuldade de estabilização do passado, podemos inferir que a valoração daquilo que dele remanesce, além de dizer de uma estratégia de reconhecimento mais oficial, como o tombamento como patrimônio, também está sujeita a interesses e questões do tempo presente e às táticas e subversões de um cotidiano pulsante. Até mesmo o que pode ser considerado patrimônio, e por quem, é colocado em questão a partir do projeto.

Ao fazer um registro fotográfico, cujo sentido se amplia em função da presença de depoimentos sobre os lugares mapeados – seja a edificação, seja o próprio bairro –, o *Quanto tempo dura um bairro?* tenta estabilizar a lógica da ipseidade sobre tais edificações. Contudo, ao divulgar tais registros em três mídias diferentes, o projeto viabiliza formas diferenciadas de não apenas fazer essas imagens circularem tal qual se encontram nos dias de hoje, mas de criar novos sentidos para essas materialidades a partir da interação com usuários, especialmente na rede social. Desse modo, a princípio, sua proposta de estabilização do tempo parece-nos operar uma nova monumentalização da cidade. Contudo, os deslocamentos que acontecem devido à sua abertura às narrativas da memória, por meio de depoimentos e comentários, permitem que sejam agregadas variações imaginativas que expõem a multidimensionalidade do cotidiano (AMORMINO, 2021).

Os espaços – tanto os físicos, aos quais podemos voltar por indicação do *Quanto tempo dura um bairro?*, quanto aqueles que o próprio projeto cria, tais como o virtual do *site* e do perfil no Instagram, e o impresso, do livro, parecem ser lugares de reconhecimento, de produção simbólica, que dizem tanto sobre como habitamos e resistimos aos tempos, como expõem as fricções de um cotidiano permanentemente em tensão.

Entre mudanças e permanências, entre o novo e o velho, emergem cidades distintas que resistem, mas que também se transformam. O que permanece, a partir dessa tentativa de congelar o tempo ou desacelerá-lo, é a cidade-trapeira, permanentemente outra, repleta de ipseidade. Uma Belo Horizonte que tem dificuldade de cuidar de seus patrimônios materiais, mas que, mesmo que eles sobrevivam como ruínas, matérias-primas para se pensar a cidade porvir, ainda se encontram pulsantes nas memórias de seus moradores. Uma cidade que tenta articular o passado bucólico, que talvez só exista na memória de quem acompanhou suas mudanças, transformando-se junto a ela, com a imagem de dinamismo que ajuda a compor a identidade que historicamente tenta fixar para si. Uma cidade que se relaciona de forma dúbia com seu passado, mas que, tal qual o anjo de Klee, olha para suas ruínas e é impelida a seguir em frente. Uma cidade onde o novo e o velho não são sobrepostos, formando um palimpsesto (HUYSSEN, 2013) ou um estrato do tempo (KOSELLECK, 2014), mas coexistem numa convivência conflituosa e em constante interseção. Uma cidade que abriga paisagens diversas, distintos modos de permanência no tempo, submetidos a mudanças contínuas que dão a ver ela mesma.

PROJETO MORADORES: TERRITÓRIO, ALTERIDADE E DIMENSÃO ÉTICA DE UMA MEMÓRIA INTERMITENTE

Olhar para o patrimônio por trás do patrimônio. Essa é a proposta do *Projeto Moradores*, que lida de modo peculiar com a memória de cidades, entre elas Belo Horizonte, e é outra iniciativa com a qual nos deparamos na nossa função de pesquisadora-trapeira. O encontro com o projeto ocorreu, primeiramente, com a etapa sobre Lagoinha, realizada em 2019. Naquele período, tendo já iniciado minha pesquisa de doutorado, todo e qualquer projeto que tratasse da memória de Belo Horizonte me era apresentado. E assim se deu com o *Projeto Moradores*. Aqui, não me fio em minha memória: não estou certa de quando e quem o apresentou a mim, mas certamente isso aconteceu ainda no primeiro ano da pesquisa, em 2019, quando a exposição sobre a Lagoinha foi lançada, tendo alcançado grande divulgação na imprensa local à época. Possivelmente, a indicação veio de algum colega do doutorado, que partilhava comigo o momento de definição dos fenômenos de pesquisa.

O que sei é que o registro da exposição de retratos preto e branco e o documentário com trechos de depoimentos de moradores da Lagoinha, disponíveis no *site* do projeto, pareceram-me familiares. Foi quando me lembrei de ter visto há algum tempo, no período em que trabalhava em um dos museus do entorno da Praça da Liberdade, a exposição de retratos em preto e branco em grande escala, relativos à etapa Belo Horizonte, realizada em 2015, assim como a tenda instalada para gravação dos depoimentos naquele lugar que eu cruzava diariamente.

Puxando o fio da memória, recordo de ter conversado à época com os idealizadores do *Projeto Moradores* sobre possibilidades de parceria com o museu onde eu trabalhava. Era um ano de transição e mudanças na gestão da instituição. A parceria não ocorreu, mas a presença do projeto naquele local público tão caro à cidade permaneceu em minha memória, e reencontrá-lo foi motivo de celebração.

Trata-se de uma iniciativa de memória que realiza uma intervenção em um ponto público emblemático dos lugares por onde passa, ao mesmo tempo que faz um registro fotográfico e audiovisual dos moradores, por meio da gravação de depoimentos, que são utilizados para a produção de um documentário, disponibilizado, junto de uma galeria de retratos e *making of*, no ambiente virtual. Posteriormente, tais imagens vão compor uma exposição de retratos em preto e branco em grande escala, novamente naquela localidade, onde também é exibido o documentário. Parecia-me, portanto, instigante pensar, a partir do projeto, o que faz um patrimônio ser patrimônio, que deslocamentos no espaço ele efetua por meio da materialização tão marcante das imagens exibidas em locais públicos e das memórias recortadas e congregadas em um produto audiovisual, além do fato de todas essas materialidades estarem divulgadas no ambiente virtual. Certamente, o *Projeto Moradores* poderia ser tomado como mais uma memória menor que, no meu gesto trapeiro, haveria de dizer muito sobre a cidade, ou sobre as cidades, posta em narrativa. Além disso, trata-se de uma iniciativa de memória da qual nossa cidade-trapeira se serve, que se vincula ao seu movimento e que promove nós de naturezas diversas entre tempos, espaços, patrimônios e seus moradores.

Os municípios mineiros de Belo Horizonte, Muriaé, Montes Claros, Bocaiúva, Serro, Itatiaiuçu, Ipatinga, Mariana, Diamantina, Ouro Preto, São João del-Rei, Juiz de Fora, Tiradentes, Sabará, Ituiutaba, Josenópolis, João Monlevade, além de Rio de Janeiro (RJ), Paraty (RJ), Petrolina (PE), Juazeiro (BA), Feira de Santana (BA) e Joaquim Egídio (SP) foram alguns dos lugares que receberam o *Projeto Moradores* até o ano de 2022, conforme análise que efetuamos em dezembro de 2022, a partir da divulgação no *site* do projeto. Cada um deles é considerado pelo projeto uma "etapa". No ano de 2020, durante a pandemia de Covid-19, foi realizada uma etapa virtual sobre o Edifício JK, constituída por uma série de 12 filmes disponibilizados no canal da Nitro, sua idealizadora, no YouTube[31].

Em seu *site* institucional, a Nitro, que se define como um coletivo de contadores de histórias formado por antropólogos visuais, assume como objetivo "[...] contribuir para a construção da identidade e da imagem do Brasil contemporâneo, contando histórias como meio de preservar a memória" (NITRO, 2022). Entre suas iniciativas, está o *Projeto Moradores*, criado em 2012 e realizado em parceria com outras produtoras, que busca

---

[31] Disponível em: https://www.youtube.com/@NITROHistoriasVisuais/videos. Acesso em: 21 dez. 2022.

mostrar "a humanidade do patrimônio", definido como um "movimento de ocupação urbana pela valorização da identidade cultural e da memória como patrimônio diverso e individual de cada uma das cidades brasileiras" (PROJETO MORADORES - BELO HORIZONTE, 2021, n.p.). Tal iniciativa recebeu, em dezembro de 2022, o 35º Prêmio Rodrigo Melo Franco de Andrade, do Iphan, que reconhece, em nível nacional, ações de excelência para preservação e promoção do patrimônio cultural brasileiro.

A etapa sobre Belo Horizonte foi realizada em 2015, pela Nitro, em parceria com a produtora Alicate, por meio da Lei Municipal de Incentivo à Cultura da Prefeitura de Belo Horizonte, tendo contado com o patrocínio da Casa UNA e a parceria do governo de Minas Gerais, do Iepha-MG, do Circuito Liberdade, do Memorial Minas Gerais Vale e do Centro Fotográfico. Trazia o *slogan*: "Uma cidade só é viva e tem alma quando contamos nossas histórias" (PROJETO MORADORES - BELO HORIZONTE, 2021, n.p.). Assim como em suas demais etapas, foi composta por meio do registro foto-gráfico e videográfico dos habitantes da localidade, feitos em uma tenda que ocupou três praças da capital mineira, a saber: Praça Sete, Praça da Savassi e Praça da Liberdade, todas elas localizadas na região Centro-Sul. Antes de sua instalação, no entanto, foi feita uma campanha na página no projeto no Facebook, pedindo indicação de pessoas da cidade a serem entrevistadas e fotografadas, conforme notícia do portal BH Eventos (2022), divulgada na ocasião do lançamento do projeto. Além das pessoas indicadas, transeuntes e interessados tiveram seus depoimentos gravados. Na mesma notícia, um de seus idealizadores, Gustavo Nolasco, explica como acontece o projeto:

> Tudo começa com uma tenda montada numa praça, uma câmera ligada e um convite para os moradores serem foto-grafados e contarem suas histórias. A partir deste momento, provocamos em cada um a percepção de que a sua memória e sua relação cultural com a cidade em que vive são um patrimônio a ser preservado para as futuras gerações. (BH EVENTOS, 2022, n.p.).

Ao final do período de gravação, foi realizada uma exposição de retratos dos moradores em preto e branco, com 14 painéis de 4x2m, na alameda central da Praça da Liberdade, onde também foi projetado o docu-mentário com trechos de depoimentos, no dia do lançamento da exposição (BH EVENTOS, 2022). Além disso, no caso dessa etapa de Belo Horizonte, foi realizada uma roda de conversa sobre o projeto e lançado um catálogo da exposição.

Na etapa Lagoinha, realizada em 2019, o *Projeto Moradores* contou com parceria entre a Nitro e a Fundação Municipal de Cultura de Belo Horizonte, gerida à época por Fabíola Moulin e vinculada à Secretaria Municipal de Cultura (FMC), então sob gestão de Juca Ferreira. Conforme a Prefeitura de Belo Horizonte (2022d), o projeto busca dar visibilidade e valorizar a região da Lagoinha, integrando uma série de ações da gestão municipal nesse sentido:

> "Torna-se necessário montar um processo profissional e abrangente de prospecção e registro da memória local a ser documentado por meio de registros audiovisuais. As cidades e os espaços urbanos não são apenas resultado de uma adaptação ao meio físico, são também produto e resultado da cultura de seu povo, que permanentemente os recria e dá novos sentidos à maneira singular de lidar com a dimensão material", considera [Juca Ferreira]. (PREFEITURA DE BELO HORIZONTE, 2022d, n.p.).

Nessa fala do então gestor da Secretaria de Cultura de Belo Horizonte, Juca Ferreira, observamos a ênfase na valorização das pessoas e nos modos de atribuição de sentido aos seus patrimônios materiais, o que nos leva a pensar novamente sobre o entendimento de patrimônio e sobre mudanças e permanências a que estão sujeitos, agora considerando também as pessoas como parte fundamental desse processo.

Nota-se que, nessa etapa, a dimensão institucional nos parece mais forte, haja vista tratar-se de uma parceria, e não apenas de um financiamento via lei de incentivo, como na etapa sobre Belo Horizonte. A aposta em projetos culturais e de valorização do patrimônio da Lagoinha parece encontrar respaldo no programa Horizonte Criativo, lançado em 2018, pela Secretaria Municipal de Desenvolvimento Econômico, e voltado para a economia criativa como eixo de desenvolvimento socioeconômico. A Lagoinha foi o primeiro lugar de intervenção do programa. No ano seguinte, quando essa etapa foi realizada, foram apresentados os resultados de uma consultoria internacional realizada pelo programa SAP Social Sabbatical, que apontaram que "[...] as ações da Prefeitura na Lagoinha devem ser voltadas, inicialmente, para as áreas da gastronomia, cultura e inovação, além de priorizar infraestrutura e a comunicação" (PREFEITURA DE BELO HORIZONTE, 2022e, n.p.). Nesse sentido, parece-nos haver desde então, por parte da Prefeitura de Belo Horizonte, uma intenção de fomento a iniciativas culturais no bairro, o que se reflete tanto na realização das iniciativas de memória que aqui analisamos, como o *Quanto tempo dura um bairro?* e o *Projeto Moradores*, como na realização de outras ações culturais e gastronômicas, incentivadas ou não pela Prefeitura, tais como Rolezin Lagoinha, Estômago da Lagoinha, Coletivo Viva Lagoinha, Junta Bazar de Arte Independente, Fluxo Galeria Urbana, Feira Nossa Grama Verde, a terceira edição do CURA, realizada também em 2019 e abordada no especial *BH 120 anos*, além de ações nas redes sociais, como o perfil no Instagram Casas da Lagoinha (@casasdalagoinha). É importante ressaltar, ainda, que o período da realização do programa Horizonte Criativo coincide com a existência do projeto institucional da Prefeitura de Belo Horizonte, intitulado *Belo Horizonte Surpreendente*, que se liga de modo estreito à iniciativa de memória homônima realizada pelo Museu da Pessoa, que abordaremos no Capítulo 5.

Embora o programa Horizonte Criativo date de 2018, tendo influenciado na realização de projetos na Lagoinha a partir de 2019, nota-se que, até o ano de 2022, o investimento em projetos e ações culturais continua efervescente na região. É interessante, ainda, apontar que a própria memória da Lagoinha, embora retome episódios traumáticos como as constantes demolições e alterações da vida cotidiana do bairro, como dissemos, tem sido transformada justamente pela intervenção de tais projetos culturais, muitos deles iniciativas de moradores da região, que têm investido na valorização do potencial turístico e cultural do lugar.

No caso do *Projeto Moradores*, etapa Lagoinha, do mesmo modo como ocorreu na etapa Belo Horizonte, a tenda para gravação de depoimentos e registro fotográfico foi instalada em cinco pontos de grande circulação de pessoas na região: Praça 15 de Junho; em frente ao Mercado da Lagoinha; na Vila Senhor dos Passos; entre o conjunto IAPI e a Pedreira Prado Lopes; e em frente ao Supermercado BH, na rua Além Paraíba, o que, conforme a Prefeitura de Belo Horizonte (2022d, n.p.), "[...] ajuda a levar o maior número de pessoas para serem fotografadas e contarem sua relação com o bairro".

A proposta da Prefeitura, ao realizar esse projeto por iniciativa de sua Fundação Municipal de Cultura, em parceria com a Nitro, foi, segundo sua presidente à época, Fabíola Moulin, "[...] contribuir para valorizar e promover o patrimônio cultural do bairro, que é tão importante para a cidade. 'Além de sua riqueza arquitetônica, o bairro é plural em suas apropriações e sociabilidades e o projeto Moradores irá enfatizar essa construção simbólica', define" (PREFEITURA DE BELO HORIZONTE, 2022d, n.p.). Essa fala também reverbera na visão do idealizador do projeto, Gustavo Nolasco, ao discorrer sobre o objetivo da etapa Lagoinha:

"Nosso objetivo é despertar nos moradores, ex-moradores, trabalhadores, comerciantes e frequentadores o orgulho de ser patrimônio de um importante bairro de Belo Horizonte. Recontar a história desse território a partir da memória afetiva de cada um deles será um passo importante dentro desse amplo projeto da Prefeitura de revitalização da Lagoinha. Fazer com que as pessoas percebam que um território faz parte da sua própria história é o gatilho para que elas se tornem suas guardiãs", explica o escritor Gustavo Nolasco. (PREFEITURA DE BELO HORIZONTE, 2022d, n.p.).

Novamente percebemos, a partir da fala de Nolasco, que a etapa Lagoinha do *Projeto Moradores* faz parte de um interesse maior da Prefeitura de Belo Horizonte pela região, historicamente impactada por significativas transformações que são recorrentemente abordadas pelos moradores. Também podemos notar que o patrimônio se faz presente nas falas do idealizador do projeto e da representante da Fundação Municipal de Cultura, que apontam, de modo mais enfático, a perspectiva dos moradores como parte fundante para a valorização do conjunto material dos lugares onde vivem.

Considerando que, no caso da etapa de Belo Horizonte, houve uma campanha nas redes sociais para indicação de personagens para serem fotografados e darem seu depoimento, podemos questionar até que ponto processos de escolha de personagens como os implementados pelo *Projeto Moradores* e pelo *Estado de Minas,* no especial *BH 120 anos,* contribuem para reforçar a importância de certas personalidades como guardiãs da memória da cidade. Já no caso da etapa Lagoinha, em especial, tendo essa sido fruto de parceria com a Fundação Municipal de Cultura, perguntamo-nos quais foram as interferências institucionais nas escolhas que impactaram no produto final.

Tanto na etapa Belo Horizonte quanto na da Lagoinha, o registro das intervenções, com *making of,* documentário e galeria com retratos dos moradores, está disponível no *site* do projeto[32] e divulgado em seu perfil no Instagram (@projetomoradores). Por meio dele, conhecemos outras Belo Horizontes possíveis, diferentes malhas que se formam a partir dos nós de suas linhas. Percorremos as cidades que residem nas memórias dos seus, daqueles que a fazem pulsar e ditam a tônica do seu movimento, de seus fluxos e de suas trocas. Adentramos novos territórios, tanto físicos quanto simbólicos e afetivos, que nos levam a pensar como a memória, tão ligada

---

[32] Disponível em: https://projetomoradores.com.br/. Acesso em: 7 dez. 2021.

ao tempo, se conecta de modo simbiótico ao espaço, nesses atravessamentos abigarrados (RIVERA CUSICANQUI, 2018) que conformam novos sentidos à materialidade do patrimônio, à identidade e à sensação de pertencimento que promovem.

Ao discorrer sobre o espaço como uma categoria-chave, Harvey (2006) apresenta o termo como uma metáfora usada para criticar metanarrativas e estratégias discursivas em que há predomínio da dimensão temporal. Isso, segundo ele, provocou um debate sobre o papel do espaço na teoria social, literária e cultural, pois, como argumenta, se trata de um termo que, quando associado a tempo, é rico em possibilidades.

Para Harvey (2006), as diversas formas com que são usados os termos *espaço* e *espaço-tempo* como palavras-chave abrem possibilidades para o engajamento crítico, bem como possibilitam identificar "reivindicações contraditórias e possibilidades políticas alternativas, além de nos incitar a considerar a maneira como moldamos fisicamente nosso meio e o modo como o representamos e o vivemos" (HARVEY, 2006, p. 36). Em sua perspectiva, é necessário atentar para a adoção do termo *espaço* de maneira relacional, de modo que esse não se detenha apenas ao vivido, como se a dimensão material não fosse também importante. Para ele, há que se manter a articulação entre o vivido e o material, sendo necessário também compreender como as diferentes espacialidades e espaço-temporalidades atuam na construção de uma imaginação geográfica diferente. Assim, pensar em tempo pressupõe também considerar o espaço, numa perspectiva em que ambos se complementam, considerando, conforme Harvey (2006), a tensão dialética entre essas duas esferas.

Tal como preconiza Lefebvre (2000), espaço, assim como experiência temporal, é um produto social, entendendo produto como um conjunto de relações, resultado e pré-condição da vida em sociedade. Essa visada marxista proposta por Lefebvre, que veio a inspirar o pensamento de Harvey (2006), Santos (2001) e Haesbaert (2020), permite-nos compreendê-lo não como algo dado, que existe por si mesmo, mas como processo. O espaço seria então constituído na dialética produto-produtor, que se dá de modo desigual e em diferentes níveis, sustentando-se numa prática. Em relação ao espaço social, Lefebvre (2000) argumenta que se trata de um processo de produção em que a sociedade se apresenta e se representa continuamente.

De acordo com o filósofo marxista e sociólogo francês, o espaço deve ser entendido como fruto de um processo ativo de produção que se dá no tempo, ao qual ele atribui três dimensões de igual valor: a possibilidade de ser percebido, concebido e vivido simultaneamente, conformando o que considera como "tríade dialética", um dos pontos centrais de sua obra. Como aponta Christian Schmid (2012), geógrafo, sociólogo e pesquisador suíço em urbanismo, "essa tríade é, ao mesmo tempo, individual e social; não é somente constitutiva da autoprodução do homem, mas da autoprodução da sociedade. Todos os três conceitos denotam processos ativos individuais e sociais ao mesmo tempo" (SCHMID, 2012, p. 14). A primeira dimensão, o espaço percebido, se relaciona com a materialidade do espaço, que pode ser apreendida numa perspectiva sensualista. A segunda, o espaço concebido, se refere ao ato de pensamento que é ligado à produção de conhecimento sobre o espaço. Já a terceira, o espaço vivido, diz respeito ao mundo tal como é experimentado pelos seres humanos na prática de sua vida cotidiana. Tais dimensões, conforme Schmid (2012), não podem ser tomadas como origem absoluta do espaço, e nenhuma delas seria privilegiada em detrimento das outras. Sendo inacabado e continuamente produzido, o espaço estaria, assim, intrinsecamente ligado ao tempo.

Em se tratando do espaço social, o autor considera que Lefebvre avança a partir de um conceito relacional de tempo e espaço: espaço representa simultaneidade e ordem sincrônica da realidade, enquanto tempo diria respeito à ordem diacrônica, ao processo histórico de produção social. Implicaria, nesse sentido, não uma soma de práticas ou uma totalidade de corpos ou matéria, mas "os seres humanos em sua corporeidade e sensualidade, sua sensibilidade e imaginação, seus pensamentos e suas ideologias; seres humanos que entram em relações entre si por meio de suas atividades e práticas" (SCHMID, 2012, p. 3). Desse modo, a partir do *Projeto Moradores*, como pensar a memória em sua relação com o espaço, o território e a alteridade? O que significa repovoar com retratos dos moradores em grande escala lugares simbolicamente reconhecidos em determinada localidade? Que questões éticas surgem a partir do uso da face como recurso expressivo do projeto?

Em apresentação institucional disponível no *site* do *Projeto Moradores*[33], na qual estão reunidos os registros de todas as etapas realizadas (ou seja, dos lugares por onde passou), cada qual com seu documentário, retratos em preto e branco dos moradores e registros do *making of*, ele se apresenta da seguinte forma:

---

[33] Disponível em: https://projetomoradores.com.br/. Acesso em: 7 dez. 2021.

> Moradores é um movimento de ocupação urbana pela valorização da memória dos moradores como sendo o maior patrimônio que uma cidade ou território pode ter. Tudo começa com uma tenda branca montada em uma praça pública, uma câmera apontada e um convite. Nesse instante, o morador – anônimo, popular ou mestre do saber – é chamado a se reconhecer como patrimônio cultural de sua cidade e a contar sua história de afetividade com o território. Criado em 2012 pela NITRO, o projeto já fotografou e registrou a história de aproximadamente 3.000 pessoas em 19 cidades e cinco estados brasileiros. É tido pelo Instituto do Patrimônio Histórico e Artístico Nacional (IPHAN) com uma ação de vanguarda na Educação Patrimonial. (PROJETO MORADORES, 2021, n.p.).

Aqui, em sua apresentação, o projeto novamente enfatiza sua proposta de valorização da memória dos moradores, dando-lhe importância maior que qualquer outro elemento material que seja reconhecido como patrimônio de determinado lugar, ao contrário do que faz o *Quanto tempo dura um bairro?*. No entanto, apesar dessa ênfase na experiência de cada um e em seu vínculo afetivo a determinado território, nem todos os moradores são entrevistados e têm suas memórias registradas ou sua face fotografada, haja vista tratar-se de um recorte, uma seleção, posto que seria inviável alcançar a totalidade dos moradores. Alguns deles são convidados ou mesmo indicados pelos próprios moradores, embora a tenda esteja aberta a acolher a diversidade de habitantes de cada lugar, por um período, de forma espontânea.

Além disso, na edição do documentário, estão implicadas decisões sobre a articulação de trechos das falas dos moradores com imagens de suas faces e tomadas do ambiente, no caso da Lagoinha. Nesse sentido, se as memórias dos moradores buscam humanizar o patrimônio de determinado lugar e são valorizadas pelo projeto, nem todas elas cabem na narrativa que ele alinhava ao editá-las em um documentário. O que se percebe é que o relato de cada morador é tomado de modo fragmentário como um ponto possível de articulação com outras visões sobre o lugar, sendo acionado em função de sua adequação à narrativa maior que o documentário produz. Isso evidencia um modo próprio de o projeto narrar a cidade, mas que, ao mesmo tempo, também carrega cidades contraditórias e em disputa, percebidas de modo sutil nas imagens, nos trechos das falas, nos olhares silenciosos e nas canções interpretadas, como veremos adiante.

Outro ponto interessante na apresentação do *Projeto Moradores* é sua autodefinição como um "movimento de ocupação urbana" (PROJETO

MORADORES - BELO HORIZONTE, 2021, n.p.), o que faz jus ao fato de ele se configurar mais como uma metodologia, cujas etapas são registradas em seu *site,* do que como um projeto focado em um lugar específico. Ao mesmo tempo, caracterizar-se como movimento parece justificar-se pelo caráter de intervenção nos espaços públicos que, em certa medida, movimenta aquela localidade durante o registro audiovisual e fotográfico e quando do evento de lançamento da exposição. Trata-se de uma ocupação provisória, que marca tais lugares.

Numa primeira visada, notamos que o *Projeto Moradores,* especialmente olhando para seu documentário, faz emergir a cidade como uma história única, contada a partir de fragmentos de imagens dos moradores e trechos de suas histórias. Uma cidade narrativamente instituída pelo projeto, pasteurizada em falas sem grandes contradições, mas que, se observarmos com mais atenção, se encarna de modo diverso na memória de seus habitantes. Por outro lado, olhar para a Belo Horizonte que dele emerge contribui para se pensar, a partir dos semblantes que nos encaram e que encarnam experiências diversas de seu cotidiano, na alteridade que se vincula à cidade e na dimensão ética da memória.

4.1 Uma cidade, duas etapas: Belo Horizonte por seus moradores (ou pelo Projeto Moradores)

Considerando a forma com que o *Projeto Moradores* intervém em cada localidade, a partir dos registros do *site,* percebemos que essa é bem parecida em todos os lugares por onde passou: em ambientes públicos, de referência para aquele lugar, instala-se uma tenda onde fotografam e entrevistam moradores indicados ou que queiram dar seus depoimentos sobre sua vida e vivência naquela localidade. O resultado – documentário e exposição fotográfica dos retratos em grande escala – é exibido em local de grande circulação, como uma praça ou rua, ou mesmo em pontos inusitados, mas que possuem relação estreita com o lugar, como as charretes, em Tiradentes (MG), ou os barcos, em Paraty (RJ). Em um evento, exibem o documentário ao ar livre, e a exposição toma conta dos espaços públicos por determinado período, marcando-os com as faces daqueles que fazem parte de sua história. No ambiente virtual, por sua vez, são divulgadas as imagens do *making of,* da exposição e das intervenções, assim como o documentário e a galeria de retratos dos moradores, sempre em preto e branco.

Olhando para o documentário sobre o *Projeto Moradores* - Lagoinha, em Belo Horizonte, percebemos que esse se inicia com uma fala de um morador do bairro, não identificado:

> *Amar a Lagoinha é você dividir a Lagoinha. Você confluir, compartilhar. Mas tem que vir de dentro, você não pode permitir que a Lagoinha seja mais capturada, arrancada aos pedaços, dilacerada, então amar a Lagoinha é você compartilhar, porque quando você compartilha, você vai saber o que está cedendo e garantindo o protagonismo seu, o protagonismo da Lagoinha.* (PROJETO MORADORES - LAGOINHA, 2021).

Em seu depoimento, ele relembra o fato de a Lagoinha ter sido modificada ao longo do tempo, especialmente em função da construção do complexo viário, nos anos de 1980, que mencionamos, e argumenta sobre a necessidade de se compartilhar o bairro para garantir a sua permanência. Essa fala nos parece dizer de uma memória constituída a partir de narrativas sobre a região que passam a configurar sua identidade, marcada historicamente por constantes alterações na paisagem urbana, mas que enseja também um desejo de futuro de que a Lagoinha seja compartilhada, mas não mais *"[...] capturada, arrancada aos pedaços, dilacerada"* (PROJETO MORADORES - LAGOINHA, 2021). Trata-se de um dizer sobre o lugar que aciona um passado traumático recorrente em outras narrativas sobre a região, como notamos em *Quanto tempo dura um bairro?*, que, embora interfira nos modos de ser do presente, não se quer que repita no futuro.

Enquanto ouvimos essa visão da Lagoinha por meio de uma narração em *off*, vemos imagens de pessoas diferentes caminhando de costas por vários pontos da região, evidenciando o movimento de suas ruas e as edificações que as compõem. Na sequência, o documentário apresenta várias pessoas intercaladas, contando histórias sobre a localidade e sua relação com Belo Horizonte.

Os depoimentos destacam como a Lagoinha foi fundamental para a construção da capital mineira, bem como seu acolhimento aos imigrantes de várias nacionalidades, entre eles italianos, sírios e árabes, que ali se instalaram e ditaram modos próprios de viver e a tônica do comércio da cidade.

> *A Lagoinha, dentro da sua história, foi sempre um lugar que acolheu tudo e todos, e isso, na sua história é simbólico, porque você tem uma região que é povoada por italianos, por negros da região central, tem migrantes sírios, uma mistura na região que é específica da Lagoinha.* (PROJETO MORADORES - LAGOINHA, 2021).

Além disso, enfatiza o fato de a Pedreira Prado Lopes ter fornecido matéria-prima para a construção da cidade à época de sua fundação. Isso também se reflete no nome de uma de suas principais ruas, a Itapecerica, que, conforme um dos entrevistados, significa *"pedras que rolam"*.

Posteriormente, as falas de alguns moradores sobre os primórdios da Lagoinha são intercaladas entre si, de modo que se evidencia, a partir de diferentes vozes, os lugares de origem de suas respectivas famílias, dando uma dimensão da pluralidade e da diversidade de pessoas que a compõem:

> *Minha história começou em 1895. / Minha avó veio de São Bartolomeu e meu avô veio de Milho Verde. / Pessoal turco que veio para o Brasil. /Meu tataravô veio da Itália para trabalhar na construção de Belo Horizonte. /Meu avô veio trabalhar na central do Brasil e minha avó acompanhou. / Chegaram em Belo Horizonte e pegavam gente do interior para trabalhar de empregada e trouxeram minha mãe de Jequiri, com 12, 13 anos.* (PROJETO MORADORES - LAGOINHA, 2021).

Essa passagem se encerra com uma frase emblemática, que recorrentemente é repetida quando se trata de caracterizar a Lagoinha e sua relação com Belo Horizonte: *"Eu posso falar que Lagoinha é o berço, é o berço de Belo Horizonte."* (PROJETO MORADORES - LAGOINHA, 2021). Tal consideração se refere ao fato de a região abrigar a Pedreira Prado Lopes, hoje uma comunidade homônima, que serviu de fonte de matéria-prima para a construção da cidade, como apontamos.

Depois dessa abertura, o documentário segue alternando os depoimentos a sambas cantados pelos moradores de diferentes idades, perfazendo um percurso narrativo em que as músicas funcionam como mobilizadoras de temporalidades distintas. Essas acrescentam diferentes olhares sobre os lugares que ultrapassaram gerações e conformam novos testemunhos e outras camadas de memória, especialmente daqueles que vivenciaram a época áurea da boemia ou dela ouviram falar, revividas em suas composições. Tais canções, não necessariamente conhecidas por todos os que assistem ao documentário, resistem ao tempo ao serem mobilizadas por ele. Tornam-se mais um registro das memórias da Lagoinha, sendo atualizadas a cada vez que são acionadas. Além disso, configuram-se como referência para se pensar o lugar, mesmo por aqueles que não viveram os episódios que elas abordam, mas que acabam incorporando-os às suas experiências, tornando-as "memórias por tabela" (POLLAK, 1992), que conectam distintas gerações.

O tom de tais inserções é, em sua maioria, nostálgico, celebrando um passado glorioso da Lagoinha como reduto da boemia belorizontina, lugar onde viveram personagens que alcançaram o estatuto de personalidades reconhecidas para além da cidade. Entre elas, a lendária travesti Cintura Fina que, como mencionamos, foi imortalizada no romance *Hilda Furacão*, de Roberto Drummond, assim como o Minas Tênis Clube. Essas canções se misturam e se somam aos olhares, expressões e vozes do presente, que as entoam com orgulho:

> *Pedreira querida*
> *Querida Pedreira*
> *Terra de gente boa*
> *Rainha que já não tem coroa*
> *Esta saudosa Pedreira*
> *já foi a nossa querida Mangueira.*
> *Rola minha lágrima sentida*
> *a falta que ela me faz na avenida.*[34]

> *Minha pedreira querida,*
> *você mora dentro do meu coração*
> *eu não consigo mais conter as minhas lágrimas*
> *quando eu vejo a sua demolição*
> *dos becos embalados da favela quanto samba eu fiz pra ela, pra alegrar o meu viver*
> *pedreira tu és o berço desta história não me foges da memória, eu não posso te esquecer.* (PROJETO MORADORES - LAGOINHA, 2021).[35]

A execução de tais músicas pelos depoentes é coberta por *closes* de outros moradores, muitos deles sem terem seus depoimentos inseridos no documentário, mas que assinam com seu olhar o pertencimento à Lagoinha. Na sequência de sambas sobre a Pedreira Prado Lopes, são inseridas falas que dizem respeito àquela localidade, exaltando a vida simples, porém compartilhada, entre seus moradores.

Além da Pedreira, o roteiro, que encadeia trechos de depoimentos a imagens das faces dos moradores e de pontos da Lagoinha, aborda os músicos e os sambistas da localidade; a presença de artífices ligados à fabricação

---

[34] Lágrima Sentida, música composta e interpretada por Mestre Conga, presidente da Escola de Samba Inconfidência Mineira, fundada na década de 1950.

[35] Sem referência.

de instrumentos musicais; a diversidade de imigrantes na região, além da proximidade da vizinhança, refletida nas falas intercaladas:

> *O povo, muito unido, todo mundo ajudava, a gente lavava a casa da vizinha, todo mundo olhava as crianças. / Você sabe o nome do seu vizinho, se você precisa de alguma coisa, o primeiro amigo que você tem é o vizinho que está do lado e hoje a gente perdeu muito isso. / Aqui na Lagoinha não tinha muro, era só muro baixo nas casas. O melhor parente seu era seu vizinho.* (PROJETO MORADORES - LAGOINHA, 2021).

Aqui, o tom nostálgico que permeia muitos depoimentos está presente como saudade de um tempo em que as relações eram mais próximas, bem como de um cotidiano mais simples, como refletem os trechos de depoimentos concatenados, transcritos a seguir:

> *Eu sou do tempo do mercadinho, que a gente ia para o mercadinho, comprava o frango vivo. / O cara punha o ovo na lâmpada para ver se ele estava chocado. / A gente ia fazer carreto para o pessoal do IAPI, trazia o carrinho de rolimã e enchia para entregar nos apartamentos.* (PROJETO MORADORES - LAGOINHA, 2021).

Trata-se não apenas da lembrança saudosista daquilo que se viveu, mas da perda de um modo de ser, uma condição que marcava a sociabilidade daquele lugar.

A menção ao conjunto habitacional IAPI como parte desse cotidiano quase bucólico de cidade do interior conecta-se a depoimentos sobre ele, trazendo histórias de seus residentes, especialmente relacionadas ao futebol e a um tempo em que os jogos de várzea mobilizavam torcidas. Vários são aqueles que falam sobre esse tema, muitos deles trazendo elementos materiais, como fotografias, exibidas para a câmera, de modo a fiar sua memória, ilustrá-la ou prová-la.

Nas passagens a seguir, podemos notar como se deu o encadeamento das falas no documentário, sendo cada trecho de um morador, que pode repetir-se. Contudo, elas estão conectadas de modo que um depoimento se relaciona ao outro, produzindo um sentido sobre o conjunto residencial sugerido pelo projeto:

> *O IAPI é Instituto de Aposentadorias e Pensões dos Industriários. Meu tio-avô era industriário e ganhou um apartamento e passou para minha avó. / São nove edifícios. / A gente morava no edifício*

6. / Tem uma igreja, tem uma escola, tem bares, tem quadra, tem uma praça de encontro... / futebol de salão... / Lá eu já assisti grandes jogadores de futebol passaram no IAPI, mas grandes caras, que eu nunca mais assisti. / A gente organizava torneios lá, vinha time de fora jogar no IAPI. / Gilberto, Gilmar, Lalau, Tostão... eu não sou da época do Tostão, mas lá tinha a maior bandeira do mundo do Atlético. / Na época, era o Alterosa, que era nosso time, do edifício 8. Nós tínhamos o time do Tupi, que era o time do Branco, nós tínhamos o Anaite, do edifício 9, o técnico era o Véio, nós tínhamos o Selminha e mais alguns lá./ E era uma rivalidade muito grande. Porque era um time aqui da vila, que era o Tupi Avante, era o time do Austen, muito bom, que era o time do Terrestre, um grande time na época, e o tinha o Fluminense. / Tinha vários times, mas o forte mesmo aqui do pedaço era o Terrestre. Depois que o Terrestre acabou, o povo agora vai tudo é para o Pitangui. Vazinho Caolho, Perereca, Valtinho Rapadura, o Batata, jogou até no Galo e morou aqui também, Noca, Notinha, Vicenzo, Pincho, chutava muito, era bom de bola, morava ali, até treinou no América... Ih, aqui já teve de tudo o que você pensa. / Eu já tinha um pouquinho de habilidade assim como sapateiro lá perto de casa e tudo e comecei a mexer com chuteira de futebol. E nasceu uma chuteira de couro, mas de couro peludo, de bezerro. E com isso, meu filho, meu nome ficou Jorginho da Chuteira e hoje sou especializado em mexer com chuteira e atendo esses jogador tudo aí. (PROJETO MORADORES - LAGOINHA, 2021).

O IAPI, portanto, figura como um importante elemento agregador da vizinhança, especialmente no que diz respeito a uma importante forma de sociabilidade, principalmente nos anos de 1970 e 1980, que era o futebol de várzea. Na sequência, imagens do complexo viário da Lagoinha mostram os limites pouco claros da região, sendo conjugadas com a narração de algum morador em *off*, que diz:

Aqui é Lagoinha. Você pode ver, nesses mapas antigos, a Lagoinha sempre foi da rodoviária pra cá até perto do antigo hospital Belo Horizonte, era Lagoinha e Pedreira... aí fala bairro São Cristóvão, São Cristóvão por causa da igreja, bairro Bonfim, nunca existiu, é por causa do cemitério. (PROJETO MORADORES - LAGOINHA, 2021).

Dessa fala, seguem comentários e especulações sobre a origem do nome Lagoinha, enfatizando o vínculo da região com a história de Belo Horizonte, à época de sua construção. A seguir, são destacados os cinemas de rua, muitos deles demolidos, destino de tantos outros em diferentes localidades de Belo Horizonte, como o imponente Cine Metrópole, que mencionamos. Posteriormente, é abordada a boemia da região, um tema que ganha destaque, sendo associado à emblemática Praça Vaz de Melo, demolida em uma das várias intervenções viárias que a região sofreu e que figura em vários sambas sobre a Lagoinha; as escolas; o comércio de móveis usados e antiquários da rua Itapecerica, que possui uma importância ainda nos dias atuais; as personagens como Cintura Fina, Maria Tomba Homem, Conde de La Morte e a Loira do Bonfim; e os ilustres copo Lagoinha e o Lagoinha sambista.

Nessa parte específica do documentário, dois moradores se revezam nos depoimentos que dizem sobre diferentes apropriações do nome *Lagoinha*. Embora não identificados nominalmente, tais quais os demais, notamos, pelo conteúdo das falas, que se trata do filho do divulgador do copo Lagoinha, apelido dado ao copo americano, popular nos bares da capital mineira, e do Lagoinha sambista, que aparece no vídeo usando uma faixa de escola de samba. Os trechos dos depoimentos, inseridos no documentário, são intercalados da seguinte forma:

> *Joaquim Sétimo Vaz de Melo. Mais conhecido como Quinquim Vaz de Melo. Ele começou a vender esse copo americano. / Gravei meu primeiro disco em 1957. E eu gravei como Milton Rodrigues. / Meu pai para poder fazer volume de venda e aquele negócio todo, ele pegou o copo e com a maneira de ele pegar o copo ele batia o copo no balcão e o copo não sofria nenhuma alteração. / Aldair Pinto chegou perto de mim e disse: "Oh, Lagoinha, isso não é nome de sambista não. Você daqui pra frente vai se chamar Lagoinha." / E ele dizia: "Esse é o copo Lagoinha, e pá! E o pessoal, copo lagoinha, e o copo lagoinha ficou famoso em Belo Horizonte, todo mundo sabe disso. / E hoje, quando me chamam de Milton, eu até estranho. / E ele é um copo tão importante que ele serve pra beber uma pinga, um traçado, excelente pra tomar uma cervejinha. / E eu sempre carrego no porta-luva do meu carro, porque se chegar num restaurante grã-fino, eu prefiro meu copo, vou lá, busco ele, e se o cara não servir eu largo e vou embora.* (PROJETO MORADORES - LAGOINHA, 2021).

Nota-se, nesse arranjo de falas, que o documentário reforça a identidade boêmia da região, sintetizada nas figuras do sambista e do vendedor do copo popular em botecos e bares da capital mineira. Seguindo a narrativa, outro eixo do documentário enfatiza a Pedreira Prado Lopes. Começa trazendo a história do jornal fundado para mostrar o lado positivo da comunidade, tendo recebido grande adesão dos moradores, passa pelas lideranças da região, mencionando a atuação de personalidades, além de abordar a ocupação artística dos espaços públicos, a religiosidade da comunidade e se encerrar com o samba e os carnavais. Trata-se de duas atividades emblemáticas da região, tanto pela presença do ilustre sambista Mestre Conga quanto pelo fato de ali ter sido criada uma das primeiras escolas de samba de Belo Horizonte, por iniciativa de Popó e Chuchu, imortalizados em canções sobre a Lagoinha. O documentário se encerra com o hino que se torna um lamento pela destruição da Praça Vaz de Melo:

> *Adeus, Lagoinha, adeus*
> *Estão levando o que resta de mim*
> *Dizem que é força do progresso*
> *Um minuto eu peço*
> *Para ver seu fim*

> *Praça Vaz de Melo da folia*
> *Da gostosa boemia*
> *E de muito valentão*
> *Vou lembrar Joel compositor*
> *E os amigos lá da praça*
> *Lembrarei com emoção*
> *Coisas da matéria eu não ligo*
> *Mas preciso de um abrigo*
> *Para o meu coração.* (PROJETO MORADORES - LAGOI-NHA, 2021).[36]

Aqui, notam-se as contradições que surgem com o progresso, entidade abstrata ou "palavra mágica" (RIVERA CUSICANQUI, 2018), como apontamos, termo presente no projeto de Belo Horizonte, mas também entendido como algo melhor que sempre está à frente e nunca se alcança. Em nome dele, ao longo da história da cidade, várias obras foram feitas, alterando a dinâmica da vida social, como aquelas sofridas por vários anos pelos moradores da Lagoinha. No período em que o samba foi escrito, nos idos dos anos 1980, a região passava por novas intervenções do poder

---

[36] De Gervásio Horta e Milton Rodrigues Horta (Lagoinha). Este samba foi gravado pelo sambista Lagoinha, em um disco de duas faixas, pelo selo FIF, numa edição de 1980. (SILVEIRA, 2005, p. 67).

público, que culminaram na destruição da Praça Vaz de Melo, uma das referências da vida noturna pujante do bairro. Daí o lamento que a canção traz em relação ao progresso, contra o qual quase nada se pode fazer a não ser pedir um minuto para uma despedida, como propõe o samba. Progresso que deixa atrás de si ruínas que podem tornar-se potência, lugar produtivo, inclusive, para se questionar o próprio projeto moderno que não se sustenta. Se o anjo de Klee olha para suas ruínas, mas é impelido pelo progresso a seguir em frente (BENJAMIN, 1996), os moradores da Lagoinha, embora lamentem a destruição de seus espaços, olham para os escombros e buscam fazer emergir deles um lugar culturalmente pulsante e criativo.

Mesmo o documentário se encerrando com esse lamento que glorifica o passado da Lagoinha e lastima as intervenções que sofreu – o que parece dizer de um fim anunciado e previsto ou de uma sina que se repete há anos –, por meio das narrativas dos moradores, notamos que a vida boemia sobrevive em suas memórias, apesar de não haver mais a Praça Vaz de Melo como âncora para congregar bares, botecos e a vida noturna. Essa parece ter se tornado parte fundante da identidade da Lagoinha e ser o traço que se quer realçar, quer pelo poder público, que tem buscado fomentar projetos como o *Moradores* e outras iniciativas culturais e gastronômicas na região, quer por aqueles que fazem parte de seu dia a dia. Torna-se algo de valor, um patrimônio a ser não apenas preservado, mas mantido no cotidiano vivo da localidade. Além disso, o documentário, em certa medida, coloca em evidência os moradores como patrimônio, como aquilo que permanece. A Lagoinha segue, portanto, encarnada em suas memórias. Embora ela não seja mais a Lagoinha da boemia que a Praça Vaz de Melo representava, também não se pretende que ela seja a Lagoinha das demolições ou mesmo a Lagoinha da violência e da criminalidade.

Assim, atravessado por temporalidades diversas, o documentário do *Projeto Moradores*, etapa Lagoinha, mostra tanto aquilo que a região não é mais – e que resiste como memória nas músicas, nos depoimentos e nas fotografias antigas – quanto o que ela pretende ser na visão de seus moradores e do poder público, chancelada pelos realizadores do projeto, por meio das escolhas ao longo de seu processo de realização. Isso reverbera em falas sobre a importância da atuação de projetos culturais e turísticos na região, como o projeto *#vivalagoinha*, que propõe ações para sua valorização, tais como as caminhadas guiadas, passando por lugares simbólicos e por seu circuito gastronômico.

Já no documentário do *Projeto Moradores*, etapa Belo Horizonte, um aspecto que se diferencia em relação ao da Lagoinha é a presença de depoimentos sobre o que é a cidade. Encenam-se falas que reforçam o entendimento de que ela é formada por seus habitantes e o vínculo entre eles, como podemos observar nos seguintes trechos do documentário, formado por depoimentos intercalados:

> *Cada coisa da cidade que vai destruindo só ficam na memória das pessoas. Só as pessoas são capazes de reconstruir a cidade como um dia ela foi. / O que faz uma cidade é exatamente a população. São os moradores e não os prédios. Os moradores é que são as cidades. Os prédios que existem são resultado do trabalho dos moradores. As ruas, a atmosfera da cidade. As paixões de cada um, a interação da gente com tudo, as nossas raivas em relação à política, a tudo, é diretamente a ver com eu morador e eu com os moradores, é o sentimento, os objetivos, os anseios, tudo isso é que forma a cidade. / Eu costumo falar que as pessoas nascem nas cidades e as cidades nascem nas pessoas. Mesmo não nascendo na cidade ela pode nascer dentro de você e começar a fazer parte de você e você também fazer parte dela.* (PROJETO MORADORES - BELO HORIZONTE, 2021).

Tais falas vêm reforçar a própria concepção do projeto em relação ao patrimônio de Belo Horizonte, que, já em seu nome, considera que esse se encontra naqueles que a habitam. Diferentemente do *Quanto tempo dura um bairro?*, cujo foco é o registro das fachadas tombadas ou em vias de tombamento, no caso do *Projeto Moradores,* a ênfase gira em torno das pessoas que fazem a cidade, de suas imagens e falas. Apresenta, portanto, uma experiência que tanto é singular quanto coletiva e que se torna parte de um comum que o próprio projeto faz emergir. Afinal, na pluralidade de dizeres sobre a cidade, são evidenciados tempos e espaços diversos, territórios simbólicos e afetivos não correspondentes, mas coexistentes, modos diferentes de ser e estar na cidade.

Apesar da presença de moradores anônimos, que ilustram certa diversidade de faces e memórias, tanto na edição de Belo Horizonte quanto na da Lagoinha, nota-se o destaque em personalidades que, pelo teor do depoimento ou por sua imagem, podem ser facilmente reconhecidas, especialmente em se tratando daquelas que se repetem em outras iniciativas de memória, como o especial *BH 120 anos*, que abordamos anteriormente, e a coleção *Belo Horizonte Surpreendente*, sobre a qual discorreremos a seguir. A exemplo, ao ouvirmos o depoimento: *"Inauguramos o Grupo Corpo em 1975.*

A gente desde o início tinha certeza de que não sairíamos daqui. Tem uma frase que eu gosto muito: 'se você quer ser universal, fala da sua aldeia'. É um pouco isso." (PROJETO MORADORES - BELO HORIZONTE, 2021), entendemos que se trata de um dos fundadores do Grupo Corpo, companhia de dança belorizontina que ultrapassou as montanhas mineiras e alcançou destaque nacional e internacional, mas que se manteve na cidade, evidenciando o vínculo com ela como um elemento constituinte de sua identidade. Embora seu nome não esteja registrado no documentário, sabemos de quem se trata em função da referência ao grupo do qual faz parte. E assim se dá com outras personalidades de destaque da capital mineira que figuram no documentário sobre Belo Horizonte.

Contudo, a falta de identificação no documentário remete-nos a dois aspectos aparentemente contraditórios: o primeiro diz respeito ao fato de parecer importar menos o nome e mais a experiência narrada e a biografia daquele que narra, além da força da imagem em preto e branco como recurso expressivo, valorizando os moradores por seu vínculo estreito com a cidade. São seus patrimônios, embora anônimos. No entanto, se o fato de os moradores serem considerados patrimônios dos lugares é algo que o projeto enfatiza, a ideia de patrimônio não seria em si um contraponto ao anonimato? Para tomá-los como patrimônio, não seria necessário seu reconhecimento como tal, proveniente da autoconsciência de um grupo de pessoas ou de uma comunidade sobre a importância daquilo ou daquele a quem se atribui tal chancela? Como aponta Ingold (2015, p. 246):

> Identificar outra pessoa é reconhecer a sua singularidade, separá-la da multidão com base em um rosto, voz ou gesto familiares. Identificar um animal ou planta, ao contrário, é negar a sua singularidade, deixar de lado quaisquer idiossincrasias individuais a fim de destacar características compartilhadas com outros do mesmo tipo ou de tipo similar. [...] Estabelecer uma relação entre particulares não é seguir através, traçando uma linha de conexão de um ao outro, mas seguir para cima, para um nível no qual a sua particularidade é filtrada de tal modo que cada um deles pode ser considerado um exemplar da mesma classe. Por outro lado, recuperar a particularidade das coisas não é conectar, mas dividir, enfocando a diferença em vez da similaridade.

Desse modo, a não identificação nos leva a pensar que importa menos a particularidade de cada indivíduo e mais o fato de ele ser um dos moradores daquela localidade. Ou seja, o projeto parece buscar uma conexão pela similaridade, por aquilo que partilham, tendo em comum o território sobre o qual discorrem. Trata-se de pessoas cujas vidas não se inscrevem na superfície do mundo, mas estão tecidas em seu próprio tecido.

Sempre em preto em branco, os moradores expõem suas faces e histórias, por vezes agregando a elas algum objeto como uma fotografia, uma mala, uma faixa, uma roupa, uma prova da veracidade do que narram. Tais elementos se assemelham a vestígios de tempos outros (RICOEUR, 2010), que resistiram e atuam como acionador de lembranças, tal como ocorre também na edição Lagoinha.

O vídeo começa entrelaçando histórias de vida dos moradores, quando nasceram ou chegaram à cidade, evidenciando a diversidade de seus lugares de origem. Isso corrobora o fato de Belo Horizonte ser formada a partir da migração de pessoas do interior de Minas Gerais e de outros estados e países, elemento identitário da cidade que também emerge na etapa Lagoinha. Tais narrativas pessoais, que remontam à origem das famílias, são posteriormente atravessadas por falas sobre a cidade em seus primórdios; seus cotidianos; os bairros existentes; as vilas que deram origem a novos bairros com a desapropriação da população de baixa renda do centro, eminentemente negra, num contínuo movimento eugenista que se nota ao longo da história da capital mineira, o qual apontamos e ao qual nos voltaremos mais detidamente no ensaio sobre a *Ocupação NegriCidade*; e as memórias sobre sua fundação, repassadas de geração em geração, como pode ser observado no depoimento a seguir:

> *Fui criado pela minha avó, e ela contava histórias de como foi traçado Belo Horizonte, do jeito dela. Ela falava que tinha uns cavaleiros que andavam em círculo para formar a cidade. E dentro deste círculo só podia construir quem viesse de Ouro Preto ou Mariana que trabalhava no Estado, e fora deste círculo eram os trabalhadores remanescentes de escravos. Para eles era uma alegria, porque foi o primeiro trabalho depois da Abolição da Escravatura. Apesar que a minha família na época já estava alforriado, não tinha ninguém mais escravo. Mas foi seis ou oito anos depois, um dos primeiros trabalhos formalizados foi aqui na construção de Belo Horizonte. Para eles foi uma alegria enorme.* (PROJETO MORADORES - BELO HORIZONTE, 2021).

O bonde, meio de transporte extinto na cidade, também foi relembrado em algumas falas, bem como o local onde ficava o ponto de cada linha. Houve também relatos sobre a Revolução de 1930, que reproduzimos a seguir:

> *Minha avó materna morava exatamente entre o quartel militar e o quartel do exército, então quando teve a Revolução de 30, estava tendo uma festa de aniversário na casa dela e estourou a revolução e a minha família teve que ficar mais de três dias no porão. Então a máquina que fez o enxoval do meu avô tem cravada, ela está na casa da minha mãe até hoje, uma bala da revolução de 30. A minha tia que era recém-nascida tiveram que fazer uma camisolinha dela com a camisa do meu avô.* (PROJETO MORADORES - BELO HORIZONTE, 2021).

Nessa fala, são narradas lembranças sobre a relação da cidade, ainda jovem, com momentos históricos do país, como a Revolução de 1930, a partir de seu registro na experiência de seus moradores. Na sequência desse depoimento, duas senhoras aparecem exibindo a camisola feita com a camisa do avô, quando estavam abrigadas no porão da casa, durante a Revolução – um episódio sobre o qual se tem pouca informação nos dizeres oficiais da cidade.

Outro depoimento de destaque remete ao pertencimento à cidade, a partir de um episódio da infância do depoente, quando este morava numa casa de pau a pique, na Favela do Barroca, onde hoje se localiza a Assembleia Legislativa de Minas Gerais (ALEMG), no bairro Santo Agostinho, zona Centro-Sul, uma das áreas nobres de Belo Horizonte. Ali, não havia água encanada nem energia elétrica no período de sua infância, e a Favela do Barroca era o local onde membros do Exército faziam seus treinamentos:

> *Foi a primeira vez que comi pão com manteiga, café com leite e chocolate. Na hora do rango nós estava [sic] lá e eles davam. E uma coisa ficou na cabeça. Tenente Marceles e Sargento Bezerra falaram: "você tem que ser patriota, tem que morrer pela pátria". E eu perguntei a ele o seguinte: "o que é patriota?" Ele falou: "A pátria é o lugar onde você vive, sua mãe vive, seu amigo vive". E eu falei: "Então a Barroca é a minha pátria".* (PROJETO MORADORES - BELO HORIZONTE, 2021).

É interessante observar, nesse depoimento, que o entendimento de patriotismo como vínculo a determinado território fá-lo remeter à Favela do Barroca, lugar onde ele cresceu. Sua pátria é o território que sustenta suas relações cotidianas e seus afetos, ou seja, remete à comunidade onde criou seus vínculos. Trata-se de um território que alcança o micro, a concretude das experiências cotidianas, sobre o qual discorreremos adiante.

A vida cotidiana é outro ponto que perpassa o documentário, tais como os lugares frequentados pelos moradores, como a Feira Hippie, quando esta era realizada na Alameda Liberdade, na Praça da Liberdade (curiosamente, onde parte dos depoimentos foram gravados), e o Parque Municipal Américo Renné Giannetti; as bicas onde se lavava roupas, que também são mencionadas no especial *BH 120 anos*; a participação na manifestação pelas Diretas Já; os cinemas de rua, muitos deles extintos, que também são abordados nos depoimentos sobre a Lagoinha, entre outros. Falas que dizem de uma Belo Horizonte que não existe mais, sobre a qual cabe o tom nostálgico de um passado melhor, ao qual se gostaria de voltar ou do qual se tem saudade. Esse tom aparece também na trilha do documentário, executada na própria tenda por moradores que cantam ou tocam algum instrumento. Em certa passagem, suas falas são intercaladas por uma canção sobre Belo Horizonte, em que a nostalgia é mencionada:

> *A nostalgia tomou conta dos meus ais*
>
> *Não podemos nos esquecer*
>
> *Nosso saudoso Rômulo Paes*
>
> *Ciro da Penha e Machado*
>
> *Compositores imortais*
>
>
> *Nossa feira, nosso alegre Paysandu*
>
> *Só nos resta a saudade de nosso Popó e de Chuchu*
>
> *E do sambista Ialadin*
>
> *Osvaldo vive na memória*
>
> *Obrigado, BH, aqui se faz a nossa história.* (PROJETO MORA-DORES - BELO HORIZONTE, 2021).[37]

Nessa canção, assim como dissemos no caso da etapa Lagoinha, vemos o registro da memória sobre a capital mineira e seus personagens, especialmente aqueles ligados ao futebol e à música. Na sequência de depoimentos em que o esporte entra como tema principal, há a fala de uma ex-jogadora de voleibol do Minas Tênis Clube, clube tradicional da cidade, que também é mencionado no *BH 120 anos*. Outros depoimentos são de narradores de futebol, relatando passagens memoráveis como o primeiro gol no Mineirão e a partida histórica entre Cruzeiro e Renascença, uma anedota a respeito

---

[37] Sem referência.

dos times de futebol tradicionais da capital mineira, que também são referenciados no *BH 120 anos*, reproduzida a seguir:

> *Quando o Mineirão foi inaugurado, o grande clássico do futebol mineiro era Atlético e América. E o Cruzeiro formou uma equipe de jovens e entre esses jovens estava o Tostão, Piazza, Ciro Lopes, Procópio, Natal, Evaldo, e o Cruzeiro quando o Mineirão foi inaugurado, todo time que caía lá levava goleada. Mas eu não estou exagerando não. O Santos era o melhor time do mundo e perdeu de 6 a 2 para o Cruzeiro no Mineirão. O Flamengo tinha um timaço do futebol carioca, perdeu de 6 a 1, e o nosso modesto Renascença foi disputar uma partida oficial contra o Cruzeiro, em 1976, e o Cruzeiro estava invicto, nunca tinha perdido uma partida no Mineirão. Então era um jogo para constar na tabela e nós ganhamos de 3 a 1. E o mais interessante é que o Atlético até então nunca havia vencido o Cruzeiro no Mineirão. Então os atleticanos começaram a bajular os jogadores do Renascença. Eu me lembro que eu cheguei no Fórum na segunda-feira para trabalhar e eu ganhei uma caneta de pena de ouro, naquela época usava caneta tinteiro, e um atleticano me deu. Fomos festejados durante muito tempo porque nós conseguimos quebrar a invencibilidade do Cruzeiro. Sem dúvida foi a maior alegria em minha vida.* (PROJETO MORADORES - BELO HORIZONTE, 2021).

No documentário da etapa de Belo Horizonte, nota-se que há maior tempo de fala dos moradores, com passagens contadas em maior detalhamento que na etapa da Lagoinha. Outro ponto de diferenciação é a ênfase nas expressões dos depoentes, que, no caso da Lagoinha, cujos depoimentos vêm intercalados por imagens de ruas, fachadas e lugares emblemáticos da região. Ainda assim, em ambos os documentários, a presença marcante das faces dos moradores permanece como um recurso expressivo adotado pelo projeto.

Já a parte final do produto audiovisual dedica-se a depoimentos que dizem de uma relação peculiar com a capital mineira e do desejo de nela fazer sua história, como podemos notar na passagem a seguir:

> *Vejo Belo Horizonte como lugar de rompimento. Essas montanhas trazem, ao mesmo tempo, um vislumbre bonito, mas, ao mesmo tempo, elas trazem um fechamento e a gente tem que romper. [...] Então eu vejo Belo Horizonte hoje que você pode daqui ganhar o mundo.* (PROJETO MORADORES - BELO HORIZONTE, 2021).

O encerramento traz uma história narrada por um conhecido contador de histórias, que reproduz um diálogo imaginário com uma audiência do futuro, numa cidade que já não se faz mais habitável daqui a 50 anos:

> *Era uma vez uma cidade muito interessante. A praça onde nós estamos atualmente, era chamada Savassi. Vocês estão vendo aquelas árvores voando ali, está vendo aquelas pontes levadiças, ah, está vendo aquela torneira ali, com água mineral bonita, nada disso tinha. Se você quisesse um copo de água mineral, você tinha que comprar. Ali, tinha uma padaria, que era muito interessante. Padaria, não sei se vocês sabem, mas é um lugar que fazia pão. Acreditem, a gente tinha que sair de casa para comprar pão. Nada de apertar aquele botãozinho na sua casa e aparecer pronto. Mas o mais interessante, sabe o que é, é que há 50 anos atrás, a gente se encontrava na rua. A gente usava muito mais as máquinas, entendeu. Começou, lá pelo ano de dois mil e pouco, as pessoas a teclarem uma com a outra. Hoje, é claro, a gente faz tudo pela máquina, Vocês estão me vendo através de uma máquina. Eu sou virtual, mas há 50 anos atrás, eu era de verdade. Eu estava literalmente andando por esta praça e vocês nem imaginavam, mas tinha plantas, tinha árvores e tinha sobretudo, pessoas transitando por aqui.* (PROJETO MORADORES - BELO HORIZONTE, 2021).

Curiosamente, esses dizeres sobre uma cidade que existe somente na lembrança do seu morador, que aponta e relembra lugares não mais existentes, assim como a falta de pessoas nas ruas, a mais emblemática das mudanças desse futuro imaginário, alcança-nos nos anos de 2020 e 2021. Nesse período, vivenciamos a pandemia de Covid-19, que fez com que boa parte da população mundial fosse privada de convívio social. Assim, essa imagem de uma cidade do futuro sem pessoas nas ruas, à qual se acessa pela memória mediada, como a que nos permite o acesso à sua fala anos depois, fez-se presente também Belo Horizonte nesses dois anos. Com uma temporalidade distendida, permitida pelo ambiente virtual, o documentário de 2015 projeta essa imagem de uma cidade sem vida e sem seu pulsar, menos como desejo e mais como uma condição de possibilidade nas visadas mais catastróficas de futuro, o que nos alcançou rápido demais no contexto da pandemia, ainda que temporariamente.

Assim, se, no documentário sobre a Lagoinha, a preocupação central é reforçar a história da região, enfatizando sua permanência e resistência a despeito das mudanças que constantemente a transformam, no de Belo Horizonte, há um esforço no sentido de alcançar um dizer maior sobre a cidade, o que ela representa e o que é ser cidadão belorizontino. Para tanto, volta-se para o que o projeto considera como o patrimônio dos lugares: seus moradores, cidadãos ordinários, que aparecem em lampejos de faces e falas entrecortadas por músicas, tendo Belo Horizonte e Lagoinha como personagens principais. Pessoas cujas imagens são registradas e exibidas em retratos em grande escala num espaço público de grande circulação, evidenciando seu vínculo àquele território, e que são reterritorializadas no ambiente virtual, por meio dos registros divulgados no *site* do projeto.

4.2 Do espaço físico ao virtual, a emergência de territórios afetivos e simbólicos

A partir do *Projeto Moradores,* podemos pensar na relação mais estreita entre memória e espaço ou, mais especificamente, entre memória e território, noção que ultrapassa a dimensão material do espaço e alcança também o terreno afetivo e simbólico. Propomos que o entendimento do espaço em sua dimensão de território parece-nos ser interessante para se pensar sobre os deslocamentos feitos pelo projeto em relação aos lugares por onde passa e à própria memória de Belo Horizonte.

Haesbaert (2020) critica o uso indiscriminado do termo *território* que, segundo ele, muitas vezes, é tomado como sinônimo de espaço e espacialidade ou como uma genérica dimensão material da realidade. Em sua concepção de território, ele propõe a incorporação da dimensão simbólica, o que nos parece ser potente para pensar o *Projeto Moradores* e as iniciativas de memória menores de caráter coletivo sobre Belo Horizonte:

> O território envolve sempre, ao mesmo tempo [...], uma dimensão simbólica, cultural, através de uma identidade territorial atribuída pelo grupo social, como forma de "controle simbólico" sobre o espaço onde vivem (sendo também, portanto, uma forma de apropriação), e uma dimensão mais correta de caráter político-disciplinar [e político-econômico, deveríamos acrescentar]: a apropriação e ordenação do espaço como forma de domínio e disciplinação dos indivíduos. (HAESBAERT, 2020, p. 94).

Nesse sentido, essa definição de território aproxima-se também da visão de Santos, que incorpora a ele uma dimensão cultural. Santos (2001) corrobora o pensamento de que o território não é um dado neutro nem um ator passivo, ou seja, é fruto de um constante processo de produção e disputas, sendo, pois, um instrumento do exercício das diferenças de poder.

Nele atuariam duas forças principais: as verticalidades e horizontalidades. Como verticalidades, Santos (2001) compreende um conjunto de pontos, formando um espaço de fluxos, marcado por fluidez e velocidade em nível vertical, resultante de forças dominantes e hegemônicas. A horizontalidade, por sua vez, atuaria como um espaço banal com todos os agentes implicados, agregando tempos tanto rápidos quanto lentos. Nela, nota-se a existência de uma solidariedade orgânica, formada por agentes atuando sobre um território comum.

Santos (2001) considera, ainda, que haveria um relógio único nas verticalidades, enquanto as horizontalidades permitiriam a existência de diversas temporalidades. O espaço, em sua perspectiva, é marcado pelas horizontalidades e verticalidades, que se relacionam de forma não dicotômica, mas complementar. Nesse sentido, o geógrafo brasileiro apresenta uma abordagem humanista do espaço, reafirmando a presença da heterogeneidade criativa em sua constituição. Entendemos, portanto, a partir de Santos (2001), que os territórios, especialmente os que constituem o espaço urbano, são marcados pela constante tensão entre estas duas forças – verticalidades e horizontalidades –, de modo que elas coexistem em uma fricção permanente, num movimento concomitante. Tal tensão se reflete também nas iniciativas de memória com as quais nos deparamos, a partir das quais, como temos visto, podemos observar um constante movimento de constituição do tempo e do espaço via narrativa. Um movimento no qual atuam diferentes forças por vezes contraditórias e conflitivas, mas constituintes e constituidoras das memórias de determinado lugar.

Considerado por Santos (2001) mais como abrigo que como recurso, na esteira do pensamento de Jean Gottman, o território estaria sempre em busca de sentido e, assim como a sociedade, exerceria uma vida reflexiva. "Neste caso, o território não é apenas o lugar de uma ação pragmática e seu exercício comporta, também, um aporte da vida, uma parcela de emoção, que permite aos valores representar um papel." (SANTOS, 2001, p. 111).

O território seria, portanto, uma âncora, um ponto de aterramento para o mundo, como um conjunto de possibilidades e temporalidades diversas. "A cidade, pronta a enfrentar seu tempo a partir do seu espaço, cria e recria uma cultura com a cara do seu tempo e do seu espaço e de acordo ou em oposição aos 'donos do tempo', que são também os donos do espaço." (SANTOS, 2001, p. 132). Assim, a noção de território, para Santos, mais que um local circunscrito, incorpora uma dimensão de movimento, heterogeneidade e disputa entre verticalidades e horizontalidades. Trata-se, portanto, de um lugar de articulação de modos de existência, onde tanto fluxos verticais quanto horizontais materializam-se. Nesse sentido, sua concepção de território coloca-o como abrigo de vivências não homogêneas, uma heterogeneidade criadora, incluindo sem apaziguar as diferenças, sendo, portanto, uma esfera de convivência cotidiana do heterogêneo que se instaura em um comum.

Levando em conta o agenciamento institucional do *Projeto Moradores*, uma vez que este é realizado com fomento ou parceria do poder público e atua conforme uma metodologia predefinida, podemos considerá-lo uma verticalidade. Por outro lado, ao registrar os depoimentos e divulgá-los em um documentário que é alinhavado em função da instituição de um sentido de lugar predeterminado, notamos que há algo que escapa a essa força: podemos considerar os depoimentos como horizontalidades, a partir dos quais emergem diferentes e, por vezes, contraditórios territórios, calcados no vínculo à experiência de cada morador. O que vemos, portanto, no *Projeto Moradores*, é tanto a dinâmica de constituição social do espaço quanto a emergência de territórios diversos a partir da relação com seus moradores. Uma relação imbricada entre verticalidades e horizontalidades que se diferenciam, mas se constituem mutuamente.

Por meio da atualização de suas memórias, nota-se a instituição de territórios que, embora compartilhados, figuram de modo particular no vínculo à experiência de cada morador, sendo forjados no tensionamento de diferentes temporalidades mobilizadas em seus depoimentos. Assim, se há o intuito de relembrar um passado, por vezes saudosista, como acontece em relação ao bairro Lagoinha, ou mesmo acionar memórias sobre a Belo Horizonte de tempos atrás, relembradas na chave da nostalgia como melhor que a atual, há também desejos de futuro vinculados a iniciativas do presente, como a proposta de valorização das ações culturais e gastronômicas na Lagoinha ou mesmo a realização do próprio *Projeto Moradores*, podendo ser mais ou menos institucionais, mais ou menos espontâneas.

No presente, é possível encontrar-se tanto com o lamento pelo que a Lagoinha perdeu quanto com a latência do que ela ainda pode ser. Da mesma forma, em se tratando da cidade de Belo Horizonte, vemos o reforço de narrativas sobre o ideal que a cidade incorpora à sua identidade desde a época de sua construção, quando dos tempos bucólicos da Cidade Jardim, apelido que recebeu em seus primeiros anos, em função de sua arborização e seu clima ameno, mas também suas transformações e a força de uma cidade que, hoje, parece ter ultrapassado suas montanhas por meio de seus personagens ilustres.

Nesse sentido, levando em conta que território abriga e se constitui no atravessamento dessas dinâmicas temporais, incorporando uma dimensão cultural e simbólica para além da política ou material, podemos pensar que ele está intrinsecamente ligado à identidade e pertencimento, como consideram Jöel Bonnemaison e Luc Cambrèzy (1996):

> [O território] Não pode ser percebido apenas como uma posse ou como uma entidade externa à sociedade que o habita. É um fragmento de identidade, fonte de uma relação afetiva e até amorosa com o espaço. Pertencemos a um território, não o possuímos, guardamos; vivemos nele, estamos impregnados dele. [...]
>
> Em suma, o território não surge simplesmente da função ou do ter, mas do ser. Esquecer esse princípio espiritual e não material é expor-se a não compreender a trágica violência de muitas das lutas e conflitos que hoje dilaceram o mundo: perder o território é desaparecer. (BONNEMAISON; CAMBRÈZY, 1996, p. 13-14).[38]

Haesbaert (2020), no entanto, chama atenção para o fato de que o termo *territorialidade* tem sido mais atrelado à dimensão simbólica que *território*. Apesar disso, entendemos que a noção de território comporta não apenas a sua esfera material, política e econômica, mas, conforme Santos (2001), também a cultural, o que nos permite olhar para ele como algo heterogêneo e processual, que abriga sentidos partilhados e de pertencimento. Trata-se, portanto, de um espaço comum onde emerge uma heterogeneidade criadora (SANTOS, 2001) e que incorpora também uma dimensão de movimento, atravessada por temporalidades múltiplas coexistentes, que a noção de *ch'ixi* proposta por Rivera Cusicanqui (2018) permite-nos vislumbrar ao se pensar na relação da cidade com suas memórias.

No caso do *Projeto Moradores*, vemos emergir diferentes territórios simbólicos e afetivos que dizem de distintos modos de atribuição de sentido ao vínculo a eles, calcados na experiência de cada morador, ainda que o mote para os relatos seja um mesmo lugar. Além disso, podemos pensar no

---

[38] Do original em francês: "Il ne peut être perçu seulement comme une possession ou comme une entité extérieure à la société qui l'habite. C'est une parcelle d'identité, source d'une relation d'essence affective, voire amoureuse à l'espace. On appartient à un territoire, on ne le possède pas, on le garde, on l'habite, on s'en imprègne. [...] En bref, le territoire ne ressort pas simplement de la fonction ou de 'avoir, mais de l'être. Oublier ce principe spirituel et non pas matériel, c'est s'exposer à ne pas comprendre la violence tragique de bien des luttes et des conflits qui déchirent le monde d'aujourd'hui: perdre son territoire, c'est disparaître." (BONNEMAISON; CAMBRÈZY, 1996, p. 13-14, tradução livre nossa).

território levando em conta a metodologia do projeto. Sujeito à efemeridade da intervenção, que marca tanto a gravação dos depoimentos quanto a exposição temporária no local público, o território onde o projeto é realizado acaba sendo reterritorializado num outro espaço, que é o documentário. Este, junto aos retratos expostos numa galeria, passa a compor uma nova cidade, região ou bairro, agora no ambiente virtual.

O território afetivo se confunde com o território físico, mas o atravessa, uma vez que, por estar encarnado no morador, seu patrimônio maior, alcança outras esferas para além dos seus limites físicos. Nas narrativas de memória, as fronteiras territoriais são facilmente ultrapassadas pela experiência e pelos afetos. A exemplo, ouvimos de um dos moradores da Lagoinha falas sobre o tempo em que ele atravessava a Praça Vaz de Melo a pé em direção à *Cidade*, como era tratada a parte central de Belo Horizonte, que descreve enquanto narra seu vínculo com o bairro; e o depoimento do morador de Belo Horizonte, que deixou sua cidade no interior para vir para a capital, ainda nos primeiros anos de sua fundação, enquanto esta também contribuía para o seu desenvolvimento pessoal e profissional.

Quando deslocadas para outro espaço, o virtual, seja no *site,* seja no perfil do Instagram, as faces dos moradores, recurso expressivo potente no documentário e na galeria de retratos, são desterritorializadas e reterritorializadas, desvinculando-se temporariamente de seu território de origem. Compõem, juntas, um novo território que se instaura como memória no espaço efêmero do virtual. Tais localidades, apreendidas por meio dos semblantes e das narrativas de seus moradores, se tornam também uma memória nesse território que o espaço virtual configura, num processo de reterritorialização que institui narrativamente Belo Horizonte.

Pensamos aqui a relação entre desterritorialização e reterritorialização como duas instâncias que se afetam mutuamente, na esteira do pensamento de Haesbaert (2020). Segundo ele, a virtualização é uma dinâmica atuante na reterritorialização em se tratando de espaços virtuais, presente na construção de novos territórios. Território, nesse sentido, estaria vinculado a movimento, relação que Haesbaert (2020) retoma de Gottman, que incorpora à ideia de território como compartimento da Geografia uma dimensão mais idealista e procura entender os territórios conformados num imbricamento entre sistemas de movimento e sistemas de resistência. Assim, a proposta de Haesbaert (2020) é, numa perspectiva integradora, pensar o território como um híbrido:

> [...] entre a sociedade e a natureza, entre política, economia e cultura e entre materialidade e "idealidade", numa complexa interação tempo-espaço, como nos induzem a pensar geógrafos como Jean Gottman e Milton Santos, na indissociação entre movimento e (relativa) estabilidade - recebam estes os nomes de fixos e fluxos, circulação e "iconografias", ou o que melhor nos aprouver. Tendo como pano de fundo esta noção "híbrida" (e, portanto, múltipla, nunca indiferenciada) de espaço geográfico, o território pode ser concebido a partir da imbricação de múltiplas relações de poder, do poder mais material das relações econômico-políticas ao poder mais simbólico das relações de ordem mais estritamente cultural. (HAESBAERT, 2020, p. 79).

Tal modo de compreender o território pode ser posto em diálogo com a perspectiva relacional do espaço de Lefebvre (2000) e com o pensamento de Santos (2001) e Rivera Cusicanqui (2015, 2018), conforme apontamos anteriormente. Isso nos permite considerá-lo como parte de relações sociais e históricas, uma esfera marcada por disputas. Trata-se de um comum que não apazigua suas diferenças, mas, pelo contrário, incorpora o movimento de dinâmicas plurais e diversas. "Justamente por ser relacional, o território é também movimento, fluidez, interconexão – em síntese e num sentido mais amplo, temporalidade." (HAESBAERT, 2020, p. 82).

Essa conexão entre território e movimento leva-nos novamente ao pensamento de Ingold (2015, p. 177), segundo quem o território não estaria fora de nós mesmo, mas seria, "[...] o processo histórico em curso da nossa mútua e coletiva autocriação". Assim, além do entendimento do território como processo e, nesses termos, como movimento, poderíamos considerar a memória em sua dimensão de abertura, como algo processual e antitotalizante, tal como Ingold propõe ao refletir sobre as linhas de um desenho ao longo de sua feitura: essas indicam algo que nunca está completo, mas sempre em andamento:

> Literalmente "permear tudo, de modo a tentar tudo, e tentar tudo de modo a encontrar tudo" (p. 214), a vida não estará confinada dentro de formas limitadas, mas sim costura o seu caminho pelo mundo ao longo da miríade de linhas de suas relações, sondando cada rachadura ou fenda que possa potencialmente permitir crescimento e movimento. (INGOLD, 2015, p. 192).

Diante disso, o que propomos aqui é pensarmos a memória como movimento que emerge entre fissuras e brechas e que, em relação ao espaço e ao tempo, está, como ambos, em permanente reconstrução e afetação. Nesse sentido, a narrativa poderia ser considerada uma forma de estabilização ou desaceleração desse movimento que, em se tratando de narrativas da memória, revelariam reiterações e disputas com outras narrativas, mas também esquecimentos e invisibilidades, numa perspectiva dual e não dicotômica (SEGATO, 2016). Assim, considerar a memória como movimento pressupõe entendermo-nos também como parte dos fluxos que contribuem para a formação contínua tanto de nós mesmos quanto das coisas do mundo: nossas memórias, nosso espaço e nosso tempo. Um entendimento que coloca a memória em seu vínculo com a identidade, mas também evidencia sua plasticidade, que congrega escolhas conscientes ou não relativas a diferentes modos de atribuir sentido aos territórios.

Em se tratando do *Projeto Moradores,* por exemplo, há a reiteração de falas sobre as constantes obras viárias que descaracterizaram a Lagoinha, mas que também foram incorporadas à sua identidade; a boemia em suas contradições, ora tomada como elemento negativo da região, ora afirmada como diferencial e patrimônio a ser valorizado, revela uma relação peculiar com a identidade narrativa proposta pelo projeto; a presença da Pedreira Prado Lopes que, embora seja considerada *berço de Belo Horizonte*, sempre foi mal vista, o que levou seus moradores a criarem um jornal para dar visibilidade a seus pontos positivos; a dinâmica da vida cotidiana, com seus personagens, lideranças, desafios e diferenciais. Tudo isso vem mostrar como a identidade narrativa, nos termos de Ricoeur (2010), é forjada na dialética entre mesmidade e ipseidade, como apontamos, sendo que, em suas brechas, outras identidades se fazem ver. Nesse sentido, entendemos que o projeto busca evidenciar uma identidade narrativa para a localidade, contudo, outras identidades emergem nas falas das pessoas. Entre mudanças e permanências, são construídos narrativamente territórios simbólicos e afetivos, instituídos pelo projeto a partir dos moradores escolhidos para narrá-los.

Dessa forma, entendemos que, ao constituir uma "comunidade imaginada" (ANDERSON, 2008) de uma localidade no espaço virtual, o *Projeto Moradores* contribui para reforçar a dimensão de território em sua perspectiva relacional. Por comunidade imaginada, retomando o conceito de Benedict Anderson (2008), entendemos uma comunidade socialmente construída, formada por indivíduos que se veem como pertencentes a um grupo comum, compartilhando uma identidade cultural, linguística ou histórica, cuja existência se baseia num processo de imaginação coletiva.

Vinculada ao entendimento de território que aqui apresentamos, vemos que essa comunidade imaginada se relaciona a um território simbólico e afetivo que se assenta nos retratos na galeria e nas intermitências de memórias conjugadas aos *frames* lampejantes dos moradores no documentário. Ela se reterritorializa no ambiente virtual, fazendo emergir uma Lagoinha e uma Belo Horizonte imaginadas, em que se torna forte o sentido de pertencimento. Diante disso, perguntamo-nos qual seria o papel da face, em destaque no *Projeto Moradores*, e o que sua presença marcante nos ajuda a pensar em relação às questões éticas implicadas nessa iniciativa de memória.

4.3 Entre rostos e vagalumes, a dimensão ética de uma memória intermitente

Como vimos, o *Projeto Moradores* tem algo de efêmero, parece não ter pretensão de permanência. Passa pelos lugares, rompe certa cotidianidade, mas se coloca como um movimento, uma ocupação de passagem, uma intermitência num cotidiano também intermitente. Da mesma forma, seus produtos – a exposição, a galeria de retratos e o documentário –, embora fiquem disponíveis no ambiente virtual nos dois últimos casos, o que constitui uma espécie de memória tanto da intervenção quanto dos lugares onde ela é realizada, também possuem uma aura de efemeridade, especialmente o documentário, cuja montagem concatena *frames* de faces evanescentes e trechos de depoimentos.

Nos registros divulgados no *site*, notamos que o semblante dos moradores é apresentado como ponto central do projeto, pois encarna temporalidades diferentes e experiências particulares, porém compartilhadas sobre um território. No caso das exposições *in loco* e das galerias de retratos do *site*, os registros "da humanidade por trás do patrimônio" (PROJETO MORADORES - BELO HORIZONTE, 2021) lembram fotografias de documentos de identificação. Assim, parecem dizer de identidades que se conformam em relação àqueles territórios e memórias. Um modo, portanto, de territorializar seus moradores naqueles lugares aos quais pertencem, corporificando-os.

O fato de as fotos serem em preto e branco, assim como todas as imagens do documentário, leva-nos a pensar na passagem do tempo, na esteira do pensamento de Georges Didi-Huberman (2014) ao abordar a grisalha, segundo quem o monocromatismo e a descoloração associam-se ao luto, ao desejo, à encarnação, ao ar, à impessoalidade das forças, à inquietante estranheza, ao desespero, à melancolia e ao ensombramento sintomático daquilo que cai e se acumula. Remete, ainda, "a um tempo memorial, mítico ou sobrenatural: um tempo que, por definição, escapa à sua situação crono-lógica de história", sendo anterior e posterior a toda a história, "é o tempo do mistério" (DIDI-HUBERMAN, 2014, n.p.). Assim, esse deslocamento temporal que a imagem em preto e branco proporciona remete-nos a um tempo passado, ao qual se volta por meio das narrativas da memória dos moradores e do próprio documentário.

Olhando para as imagens do projeto, observamos que os registros dos moradores possuem o fundo branco, provavelmente provindo da tenda onde aconteceram as gravações, o que, de certa forma, desterritorializa a personagem do ambiente e, contraditoriamente, do próprio lugar ao qual se vincula. Há que se considerar, ainda, a existência de uma dimensão perfor-mativa diante da câmera, que percebemos com maior nitidez quando eles se ajeitam para serem gravados, cenas que se misturam no documentário aos seus semblantes e a imagens de ruas, estas últimas no caso da etapa Lagoinha. Nesse sentido, podemos questionar os limites e controles da memória, como aqueles que se depreendem da relação comunicativa que se estabelece entre as pessoas e a equipe do projeto e do desejo de imagem que pretendem passar ao serem fotografados ou filmados. Como considera Roland Barthes (1984, p. 27), a foto-retrato pode ser considerada "um campo cerrado de forças", onde quatro imaginários se cruzam, se afrontam e se deformam: "Diante da objetiva, sou ao mesmo tempo: aquele que eu me julgo, aquele que eu gostaria que me julgassem, aquele que o fotógrafo me julga e aquele de que ele se serve para exibir sua arte". Nesse sentido, tanto o relato sobre os lugares e suas histórias de vida quanto o modo com que se colocam perante a câmera podem ser moldados em função da situação comunicativa proposta pelo projeto.

Se considerarmos os retratos como um recurso expressivo marcante no *Projeto Moradores*, podemos observar que estes, ao serem colocados juntos (tanto na exposição *in loco* quanto na galeria no *site*, ou mesmo encadeados na montagem do documentário), formam uma espécie de mosaico, tal como acontece com as edificações em *Quanto tempo dura um bairro?* e com as his-tórias de vida na coleção *Belo Horizonte Surpreendente*, que analisaremos a seguir. Embora reconheçamos que nenhum conjunto seja suficiente para dar conta de uma totalidade, sobre o que discorreremos mais detidamente no próximo ensaio, ou mesmo que não haja tal pretensão por parte do projeto, a diversidade de faces representa a variedade de pessoas que habitam tais

A MEMÓRIA COLETIVA EM PERSPECTIVA: ENSAIOS SOBRE A MEMÓRIA COMO GESTO A PARTIR
DE NARRATIVAS DE UMA CIDADE-TRAPEIRA

lugares e que, articuladas, criam novos sentidos para eles. Há diferentes
gerações, diferentes expressões, diferentes modos de registrar seu vínculo
tanto ao lugar físico quanto aos novos territórios simbólicos que o projeto
faz emergir. A partir dos retratos em preto e branco, os moradores sobrevivem em imagens que, conectadas, compõem novas camadas de sentido aos
territórios dos quais fazem parte e se colocam abertas a novas apropriações.
Como considera Barthes (1984):

> [...] não sei o que a sociedade faz de minha foto, o que ela lê
> nela (de qualquer modo, há tantas leituras de uma mesma
> face); mas quando me descubro no produto dessa operação,
> o que vejo é que me tornei Todo-Imagem, isto é, a Morte
> em pessoa; os outros - o Outro - desapropriam-me de mim
> mesmo, fazem de mim, com ferocidade, um objeto, man-
> têm-me à mercê, à disposição, arrumado em um fichário [...]
> (BARTHES, 1984, p. 28).

Os moradores que participam do projeto, ainda que anônimos, têm
sua presença reinscrita naquele território do qual fazem parte e ao qual
constituem, num processo constante de atribuição de sentidos e significação.
Reafirmam seu vínculo àquele território físico, mas também simbólico que
é a cidade, a região, o bairro, a rua, produto e produção da vida partilhada
entre seus moradores. São faces destacadas da massa de seus habitantes,
retiradas de sua invisibilidade e evidenciadas no mesmo local ao qual se
vinculam.

No caso da exposição *in loco*, parece-nos que os retratos atuam como
um espelho para o restante da comunidade, para que se reconheçam como
protagonistas. Expô-los em grande escala em locais públicos, mesmo que
temporariamente, assemelha-se a um processo de monumentalização
necessário ao reforço desse pertencimento, não apenas em relação aos que
têm suas imagens registradas, mas também aos demais moradores. Mais
que o nome – que já seria em si um elemento de memória, como aponta
Margalit (2002) –, pois este não é mencionado nem no documentário nem
na galeria, numa aparente contradição do projeto, como apontamos, é a
face, a expressão de cada morador, o elemento que se repete, ganha força e
confere certa unidade às histórias desses lugares, costurando distintas narrativas e expressões de memória. Se consideramos, junto a Ricoeur (2014),
que a ética está implicada na identidade narrativa, sendo um processo que
não se finda, podemos inferir que ela também está presente nas narrativas
que dizem respeito aos moradores e seus lugares, a partir das quais vemos
emergir alteridades.

O desafio ético de responsabilidade perante a alteridade é apresentado por Emmanuel Levinas em seu caminho pela busca do sentido, ou seja, daquilo que significa por si, mas que convoca o Outro, o que ele propõe a partir da noção de rosto, a alteridade radical. Para ele, o rosto é o que é dado a ver, o que significa. Rosto entendido não apenas como uma parte física do corpo humano, mas como uma presença única e irrepetível do outro, que me interpela a partir de sua singularidade e diferença. Trata-se do lugar da manifestação da alteridade, a expressão mais imediata e evidente da responsabilidade ética em relação ao outro.

O rosto em Levinas não é um espetáculo, mas uma voz que mobiliza a responsabilidade ética autoimputada, numa estrutura dialogal assimétrica exterior a mim. A "epifania do rosto" (RICOEUR, 2014, p. 400) significa uma exterioridade absoluta, que convoca uma responsabilização "[...] relacionada com um passado ainda passível de retomada numa consciência presente; a injunção faz parte de um aquém de qualquer começo, de qualquer arché: [...]". Nesse sentido, a dialética entre a cidade oficial e a vivida, os territórios experienciados e os narrados e a mesmidade e a ipseidade assume uma dimensão ética no *Projeto Moradores*, especialmente a partir da presença marcante das expressões dos moradores.

Partindo de Levinas (2014), entendemos que a ética na relação com a alteridade pressupõe proximidade e responsabilidade. Isso nos leva a pensar novamente na relação entre o si-mesmo e o outro, ou entre mesmidade e ipseidade, pois, conforme Ricoeur (2014, p. 206), "[...] não há um si-mesmo sem um outro que o convoque à responsabilidade". Para ele, a identidade trabalharia sob, em e mediante a diferença (RICOEUR, 2008), de modo que não haveria, em sua visão, verdadeira diferença ou alteridade anterior à alteridade de outrem na aproximação e na proximidade. Retomando o pensamento de Levinas, Ricoeur (2014) afirma que:

> Toda filosofia de E. Lévinas [sic] assenta na iniciativa do outro na relação intersubjetiva. Na verdade, essa iniciativa não instaura nenhuma relação, uma vez que o outro representa a exterioridade absoluta em relação a um eu definido pela condição de separação. O outro, nesse sentido, se exime de qualquer relação. Essa irrelação define a própria exterioridade. (RICOEUR, 2014, p. 208).

Conforme apontam Luís Mauro Sá Martino e Ângela Cristina Salgueiro Marques (2019), diferentemente de seus antecessores que se dedicaram a pensar a ética, tais como Aristóteles, Kant e Hegel, Levinas não busca um caráter normativo ou deontológico, mas a aborda como predecessora da relação, sendo que a alteridade, em sua perspectiva, existe já no conhecimento, ou seja, está pressuposta no ato de se colocar como um outro frente àquele que conhece. Tendo em vista essa perspectiva, os autores propõem olhar para a Comunicação com Levinas, ou seja, buscar compreender o campo a partir da proposição de ética que ele traz:

> O ato de abrir-se para outrem está no fundamento da comunicação como fenômeno ético. E se institui a partir do reconhecimento do outro como alguém com quem se está em relação a partir do momento em que se está na presença de seu rosto: neste ponto, afirma-se uma ética de responsabilidade com aquele com o qual se comunica. (MARTINO; MARQUES, 2019, p. 29).

Nesse sentido, podemos inferir que a ética no *Projeto Moradores* dá-se, em primeira instância, por meio da dimensão comunicativa do projeto, que propõe um encontro com esse Outro que é tanto o morador quanto o bairro e a própria cidade. A ética também está inserida nos modos de produção da ocupação, ao intervir em um espaço, registrar as memórias e as imagens de seus moradores e optar por dar ênfase à face de cada um deles, o que implica escolhas que resultam em visibilidades e invisibilidades, realces e sombreamentos.

Se o rosto é, na perspectiva de Levinas, não uma representação, mas uma "transcendência que não se tornará nunca imanência. O rosto do outro é a sua maneira de significar" (LEVINAS, 2014, p. 27-28), podemos inferir que as imagens dos moradores significam aquele lugar. Eles trazem em suas expressões marcas das experiências ali vividas e da reação ao chamamento para dizer sobre elas. No caso da galeria de retratos, uma vez registrados pela fotografia, eles compõem um grande mural que possui um grau maior de permanência, após terem sido expostos em local público de referência e se tornarem acervo no *site*. A face parece ser o que confere identidade ao território, o que corporifica as histórias que cada morador carrega e as experiências cotidianas que atravessam tempos, dotando de sentido aqueles espaços.

Já nos documentários, os depoimentos narrados em *off* sobre Lagoinha e Belo Horizonte aparecem sobrepostos a imagens em preto e branco de moradores (nem sempre daqueles que estão narrando), a cenas de *making of* das gravações e a tomadas dos ambientes. Tais imagens se assemelham a lampejos, que podem ser considerados pontos temporários que dizem sobre tais localidades, marcações que se intercalam em um ritmo que parece traduzir a dinâmica do próprio lugar, com seu ir e vir, seus fluxos, trânsitos e trocas que ditam a vida cotidiana. Ocupam a tela em preto e branco, mas desaparecem rapidamente. A um ou outro é possibilitada a oportunidade da fala. À maioria, é dada a projeção de *frames* de suas faces, que aparecem e somem rapidamente, mas que, ainda assim, marcam com o olhar sua presença.

Ao passo que os moradores vão se intercalando no documentário, deixando entrever cicatrizes, marcas, expressões e trejeitos, o áudio apresenta trechos de histórias contadas por alguns deles, escolhidas conforme um roteiro. Este, geralmente, passa pelas origens do lugar, pela relação afetiva com o bairro, pelas cotidianidades, além de referências a pontos específicos e personagens marcantes daquela localidade. Trata-se de falas que misturam certa vivência compartilhada com outras situações mais íntimas, entre o privado e o coletivo, como uma janela aberta que dá para a rua, sujeita à espreita dos transeuntes. Adentramos o território por meio das faces, ora tímidas, ora emocionadas, mas sempre diversas, plurais. Isso nos leva a pensar a região, o bairro e a cidade a partir dos diferentes territórios que os constituem, uma vez que a relação entre eles e os moradores não é homogênea. Há que se pensar em territórios, de naturezas diversas, que atravessam tais espacialidades.

Em ambos os documentários, as experiências e as histórias contadas não se prendem nem são aprofundadas, mas são inseridas em pequenos trechos concatenados, alinhavando a narrativa estipulada pelo projeto. Lampejam feito vagalumes, oscilando entre *aparecências* e *desaparecências*, compondo um todo de retalhos imbricados, formado por narrativas fragmentárias, experiências pinçadas que se conectam, principalmente, pelas faces dos moradores e pelos territórios que partilham. São narrativas menores de uma memória menor, fios colocados em interseções formando nós que compõem uma trama articulada intencionalmente pelo projeto, mas que ainda mantêm contornos coletivos e políticos. Isso parece dialogar com o que propõe Didi-Huberman (2011):

> Para conhecer os vaga-lumes [sic], é preciso observá-los no presente de sua sobrevivência: é preciso vê-los dançar vivos no meio da noite, ainda que essa noite seja varrida por alguns ferozes projetores. Ainda que por pouco tempo. Ainda que por pouca coisa a ser vista: é preciso cerca de cinco mil vaga-lumes [sic] para produzir uma luz equivalente à de uma única vela. Assim como existe uma literatura menor - como bem o mostraram Gilles Deleuze e Félix Guattari a respeito

de Kafka -, haveria uma luz menor possuindo os mesmos aspectos filosóficos: "um forte coeficiente de desterritorialização"; "tudo ali é político"; "tudo adquire um valor coletivo", de modo que tudo ali fala do povo e das "condições revolucionárias" imanentes à sua própria marginalização. (DIDI-HUBERMAN, 2011, p. 52).

Entre lampejos de lembranças e dizeres nostálgicos sobre o ontem, o hoje se faz presente nas expressões sorridentes ou apreensivas, nas imagens das ruas em movimento, nas fachadas tomadas pelas cicatrizes do tempo, nas fotos desbotadas que alguns deles trazem nas mãos. Partem de uma individualidade, ou de uma experiência corporificada, mas esbarram num coletivo, numa proposta também política, que se alcança por meio de variações imaginativas (RICOEUR, 2010) sobre o que foi, o que é e o que pode ser cada lugar. Aqui, narrar-se e narrar o outro, ver-se como o mesmo, como o elemento de permanência diante da mudança do bairro ou da cidade, pressupõe um exercício de imaginação tomado como gesto político, a partir do qual o outrora se encontra com o agora e enunciam o porvir. Mais que revisitado, o passado parece ser instituído no presente. Conforme Didi-Huberman (2011):

> Se a imaginação - esse mecanismo produtor de imagens para o pensamento - nos mostra o modo pelo qual o Outrora encontra, aí, o nosso Agora para se liberarem constelações ricas de Futuro, então podemos compreender a que ponto esse encontro dos tempos é decisivo, essa colisão de um presente ativo com seu passado reminiscente. (DIDI-HUBERMAN, 2011, p. 61).

Assim, as temporalidades coexistem em fricção contínua com as espacialidades: a cidade, a região, o bairro, a rua, o documentário, o ambiente virtual. Reverberam lembranças do que tais lugares já foram, ao passo que registram como é a dinâmica do bairro hoje e as potências de um futuro que pretendem alcançar. Ao mesmo tempo, as faces evidenciam também as temporalidades coexistentes, encarnadas em cada morador, que relatam modos de vida singulares, condições peculiares de existência naqueles espaços instituídos narrativamente a partir da memória de cada um. Narrativas que oscilam entre a lembrança e o esquecimento, entre o ontem, o hoje e o amanhã.

Como é próprio da memória, a relação dual com o esquecimento sempre se faz presente e perfaz, como propõe Margalit (2002), uma ética da memória relacionada ao que devemos lembrar e ao que devemos esquecer.

Em relação às memórias de caráter coletivo, contudo, tal ética conta com agentes e agências encarregados de preservá-la e difundi-la, como apontamos ao discorrer sobre *BH 120 anos*. Agência que permeia o entendimento da memória como gesto que aqui estamos delineando, que mobiliza também uma ética da crença, que, nos termos de Margalit (2002, p. 14), se trata de "[...] acreditar que algo é verdadeiro. Memória, então, é conhecimento do passado. Não necessariamente conhecimento sobre o passado"[39], uma crença partilhada por uma comunidade de memória, que incorpora também uma dimensão política.

O lampejo das faces e das falas apresenta-se, ao nosso ver, como "potência de contestação", na esteira do pensamento de Didi-Huberman (2011): ao abandono da Lagoinha, à sua destruição contínua ao longo da história de Belo Horizonte, ao descaso do poder público, à cidade que não valoriza seus cidadãos. Assim, frente a uma cidade (ou ao progresso) que engole e mutila seus bairros, afetando os cotidianos e as relações de seus moradores, as vozes ecoam, especialmente na edição da Lagoinha, num uníssono em que se valoriza sua importância para a capital mineira. Seu patrimônio material e imaterial, suas histórias arquivadas em cada morador, cujo olhar singular, evidenciado nos *closes* em preto e branco, convocam-nos a fazer parte desse coro. Conforme Levinas (2014, p. 28), "[...] o rosto do próximo como portador de uma ordem, que impõe ao eu, diante do outro, uma responsabilidade gratuita – e inalienável, como se o eu fosse escolhido e único – e o outro homem, absolutamente outro, isto é, ainda incorporável e, assim, único". A responsabilidade, que Margalit (2002) considera como cuidado, implicada na relação com a alteridade, no *Projeto Moradores,* alcança e nos mobiliza por meio das expressões dos moradores no documentário e nos retratos. Tais imagens traduzem a subjetividade dessa alteridade que se coloca diante de nós. Se olhamos esses moradores contando suas histórias, eles também nos olham de volta. Desse modo, somos convocados a assumir responsabilidade sobre esse outro que partilha conosco suas memórias, seus afetos e desejos relativos ao território ao qual se vinculam. Nesse sentido, é interessante observar que, como apontam Martino e Marques (2019, p. 31), "o espanto diante da alteridade precisa ser preservado para sinalizar que,

---

[39] Do original em inglês: "Indeed, memory and the ethics of memory can be viewed as a special case of the ethics of belief. The connection is this. To remember now is to know now what you knew in the past, without learning in-between what you know now. And to know is to believe something to be true. Memory, then, is knowledge from the past. It is not necessarily knowledge about the past" (MARGALIT, 2002, p. 14, tradução livre nossa).

diante do outro, não encontramos nunca o já familiar, mas sempre alguém que nos destitui de nossas certezas, em um exercício de despossessão e desterritorialização".

Isso nos leva a pensar que há, na inserção das imagens dos moradores sem nomes e por vezes sem vozes no documentário, que lampejam feito vagalumes, uma intenção de estranhamento. Mesmo que por poucos segundos, tais faces que vemos no documentário encaram-nos e conformam-se como a assinatura mais emblemática que os vincula àquele território compartilhado. São faces que nos olham, às vezes sorriem, outras vezes estão sérias, por vezes se ajeitam diante da câmera. Ou seja, trata-se de uma presença desnuda, muitas vezes apreendida no momento anterior ao processo de captação de seu depoimento, quando estão se preparando para encenar diante da câmera. Por isso, ao nos depararmos com essa estranheza quase incômoda, somos levados também a um processo de desterritorialização, o que nos ajuda a assumir responsabilidade perante essa alteridade que o projeto instaura. Se olhamos essas faces, por vezes desavisados, elas nos interpelam a reconhecer seu valor diante daquele lugar, assim como desses lugares perante a cidade. Há, nesse sentido, a convocação de uma alteridade, nos termos de Levinas (2014). É uma imagem que exige resposta, respeito, responsabilidade. Não é possível desviar do olhar do outro que nos olha de volta, interpela e chama à ação, como observam Martino e Marques (2019, p. 33):

> O rosto do outro, em sua nudez desprovida de adornos, é o ponto de inflexão de uma igualdade na diferença. Ele convida e convoca a pensar a ipseidade que se reflete para fora de si em um intrincado jogo de espelhos – o rosto do outro é diferença absoluta, exceto pelo fato de que, nesse momento, lembramos de nosso próprio rosto.

Tendo em vista essa força da presença das faces dos moradores, perguntamo-nos se o projeto faz delas "rostos", no sentido proposto por Levinas. Em nossa perspectiva, essa presença marcante das expressões dos moradores torna-se potência para a produção de *rostidades*, à revelia do projeto. Ao assistir ao documentário ou mesmo visualizar essas faces em grande escala nas exposições ou na galeria de retratos no *site*, é possível ser interpelado a observá-las mais detidamente, abrindo fissuras na narrativa organizada que o projeto propõe. Ao promover essa abertura, é possível que alteridades emerjam, evocando uma responsabilidade sobre elas.

Nesse sentido, considerando a reflexão que nos apresenta o *Projeto Moradores*, além de estabelecermos uma relação de alteridade com os habitantes, somos também levados a pensar em nossos próprios lugares de pertencimento. A quais territórios nos vinculamos afetiva e simbolicamente? Somos reconhecidos ou não como patrimônios desses lugares? Que responsabilidades estão implicadas em se deixar ser olhado pelo outro e interpelá-lo como alteridade? Numa das frases que encerram o documentário sobre a Lagoinha, um dos moradores comenta: *"A Lagoinha está dentro de mim. Eu posso sair amanhã da Lagoinha e morar em um outro lado do planeta, mas esse aspecto de ser afetuoso, de entender as diferenças e acolher está dentro de mim."* (PROJETO MORADORES - LAGOINHA, 2021). Há, nesse dizer, uma nova territorialização da Lagoinha, que é dentro de cada morador. Ao mesmo tempo que o lugar se corporifica em seus moradores, especialmente em suas faces, recurso expressivo do documentário e da galeria de retratos, também ele se integra às suas identidades, constituindo-os. São incorporados naqueles que são, conforme o *Projeto Moradores*, seu maior patrimônio.

Assim, cada morador, com suas histórias e com seu olhar, se constitui como mais uma linha no fluxo de seus lugares de pertencimento. Contribuem para o movimento da cidade e, em seus entrelaços, ajudam a compor a textura de sua malha, ao passo que também vão se constituindo nesse processo. Trata-se de entrelaços entre suas histórias, cruzamentos vindos do compartilhamento de determinado território, enlaces entre diferentes temporalidades, conformando uma tessitura não plana, mas coexistente de diversos. Evocam, em seus fluxos de linhas de vida, identificações com o mesmo e com o outro de si. Permanecem, mas se transformam nesses encontros. A partir de suas expressões, há a possibilidade de serem vistos, de se tornarem alteridades, mas também de projetarem novas alteridades com aqueles que com eles se deparam.

Vemos, portanto, que a memória nessa iniciativa atua como um gesto que desloca temporalidades e espacialidades, estabelecendo-se entre o padecer e o agir, no qual está mobilizada uma responsabilidade pela alteridade, que lampeja feito vagalume, mas cujo registro de seu olhar permanece e nos convoca à ação ética. Trata-se de um gesto que nos revela a potente relação entre memória e território, entre temporalidades e espacialidades, entre mesmidade e ipseidade, cujas conexões são estabelecidas por meio de variações imaginativas que tanto o projeto quanto os moradores operam.

5

BELO HORIZONTE SURPREENDENTE: RETALHOS DA CIDADE EM UMA COLEÇÃO DE NARRATIVAS DE VIDA SATURADAS

No nosso movimento trapeiro em busca de iniciativas de memória sobre a capital mineira, encontramos a coleção *Belo Horizonte Surpreendente*, do Museu da Pessoa[40], um projeto que, tal qual o *BH 120 anos*, teve como mote para a sua realização o aniversário da cidade. Ao acessarmos a coleção a partir do *site* institucional do museu, deparamo-nos com um mosaico formado por fotografias e chamadas para entrevistas com 20 moradores ligados a diversos segmentos artísticos, econômicos e sociais. A cidade de cada um emerge a partir de suas histórias de vida, numa iniciativa de memória que, tal qual no *Projeto Moradores,* a encarna nas experiências individuais e partilhadas num território supostamente comum.

Embora lide com o registro de experiências singulares na/sobre a cidade, nota-se, em *Belo Horizonte Surpreendente,* a intenção de abarcar um coletivo ou mesmo destacar por que esse adjetivo se vincula à capital mineira, uma escolha deliberadamente institucional, como veremos. Colocam-se, ainda, questões que permeiam o entendimento de coleção, nomenclatura dada ao conjunto de entrevistas, o que nos leva a pensar as implicações dessa classificação e, ainda com maior relevo, o que escapa a ela. Trata-se, portanto, de mais um fio da malha que constitui Belo Horizonte, mais alguns retalhos de suas memórias dispersas, mais uma iniciativa que promove certos nós, deslocando temporalidades e levando-nos a pensar na relação da cidade com as memórias que a constituem.

Realizada em 2019 e lançada em 27 de janeiro de 2020, a coleção *Belo Horizonte Surpreendente* integra o acervo do Museu da Pessoa como uma espécie de arquivo digital com trechos de vídeos e transcrições na íntegra das entrevistas. Conta, ainda, com um livro intitulado *Belo Horizonte, cidade surpreendente,* disponível em formato digital na página do museu, que traz trechos das entrevistas e fotografias do acervo particular dos entrevistados.

---

[40] Disponível em: https://museudapessoa.org/colecao-detalhe/?pg=1&id=666. Acesso em: 10 out. 2020.

A página inicial na qual a coleção se encontra divide-se nas seções *Sinopse*, em que o projeto é apresentado, e *Histórias*, onde se encontram fotografias das 20 pessoas entrevistadas, acompanhadas por seus nomes e um título. Essa organização em forma de um mosaico de entrevistados, com uma fotografia do acervo particular de cada um, sendo algumas em preto e branco, outras em sépia ou com matizes que demonstram serem de tempos anteriores, parece-nos emular a ideia de conjunto, de um grupo não hierárquico dentro do qual cada um abre suas memórias mais particulares com o intuito de mostrar por que Belo Horizonte é surpreendente. Os títulos, que evidenciam o ponto principal abordado na entrevista, seguidos dos nomes dos entrevistados, se referem mais às suas biografias que à cidade propriamente dita. Isso nos indica um contraponto entre a proposta de dizer de um todo e a força das histórias de vida com as quais o Museu da Pessoa trabalha, que, em alguma medida, seguem como linhas de fuga do ensejo de dar conta dessa cidade surpreendente que se quer ressaltar.

Ao clicarmos na fotografia ou no título, somos direcionados para uma página específica que traz dois vídeos com trechos das entrevistas, imagens de acervo pessoal do entrevistado, uma sinopse do conteúdo, *tags* e a *história completa*, ou seja, a entrevista transcrita na íntegra, em formato PDF, sendo possível identificar pausas, trejeitos do entrevistado, intervenções e perguntas do entrevistador. Em outra seção do *site* do Museu da Pessoa[41], temos acesso ao livro em formato digital, com 125 páginas. Esse traz trechos das entrevistas e fotografias dos entrevistados, sendo dividido em 10 temáticas: o campo, a infância, a casa, o alimento, a roupa, a rua, a praça, o boteco, a música e a festa, assuntos que foram abordados nas entrevistas, muitas vezes por mais de um entrevistado, mas que não necessariamente correspondem aos títulos referentes a cada um deles na página da coleção.

Articulando imagens de arquivo dos entrevistados a trechos de suas entrevistas, a publicação se torna mais um produto para reverberar a cidade pulsante e surpreendente que o projeto busca reforçar. Em sua capa, no entanto, podemos vislumbrar duas cidades contraditórias e coexistentes – a favela e a rua – que partilham o mesmo belo horizonte ao fundo, sobre o qual se desenha um mapa. Essa imagem remete à cidade planejada que é Belo Horizonte, embora seu traçado original, feito por Aarão Reis, nunca tenha sido plenamente implementado. Curiosamente, esse elemento visual, o mapa da cidade à época de sua construção, retorna novamente na *Ocupação NegriCidade,* que abordaremos no capítulo a seguir.

---

[41] Disponível em: https://museudapessoa.org/acoes/belo-horizonte-surpreendente/. Acesso em: 11 jan. 2023a.

A existência desse traçado e o fato de Belo Horizonte ter sido planejada vinculam-se narrativamente à capital mineira como memória e como parte de sua identidade, como pontuamos, sendo essa mais um exemplo de suas muitas contradições: a cidade cujo planejamento deu conta apenas da sua região central, uma vez que ela veio incorporando, ao longo dos anos, tudo o que escapa às suas bordas, deixando visível sobreposições e rearranjos de edificações e modos distintos de habitá-la, rastros e estratos que compõem sua arqueologia e indicam suas transformações ao longo do tempo. A cidade planejada que, logo em seus primeiros anos, extrapolou seus limites, tendo relegado para fora de seu traçado original a população pobre, negra e operária que a constituiu (PEREIRA, 2019). Contradições que, recorrentemente, são abordadas pelas pessoas acionadas para contarem suas histórias, como os 20 selecionados pelo Museu da Pessoa.

As entrevistas foram realizadas, em 2019, pelo museu como parte de um projeto aprovado pela Lei Federal de Incentivo à Cultura (Pronac 18.3727) e patrocinado pela Uber, empresa multinacional de tecnologia para transporte privado, tendo na chancela de Apoio Institucional a Prefeitura de Belo Horizonte, por meio da Empresa Municipal de Turismo de Belo Horizonte (Belotur). Seu proponente foi o próprio Museu da Pessoa, que justificou sua realização em função do aniversário de 122 anos de Belo Horizonte, celebrado naquele ano.

Ao olharmos para o texto que acompanha o *link* para acessar o livro que, junto às entrevistas, compõe o projeto, notamos a intenção de este ser uma espécie de presente para a cidade por ocasião de seu aniversário, voltando-se para seus personagens ordinários, aqueles que a fazem ser quem ela é:

> O que se buscou aqui, ao fim e ao cabo, foi materializar as ambições maiores do Museu da Pessoa: dotar de rostos uma história que muitas vezes passa despercebida, pois ela não é feita apenas de personagens grandiosos e atos heroicos. A questão, aqui, é recuperar a experiência única, intransferível, do indivíduo. Talvez assim consigamos registrar "o tecido social da memória" de uma nova forma — esta mais humana.

> Uma cidade é o conjunto de suas pessoas e, portanto, deve ser representada com uma narrativa de carne e osso, cheia do cotidiano. Buscamos no "comum", na vida corriqueira — que todos nós levamos — o drama, a virada, o milagre. Quisemos fazer desfilar os momentos decisivos, engraçados, trágicos e

sublimes. Belo Horizonte: apenas 122 anos e já tanta história pra contar. Feliz aniversário! (MUSEU DA PESSOA, 2023a).

Tal discurso se assemelha ao do *Projeto Moradores*, que também se funda na constituição da memória da cidade a partir das experiências daqueles que a habitam. No entanto, *Belo Horizonte Surpreendente* dá maior destaque às histórias de vida, que são divulgadas na íntegra, obviamente não sem mediação, notada pela presença e condução do entrevistador, realçada na transcrição. Na coleção feita pelo Museu da Pessoa, é possível adentrar, com um pouco mais de profundidade, as lembranças individuais que não se misturam, não viram um novo produto. Podem ser degustadas uma a uma, conforme o interesse do leitor, num percurso cujo roteiro sempre nos leva, inicialmente, às memórias da infância, dos lugares por onde o entrevistado passou, do seu cotidiano e das relações construídas, evidenciando diferentes modos de narrar a si mesmo e à cidade, em suas lacunas, associações e afetos.

O mote para a realização do projeto, como dissemos, é a efeméride aniversário da cidade, que é retomada como justificativa para a proposta de registrar "o tecido social da memória" (MUSEU DA PESSOA, 2023a) a partir do ponto de vista do indivíduo. Como apontamos ao abordar o especial *BH 120 anos*, trata-se de uma efeméride que mobiliza vários agentes da memória. No caso de *Belo Horizonte Surpreendente*, que coloca o museu como um desses agentes, além de celebrar o aniversário da capital mineira, a iniciativa se alinha a um projeto estratégico institucional homônimo da Prefeitura de Belo Horizonte, instituído em 2017, pela área de Desenvolvimento Econômico e Turístico e gerido pela Belotur, que foi materializado no Plano Plurianual de Ação Governamental 2018-2021 da Prefeitura de Belo Horizonte (PREFEITURA DE BELO HORIZONTE, 2023b). Entre suas propostas vinculadas ao turismo, estavam tornar Belo Horizonte reconhecida como um "destino turístico inteligente", além de atrair investimentos para a cidade e fomentar a tecnologia da informação, o empreendedorismo e as economias criativa e solidária. Ou seja, buscava-se evidenciar que a capital mineira já não pretendia ser tomada como uma cidade provinciana, característica atrelada a ela em tempos anteriores, mas como um lugar ativo e interessante, projetando-a como um destino turístico que *surpreenderia* seus visitantes.

Para alcançar esse objetivo, uma série de ações foram propostas no Plano Plurianual, tais como a elaboração de um plano de incentivo à realização de eventos; o fomento a processos de inovação intitulado fuTURISMO – Programa de Pesquisa e Inovação Turística; a disseminação desse posicionamento junto aos mercados; o desenvolvimento de produtos e territórios de vocação turística; a otimização dos processos e o fortalecimento institucional (PREFEITURA DE BELO HORIZONTE, 2022c). Com a continuidade da gestão do prefeito Alexandre Kalil em Belo Horizonte, sendo substituído pelo seu vice, Norman Fuad, em 2022, em função do seu pleito ao governo de Minas Gerais, o projeto estratégico *Belo Horizonte Surpreendente* foi novamente inserido no Plano Plurianual de Ação Governamental 2022-2025, tendo sido revisto em 2023. Entre as ações para o Desenvolvimento Econômico e Turismo, há o reforço para que o projeto ganhe destaque, mantendo-se também os demais objetivos do Plano anterior (PREFEITURA DE BELO HORIZONTE, 2023c). Conforme informou Aluízer Malab, então presidente da Belotur, à época do primeiro Plano Plurianual:

> O novo posicionamento passa a orientar as estratégias de marketing e promoção de Belo Horizonte nacional e internacionalmente, assim como ações de comunicação para moradores e empreendedores turísticos da cidade, que são os verdadeiros coautores das experiências locais que surpreendem quem visita a capital mineira. (BELO HORIZONTE, 2023a).

Alinhada a esse propósito, a Belotur criou o portal de notícias Belo Horizonte[42], perfis e páginas em redes sociais, como o Instagram[43] e o Facebook[44], que passaram a trazer publicações sobre atividades, eventos e lugares da cidade, além do canal Belo Horizonte, no YouTube[45]. Num esforço de divulgação do projeto institucional, tais canais têm divulgado os vídeos das entrevistas da coleção *Belo Horizonte Surpreendente*, acompanhados da *hashtag* "#bhsurpreendente" em todas as postagens, buscando reforçar a marca e o posicionamento estratégico com os quais a iniciativa do Museu da Pessoa coaduna.

Ainda no texto de Apresentação, tanto no *site* do Museu da Pessoa quanto no livro, é mencionado que Belo Horizonte sempre foi considerada uma cidade mais pacata, de onde as pessoas saíam especialmente rumo a São Paulo e ao Rio de Janeiro, como podemos observar a seguir, na referência à entrevista com o cineasta belorizontino Rafael Conde e à menção

---

[42]   Disponível em: http://portalbelohorizonte.com.br/. Acesso em: 8 mar. 2022.

[43]   Disponível em: https://www.instagram.com/belohorizonte.mg/. Acesso em: 12 jan. 2023.

[44]   Disponível em: https://www.facebook.com/portalbelohorizonte/about. Acesso em: 11 jan. 2023.

[45]   Disponível em: https://www.youtube.com/c/portalbelohorizonte/about. Acesso em: 12 jan. 2023.

ao filme *A hora vagabunda* (1998)[46], dirigido por ele. Seu enredo aborda justamente o fato de que muitos jovens e artistas, especialmente nos anos de 1990, saíam da cidade para trabalhar em outros lugares e voltavam para Belo Horizonte para descansar. No entanto, o texto de apresentação vem subverter essa lógica, enfatizando que, atualmente, não é mais necessário deixar Belo Horizonte para encontrar uma cena cosmopolita:

> O projeto de memória que deu origem a essa coleção prova que muito mudou: não é necessário mais recorrer a métodos tão urgentes. Esta cidade já basta para os seus - até transborda. O que podemos ver aqui, entre linhas e fotos, é uma pluralidade imensa de projetos, muitos finalizados e outros em pleno movimento. Assim, dinamismo é o que define Belo Horizonte: o Carnaval, o samba, o coral, a gastronomia, o boteco, a rádio, os livros, a dança, o erudito e as artes plásticas, entre tantas outras alegrias... Conversamos com gente que inova, cria, reinventa o espaço urbano - e também com quem faz uma pausa, medita e reflete sobre tudo isso. Percebemos como essa cidade acolheu pessoas de origens tão diferentes, desde os interiores de Minas até os cantos do país. Esse livro também narra a história de pessoas que se tornam belorizontinas de coração. (MUSEU DA PESSOA, 2020, n.p.).

Nesse excerto, vemos reverberar certos dizeres sobre a cidade que, como apontamos, configuram uma identidade narrativa para ela, especialmente em relação à diversidade de origem daqueles que a formaram em seus primórdios, que permitem a existência dos "belorizontinos de coração". Nele também se percebe a intenção de, a partir de um registro de memórias, efetuar um recorte do tempo presente e reforçar a identidade dinâmica que se pretende forjar para a capital mineira. No entanto, se considerarmos a história da construção de Belo Horizonte, parece haver nessa proposta um retorno ao ideal que a fundou, uma premissa que estava na base de sua construção e que vem justificando seu histórico movimento autofágico, embora a coleção *Belo Horizonte Surpreendente* considere que ela "muito mudou". Parece-nos que a máxima "mudar para continuar o mesmo" diz muito sobre o desejo de futuro para a capital mineira, calcado na identidade moderna associada a ela, ainda quando de sua construção.

A capital, criada como a síntese do novo, cujas fotografias de divulgação à época de sua construção evidenciavam casarões e palacetes recém-construídos e distantes da imagem colonial de Minas Gerais, apresentando ruas

---

[46] O curta-metragem está disponível em: https://vimeo.com/20714378. Acesso em: 28 jul. 2022.

bem planejadas e organizadas, parece novamente precisar do progresso para se projetar para além de seus limites geográficos. Esse, atualmente, se faz presente no discurso de dinamismo, inovação e reinvenção que se ancora em um cenário cultural efervescente, o que se reflete já no recorte de entrevistados escolhidos para darem seus depoimentos. Mais que serem pessoas que poderiam dizer de um passado da capital mineira, eles representam cenas atuais que vêm reforçar a Belo Horizonte que se quer cosmopolita, dinâmica, inovadora, surpreendente, como podemos observar na descrição do canal Belo Horizonte, no YouTube:

> Você está em Belo Horizonte. Uma capital especializada em receber bem, conquistar corações e inovar em seus atrativos. Aqui, combinamos estilo e qualidade de vida, gastronomia e criatividade, pluralidade e hospitalidade, aconchego e infraestrutura.
>
> Belo Horizonte é uma cidade criativa, pulsante, cada vez mais conectada, onde a cultura, as artes, a gastronomia, o conhecimento científico e a tecnologia movimentam o cotidiano. Um espaço urbano moderno, versátil, fascinante, que supera expectativas e se renova todos os dias. Convidamos você a explorá-lo.
>
> Surpreenda-se com a cidade.
>
> Seja arrebatado pela nossa hospitalidade.[47]

Notamos, portanto, o posicionamento e o desejo de imagem almejado para a capital mineira por meio do projeto institucional *Belo Horizonte Surpreendente*, ao qual se vincula a coleção do Museu da Pessoa: uma cidade que mantém a hospitalidade que remete a uma certa identidade mineira, mas que se mostra criativa e cosmopolita, ou seja, surpreendente. Trata-se de um dizer sobre a cidade, a partir das experiências dos entrevistados, que pretende sintetizar o "estado de coisas de Belo Horizonte" (MUSEU DA PESSOA, 2020) com vistas a reforçar a identidade de cidade do futuro a ser reafirmada já no presente, proposta por um projeto institucional de fortalecimento do turismo. Uma imagem que o próprio Museu da Pessoa busca endossar com sua coleção homônima, formada por histórias de vida, que ele considera patrimônios.

---

[47] Disponível em: https://www.youtube.com/c/portalbelohorizonte/about. Acesso em: 12 jan. 2023.

5.1 Do individual ao coletivo: histórias de vida como patrimônio

Para analisarmos *Belo Horizonte Surpreendente* que, como apontamos, se vincula de modo direto a um projeto institucional com fins turísticos, faz-se necessário considerar a metodologia de trabalho adotada pelo Museu da Pessoa, seu proponente e realizador. Criado no final de 1991, em São Paulo, o Museu da Pessoa se define como "um museu virtual e colaborativo de histórias de vida" (MUSEU DA PESSOA, 2020, n.p.). Além dos projetos específicos que desenvolve, para terceiros ou de própria autoria, o museu está aberto à colaboração de quem deseja contribuir com sua história de vida. Seu acervo conta com mais de 20 mil histórias, 60 mil imagens e 5 mil vídeos, além de ter realizado mais de 500 projetos, mais de 100 exposições físicas e virtuais e lançado mais de 90 publicações[48].

A entrevista tem sido o principal meio de construção do acervo de pessoas no Museu da Pessoa, especialmente focadas em história de vida, sendo essa considerada por Karen Worcman (2021), fundadora e diretora do museu, uma coautoria entre entrevistador e entrevistado. Para ela, a "construção de uma narrativa de vida é um processo reflexivo e organizativo" (WORCMAN, 2021, p. 85), que beira o terapêutico, mas evidencia o narrador como ator e autor de sua trajetória. Associa-se à entrevista a intenção de ambos – entrevistador e entrevistado – e o intuito de dar sentido à narrativa de vida que se constrói a partir dela, sendo a escuta um importante fator nesse processo.

Essa abordagem possui uma forte relação com a história oral, metodologia historiográfica que se baseia em histórias de vida, temáticas ou não, para a construção da história social (THOMPSON, 1999; ALBERTI, 2005; MEIHY; HOLANDA, 2007). Aqui, não adentraremos na discussão sobre conceito e procedimentos em história oral, mas nos interessa olhar para a aproximação do Museu da Pessoa com a metodologia historiográfica, embora tal vínculo seja problematizado. De acordo com Worcman (2021):

> A relação entre o Museu da Pessoa e o campo de investigação da História oral pode ser compreendida de várias maneiras. O Museu da Pessoa pode ser entendido como uma iniciativa de História oral ou como uma iniciativa que utiliza o método de história oral. No entanto, ainda que compreendido como uma iniciativa de História oral (THOMPSON, 2017), o Museu da Pessoa não se pautou pelo debate acadêmico.

---

[48] Conforme informações disponíveis em seu site no dia 1 de fevereiro de 2023.

> Podemos afirmar que, de início, a iniciativa foi influenciada pela metodologia e pela ideia de criar novas fontes para o estudo da história e paulatinamente foi desenvolvendo outros eixos de atuação que o aproximaram de outros tipos de iniciativa. Iniciativas tais como o movimento do Digital Storytelling, disseminado globalmente, fundado por Joe Lambert (2013), ou ainda iniciativas que fizeram uso de histórias como ferramentas de mitigação de conflitos (INCORE, 2011) e até iniciativas que utilizaram histórias em quadrinho como estratégia para o desenvolvimento comunitário como o trabalho de Sharma e Singh (2004) na Índia e Paquistão. Um conjunto de atividades muito distintas entre si, mas que ousamos denominar como empreendimentos de memória, tal qual definido por Jelin (2002, p. 48) [...]. (WORCMAN, 2021, p. 92).

Dessa proposta inicial centrada em entrevistas com foco em histórias de vida, o museu foi desenvolvendo, especialmente entre 2005 e 2009, uma metodologia própria, a Tecnologia Social da Memória do Museu da Pessoa. De acordo com informações disponíveis no *site* do museu, essa tecnologia tem como propósito "permitir com que cada pessoa tenha o direito e a oportunidade de ter sua história de vida eternizada e reconhecida como uma fonte de conhecimento e compreensão pela sociedade" (MUSEU DA PESSOA, 2020, n.p.). Isso se alinha à sua missão de "transformar a história de toda e qualquer pessoa em patrimônio da humanidade" (MUSEU DA PESSOA, 2020, n.p.), adotando como valores a escuta, a democratização da memória, o protagonismo, a colaboração e a justiça social.

A Tecnologia Social da Memória do Museu da Pessoa "reúne práticas, conceitos e princípios para fomentar o registro, a preservação e a disseminação de memória de famílias, grupos, organizações e comunidades" (MUSEU DA PESSOA, 2020, n.p.). Com o intuito de disseminar sua metodologia e criar multiplicadores em comunidades, o museu já realizou várias oficinas e lançou publicações dedicadas ao tema, que trazem informações sobre memória, história e procedimentos para implementá-la. A publicação *Tecnologia Social da Memória* (2009), por exemplo, apresenta uma discussão introdutória sobre os conceitos de história e memória, enfatizando que:

> O fazer histórico é um processo permanente, vivo, que diz respeito a todos nós. É impossível imaginar a vida sem História. Sem ela, não saberíamos quem somos, nem para onde vamos. Mais do que lembrar o que foi vivido, a narrativa histórica transmite valores e visões de mundo e ajuda a com-

> preender o que vivemos hoje e para onde vamos. Existem muitas maneiras de entender o que é História. [...] Muitas vezes, estabelece-se uma narrativa oficial, a única preservada e repetida nos livros didáticos, no cinema, na literatura, na mídia. A certeza de que a narrativa histórica tem um papel valioso no desenvolvimento social do país e de que cada grupo pode ser produtor, guardião e difusor de sua própria história motivou a busca desta Tecnologia Social da Memória – um conjunto de conceitos, princípios e atividades que ajudem a promover iniciativas de registro de memórias e a ampliar o número de autores na História. (MUSEU DA PESSOA, 2009, p. 10-11).

Nesse sentido, notamos a abertura do fazer histórico por parte do Museu em contraponto à narrativa oficial da História, tomada muitas vezes como única. Esse entendimento permite que, frente a narrativas hegemônicas, outras possam ser visibilizadas, tais como as histórias de vida de pessoas ordinárias. Assim, na perspectiva da organização, justifica-se o seu registro por meio da Tecnologia Social da Memória. Por tecnologia social, o Museu da Pessoa retoma o entendimento de Jacques de Oliveira Pena e Clailton José Mello (2004), segundo os quais se trata de todo processo, método ou instrumento capaz de solucionar algum tipo de problema social e que atenda aos quesitos de simplicidade, baixo custo, fácil replicabilidade e impacto social comprovado. Desse modo, a metodologia do Museu da Pessoa seria considerada uma tecnologia social, uma vez que, conforme a instituição, atende aos requisitos propostos pelos autores, voltando-se para qualquer comunidade, organização social ou empresa que queira construir, organizar e socializar sua história, três etapas complementares que sintetizam a metodologia em questão.

A justificativa para sua aplicação gira em torno do fato de que "toda pessoa e/ou grupo tem direito de participar da produção da memória social" (MUSEU DA PESSOA, 2009, p. 12). Entre os princípios que norteiam sua aplicação estão: o entendimento de que a História é uma narrativa feita pelas pessoas; que toda pessoa é personagem e autora da História; que toda história tem valor; que o uso das narrativas históricas faz parte do cotidiano; que o que é produzido socialmente deve ser apropriado pela sociedade; e que a articulação das histórias contribui para uma nova memória social. Conforme Worcman (2021):

> A característica inovadora da Tecnologia Social da Memória foi a de estabelecer que o direito à memória significa o

> direito a que toda pessoa ou grupo tenha a possibilidade de criar, preservar, disseminar e legitimar suas memórias como parte das narrativas históricas da sociedade. Este direito, que significa, em última instância, o poder de ser escutado, pode se dar no âmbito da memória do indivíduo, da memória coletiva e da memória social. Em todas estas dimensões, o direito se dá por meio das possibilidades de poder narrar e de ser escutado, assim como pelas possibilidades de poder ouvir e ser transformado. Tais possibilidades só se completam, de fato, quando esta narrativa e sua escuta adquirem legitimidade social. (WORCMAN, 2021, p. 244).

Nesse sentido, a partir do que considera Worcman (2021), o direito à memória confunde-se com o direito de poder narrar-se e ser escutado e, com isso, de integrar suas memórias às narrativas históricas da sociedade. Contudo, perguntamo-nos se o fato de narrar suas histórias de vida já seria suficiente para que essas sejam incorporadas à História, tendo em vista as questões epistemológicas que perpassam esse campo do conhecimento, embora haja o reconhecimento do valor do testemunho e das histórias de vida como documentos historiográficos, como propõe a História Oral. Ao nosso ver, elas podem ser instrumentos para deslocar, abrir, expor fissuras e contradições na narrativa hegemônica historiográfica, mas sua existência e seu compartilhamento como o Museu da Pessoa não nos parecem ser suficientes para que elas sejam incorporadas à História.

Além disso, é interessante assinalar que, embora se realce o direito à memória como justificativa para creditar valor à Tecnologia Social da Memória, é necessário também levar em consideração o dever de memória, sua outra faceta. Segundo Ricoeur (2007), o dever de memória seria um modo de se alcançar a justiça em casos em que a própria dignidade ou a de outrem não é respeitada. O pensador francês enfatiza, nesse sentido, que a justiça não pode prescindir da ética e da memória, pois, como considera, o "dever de memória é o dever de fazer justiça, pela lembrança, a um outro que não o si" (RICOEUR, 2007, p. 101). Cabe perguntar-nos, portanto, em que medida há esse desejo de justiça ou ênfase no dever de memória quando estamos lidando com projetos que envolvem histórias de vida que atendem a interesses institucionais, como é o caso do *Belo Horizonte Surpreendente*.

Nesse projeto, especificamente, a proposta de uma tecnologia social da memória nos parece ir na contramão de uma curadoria de histórias de vida de pessoas reconhecidas na cidade como a que é feita em *Belo Horizonte Surpreendente*. Tais vozes já foram ouvidas em vários momentos, inclusive em outras iniciativas que pretendem dizer da memória de Belo Horizonte, como o *Projeto Moradores* e o *BH 120 anos*, ao passo que outros belorizontinos não têm oportunidade de dizer sobre o que os surpreende em sua cidade. Ou não teriam também histórias surpreendentes para relatarem?

Por outro lado, apesar de tal constatação, parece haver uma proposição política na premissa do Museu da Pessoa, perspectiva abordada por Maureen Bartz Szymczak (2017), especialmente no que diz respeito ao reconhecimento das narrativas de vida como patrimônio:

> [...] perceber as histórias de vida como patrimônios é compreender um patrimônio que solicita que o apreendamos como um meio pelo qual é possível reconhecermos o outro a partir de suas experiências, e que essas experiências se revelam como aquilo que nos iguala como humanos. (SZYMCZAK, 2017, p. 122).

Assim, ao tomar as histórias de vida como patrimônio, o Museu da Pessoa atribui a elas uma dimensão de valor, tal como o faz o *Projeto Moradores* com os habitantes da cidade, o *Quanto tempo dura um bairro?* com as fachadas e a *Ocupação NegriCidade* com o Largo do Rosário, sobre o qual discorreremos no próximo ensaio. Nesse sentido, é necessário registrá-las, resguardá-las e torná-las acessíveis, haja vista que sua conservação seria entendida como de interesse público, para que sejam caracterizadas como patrimônio (IPHAN, 2021). Mas, se esse reconhecimento não é um entendimento compartilhado e socialmente notório, mas resultante de uma curadoria específica e institucional, como apontamos, ainda assim poderíamos considerá-las patrimônio?

Para além da curadoria, olhando de modo mais abrangente para a classificação das histórias de vida como patrimônio, perguntamo-nos: poderíamos considerar uma narrativa de vida, fruto de uma entrevista, como um produto concluído, estável e fixado? Por mais que se trate de um recorte contextual resultante do encontro entre entrevistador e entrevistado, como considerar tais histórias de vida como patrimônio, dado que as vidas continuam sendo vividas e que sua articulação narrativa é incompleta e transitória?

Pensá-las como patrimônio, na visão de Szymczak (2017), trata-se de um gesto político, posto que conforma e reconhece a alteridade em sua diversidade. Isso pressupõe, ao nosso ver, adotar uma noção de patrimônio que oscila entre a permanência e a mudança. As narrativas de vida seriam, portanto, uma instância à qual é atribuído valor, mas que deve escapar às visadas mais essencialistas que tendem a considerar o patrimônio como algo estático ou que não está aberto a mudanças. Ora, a vida é feita de mudanças e permanências, de mesmidades e ipseidades (RICOEUR, 2014), conformando identidades narrativas que se constituem entre aquilo que possibilita que alguém seja reconhecido como o mesmo e uma série de transformações que se somam a ele, numa "continuidade ininterrupta" (RICOEUR, 2014). Mudanças que também alcançam a esfera material, como vimos na nossa análise sobre *Quanto tempo dura um bairro?*.

Assim, mais que constituir uma linha do tempo coerente e estável, a linha da vida parece-nos dar-se em fluxo, em espirais moventes que ora se encontram com outras linhas, ora delas se afastam, mas que se afetam mutuamente. Ou seja, entendemos que a vida não pode ser tomada numa perspectiva linear, embora percebamos uma tentativa de organização desse fluxo ao olharmos o roteiro de entrevista ou mesmo o relato cronológico de suas biografias, nas respostas dos entrevistados. Em nossa perspectiva, ancorada no pensamento de Ingold (2015, 2017), a vida, que continua a ser vivida após a entrevista, está sempre em movimento. É permanentemente atravessada por temporalidades distintas e pelo encontro com outras espirais de vida, integrando um fluxo contínuo que oscila entre mesmidade e ipseidade. Como argumenta Joël Candau (2019), retomando Hannah Arendt, responder a questão *quem?* pressupõe contar a história de uma vida, narrativa que se trata de uma reconstrução em que se coloca o passado a distância. Nesse sentido, por mais que se tenha um produto fechado, uma história de vida fruto de um encontro entre entrevistador e entrevistado, parece-nos que esse arranjo é incompleto e transitório, posto que a vida continua a correr em seus fluxos. Isso nos leva a considerar as histórias de vida como patrimônio não consolidado, e a sua organização narrativa, um modo de desacelerar esse fluxo, uma estabilização temporária que nos permite apreender certos modos de se entender a si mesmo e as suas relações com o lugar, mote principal da entrevista.

Apesar disso, há que se reconhecer o mérito da proposta de valorização das experiências de pessoas ordinárias, de vidas comuns não necessariamente marcadas por grandes eventos históricos. Essas, justamente por experimentarem o cotidiano à sua própria maneira, são singulares, o que contribui para alcançar determinado contexto histórico e social e modos específicos de atribuir sentido ao mundo. Mas se essa é a tônica da metodologia do Museu da Pessoa, como pensar no projeto *Belo Horizonte Surpreendente*, considerando que as 20 pessoas entrevistadas não são moradores aleatórios da cidade, mas pessoas escolhidas, entrevistadas por uma organização de outra cidade, cujas narrativas de vida pretendem apontar para uma imagem de cidade alinhada à iniciativa institucional da Prefeitura de Belo Horizonte? Quem fala, o que fala e em nome de que fala?

5.2 Entre o ordinário e o surpreendente, quem narra a cidade?

Ao mesmo tempo que o Museu da Pessoa reforça o discurso de que toda história de vida é um patrimônio, no caso de *Belo Horizonte Surpreendente*, vê-se que a coleção é composta por pessoas que, por mais que se centrem em suas biografias, já são reconhecidas nos segmentos em que atuam e exercem um papel diferenciado na tessitura da cidade. Contudo, em sua Apresentação, ao abordar o processo de escolha dos entrevistados, o projeto afirma ter buscado pessoas que refletissem a pluralidade de gênero, etnia, ocupação e localidade:

> Acreditamos que, como num mosaico, olhar este projeto com uma pequena distância nos dará uma ideia do estado de coisas de Belo Horizonte. Uma cidade é o conjunto de suas pessoas e, portanto, deve ser representada com uma narrativa de carne e osso, cheia do cotidiano. Buscamos no "comum", na vida corriqueira – que todos nós levamos – o drama, a virada, o milagre. Quisemos fazer desfilar os momentos decisivos, engraçados, trágicos e sublimes. Só podemos desejar que vocês também se fascinem com essas personagens. (MUSEU DA PESSOA, 2020, n.p.).

Nesse excerto, é mencionado que uma "cidade é o conjunto de suas pessoas". O fato de o Museu da Pessoa reforçar a identidade de coleção do *Belo Horizonte Surpreendente* e enfatizar a ideia de conjunto leva-nos a considerá-la, a princípio, numa lógica conjuntista-identitária, conforme Cornelius Castoriadis (1997). Para o pensador grego, crítico da ideia de identidade como condição ontológica, sujeitos e instituições operam na sociedade não como unidades singulares, mas como conjuntos em interseção. Assim como tais conjuntos se relacionam a um tempo e a um espaço, da mesma forma os elementos circunscritos neles o fazem. Logo, se há um conjunto, há uma limitação dos elementos a um modo de ser. Para ele, tais elementos estão "sendo", eles acontecem, ou seja, incorporam uma proposição de ação, o que se contrapõe à lógica conjuntista-identitária a qual ele critica, que considera os elementos de um conjunto como representantes de uma totalidade. Nesse pensamento no qual se ancoram as sociedades ocidentais, o ser existente possui uma unidade fundamental, que sustenta a condição de indivíduo e do coletivo. No entanto, para ele, essa lógica não daria conta da complexidade e das relações do mundo da vida.

Na perspectiva de Ingold (2015), contudo, no entendimento de conjunto, é preciso que haja pontos de contato, semelhanças, características compartilhadas. Como propõe o antropólogo britânico, um conjunto pode ser pensado como um agregado de indivíduos distintos, componentes individuais definidos pelas partes que jogam no contexto dessa totalidade. No entanto, para o autor, falta à noção de conjunto considerar a fricção e a tensão que permitem a ancoragem de seus elementos, o que o leva a considerar que conjunto não tem movimento. Embora *Belo Horizonte Surpreendente* deixe claro não ter pretensão totalizante, a sugestão de uma lógica conjuntista-identitária (CASTORIADIS, 1997) não se cumpre quando olhamos mais detidamente para as histórias de vida que o compõem. Notamos um rompimento com essa visada metonímica e observamos as fissuras e lacunas nas memórias dos indivíduos e da própria cidade.

O que vemos nessa iniciativa de memória, portanto, é que tal conjunto não é harmônico e deixa escapar, inclusive, pontos que se contrapõem ao desejo de imagem para a cidade que o projeto procura reforçar ou instituir, como apontaremos adiante. Além disso, o que os integrantes desse conjunto compartilham parece ser menos uma visão da cidade e mais o fato de serem considerados pessoas que representam segmentos que corroboram para endossar a imagem surpreendente que o projeto busca destacar. As amarras e as ancoragens entre esses elementos, seguindo o pensamento de Ingold (2015) são pouco identificáveis, como podemos observar na descrição dos entrevistados:

- Marcelo Veronez, em *Carnaval é o nosso jeito de fazer revolução*, aborda o carnaval de rua de Belo Horizonte e a Praia da Estação, dois movimentos que fizeram frente a uma institucionalidade da cidade em seus primórdios, mas que acabaram sendo incorporados por ela;

- Vera de Assis, em *O quintal de meu pai*, comenta sua relação com o Arraiá de Belô, importante manifestação popular das festas juninas, que também foi institucionalizada e hoje faz parte do calendário de eventos da Prefeitura de Belo Horizonte;

- Dona Isabel Casimira, em *A travessia reversa*, aborda a festa de Nossa Senhora do Rosário, as guarda de Congo e Moçambique, uma vez que se trata da atual Rainha do Congado, uma herança passada de geração a geração;

- Dudude Herrmann, em *E eu era uma menina*, relembra sua trajetória na dança contemporânea, a relação contraditória da cidade com seus artistas e as transformações que ela vem sofrendo ao longo do tempo;

- Daniel Carlos Gomes Neto, em *Essa é pro José Roberto Wright*, comenta seu vínculo com a música e a gastronomia de boteco, uma vez que Belo Horizonte ostenta o título de capital mundial dos botecos;

- Juarez Moreira, em *A vida é muito rápida*, aborda sua relação com a música;

- Lucas Durães, um dos fundadores do coworking Guaja, em *A alfaiataria de meu avô*, relembra a casa e o ofício de seu avô e a fundação deste espaço multiuso que representa uma cena alternativa na cidade;

- José Eduardo Gonçalvez integra o segmento da literatura, especialmente abordando a coleção de livros *A cidade de cada um*, em que vários bairros e lugares emblemáticos da capital mineira são registrados em livros, sobre o que discorre em *A coragem deles me levou*;

- Cris Guerra, em *Para Francisco*, conta sobre sua relação com a Pampulha, especialmente sobre a Casa Kubitschek, que foi de sua avó, mas hoje é um museu, a família, a maternidade e seu vínculo com a moda;

- Flávio Renegado, em *Conhecendo os dois Brown's*, traz histórias do Alto Vera Cruz e da cena do rap em Belo Horizonte;

- Márcia Nunes, em *O contrário de mim virou eu própria*, comenta sobre Dona Lucinha, fundadora de um famoso restaurante que leva seu nome, e sobre a importância da gastronomia mineira;

- Teuda Bara, em *Mas Chacrinha, eu sou comunista!*, aborda seu vínculo com o teatro e as atividades do Grupo Galpão, do qual faz parte;

- Mestre Conga (José Luiz Lourenço), em *Lourdes Maria: a tia Ciata de BH*, relembra a criação das primeiras escolas de samba e a importância do carnaval na capital mineira;

- Maria de Lourdes Caldas Gouveia, professora de filosofia, em *Ismael era um homem do século XIX*, aborda pesquisas acadêmicas que realizou sobre certos lugares de Belo Horizonte, como a Praça da Liberdade, o Parque Municipal, o Cemitério do Bonfim, a Pedreira Prado Lopes e a Lagoinha;

- Roberto Andrés, em *O ano de 2009*, comenta sobre o renascimento do carnaval nos anos 2000;

- Rafael Conde, cineasta, em *Explodir o Viaduto Santa Tereza*, enfatiza os desafios do segmento do cinema na cidade;

- Tutti Maravilha, em *Um suspeito censor*, traz falas sobre o jornalismo, o radialismo e a consolidação de uma cena cultural na cidade nos anos de 1970;

- Marcelo Play, em *Vô João, o "Marajá"*, aborda o controverso edifício JK;

- Janaína Macruz, em *Uma luta pela vida*, comenta sobre a mobilização e as iniciativas de apropriação da cidade;

- Tatiana Silva, do Conselho Mundial das Águas e do projeto Fa. VELA, fala, em *Direito por uma questão social*, sobre empreendedorismo social e a importância da educação em sua vida.

De acordo com Luciana Amormino, Prussiana Fernandes, Flávio Valle e Walisson Araújo (2022), os entrevistados, ao deixarem seu caráter ordinário e serem destacados, são, em certa medida, separados do cotidiano da própria cidade da qual fazem parte. Estabelecem, assim, novas relações, estas mais institucionalizadas e controladas, tais como com as dinâmicas do museu, com as demais personalidades que também constituem o acervo de histórias de vida e, ainda, com o projeto institucional da Prefeitura. Nessa iniciativa de memória, em especial, parece-nos que tais corpos, com suas experiências e subjetividades, não apenas encarnam pessoas surpreendentes, mas também memoráveis. Assim, perguntamo-nos: quem é surpreendente a ponto de se tornar memorável para a cidade?

Sabendo ser impossível que qualquer conjunto de pessoas represente a cidade em suas variadas nuances, o olhar curatorial que seleciona uma personalidade em detrimento de outras nos mostra uma forma específica de olhar para a cidade. Trata-se de uma decisão não apenas narrativa, mas simbólica e política. Desse modo, o carnaval, a Praia da Estação, o Arraial de Belô, a cena teatral e musical, os patrimônios e seus novos usos, as festas e manifestações populares e culturais, a cidade abordada em pesquisas, livros e pelo cinema e os ativismos parecem ser os segmentos e temas escolhidos para materializar narrativamente o que é surpreendente em se tratando de Belo Horizonte. Diante disso, perguntamo-nos: outros segmentos não contribuem para mostrar essa Belo Horizonte surpreendente? Por outro lado, também nos questionamos: se fossem outros os entrevistados escolhidos, a surpresa poderia dar-se por meio de outros aspectos, acionando outros fios nessa trama sobre a cidade surpreendente que se pretende evidenciar? Assim, ao olhar para as pessoas selecionadas, podemos entender o que é surpreendente para o projeto e o que cabe ou não na imagem institucional que se pretende afirmar para a cidade.

Apesar de os realizadores reconhecerem que "todo recorte é, por definição, incompleto" (MUSEU DA PESSOA, 2020, n.p.), os segmentos aqui representados são mobilizados em função de se adequarem à imagem da capital mineira dinâmica, potente e criativa que se quer instituir/reforçar. Um discurso moderno que, como vimos, acompanha historicamente Belo Horizonte e que pode ser considerado um desejo de identidade, mas que deixa de fora outros modos de se pensar a cidade, outras identidades que também a constituem. Conforme apontam Amormino *et al.* (2022, p. 14):

> Na coleção *Belo Horizonte Surpreendente*, que pode ser tomada como um dos feixes de linhas que animam BH, é possível conhecer uma cidade fortemente mediada pelas instituições, que escolhem não só quais vidas vão se tornar memoráveis, mas também como as suas memórias vão ser construídas e registradas nos arquivos. Por um lado, o projeto notabiliza e singulariza algumas pessoas e suas histórias, traçando caminhos de memória que outras pessoas podem seguir; por outro, ainda que esses caminhos sejam variados, os fios são poucos, os nós são frouxos e a trama, esparsa, formando um tecido simplificado e, por isso mesmo, excludente.

Nesse sentido, embora o acervo se constitua de histórias de vida das pessoas entrevistadas, que, perante o projeto, representam a cidade, muitas delas são reconhecidas em nível não apenas local, mas nacional, oscilando entre o ordinário e o surpreendente. Trata-se de pessoas que são acionadas também em outros projetos de memória sobre a cidade, como os que aqui analisamos, tais como *Moradores* e *BH 120 anos*. Em certa medida, não surpreendem nesse quesito, posto que parecem ser chanceladas como autoridades para narrar a cidade enquanto narram a si mesmas. No entanto, surpreendem por trazerem algo mais pessoal à sua atuação pública, acrescentando novas nuances à sua constituição como personagens da cidade. Assim, essa escolha não aleatória leva-nos a pensar na disparidade entre a proposta do Museu da Pessoa, especialmente em se tratando da Tecnologia Social da Memória e de seu objetivo de reconhecer e valorizar toda e qualquer história de vida como patrimônio que merece ser registrado e divulgado, e o que acontece em projetos mais institucionais como o *Belo Horizonte Surpreendente*, em que é feito um recorte daquelas que merecem compor uma coleção de pessoas autorizadas a falar sobre e pela cidade, tensionando, portanto, os marcadores *qualquer pessoa* e *surpreendente*.

Das histórias de vida que, aparentemente, possuem uma perspectiva individual à proposta de uma coleção que "representa" a cidade em seu caráter surpreendente, passamos por narrativas que nos permitem olhar para os deslocamentos que emergem tanto na caracterização do que seria essa cidade quanto no que está posto na ideia de coleção, que diz de certa totalidade, mas que escapa a ela. Nas falas, vemos emergir contradições, num jogo temporal em que as memórias dos entrevistados deixam entrever lacunas e sombreamentos. Como o esquecimento é próprio da memória, deparamo-nos com narrativas que se assemelham a retalhos, mas que não se conectam de modo harmônico, não compõem um tecido plano bem arrematado. Como aponta Candau (2019, p. 71):

> De fato, o ato de memória que se dá a ver nas narrativas de vida ou nas autobiografias coloca em evidência essa aptidão especificamente humana que consiste em dominar o próprio passado para inventariar não o vivido, como supunha Maget, mas o que fica do vivido. O narrador parece colocar em ordem e tornar coerente os acontecimentos de sua vida que julga significativos no momento mesmo da narrativa: restituições, ajustes, invenções, modificações, simplificações, "sublimações", esquematizações, esquecimentos, censuras, resistências, não ditos, recusas, "vida sonhada", ancoragens,

> interpretações e reinterpretações constituem a trama desse ato de memória que é sempre uma excelente ilustração das estratégias identitárias que operam em toda narrativa.

Na esteira de Robin (2016, p. 20), consideramos que o resultado da conjugação desses retalhos, menos que um conjunto, apresenta-se como uma saturação da memória, mais um discurso permeado por "cacofonia, cheia de barulho, de furor, de clamores, de polêmicas e de controvérsias, de argumentações simétricas ou congruentes a propósito das quais ninguém fica indiferente". Talvez possamos inferir que cada narrativa de vida, buscando dizer de um todo que é a cidade, evidencia menos esse todo (posto que se trata de algo inalcançável ou inexistente) e mais o que lhe escapa. Como se os fios de memórias de cada entrevistado deixassem à mostra as lacunas e os esquecimentos, sem efetivar uma síntese que abarque uma narrativa única sobre Belo Horizonte. Cabe pontuar, portanto, que o entendimento da memória como *representação* de uma coletividade, que aqui poderíamos considerar os segmentos que os entrevistados integram e mesmo a cidade como um todo, não se sustenta. Isso dialoga com nosso entendimento da memória como gesto, sobre o qual discorreremos adiante. O que vemos é a existência de fissuras próprias da memória das pessoas e da cidade, que nos ajudam a pensar sobre a identidade e as dinâmicas temporais não lineares que a constituem.

Cabe, portanto, à cidade-trapeira lidar com esses fragmentos que não dão conta de um todo, mas que permanecem como ruínas, matérias-primas para outras elaborações. Além das lacunas das histórias de vida, vemos também diferentes relações e experiências com/na cidade, que contribuem para emergirem distintas Belo Horizontes em suas narrativas.

Um dos primeiros pontos para os quais chamamos atenção é o fato de que a maioria dos entrevistados não nasceu em Belo Horizonte. Considerando que se trata de uma cidade relativamente nova, muitos deles vieram do interior e assentaram-se na capital mineira com suas famílias, alguns quando adultos, outros quando crianças. Isso nos permite compreender que o gentílico *belorizontino* diz respeito não apenas àqueles que nasceram na cidade, mas também aos que a escolheram como seu lugar. Reconhecer-se belorizontino refere-se muito mais à relação que se estabelece com os territórios que a cidade abriga do que a um local de nascimento propriamente dito. Vale lembrar que, conforme apontamos no capítulo anterior, a territorialidade possui uma dimensão simbólica que implica considerar não apenas as dimensões políticas, materiais e econômicas do território, mas também a cultural. Assim, notamos sentidos distintos nas relações estabelecidas com determinados lugares, que ultrapassam as determinações formais e se constituem por vínculos, afetos e experiências particulares e coletivas.

Nas histórias de vida de *Belo Horizonte Surpreendente*, as narrativas, de modo geral, começam pela data de nascimento, passando pela genealogia, infância, cotidiano e vida em família, enfatizando as diferentes origens de cada entrevistado. Nas lembranças sobre a Belo Horizonte de outros tempos, muitas vezes emergem comparações entre passado e presente, como mudanças profundas em relação ao clima da cidade, alterações materiais e simbólicas de determinados lugares, que resistem nas lembranças daqueles que com eles se relacionaram, as constantes demolições ou mesmo certas práticas e hábitos cotidianos, que ditavam um modo diferente de ser e existir na capital mineira, como podemos notar nos depoimentos a seguir, especialmente nos trechos em negrito:

> *Belo Horizonte era frio. Muito frio. Mamãe lembra que quando nós moramos no Prado, a casa não era de laje assim, era de telhado. Quando eu nasci estava gelando, era mês de julho. 24 de julho. Muito frio. Aí, a mamãe amarrava bem a touca, porque ela disse que eu tirava tudo, que era agitada e tirava tudo. Mamãe amarrava a fralda no meu queixo para não pegar friagem no ouvido e dormia todo mundo juntinho para ficar quentinho. Ela colocava os meninos todos assim, juntinhos para esquentar. Porque era muito frio de noite.* Umas senhoras idosas que moravam aqui acima da nossa casa, antes desse prédio aí, elas falavam que aqui amanhecia tudo branquinho a relva, de tão fria que era Belo Horizonte. Belo Horizonte, os antigos que falavam - e gente que sabe também, que estudou - era toda entrecortada de rios, todas essas avenidas que você está vendo aí eram rios, todas elas são. Eram rios e rios. Imagina a cidade toda cheia de rios, como não ia fazer frio aqui, não é? Era gelado, isso aqui era gelado. E montanhas... (Vera de Assis - MUSEU DA PESSOA, 2020, grifos nossos).

> *Lembro de várias coisas grandiosas, assim, e muito dessa casa da minha avó. A gente falava: "Vamos para a Pampulha". Então eu falava: "Nós vamos voltar para Belo Horizonte?" Porque a Pampulha, naquela época, era muito longe, então era como se fosse fora de Belo Horizonte. Lembro da rádio Itatiaia, quando meu pai ligava... A gente no carro, voltando da Pampulha, e ele colocava na rádio Itatiaia, no jogo, e eu ouvia: "Itatiaia". E era sempre uma depressão porque era o fim do domingo.* Então essas

lembranças ficam muito, habitam a minha memória afetiva. [...] Então, a casa tinha um significado muito grande para a gente, era uma casa Niemeyer, que hoje é a Casa Kubitschek, é um Museu da Casa Modernista, então a gente tem um amor muito grande por essa casa, eu tenho um amor muito grande por esse Museu, porque quando eu vou lá, eu vou visitar a minha infância. É uma casa com jardins Burle Marx, que depois passaram a ser os jardins da vovó Juju – *Juracir - que ela mesmo cultivava, ela vivia no jardim.* (Cris Guerra - MUSEU DA PESSOA, 2020, grifos nossos).

O Alto Vera Cruz sempre foi uma comunidade muito efervescente, culturalmente. Então, era muito normal a gente ir para essas quermesses e ter vários grupos de dança. Era bem legal. Aquele som, um dançando de cá e outro de lá, então eu cresci naquela loucura ali também. (Flávio Renegado - MUSEU DA PESSOA, 2020, grifos nossos).

– Feira Permanente de Amostras. Ali era tudo assim. Tudo que se cultivava em Belo Horizonte e em volta de Minas Gerais, ia para ali e ficava em exposição. Os colégios iam lá fazer excursão. Uma das coisas que eu me lembro é do mel de abelha, que tinha lá a coisa do mel e tal, vendia mel. Quando a escola lá ia fazer excursão, você pegava um copinho de mel e... Nossa Senhora. A gente ia passando e eles davam um copinho de mel para a gente, sabe? Era lindo. Tinha toda a coisa de apicultura. Tinha os franguinhos, pintinhos que você via sair do ovo, essas coisas, era tudo muito assim. E tinha a rádio Inconfidência, que era a melhor coisa. Domingo tinha programa do (Pinduca?), às dez horas da manhã. Você ia à missa às oito horas e saía de lá correndo para ouvir a rádio Inconfidência, programa do Pinduca. Ai, era uma beleza, porque era rádio, tinha prêmio, se você cantasse; tinha adivinhação; orquestra; cantora... Uma maravilha o programa de rádio. E no final, passava uma sessão de cinema mudo. Ou era "O Gordo e o Magro"... Sabe, a gente morria de rir. Ou era aquele _____ [33:28], que passava lá. Era uma beleza. Carnaval... Ali era um baile de Carnaval. Tinha a matinê das crianças, tinha a vespertina à tarde - que a gente queria ir, mas papai já falava "nhem, nhem, nhem" - e à noite é que a gente era proibido de ir. Papai tocava lá e tal. Eu vi grandes artistas ali na rádio Inconfidência. Fiquei muito triste quando eles acabaram com a Feira de Amostras e fizeram a Rodoviária, porque ali também era um ponto político, era um lugar onde se discutia política. Eu vi o Getúlio Vargas; eu vi o Juscelino Kubitschek ali. Eu ouvi o discurso do

Juscelino Kubitschek. Quando ele falou de fazer... quando caiu aquela cachoeira de fogos, todo mundo só falava naquilo. Hoje em dia, ninguém nem liga mais (risos). Mas Belo Horizonte era bem diferente, tinha foot [sic] na Afonso Pena, tinha concurso de vitrines. As vitrines eram lindas. Eu vi televisão a primeira vez... Eu conheci na vitrine o que era televisão. (Teuda Bara - MUSEU DA PESSOA, 2020, grifos nossos).

E Belo Horizonte era uma cidade que acontecia coisas só fim de semana, entendeu? Durante a semana era uma cidade pequena, não é? A cidade tem 120 anos. Eu vou fazer 70 anos ano que vem, mais da metade já estou nesta cidade, conheço bem a história dela. Então, eram bailes que aconteciam, não tinha esses eventos de shows, sabe, assim, aberto? Aí, na década de 70, eu fiz pop rock, com Raul Seixas, em lugares abertos, enormes. Começaram a surgir eventos bacanérrimos, que não precisavam do teatro, fora do teatro. E eu usei também muito, às vezes... Às vezes não tinha data, ou o artista estava estourado, o Benil ou o Guilherme falavam: "Vamos fazer num ginásio". O som era péssimo, mas o show era maravilhoso porque era lotado o ginásio, mas não tinha acústica. Fiz muito no Mackenzie, Minas Tênis Clube. Clara Nunes foi uma, inclusive, porque lotava muito, entendeu? E fazia um dia só e pronto, bastou. (Tutti Maravilha - MUSEU DA PESSOA, 2020, grifos nossos).

Como podemos observar nessas passagens, ficam evidentes os lapsos de memória, os trejeitos de cada entrevistado e as nuances diversas e, por vezes, divergentes que perpassam o narrar-se. A partir deles, é possível notar diferentes cidades que emergem em cada fala, os caminhos percorridos por cada entrevistado ao retomar suas lembranças, as sutilezas das percepções sobre as experiências vividas, entre outros detalhes. Trata-se de entrevistas literais, lacunares, que refletem o ritmo de cada entrevistado, obviamente sem perder de vista o foco do projeto e as informações sobre o segmento que cada pessoa representa.

Ao ler as entrevistas transcritas na íntegra que a coleção disponibiliza, é possível acompanhar o jogo entre entrevistador e entrevistado, os escapes e as retomadas em função do roteiro que se quer seguir, perceptíveis por meio da transcrição das perguntas e comentários do entrevistador. Ainda que a narrativa de vida seja resultante da interação entre ambos, ou seja, um produto em que interesses por vezes conflitantes estão postos em cena e que possui uma dimensão performativa, é interessante notar que a agência sobre a memória oscila entre entrevistador e entrevistado. Por mais que o entrevistador conduza a entrevista a partir de um roteiro prévio, há, em alguns momentos, quebra de expectativas. A exemplo, quando se pretende abordar a Belo Horizonte da infância de Dona Isabel Casimira, principal representante do congado na cidade, nota-se o deslocamento feito pela entrevistada ao não trazer esse registro na chave da nostalgia insinuado pelo entrevistador, como podemos observar no trecho seguinte, em que P/1 é o entrevistador, e R, a entrevistada:

> *P/1 – E era perto da sua casa?*
>
> *R – Perto, ao ladinho. Uma coisa interessante era o barulho do trem de ferro, a maria-fumaça fazia aquele barulhão assim. O bom é que a gente acostuma com o barulho. Então, quando você acorda de noite com o barulho do trem buzinando, você sabe exatamente que horas são. É um barulho que você ouve, mas nem...*
>
> *Normal, nem mexe, fica tranquilo demais, acostuma.*
>
> *P/1 – Sente saudades desse barulho?*
>
> *R – Não, não sinto saudades de nada. Eu aproveito tudo que tenho que aproveitar, vivo tudo que tenho que viver e não sinto saudade de nada, porque aprendi muito cedo que toda vez que a gente não vive o que tem que viver, ficamos: "Aquele tempo é que era bom". "Nossa, por que não aproveitei aquele tempo?". Então, desde criança, eu aproveito muito, faço tudo que tenho que fazer e aí, não tenho saudade.* (Dona Isabel Casimira - MUSEU DA PESSOA, 2020, grifos nossos).

Podemos pensar, a partir disso, que a agência sobre a narrativa é modulada a partir dessa interação entre entrevistador e entrevistado. Por mais que o entrevistador tente dar um tom específico à entrevista, ele é, por vezes, subvertido pelo entrevistado. A exemplo, outra passagem em que há o deslocamento da nostalgia como recurso para se abordar a cidade de outros tempos: em uma de suas respostas, José Eduardo Gonçalves, jornalista que lançou a coleção *A cidade de cada um*, livros sobre bairros e lugares de Belo Horizonte, diz que seus irmãos são saudosistas, mas ele mesmo não se considera como tal. E complementa: *"[...] não acho que aquele tempo foi o melhor, acho que o melhor tempo é o de hoje"* (MUSEU DA PESSOA, 2020, n.p.).

Falas sobre temas que se repetem em outras iniciativas de memória, como *BH 120 anos, Quanto tempo dura um bairro?* e *Projeto Moradores*, tais como os problemas da cidade advindos de seu crescimento desordenado, a arbitrária canalização de seus rios e os impactos da urbanização sobre o rio Arrudas também emergem nas narrativas de vida que compõem *Belo Horizonte Surpreendente*. Nos trechos realçados a seguir, podemos observar essa crítica contundente ao modelo de desenvolvimento da cidade, o que nos leva novamente a considerar a agência dos entrevistados na construção de suas narrativas de vida, que, em certa medida, escapam à proposta institucional do projeto. Afinal, essa Belo Horizonte surpreendente possui problemas históricos que permanecem irresolvidos e resistem na memória de seus moradores, mesmo daqueles "autorizados" para narrá-la. Compõem, em certa medida, uma identidade possível para a cidade, mais uma memória sobre ela que acaba sendo retomada e atualizada nas narrativas:

> *Mas é uma saudade que fica guardada porque você acompanha a mudança, e tem várias mudanças "no good". Era um rio com cachoeira, as lavadeiras lavavam a roupa ali e a gente ia lá brincar, não é? Brincava muito na rua, não tinha essa ameaça do perigo, Belo Horizonte era pequena, eu andei de trólebus. Agora, o meu pai nadava no rio Arrudas, você já imagina isso? Quando ele era jovem, ele nadava no rio Arrudas. Isso, nos tempos de hoje, eu falei assim: "Como assim?". A serraria Souza Pinto, por exemplo, a serraria era perto do rio. Hoje o rio está encapado, os rios que a gente tem hoje são rios de carro. A vida do rio é a luz, e nós, ignorantemente, tiramos a luz do rio, jogamos m.... no rio, isso não é para ficar assim, "well, I don't understand" (risos). [...] Mas faltava muita água naquela época, por causa de todo esse modo de construir cidades. O Gutierrez era fora da [Avenida] Contorno, já era uma periferia, vamos dizer assim - hoje já é Belo Horizonte, a periferia foi chegando mais para os lados, alargando, a cidade que cresce, vamos crescer, gente, de qualquer jeito, faz um puxadinho (risos). É o Brasil dos puxadinhos, é impressionante, quantas árvores eu vi morrer, não é? Eu agradeço sempre quando vejo esses ipês floridos. Falo assim: "Teve alguém na Prefeitura que plantou árvores. Teve alguém que deixou eles crescerem." (Dudude Herrmann - MUSEU DA PESSOA, 2020, grifos nossos).*

> *Não é uma coisa assim: "Ah, vou publicar isso". Não, você está tornando pública uma história, uma memória, ao mesmo tempo em que você está ajudando, de certa forma, a preservar uma história que vem sendo muito destruída. A cidade de Belo Horizonte não tem o menor respeito pela história, todos os dias essa cidade muda, vários lugares em que eu morei já não existem mais, vários lugares onde moraram pessoas importantes também estão sendo jogados fora,*

difícil você encontrar uma rua que ainda preserve um certo encanto, de uma certa época, que é importante para você se localizar. Claro que a cidade tem que se desenvolver, tudo, mas uma cidade muito maltratada pelo poder público, pelas construtoras imobiliárias, que fizeram essas cidades, às vezes, lugares muito mal-feitos [sic]. *Então, quando você guarda uma certa história de alguns lugares, eu acho que você está cumprindo uma função bacana, sabe? Eu tenho a consciência desse papel que essa coleção tem, o tanto que ela agrega, que ela mobiliza pessoas, sentimentos.* (José Eduardo Gonçalves - MUSEU DA PESSOA, 2020, grifos nossos).

P/1 - E, me diz uma coisa: o que te revolta, então, em Belo Horizonte, deve ser uma lista meio grande, não é? Eu imagino. Mas o quê, especificamente, de Belo Horizonte, você acha que são problemas que a cidade passa, assim? Lugares ou, sei lá, dinâmicas que você consiga pensar.

R – Eu acho que essa praga dos carros, que é a praga das cidades grandes, uma grande parte delas, os espaços muito tomados por automóveis, barulho, poluição, os pedestres nos cantinhos, essa coisa, assim, a possibilidade de uso da cidade muito tolhida por esse viés automobilístico, mas não é privilégio de Belo Horizonte isso, muitas cidades têm. Mas eu acho que Belo Horizonte tem uma carência de espaços públicos mesmo, embora existam os parques, as praças, etc. Acho que a quantidade e a maneira como eles estão distribuídos e a maneira como eles estão conectados à cidade, é carente, assim... Para o uso mesmo. Acho que a gente tem uma demanda de espaços públicos mais qualificados, abertos, à noite: Parque Municipal fecha às seis horas da tarde; no Centro, no coração da cidade, ali, cheio de gente andando, passando, atravessando, aí ele vai e fecha as portas. Eu sinto isso muito forte em Belo Horizonte e remete a essa minha experiência como secundarista, completamente isolado da cidade, essa ausência de conseguir entender algum espaço público que eu pudesse ir, que aquilo fizesse algum sentido, assim. (Roberto Andrés - MUSEU DA PESSOA, 2020, grifos nossos).

P/1 – Você gosta de filmar a cidade de Belo Horizonte? Nos seus filmes, é uma coisa predominante, não é?

R – É, eu acho que sim. Eu acho que... Cinema e cidade talvez tenha muito a ver... Cinema e cidade, acho que tem muito a ver. Não sei por que, em que momento, sei lá... Um contraponto entre um cinema de rua e um cinema interno, cinema interior, um cinema... Mas é porque é a minha cidade, e acho que Belo Horizonte, particularmente, tem sempre esse problema com a urbanidade. Esse problema de ser uma cidade grande, mas não é grande. É metrópole, mas é província. Essa questão é muito presente para o belo-horizontino, acho que muito também por essa proximidade de Rio e São Paulo. Então, as pessoas aqui vão embora, se formam e tal, nessa coisa profissional, mas Rio e São Paulo chamam muito. Então, acho que a minha relação com Belo Horizonte é isso: "Pô, voltei". "Vai ficar morando em Belo Horizonte". As pessoas têm muito isso. Todo mundo tem uma coisa com Belo Horizonte, tem aquela brincadeira, como é? "Rio para passear, São Paulo para trabalhar e Belo Horizonte para morar". Acho que é isso mesmo. É uma cidade tranquila, mas é uma cidade muito árdua profissionalmente, principalmente para essa nossa área, artes, audiovisual... Porque para se estabelecer você está muito à sombra de Rio e São Paulo. Em qualquer dificuldade, você vai embora. Eu acho que é um dado presente em várias áreas. Só que é uma cidade de que eu gosto muito, os amigos... Uma cidade que acho agradável. Falta o mar, não é? Mas é uma cidade muito agradável, eu gosto muito de Belo Horizonte. (Rafael Conde - MUSEU DA PESSOA, 2020, grifos nossos).

Outra crítica que emerge nas narrativas de vida diz respeito à relação dúbia da cidade com seus patrimônios, materiais e imateriais. Dona Isabel Casimira, por exemplo, enfatiza seu desconhecimento sobre como se dão os processos de tombamento e o medo de que sua casa seja tombada. Lucas Durães comenta sobre a demolição de edificações que o marcaram afetivamente. Márcia Nunes, em sua fala, reflete sobre a possibilidade de se manter um restaurante em uma casa com ares de interior numa área central, bem como a surpresa das pessoas ao se depararem com ela, uma edificação que vem resistindo aos processos de transformação da cidade. Já os atropelos na execução de um projeto tão estimado como a construção do Edifício JK, assinado pelo arquiteto Oscar Niemeyer e tombado como Patrimônio Cultural do Município de Belo Horizonte, é abordado por Marcelo Play. Por sua vez, Marcelo Veronez discorre sobre as restaurações inacabadas e os projetos não realizados, que seguem marcando a paisagem urbana. Tratam-se de apontamentos que, em certa medida, dialogam com o projeto *Quanto tempo dura um bairro?*. A partir das distintas experiências dos entrevistados, conectadas a espacialidades e temporalidades não coincidentes, são levantadas questões muito similares que retratam, em certa medida, o modo como a cidade vem operando com suas materialidades, mesmo aquelas reconhecidas como patrimônio.

Notamos, portanto, outra faceta da cidade surpreendente que está presente no olhar crítico daqueles que foram escolhidos para narrá-la. Para quem não conhece tão bem Belo Horizonte, torna-se surpreendente o descaso do poder público em relação a problemas de urbanização recorrentes ao longo de sua história. Para aqueles que a conhecem e acompanham sua sina de pouca valorização de seu passado, não é surpreende tais problemas serem mencionados e continuarem compondo a identidade narrativa da cidade, não aquela que se pretende dinâmica, pulsante e criativa, mas a que permanece ruminando seus traços mais negativos, irresolvíveis, permanentemente comentados e lembrados.

O descaso da cidade em relação ao seu patrimônio, que permitiu as alterações significativas na região da Lagoinha, também figura em *Quanto tempo dura um bairro?* e no *Projeto Moradores.* No entanto, em *Belo Horizonte Surpreendente,* o saudosismo de uma Lagoinha de outros tempos não ressoa nas narrativas de vida que mencionam a região, apesar de seu histórico de alterações pelo poder público ser comentado. Mestre Conga, por exemplo, outra personalidade lembrada pelo *Projeto Moradores,* destaca o vínculo da região com as primeiras escolas de samba de Belo Horizonte, trazendo como referência os personagens Popó e Chuchu. Já a filósofa Maria de Lourdes Caldas Gouveia, que pesquisou e escreveu sobre a cidade e que, na ocasião de sua entrevista, estava envolvida na produção de um livro sobre a Lagoinha, comenta que o lamento por suas perdas e o saudosismo de outros tempos permeia muitos moradores, mas não ela mesma, que não mora na localidade, conforme podemos observar no trecho:

> *As histórias da Lagoinha são muito sofridas, são muito doídas. E são minuciosas. As pessoas relatam, eu percebo que estão emocionadas. [...] É um registro do horror que a cidade de Belo Horizonte praticou contra a Lagoinha. A Lagoinha é uma matéria urbana a ser destruída, a ser esquecida. É muito clara a intenção, o olhar oficial sobre a Lagoinha como um lugar de pecado, de transgressão, de horror. Os belos autores da Lagoinha... Por exemplo, o Wander Piroli, que tem um livro muito significativo. Wander Piroli nasceu lá, morou lá, ele é um autor diferenciado, mas se você não segurar o livro dele com muito cuidado, o sangue escorre. Porque ele vê, ele sofre, ele sente os horrores: a prostituição, mendicância, violência, todos os atos de violência explícita, de violência simbólica. Não é o meu foco. Apesar de que eu me baseei, me estruturei a partir do livro do Wander Piroli, o meu foco é outro. Eu quero pensar as relações pessoais, as relações familiares, um enorme esforço de três gerações construindo casa, trabalho, locais e objetos de memória. É*

> *um lugar icônico da nossa cidade, eu não vejo nenhum outro bairro em Belo Horizonte que tenha tido uma vida tão organicamente entrelaçada - cidade e pessoa. [...] Essa dor da perda é permanente na história da Lagoinha, que hoje ela tem objetos cortados ao meio, prédios mostrando suas vísceras. Por quê? Qual era o objeto? A construção de viadutos, a melhoria no trânsito, ou seja, toda a memória perdeu o significado. [...]* **Porque a praça destruída, ela continua cortada, mostrando o que restou.** *E ela foi apropriada por pessoas em sofrimento, pessoas em drogas, mendigos, pessoas em carência. Ou seja, a praça é um lugar do encontro, da troca. Essa, não troca. Essa, expõe os horrores da Lagoinha. E você passa no viaduto, ela tornou-se um ícone e um material de exposição da dor, da miséria, sofrimento. Isso não se faz com um bairro, não se pode agredir um espaço urbano com tal intensidade. E as pessoas... Quando você vê, superficialmente, dá a impressão de que as pessoas concordaram com isso. Não concordaram. Aquilo foi um imposto, veio um projeto, um plano, algumas pessoas ouviram a história de que seria melhor, talvez até tenham acreditado. E não foi melhor, foi muito pior. E restou da Lagoinha isso que você tem hoje: uma ruína.* (Maria de Lourdes Caldas Gouveia - MUSEU DA PESSOA, 2020, grifos nossos).

Das ruínas da Lagoinha, algumas delas foram feitos escombros (HUYSSEN, 2014), matéria que se torna o registro da violência, da qual não se aproveita quase nada. Contudo, a partir da entrevista da filósofa, vemos que a Lagoinha tem sido uma região visada por projetos de memória, tais como os que aqui analisamos, inclusive figurando como personagem principal do livro de sua autoria, escrito a partir de entrevistas com moradores. Tal fato pode estar alinhado ao projeto institucional da Prefeitura que, em certa medida, se voltou para áreas cultural e historicamente importantes da cidade, mas também pelo reconhecimento de seu valor histórico para Belo Horizonte. Curiosamente, em sua entrevista, Maria de Lourdes Caldas Gouveia retoma memórias daqueles que entrevistou, num jogo duplo em que ela se torna representante ou porta-voz dos moradores da Lagoinha, acrescentando seu olhar crítico sobre as passagens que comenta. A Lagoinha que, para ela, se tornou uma ruína, contraditoriamente, emerge como lugar pulsante a partir daquilo que dela resta, o que pode ser notado pela presença recente de iniciativas culturais de naturezas diversas na região. Ruína que, nos termos de Huyssen (2014), se torna potência política da memória, matéria-prima para não se esquecer aquilo que não deve ser esquecido ou que não se quer que repita, uma potência mais positiva que os escombros que com elas convivem.

Outro bairro que aparece com algum destaque nas narrativas de vida é o Concórdia, localizado na região Nordeste, construído inicialmente para abrigar a população operária, mas que recebeu grande parte da população pobre que foi retirada de outras localidades, como Barroca e Barro Preto, no final dos anos de 1920 e início de 1930 (RIBEIRO, 2008). A região possui como característica a grande presença de manifestações culturais de matriz africana, entre elas o congado, sobre o qual Dona Isabel Casimira discorre em sua entrevista. A respeito da formação do bairro, ela assim a descreve:

> *Depois, a minha avó e a família dela vieram para Belo Horizonte, no bairro Barroca, que é a área nobre de Belo Horizonte. Dentro dessa área nobre, a Prefeitura chegou à conclusão de que tinha que tirar essas pessoas de lá. Então, eles arrumaram outros lugares para que essas pessoas viessem. Aí, eles concordaram em vir para essa região, por isso que o bairro se chama Concórdia. Era uma vila Concórdia e hoje é bairro Concórdia. Por isso, a grande concentração de pessoas de matriz africana nesse bairro, que tem pessoas de umbanda, de candomblé, do Rosário, de samba, de tudo, tudo de manifestação africana tem nesse bairro.* (Dona Isabel Casimira - MUSEU DA PESSOA, 2020, grifo nosso).

No Concórdia, temos, portanto, a memória de uma das várias retiradas da população de baixa renda, predominantemente negra, de áreas tidas como nobres, para as quais a Zona Urbana foi crescendo, tendo o bairro recebido boa parte da população removida. Dona Isabel Casimira é a responsável por continuar o Congado, que começou com seus antepassados e ela segue realizando na localidade, o que já pode ser considerado uma iniciativa de memória, de atualização de um ritual com uma carga simbólica que une diferentes gerações e que marca a vida cultural e religiosa da cidade. Trata-se de uma manifestação cultural e religiosa que já sofreu perseguição nos primórdios da cidade, contribuindo para o apagamento de parte da memória da população negra do antigo arraial e da capital mineira. Por esse motivo, continuar essa tradição que já foi ameaçada, que abordaremos mais detidamente no Capítulo 6, é uma forma de celebrar seus antepassados e atualizar suas memórias. Em sua leitura, *"[...] a história [que] não for falada – falada e contada – ela sai do plano, perde a função, perde o porquê de fazer isso. Por que faz aquilo; por que se repete uma reza; por que faz uma festa há tantos anos..."* (Dona Isabel Casimira - MUSEU DA PESSOA, 2020, n.p.).

Há também algumas falas que vão contra o próprio poder público, ilustrando o fato de que há algo que escapa à institucionalidade e que é posteriormente abraçado por ela, num jogo de forças entre os sistemas de controle e a vida ordinária que dinamiza a cidade. Nas passagens a seguir, extraídas das entrevistas de Marcelo Veronez e Janaina Macruz, ficam claras as tensões entre a espontaneidade do cotidiano e a institucionalização de suas manifestações, ou entre horizontalidades e verticalidades, nos termos de Santos (2001), ou mesmo entre táticas e estratégias, conforme Certeau (1994). A exemplo, a Praia da Estação e o carnaval, duas iniciativas de apropriação do espaço público que possibilitaram construir uma nova relação com a cidade e que, conforme a coleção, contribuem para a sua imagem surpreendente:

> *O Prefeito da cidade, depois de ter reformado a Praça da Estação, que é o primeiro ponto de Belo Horizonte, que é onde a cidade nasce, onde tem a estação de trem, de onde vinha todo mundo que chegava em Belo Horizonte... Isso lá na fundação da cidade, no final do século XIX, esse Prefeito queria que a praça fosse meio que privatizada, enfim, ele colocou um decreto, no dia 28 de dezembro, algo assim, proibindo evento de qualquer natureza na Praça da Estação. "Evento de qualquer natureza", está escrito no decreto. Como assim proibir evento de qualquer natureza? Então, se você quisesse utilizar, tinha que pedir uma licença na Prefeitura, e essa licença custava dinheiro. A praça tinha acabado de ser reformada, ficou por muito tempo sendo usada como estacionamento no centro da cidade. É uma praça gigante, linda, tem uma fonte no chão, enfim, é uma beleza. Essa história se espalhou muito rapidamente, então já nesse primeiro final de semana do ano seguinte, assim na outra semana... Aí que me carece a exatidão entre 2009 e 2010, mas nessa primeira semana, logo depois do decreto baixado, rolou esse movimento de: "Ah, não pode evento? Vamos fazer uma praia. Como é que vamos protestar sobre isso? Como é que vamos dizer que a gente é contra essa maluquice?" Então a gente foi para a Praça da Estação e tomou um sol.* (Marcelo Veronez - MUSEU DA PESSOA, 2020, grifo nosso).

> *Hoje em dia, a cidade já entende que tem Carnaval e, inclusive, quem não gosta, sai da cidade, aluga seus imóveis, já chegou a esse nível, da galera ganhar dinheiro com aluguel da própria casa para receber turista. Mas é isso, começou com essa história de ocupação mesmo de espaço público e de luta, e a gente sempre pautava várias coisas, a luta por moradia e tudo, assim. A gente saiu muitas vezes em ocupações urbanas, foi esse processo e virou essa coisa gigantesca. Aí é muito louco também você pensar o tanto que só depende da gente, não é? Para mudar o entendimento social, mesmo, de*

uma cidade, assim, que são pessoas que queriam usar a rua e se divertir na rua e, de repente, virou um grande Carnaval, sabe? Então é isso. É simples também, a gente não enxerga isso, não é? A gente hoje enxerga porque a gente viveu e fez, mas assim... É louco pensar isso. No começo, eu pensava, eu andava na rua, tipo assim, eu andava na Antônio Carlos, por onde eu sempre passava, e você andar com um bloco de Carnaval na Antônio Carlos é você enxergar a cidade em outra perspectiva, você só passa ali de ônibus, correndo e tal, e você está andando, você fala: "Nossa, que árvore. Nossa, minha cidade tem isso. Nossa, daqui dá para ver a Serra do Curral, que linda a Serra do Curral". Sabe? Então, você vai redescobrindo a sua cidade também e outros lugares gostosos de estar também, sabe? É "massa", é uma outra perspectiva mesmo. (Janaína Macruz - MUSEU DA PESSOA, 2020, grifos nossos).

Nos encerramentos das histórias de vida, é interessante observar a recorrência de uma pergunta do entrevistador sobre o que representou para o entrevistado ter passado por essa experiência. As respostas nos mostram diferentes perspectivas quanto ao fato de lidar com suas memórias para alcançar algo do coletivo, assim como reflexões relativas ao controle de suas memórias e ao esquecimento, num momento em que o entrevistado pode comentar como foi o processo de contar suas experiências com/na cidade:

P/1 – Foi bom contar sua história hoje?

R – Muito bom, porque a gente se reavalia também, não é? Eu sou muito duro comigo mesmo, na minha autocrítica, mas é bom quando você conta e vê que aquilo tem algum significado, que essa história me pertence e só a mim, e que eu posso compartilhar, não é? Porque eu fiz essa história, que ela pode ter algum sentido para alguém, bacana, muito legal a gente revisitar a gente mesmo, tanto mexer na memória dos outros, mexer com a gente é muito bom, é forte e tenho certeza de que vou lembrar de 500 mil histórias depois, mas é assim mesmo. Trabalho de editor é esse, é deixar histórias de fora. Quais são as histórias que você deixa de fora? Esse é o trabalho cruel do editor de qualquer coisa - de jornal, de mídia, de livro. Assim... Quais são as histórias que você vai deixar de fora? Porque você tem que fazer uma seleção de tudo que vem ao mundo, você tem que fazer uma seleção, então, certamente, eu me editei aqui, devo ter deixado algumas histórias de fora, mas foi bem legal. (José Eduardo Gonçalves - MUSEU DA PESSOA, 2020, grifos nossos).

P/1 – Como é que foi contar um pouco da sua história hoje?

R – É, interessante, passou rápido. Não achei que seria assim, mas... Foi bom. Eu não gosto muito de falar, não sou muito de falar, não gosto muito de falar de mim, mas foi bacana, foi tranquilo. É bom repassar isso. Quando você pergunta sobre infância, é engraçado tentar buscar alguma coisa, não é? Eu acho que a gente vai ficando mais velho e a velhice é isso. Ele falam: "Envelhecimento é isso, você começa a lembrar, começa a ter um passado". E isso é muito bom, é muito curioso. De algumas situações cotidianas. E quando você vê, está lembrando de alguma coisa: "Gente, como é que eu não lembrava disso?" Às vezes, quando alguém pergunta: "Você lembra daquilo?" E você não lembra... Essa coisa de cinema é muito louca, porque o Gustavo, _____ [02:04:20], caramba, é uma coisa muito intensa que acontece no set, só no set do filme. Só assim, de circular festivais, você conhece muita gente e a memória não dá conta disso tudo. Esse nosso processo de deletar algumas informações é muito impressionante. É engraçado como algumas deixas... A entrevista é isso, não é? É quando você busca uma coisa antiga. Você falou que está fazendo o do Coutinho, não é? Que é um cara muito interessante. Na entrevista, ele não está interessado na pessoa, está interessado em como a pessoa se transforma diante da câmera. Ele quer mais saber do personagem do que da pessoa... Então, estou aqui também, um personagem. Foi interessante isso. Você sente, você se arma um pouco e...

P/1 – Entrevistado como ator, não é?

*R – O tempo todo. E olha que eu trabalho também assim e estudo isso. **Ligou a câmera, não tem jeito, já ajeita o cabelo, ajeita a maquiagem... Não tem jeito, você está atuando. Você está construindo seu discurso, está selecionando e montando já o que você vai falar. A entrevista é isso.*** (Rafael Conde - MUSEU DA PESSOA, 2020, grifo nosso).

Olhando para esses trechos de entrevistas, percebemos que cada narrativa de vida possui uma tessitura peculiar, fios próprios que a ligam de modo direto à cidade. Nesse sentido, a partir das experiências individuais e dos diferentes modos de os entrevistados narrarem a si mesmos e a cidade, notamos como cada entrevista tem temporalidades e tons próprios. Algumas são mais nostálgicas, dão mais ênfase à infância e a momentos do passado; outras enfatizam as atividades profissionais; há aquelas que trazem uma descrição mais detalhada sobre lugares; algumas evidenciam experiências cotidianas singulares; outras discorrem sobre pessoas e relações; algumas passagens deslocam a própria intenção do projeto, apontando problemas e críticas ao poder público, mas todas elas dizem do momento em que a iniciativa foi realizada e, em certa medida, reforçam o entendimento de que a cidade olha para o futuro sem esquecer seu passado, evidenciando uma tentativa de reconciliação com ele.

Percebemos, em *Belo Horizonte Surpreendente*, a força da narrativa do vivido, que tem um lastro mais forte com o cotidiano, que se coloca como um ponto comum, embora heterogêneo, numa lógica que se assemelha à observação de Dona Isabel Casimira, uma das entrevistadas, quando ela explica a convivência das guardas de Congo e Moçambique, de tradição católica, com o centro espírita umbandista, em uma mesma casa, no bairro Concórdia: *"Tudo junto, mas não misturado."* (MUSEU DA PESSOA, 2020, n.p.). Juntas, mas não misturadas, as entrevistas operam com um vínculo forte com a experiência. Embora busquem construir uma imagem de cidade vinculada ao projeto institucional da Prefeitura, a coleção nos leva para cidades muito distintas, que existem em cada um dos 20 entrevistados, mas que coexistem como linhas que animam a Belo Horizonte compartilhada, uma cidade imaginada, tal qual a coleção que a pretende homenagear.

5.3 Imaginando uma coleção, imaginando uma cidade

Considerando que *Belo Horizonte Surpreendente* é uma coleção dentro do acervo de um museu, faz-se necessário compreender a relação entre esses elementos, assim como analisar as implicações ao se considerá-la uma coleção. Conforme nova definição de museu aprovada em 24 de agosto de 2022, pelo Conselho Internacional de Museus (ICOM) durante a Conferência Geral da organização, realizada em Praga, um museu é:

> [...] uma instituição permanente, sem fins lucrativos, ao serviço da sociedade, que pesquisa, coleciona, conserva, interpreta e expõe o patrimônio material e imaterial. Os museus, abertos ao público, acessíveis e inclusivos, fomentam a diversidade e a sustentabilidade. Os museus funcionam e comunicam ética, profissionalmente e, com a participação das comunidades, proporcionam experiências diversas para educação, fruição, reflexão e partilha de conhecimento. (ICOM, 2023).

Visto isso, ao se identificar como um museu, o Museu da Pessoa se responsabiliza, portanto, por pesquisar, colecionar, conservar, interpretar e expor o patrimônio material e imaterial. Assim, as narrativas de vida que o compõem são novamente reforçadas como patrimônio a ser conservado e divulgado, ao passo que o Museu da Pessoa reafirma seu papel de estar a serviço da sociedade. Isso embora, como apontamos, permaneçam questões relativas à legitimidade desse patrimônio em se tratando de projetos institucionais como o *Belo Horizonte Surpreendente.*

Seguindo nessa linha, podemos, ainda, considerar que as narrativas de vida compõem seu acervo que, conforme o Instituto Brasileiro de Museus (Ibram, [2020?], p. 5), "compreende o conjunto de bens culturais, de caráter material ou imaterial, móvel ou imóvel, que integram o campo documental de objetos/documentos que corresponde ao interesse e objetivo de preservação, pesquisa e comunicação de um museu". Este pode ser dividido em coleções, como o faz o Museu da Pessoa, entendendo *coleção* na perspectiva de André Desvallées e François Mairesse (2013), segundo quem se trata de:

> [...] um conjunto de objetos materiais ou imateriais (obras, artefatos, mentefatos, espécimes, documentos arquivísticos, testemunhos, etc.) que um indivíduo, ou um estabelecimento, se responsabilizou por reunir, classificar, selecionar e conservar em um contexto seguro e que, com frequência, é comunicada a um público mais ou menos vasto, seja esta uma coleção pública ou privada. (DESVALLÉES; MAIRESSE, 2013, p. 32).

Tal definição se confunde, especialmente na Europa e na América do Norte, com a noção de acervo, haja vista que, em muitos casos, há por parte dos museus a aquisição de coleções particulares. No Brasil, no entanto, o acervo é considerado o conjunto de itens de um museu, enquanto a coleção diz respeito à forma de organizar esse acervo, tal como o faz o Museu da Pessoa. Nele, as narrativas de vida são separadas em coleções virtuais temáticas, dada a natureza virtual do museu. Trata-se de agrupamentos de histórias, vídeos, imagens ou áudios que podem ter sido criados pela equipe do museu, pelos usuários da plataforma e por professores e alunos (MUSEU DA PESSOA, 2023b). Entre as temáticas disponíveis estão: ditadura militar; Segunda Guerra Mundial; história indígena; história da cidade de São Paulo; história da cidade do Rio de Janeiro; memórias da indústria e do gás; sustentabilidade e mobilidade; família; profissões; infância; arte e cultura; personagens da Amazônia e esportes.

Embora *Belo Horizonte Surpreendente* seja considerada uma coleção, ela não consta entre as demais coleções temáticas disponíveis na plataforma, mas se encontra em uma área específica. Esse fato talvez se explique por se tratar de um projeto cultural proposto em alinhamento institucional com a Prefeitura de Belo Horizonte, patrocinado via Lei Federal de Incentivo à Cultura. De todo modo, entendendo que estamos lidando com uma das coleções que compõem o acervo do Museu da Pessoa, embora se configurando com um escopo específico que escapa às temáticas predefinidas do museu, perguntamo-nos: quem seria o colecionador responsável pelas narrativas de vida que constituem essa coleção?

Por vezes abordada no pensamento benjaminiano, a figura do colecionador desperta curiosidade não apenas pela relação afetiva que constitui com determinado tipo de objeto, mas pelo esforço que empreende para continuar sua coleção. Esta permanece em aberto, sempre por fazer, num contínuo acolhimento de novos itens que, em alguma medida, são reconhecidos como de valor e partilham algo em comum. Há, nesse gesto do colecionador, uma proposta idealista, como se buscasse um mundo passado ou melhor, liberando as coisas de seu caráter utilitário (BENJAMIN, 2009).

Ao passo que o colecionador efetua um gesto de memória, ele também se insere dentro de sua própria coleção, como considera Benjamin (2009), transformando-a em algo que possui uma esfera mágica:

> [o colecionismo] É uma grandiosa tentativa de superar o caráter totalmente irracional de sua mera existência através da integração em um sistema histórico novo, criado especialmente para este fim: a coleção. E para o verdadeiro colecionador, cada uma das coisas torna-se neste sistema uma enciclopédia de toda a ciência da época, da paisagem, da indústria, do proprietário do qual provém. O mais profundo encantamento do colecionador consiste em inscrever a coisa particular em um círculo mágico no qual ela se imobiliza, enquanto a percorre um último estremecimento (o estremecimento de ser adquirida). Tudo o que é lembrado, pensado, consciente torna-se suporte, pedestal, moldura, fecho de sua posse. [...] Colecionar é uma forma de recordação prática e de todas as manifestações profanas da "proximidade", a mais resumida. (BENJAMIN, 2009, p. 239).

Embora Benjamin (2009) reconheça que, ao inserir um objeto numa coleção, o colecionador o imobiliza, ele também aponta que há certa pulsão de quem coleciona, de ir ao encontro de seus objetos (ou destes irem ao encontro dele), possibilitando a abertura de uma nova modificação na coleção, ao lhe acrescentar novas peças:

> Ora, é exatamente isso que se passa com o grande colecionador em relação às coisas. Elas vão de encontro a ele. Como ele as persegue e as encontra, e que tipo de modificação é provocada no conjunto das peças por uma nova peça que

> se acrescenta, tudo isto lhe mostra suas coisas em um fluxo
> contínuo. (BENJAMIN, 2009, p. 240).

A partir dessa perspectiva, a ideia de "fluxo contínuo" (BENJAMIN, 2009) pede o movimento do colecionador no sentido de buscar novas peças para sua coleção, o que faz com que esta não possa estar fechada de antemão. Assim, podemos questionar o fato de *Belo Horizonte Surpreendente* ser considerada uma coleção, produzida de modo institucional a serviço de um projeto de visibilidade turística para a cidade. Primeiramente, pelo fato de não ficar claro a quem a coleção pertence: ao Museu da Pessoa? À Prefeitura de Belo Horizonte? Aos usuários da plataforma, que podem criar novas coleções a partir das narrativas de vida disponíveis? A figura de um colecionador nos moldes benjaminianos, que alimenta sua paixão por determinado tema ou objeto e o transforma em algo único, parece não ser pertinente no caso de *Belo Horizonte Surpreendente.*

Outro ponto importante vinculado ao fato de o termo *coleção* pressupor o desejo de um colecionador, segundo a perspectiva benjaminiana, é que ela estaria em constante processo de constituição. Conforme Benjamin (2009), para o colecionador, sua coleção nunca está completa, será sempre fragmentária. No caso em questão, não há a possibilidade de acrescentar à coleção novas narrativas de vida: a Belo Horizonte surpreendente se encerra nos 20 representantes escolhidos para narrá-la, haja vista que, desde seu lançamento, em 2020, não foram acrescentadas novas entrevistas, nem parece haver tal pretensão.

Assim, pensar a coleção *Belo Horizonte Surpreendente* pressupõe, seguindo na esteira do pensamento de Castoriadis (1997), como vimos anteriormente, considerar que o recorte de entrevistados não é suficiente para representar o coletivo que é Belo Horizonte, como qualquer recorte nunca seria. Se há o objetivo de valorizar segmentos que venham corroborar com a identidade de *surpreendente* que se quer para a cidade, por outro lado, o fato de não trazer outros segmentos que também compõem sua dinâmica diz-nos do valor que se atribui institucionalmente ao que se pretende mostrar. E o que não é mostrado também salta aos olhos, faz-se visto por meio de sua exclusão a esse grupo, de sua não pertença. Notamos, portanto, que embora o museu pretenda "amarrar" os entrevistados a certos territórios, acontecimentos e ações, as narrativas que eles tecem materializam escapes a essa lógica, que é também conjuntista-identitária. Ainda que se olhe estritamente para os segmentos aos quais cada um dos entrevistados se vincula, não nos parece correto supor que um elemento que dele faça parte dê conta de toda a sua complexidade ou seja efetivamente capaz de sintetizá-lo.

Além disso, notamos que há lacunas e fissuras na memória de cada um sobre sua experiência com a cidade, que escapam à organização de uma vida via narrativa. Embora haja a tentativa de tomar tais experiências de modo linear, as vidas, ordinárias, porém consideradas surpreendentes, são mais espiraladas, respondendo a tempos diferentes no presente de sua narração. Como vimos, especialmente por se tratar de narrativas de vida, por mais que haja o compartilhamento de determinados tempos ou espaços da cidade, a experiência dita um tom próprio para cada entrevista. Cada elemento desse suposto conjunto *está sendo*, possui agência, na perspectiva de Castoriadis (1997), o que nos leva a pensar tal coleção como uma tentativa de estabilização daquilo que está em constante transformação: as pessoas, suas narrativas de vida e a própria cidade.

Outro ponto importante para se pensar a coleção *Belo Horizonte Surpreendente* é que, mais que um acervo de museu, nela há algo de arquivo, posto que, como apontamos em Amormino *et al.* (2022), a escolha de seus elementos – as pessoas a serem entrevistadas – foi feita com base em atribuição de valor, seleção, poder (LE GOFF, 2013). Ou seja, trata-se de um recorte que, na lógica do arquivo, sustenta o poder e o imaginário instituinte (MBEMBE, 2014). Tal como se dá nos arquivos, ao se colocar como acervo de um museu, a coleção está sujeita às escolhas e à atribuição de valor por parte de quem controla tais espaços (ou, nesse caso, possivelmente de quem os financia ou apoia). Isso pode ser inferido também pelo fato de a coleção não estar aberta a acréscimos de outras narrativas de vida e não se perceber o gesto do colecionador de buscar novos elementos para compô-la. Ou seja, trata-se de uma seleção fechada, o que a leva a se aproximar mais da noção de arquivo, voltado para vender uma imagem específica para o turismo.

Belo Horizonte Surpreendente, contudo, não compõe efetivamente um conjunto harmônico de narrativas de vida, fragmentos de uma mesma cidade. O que vemos emergir são cidades destoantes, particulares, que refletem experiências singulares, embora sejam linhas que compõem o corpo têxtil da cidade, não necessariamente homogêneo. Cada elemento que integra a coleção, a princípio, parece dizer do comum, da cidade compartilhada. Podem, à primeira vista, ser tomados como partes de um todo, mas o que se percebe é exatamente o contrário: parece-nos que as heterogeneidades nas narrativas de vida rompem com a lógica conjuntista-identitária (CASTORIADIS, 1997). A diversidade de corpos, de experiências sobre a cidade, de vínculos afetivos, além da sobreposição de tempos e espaços mostram-nos a cidade "abigarrada" (RIVERA CUSICANQUI, 2018), que reside e resiste nos diferentes modos de imaginá-la, como "magma em ebulição" (CASTORIADIS, 1997). Tal qual as fachadas das casas em *Quanto tempo dura um bairro?*, as histórias de vida em *Belo Horizonte Surpreendente* não se misturam, não se tornam parte de um outro produto. São apresentadas como um conjunto, mas que, ao ser olhado detidamente, revela o esforço de ensejar uma coexistência que deixa evidentes suas particularidades e dissonâncias. O que *Belo Horizonte Surpreende* faz, portanto, é menos "mostrar" uma cidade e mais convidar, imaginar uma coleção, da mesma forma que há que se imaginar uma cidade, surpreendente ou não.

Conforme Castoriadis (1997), a imaginação é uma instância que não se coloca como um repositório, mas como algo que é herdado e que possui caráter de instabilidade. Ainda seguindo o pensamento do pensador grego, entendemos que a chave da imaginação dota o indivíduo, aqui pensado como cada um dos entrevistados, de capacidade de ação no mundo. Resguardando o fato de que o produto da interação entre entrevistador e entrevistado oscila entre as intenções de cada um deles, podemos dizer que há certa agência de ambas as partes na constituição das narrativas de vida. Para tanto, além da mobilização da memória, parece-nos ser necessária uma dimensão imaginativa. Nos termos de Ingold (2017, p. 140):

> Imaginar algo é apresentá-lo, assistir à sua gestação e assistir ao seu nascimento. Assim, o poder da imaginação não reside na representação mental, nem na capacidade de construir imagens antes de sua representação material. Imaginar é um movimento de abertura, não de encerramento, e o que ele produz não são fins, mas começos[49].

Isso também diria respeito à criação de suas próprias vidas por parte dos seres humanos, que criam a si mesmos enquanto avançam no mundo. Segundo Ingold (2017, p. 140), "[...] como toda vida humana está acontecendo, toda criação é ocasional, uma improvisação momento a momento."[50] Assim, o ser humano, ao se fazer à luz das circunstâncias, daria origem a

---

[49] Do original em inglês: "To imagine something is to appear it, to assist in its gestation and to attend its birth. Thus the power of the imagination lies not in mental representation, nor in a capacity to construct images in advance of their material enactment. Imagining is a movement of opening, not of foreclosure, and what it brings forth are not endings but beginnings." (INGOLD, 2017, p. 140, tradução livre nossa).

[50] Do original em inglês: "since all human life is happening, so all creation is occasional: a moment-to-moment improvisation." (INGOLD, 2017, p. 140, tradução livre nossa).

uma criação de segunda mão, na qual, para o autor, a imaginação atuaria e sem a qual a vida humana seria impossível.

Nesse sentido, é interessante observar que a imaginação está presente não apenas nas narrativas de vida, elaboradas a partir do jogo entre entrevistador e entrevistado, ao discorrerem sobre temas que cercam as vivências de cada um, mas também nos modos como cada um deles projeta a cidade. Das contradições de uma cidade que não lida bem com seus artistas aos diferentes graus de conexão que ela promove, passando pelas implicações de Belo Horizonte ter sido uma cidade planejada construída sobre um arraial, nos trechos seguintes, percebemos a emergência de diferentes cidades imaginadas e experienciadas pelos entrevistados:

> E Belo Horizonte é uma cidade estranha, porque ela é tão simpática e tão fechada, eu tenho sempre a esperança de que isso melhore, mas eu vi muitos artistas serem desconsiderados, morrerem sozinhos. [...] Como se dá a relação dos grupos de poder? Como são as barganhas? Por que esses grupos de poder são tão interessados em poder? Para si mesmos? Para ser maiores que os outros? Aonde está esse bem comum? Uma Arte serve para quê? Como lidar com a ignorância de agrupamentos, cidades? Aí, eu lembro sempre que a saúde de uma cidade é medida por suas praças, por seus teatros, por suas galerias; a saúde de uma cidade é medida pela qualidade da vida, porque tem em uma praça o ir e vir de cada um de nós, as relações que se dão nos encontros. Eu fico vendo Belo Horizonte, que ainda é medida por famílias, por grupos de poderes, por guetos de amigos que fazem a turminha... Por que a gente não vê as pessoas, cada uma por sua potência? Será isso um pensamento utópico? Talvez seja, mas eu preciso acreditar na utopia, senão a gente chafurda na ignorância e segue. [...] Eu vejo a perda de várias coisas como perda. Por exemplo: encapar um rio nesse século é coisa de ignorância, porque hoje nós precisamos desencapar os rios, porque somos muitos, porque o rio é sagrado para todos e ele precisa correr. Tirar árvores para se fazer ruas, eu acho isso outra ignorância, eu venho acompanhando Belo Horizonte [...] Tem muita gente bacana em Belo Horizonte, mas tem muita gente demiurga. (Dudude Herrmann - MUSEU DA PESSOA, 2020, grifos nossos).

> A cidade é toda pensada antes. Isso faz com que as memórias de Belo Horizonte, as memórias urbanas, sejam difíceis de serem levantadas porque elas foram pensadas. Belo Horizonte não foi um Curral del Rei [sic] que cresceu, que teve igrejinha, que teve escola. Não, ela foi pensada como um todo, algumas coisas se

> *realizaram, outras não se realizaram. Mas ela tem essa trava idealizada, idealizadora, que confronta com a realidade posterior. O Palácio é, propriamente, mineiro, republicano, positivista de Belo Horizonte. Nega Ouro Preto, afirma outra dimensão política, ideológica. E é o nosso, não é o mais bonito do mundo, é o nosso. Nós temos que insistir nisso, é a nossa memória, é a memória da cidade.* (Maria de Lourdes Caldas Gouveia - MUSEU DA PESSOA, 2020, grifos nossos).

> *P/1 - E nesse período em que você foi, vamos dizer assim, descobrindo Belo Horizonte, você foi gostando mais da cidade?*

> *R - Sim.*

> *P/1 - O que você achou da cidade que você encontrou? Como é que foi isso?*

> *R - **Acho que encontrei os limites da cidade, mas, ao menos, eu encontrei alguma cidade,** porque, realmente, quando eu estava no segundo grau, eu vivia em uma ilha fechada, sem contatos mesmo, sem conexão com a cidade. Fui entendendo a cidade, não é uma cidade que te promove, por exemplo, em matéria de espaço público, grandes possibilidades.* (Roberto Andrés - MUSEU DA PESSOA, 2020, grifos nossos).

Há, nessas falas, algo que se repete sobre Belo Horizonte e que, em certa medida, parece constituir suas memórias e identidades, tais como os problemas que permanecem desde sua construção, sua relação tensa com seu passado, seu eterno desejo pelo novo, agora encampado na nova roupagem de *surpreendente*. Adjetivo que nos parece não se prender totalmente a ela, haja vista que, na visão dos belorizontinos que compõem a coleção, a cidade é sempre a mesma, mas sempre diferente. Já do ponto de vista do turismo, das pessoas que desconhecem Belo Horizonte, talvez o público a quem a coleção se dirige, pode ser que a cidade surpreenda, tanto positiva, considerando o recorte de segmentos representados que agitam o lugar, quanto negativamente, já que emergem nas narrativas questões sociais e ambientais não resolvidas. Trata-se, certamente, de uma cidade contraditória. Mas qual cidade não teria suas contradições?

O que vemos, portanto, no mosaico de histórias de vida do *Belo Horizonte Surpreendente*, em que o senso de atualidade e a imaginação tornam-se centrais, é que se ilumina um projeto passado que não vingou e que ainda parece despontar como um futuro possível ou desejado: o de ser considerada uma cidade ativa, dinâmica, surpreendente, diferentes adjetivos para a cidade que pretendia encarnar o progresso. Se pensarmos a partir da noção identidade narrativa, conforme Ricoeur (2014), a mesmidade se reflete na imagem histórica de Belo Horizonte vinculada ao novo, embora nos pareça que tal vínculo não tenha efetivamente se assentado, sendo, portanto, necessário reforçá-lo ou mesmo criá-lo por meio de gestos que pretendem projetar um futuro a partir do olhar para o passado. O passado, assim, atua no presente, ditando-nos ainda o que a cidade poderia, ou deveria, ser. Desse modo, o conjunto do qual as narrativas de vida fazem parte conforma um gesto imaginativo sobre uma identidade a ser instituída ou em constante processo de instituição, à luz de seu passado. Já a ipseidade nos mostra que esse ideal de novo, hoje, está subentendido no adjetivo *surpreendente*, marcando a mudança dessa imagem sobre Belo Horizonte.

Olhando para as fissuras, lacunas, ipseidades e mesmidades por meio da coleção *Belo Horizonte Surpreendente*, encontramos distintas visões de cidade que vão na contramão da lógica conjuntista-identitária, expondo e afirmando o que escapa à ação da memória institucional. Para além do fato de os entrevistados terem em comum algumas experiências partilhadas da cidade, não há outros pontos de conexão que permitam tomar esse recorte como um conjunto ou coleção, uma vez que existem relações complexas na constituição desse comum atualizado narrativamente pela memória. Há, portanto, outros territórios aos quais os entrevistados se vinculam, para além de uma ideia totalizante de cidade.

Assim, a memória que resiste é aquela que, tomada como um gesto, explicita dinâmicas temporais múltiplas, não lineares e contraditórias, que extrapolam a ideia de coleção e acervo. Talvez a coleção que o Museu da Pessoa propõe com *Belo Horizonte Surpreendente* esteja mais alinhada ao pensamento de Orhan Pamuk (2012, p. 46), segundo quem, embora haja algo idealístico sobre o valor da história e da memória, "[...] os primeiros colecionadores não começaram suas coleções para preservar traços do passado, mas sim para criar uma nova identidade – e, com ela, criar um novo futuro para seguir". Resta-nos saber se essa identidade que se pretende criar para a capital mineira, e que se funda em seus primórdios, sustenta-se para além das narrativas que buscam construí-la, e que outras Belo Horizontes emergem em suas fissuras e lacunas, ou em seus esquecimentos.

6

OCUPAÇÃO NEGRICIDADE: INSTITUINDO UMA MEMÓRIA E PROJETANDO O FUTURO

Em nosso movimento trapeiro de recolher e olhar para narrativas de memória de Belo Horizonte, encontramos um documentário sobre uma ocupação realizada na região central da cidade, com vias a recuperar a memória de um patrimônio da cultura negra do antigo Arraial de Curral del Rey: o Largo do Rosário, localizado nas imediações entre as ruas da Bahia e Timbiras, sobre o qual até então não tinha ouvido falar. Fato que não surpreende, afinal, não há menção a esse espaço na história oficial da capital mineira e sobre ele existem poucas referências. Em função disso, a terceira *Ocupação NegriCidade*, registrada no documentário[51] que escolhemos analisar, foi realizada em 28 de setembro de 2019, no intuito de retirar esse lugar e suas relações do esquecimento e reivindicar seu reconhecimento como patrimônio. Aqui, nomeamos a ocupação como *terceira*, seguindo o que consta nas peças de divulgação e no documentário analisado. No entanto, cabe registrar que, em algumas postagens, o perfil do Instagram do NegriCidade (@negricidade) refere-se a ela como sendo a segunda. Em relação às ocupações anteriores, encontramos referência apenas no perfil do Facebook do NegriCidade[52], que menciona a primeira ocupação, realizada em 2018, na Muralha de Pedra, localizada na região Leste de Belo Horizonte, construída por pessoas escravizadas.

A partir de seu registro audiovisual, portanto, descobrimos que a terceira *Ocupação NegriCidade*, ritual que seus participantes consideram artístico-espiritual, composto por bênçãos, defumação, cânticos e manifestações artísticas da cultura negra nas imediações da localidade onde era o Largo do Rosário, integra um projeto maior de pesquisa, também chamado *NegriCidade*. Sua idealização e execução é de padre Mauro Luiz da Silva, curador do Museu de Quilombos e Favelas Urbanos (Muquifu), que assina também a realização da ocupação e se considera um homem negro,

---

[51]   Disponível em: https://www.youtube.com/watch?v=fIPbcIfOt9E&t=35s. Acesso em: 8 dez. 2020.

[52]   Disponível em: https://www.facebook.com/negricidade. Acesso em: 6 jun. 2023.

uma questão identitária que o perpassava, conforme afirma em entrevista a Adriana Terra para o Ecoa UOL (2021):

> Aproximou-se então de um grupo local articulado em torno da luta por direitos humanos. Participar das conversas foi transformador. Um encontro com a escritora Cidinha da Silva, hoje sua amiga, também o marcou. Após um evento de lançamento da autora no Morro do Papagaio, pensativo, ele decidiu dividir com ela uma angústia: não sabia se podia se dizer negro. Ela pediu que ele lhe contasse sua história - filho de pai negro e mãe branca, mineiros; neto de um carroceiro e uma empregada doméstica por parte paterna, e de um militar e uma operária por parte materna; nascido próximo, mas não dentro de uma favela. A conversa gerou pertencimento. "Foi como nascer de novo, entendendo meu lugar social." (TERRA, 2021, n.p.)

Para nossa pesquisa, buscamos mais informações sobre a terceira *Ocupação NegriCidade* nos canais oficiais do projeto[53] e do Muquifu[54], mas não encontramos muito detalhamento sobre ela. Como uma pesquisadora-trapeira, recolhemos alguns retalhos, fios e linhas dispersos em vídeos, materiais de divulgação, notícias em jornais, entre outros fragmentos, que nos permitiram apreender com maior apuro a ocupação, e que aqui apresentamos de modo a ajudar a compreender mais um dos fios que se cruzam e alinhavam narrativas de memória sobre Belo Horizonte.

Podemos pensar a terceira *Ocupação NegriCidade* como uma iniciativa de memória que busca recuperar a história da população negra do antigo Arraial de Curral del Rey, remendando uma das linhas que escaparam à tentativa de seu apagamento quando da construção da então Cidade de Minas: o Largo do Rosário. A partir desse fio solto, pouco amarrado à história oficial, mas enovelado na memória de parte da população negra belorizontina, a ocupação, realizada em 28 de setembro de 2019, se vincula, como mencionamos, ao projeto de pesquisa e centro de documentação homônimo, idealizado e conduzido por padre Mauro em função de seu doutoramento em Ciências Sociais. Sua tese, intitulada *O Patrimônio Sacro da Arquidiocese de Belo Horizonte e o Afro-Patrimônio de Belo Horizonte: da Capela Nossa Senhora do Rosário dos Homens Pretos do Curral Del Rey (1819) à Igreja das Santas Pretas da Vila Estrela (2018)*, defendida em dezembro de

---

[53] Disponível em: https://www.facebook.com/negricidade e https://www.instagram.com/negricidade/. Acesso em: 12 abr. 2023.

[54] Disponível em: https://www.instagram.com/muquifu/. Acesso em: 12 abr. 2023.

2021 junto ao Programa de Pós-graduação em Ciências Sociais da PUC Minas, foi o ponto de partida para a realização do *NegriCidade*.

Iniciado em 2018, sob o nome de *Cidade Negra*, o projeto *NegriCidade* se propõe a recuperar a memória do Largo do Rosário, localizado à época do Arraial de Curral del Rey na região central da atual Belo Horizonte. Nele, havia a Igreja Nossa Senhora do Rosário dos Homens Pretos, construída em 1819 e demolida em 1897, para dar lugar aos novos arruamentos, e um cemitério onde membros da irmandade eram enterrados, de cujos corpos não se tem registro. Como acreditam os historiadores participantes da terceira *Ocupação NegriCidade*, em seus depoimentos no documentário, possivelmente não foram trasladados para o cemitério do Bonfim, criado posteriormente. Jazem, como argumentam, sob o asfalto da "cidade dos brancos" (MUQUIFU, 2020, n.p.).

Em vídeos disponíveis no canal do YouTube do Muquifu, em especial o vídeo da mesa *NegriCidade: decolonização e novas perspectivas museais*[55], realizada em formato on-line em 2020, padre Mauro apresenta em detalhes o projeto *NegriCidade* que, segundo ele, se interessa pelo "afro-patrimônio" de Belo Horizonte. Como aponta, o projeto nasceu quando ele soube da existência do Largo do Rosário, ao se deparar com um documento da Irmandade de Nossa Senhora dos Homens Pretos, solicitando autorização a Dom João VI para a construção da igreja em Curral Del Rey, com os recursos de seus próprios membros. Conforme o *Dossiê de Registro do Território do Largo do Rosário - Patrimônio Cultural Imaterial* da Prefeitura de Belo Horizonte, no período colonial, as irmandades eram associações de caráter religioso que possuíam um estatuto, onde se estabelecia a sua identidade. Uma parcela dessas entidades dedicava-se, prioritariamente, à assistência social, e outra, às atividades devocionais. (PREFEITURA DE BELO HORIZONTE, 2022f). Ao encontrar tal documento, padre Mauro se questionou: *"Que patrimônio é patrimônio? Que memória pode ser memória?"*.

Diante dessas indagações, ele criou o projeto *NegriCidade*, que tem como objetivo questionar a ausência de reconhecimento dos "afro-patrimônios" em Belo Horizonte e problematizar como a cidade se constituiu racialmente segregada, buscando observar onde estavam os territórios negros à época do Arraial de Curral del Rey e onde estão hoje. Ao conhecer mais sobre o Largo do Rosário, padre Mauro afirma ter sentido a necessidade de *"materializar o que era imaterial"*. Isso foi feito por meio da criação de uma

---

[55] Disponível em: https://www.youtube.com/watch?v=0rk1Kxux6n4&t=6024s. Acesso em: 12 fev. 2022.

maquete em 3D da igreja, realizada como parte de um projeto de reprodução digital do antigo Curral del Rey, conduzido pelo Instituto Federal de Minas Gerais (IFMG), coordenado pelo professor Alex Bohrer e lançado em 2022.

A reflexão sobre quais patrimônios e memórias são reconhecidos como tais, colocada por padre Mauro, é interessante por dialogar com os procedimentos de tombamento como patrimônio, sobre os quais discorremos. Como acontece em *Quanto tempo dura um bairro?*, demarcar a memória no espaço da cidade, quer isso se dê pelo registro fotográfico de um bem patrimonializado que resiste, quer pela reivindicação por uma ocupação no local onde ele existia, vem reforçar que a memória se vincula de igual modo às temporalidades e espacialidades, possibilitando a emergência de territórios afetivos e vínculos identitários em torno dela.

Isso pode ser observado no *NegriCidade*, que busca registros materiais sobre os moradores negros de Curral del Rey, numa iniciativa que se propõe a recuperar essa memória que não figura na historiografia e em narrativas oficiais sobre a cidade. Essa ação deliberada de invisibilização, segundo Josemeire Alves Pereira (2019), assim como o silenciamento sobre a agência de pessoas negras na produção do território de Belo Horizonte, podem ser entendidos como "[...] a contraface de um mesmo projeto de aniquilamento da existência simbólica e concreta dos corpos negros na cidade, como um dos elementos do racismo que estrutura a concepção de cidade moderna e republicana na experiência brasileira" (PEREIRA, 2019, p. 30).

Diante disso, o projeto pretende evidenciar essa memória e, ainda, reconhecê-la como patrimônio, valorizando aqueles que habitavam o antigo arraial, que tiveram grande participação na construção da cidade e que constituem a Belo Horizonte de hoje. Pessoas que não são nominadas no dizer oficial da capital mineira e que foram historicamente apartadas de seu centro, mas que, num olhar atento, estão registradas em fotografias feitas à época de sua construção e ao longo de seus primeiros anos (PEREIRA, 2019) e que perfaziam grande parte da população da nova capital. Pessoas que hoje, em sua maioria, habitam a periferia e as favelas da cidade, para as quais o Muquifu, realizador da terceira *Ocupação NegriCidade,* se volta.

Conforme informações do portal Minas Gerais[56], vinculado à Secretaria de Estado de Cultura e Turismo de Minas Gerais (Secult), que reúne informações turísticas sobre o estado, o Muquifu tem como objetivo garan-

---

[56] Disponível em: https://www.minasgerais.com.br/pt/atracoes/belo-horizonte/muquifu-museu-dos-quilombos-e-favelas-urbanos. Acesso em: 12 abr. 2023.

tir o reconhecimento e a salvaguarda das favelas, consideradas pelo órgão estadual como verdadeiros quilombos urbanos do Brasil. "A instituição, criada em 2012, tem como acervo fotografias, objetos, imagens de festas, danças, celebrações, tradições e histórias que representam a tradição e a vida cultural dos moradores das diversas favelas e quilombos urbanos do Estado de Minas Gerais" (SECRETARIA DE ESTADO DE CULTURA E TURISMO DE MINAS GERAIS, 2022).

Inicialmente, o museu foi instalado no Aglomerado Santa Lúcia, na região Centro-Sul da capital mineira, mas, atualmente, se encontra na Vila Estrela, na divisa com o Aglomerado Santa Lúcia, na mesma região. Tem como proposta, ainda segundo a Secult, ser um museu de território e comunitário e atuar:

> [...] como instrumento de resistência diante do risco iminente de expulsão dos favelados dos centros urbanos; [pelo] reconhecimento e preservação do patrimônio, das histórias, das memórias e dos bens culturais dos moradores dos Quilombos Urbanos e Favelas de Belo Horizonte. (SECRETARIA DE ESTADO DE CULTURA E TURISMO DE MINAS GERAIS, 2022).

Por museu de território, podemos considerar a definição de Desvallées e Mairesse (2013), segundo os quais, tal como o ecomuseu, se trata de instituição museal que "[...] associa ao desenvolvimento de uma comunidade a conservação, a apresentação e a explicação de um patrimônio natural e cultural pertencente a esta mesma comunidade, representativo de um modo de vida e de trabalho, sobre um dado território" (DESVALLÉES, MAIRESSE, 2013, p. 66). Isso nos leva a compreender o Muquifu como um museu que se insere na comunidade e busca vincular-se a ela, contribuindo para reforçar sua identidade e os laços de pertencimento entre seus membros.

Ao discorrer sobre a história do Muquifu em livro lançado em 2021, em comemoração pelos seus 8 anos de fundação, Nila Rodrigues Barbosa (2021) reflete que o museu traz cenografias que são pautadas pelas referências pessoais, mas que possuem como mote a denúncia e a resistência. Por sua vez, a mediação, realizada *in loco* e virtualmente, busca "[...] mostrar o Museu como lugar de guarda de histórias. [...]. Quer ser a voz da favela sobre si, da favela para os outros. Quer reverberar a fala do museu, sobre a favela, para outros museus e do Muquifu para a cidade". (BARBOSA, 2021, p. 21-22). Traz, ainda, uma reflexão que se alinha às perguntas de padre Mauro quando da idealização do projeto *NegriCidade*, no sentido de pensar o que é entendido como patrimônio, a que se atribui valor e como isso se reflete em uma cidade como Belo Horizonte, assentada sobre um histórico de violência contra sua população negra. Um reconhecimento que passa tanto pela atualização dessa memória, mas sobretudo por um movimento de luta por reparação, como aponta a historiadora:

> O lugar de onde veio a ideia deste Museu já é em si um lugar onde museus normalmente não aparecem. Onde os objetos cotidianos, sagrados e de representação de histórias não são valorizados por não serem preciosos. Onde memórias não são recuperadas e destacadas, principalmente por serem memórias de dor causada pela violência de Estado e sua ação excludente, ainda não tornada objeto de reparação. Exercitar o olhar que proporciona aura de importância histórica na narrativa sobre a cidade a partir do não-lugar de exclusão é em si um feito que merece todos os louros da vitória da resistência em se materializar na história e na cidade. O próximo passo é a reparação. Uma vez demarcada essa presença da favela como Negra na cidade é preciso mostrar para a cidade a cor Negra da sua história. Dada a maioria da população da cidade, estado e país ser negra, suas histórias precisam ser contadas a partir de seu protagonismo ainda a ser reverenciado de forma mais ampla. O Muquifu trabalha com um acervo que representa boa parte deste protagonismo, na cidade. E, se incorporar ao mesmo a história da Irmandade do Rosário que existia no Arraial do Curral Del Rey poderá vir a ampliar muito sua representação. O projeto Negricidade, é um passo importante neste sentido. Mas isso é outra história e já está sendo contada. (BARBOSA, 2021, p. 22).

Em seu perfil no Instagram, o Muquifu traz uma fala do padre Mauro sobre memória e ancestralidade, tema de uma palestra realizada pelo museu dentro da programação Roda de Conversa: Memórias de Negros, que evidencia que sua missão, alinhada à do projeto *NegriCidade*, passa pela luta por reconhecimento e preservação das expressões culturais de matriz africana na cidade, podendo reverberar para as matrizes indígenas e para outros cantos do país: "[...] Todas essas ações expõem à sociedade brasileira a existência de uma lacuna: o histórico negligenciamento da presença de negros, favelados, mulheres, indígenas e tantos outros na construção de nossas cidades" (MUQUIFU, 2023). Desse destino, Belo Horizonte não escapou, ou melhor, pode ser um exemplo emblemático, uma vez que, como vimos, durante a construção da nova capital de Minas, houve um movimento de expulsão dos moradores originários do arraial para fora do centro planejado, população essa que era predominantemente negra (PEREIRA, 2019), bem como dos operários que a construíram, principalmente aqueles vindos do interior do estado. Esses, inicialmente alojados em cafuas próximas ao centro, foram cada vez mais colocados para fora da avenida do Contorno que, no planejamento inicial da cidade, delimitava sua área urbana. Por outro lado, ao passo que a maioria desses moradores do antigo arraial foram obrigados a viver uma diáspora dentro de seu próprio território, é possível encontrar histórias de resistência, como argumenta Pereira (2019), sobre as quais pouco se comenta. Segundo a historiadora:

> [...] ao indagarmos sobre a produção de invisibilidades e silêncios sobre a população negra em Belo Horizonte, observavamos a emergência de uma diversidade de expressões da atuação de gente que, contrariando o planejado e a violência das interdições sustentadas pela naturalização das relações mediadas pelo racismo, opuseram-se à negação de sua existência na cidade. Ali permaneceram, construíram lares. Deram-se se a ver, irrompendo paisagens e silêncios, expondo feridas profundas como desafios à sociedade do presente. (PEREIRA, 2019, p. 146).

Feridas como a demolição do Largo do Rosário, do qual se tem poucos registros, mas que foram suficientes para suscitar um movimento de reocupação, reterritorialização e reivindicação de seu tombamento como Patrimônio Cultural Imaterial do Município. Um movimento de memória, cultural, religioso, identitário, mas sobretudo político, materializado na terceira *Ocupação NegriCidade*.

6.1 Deslocamentos espaço-temporais por uma ocupação

Embora consideremos o Muquifu um importante instrumento de memória da população negra e periférica da cidade, que tem feito várias ações no sentido de dar visibilidade a quilombos, vilas e favelas urbanos, tais como exposições, atividades artístico-culturais e mobilização em torno da defesa de seu patrimônio, aqui vamos olhar especificamente para a *Ocupação NegriCidade*, por meio do documentário de sua terceira edição, realizada em 28 de setembro de 2019, na região central de Belo Horizonte, no antigo Largo do Rosário, entre as ruas Bahia e Timbiras. O registro audiovisual de 20 minutos é assinado por Narrimann Sible, Marcelo Braga e Bruno Cardieri e está disponível para acesso no canal do YouTube do Muquifu[57].

---

[57] Disponível em: https://www.youtube.com/watch?v=fIPbcIfOt9E&t=35s. Acesso em: 8 dez. 2020.

Trata-se de uma das atividades do museu que compuseram sua programação na 13ª Primavera de Museus, uma iniciativa do Ibram, que incentiva museus brasileiros a realizarem atividades especiais no mês de setembro. Sob o mote da celebração dos 200 anos de inauguração da Igreja Nossa Senhora do Rosário dos Homens Pretos, localizada no Largo do Rosário, além da *Ocupação NegriCidade*, foi realizada, em novembro de 2019, uma exposição homônima no Muquifu, em parceria com o curso de Museologia da UFMG.

As peças de divulgação nas redes sociais do Muquifu relativas à ocupação trazem uma identidade visual em que o mapa de Belo Horizonte, traçado por Aarão Reis no planejamento de sua construção, foi sobreposto pelo mapa do Arraial de Curral del Rey, especialmente destacando o Largo do Rosário. Essa identidade visual também é apresentada como animação na abertura do documentário, junto de uma trilha sonora que remete a um ponto de religião de matriz africana, que entoa: *"Eu tô chegando é na ilha de Nagô..."*. A animação nos transporta, portanto, não apenas para outro tempo, quando o Largo do Rosário destacava-se no traçado de Arraial de Curral del Rey, mas também para um outro lugar, um território negro.

Figura 3 – Abertura do documentário *Ocupação NegriCidade*

Fonte: *Frame* do documentário da terceira *Ocupação NegriCidade*

Ao utilizar esse recurso de sobreposição dos mapas, percebe-se o tom reivindicatório da terceira *Ocupação NegriCidade* no sentido de fazer emergir esse local sagrado sobre o qual pouco se falou até o momento e que foi apagado não apenas fisicamente, quando do início do novo arruamento, mas também simbolicamente, por não ser mencionado nos dizeres oficiais sobre a cidade. Essa mesma animação que abre o documentário também foi postada no Instagram do Muquifu como mais uma ação de divulgação da ocupação. Em vez da trilha sonora, há uma locução, em voz feminina, do texto:

> *Vejam aí, na sobreposição do mapa da Cidade Negra, a Rua do Rosário, o Largo do Rosário e a Igreja de Nossa Senhora do Rosário dos Homens Pretos (inaugurada em 26 de setembro de 1819), o mapa da cidade dos brancos (inaugurada em 12 de dezembro de 1897). Vejam que todos os traços das memórias da Cidade Negra foram apagados pelos homens brancos. Tudo foi apagado, não deixaram nenhum sinal da nossa presença ali. Os Corpos Negros dos nossos antepassados, sepultados no entorno da Igreja do Rosário, ficaram para trás... Não foram transladados para o cemitério do Bonfim (inaugurado em fevereiro de 1897).*
>
> *Hoje, dia 28 de setembro, sábado, quando comemoramos 200 anos da Igreja Nossa Senhora do Rosário dos Homens Pretos, demos o digno descanso que elas/eles merecem. Decidimos retirá-las/los do esquecimento e trazer nossas Negras Memórias para a Luz. Não deixamos ninguém esquecido debaixo do asfalto da cidade dos brancos.*
>
> *Nesse dia marcado por uma força ancestral o Museu dos Quilombos e Favelas Urbanos, juntamente com diversas entidades civis e religiosas ligadas à Cultura Negra, durante a programação da 13ª Primavera dos Museus, dá um lugar digno de descanso aos que ficaram debaixo do asfalto cinza da cidade dos brancos. Tudo isso em Memória dos nossos irmãos negros e nossas irmãs negras que vieram antes de nós... Porque decidimos não esquecê-los/las.* (MUQUIFU, 2023).[58]

Nessas palavras, notamos que a sobreposição da "cidade dos brancos" à "Cidade Negra", materializada na demolição do Largo do Rosário, reproduz a sistemática invisibilização da população negra na memória de Belo Horizonte. Na animação, porém, nota-se justamente o contrário: o traçado do arraial sobrepõe-se ao de Aarão Reis, destacando o Largo do Rosário, que vai se tornando cada vez mais próximo. Isso nos mostra uma recusa à sobreposição da materialidade desse lugar sagrado, buscando recuperar essa

---

[58] Optamos por preservar a grafia e os destaques do original. Nota da autora.

memória de modo transformador, não apaziguador, porém consciente de que ela emerge em um contexto de disputa simbólica, narrativa e territorial. Uma memória que permanece viva e que passa a ser atualizada pelo ritual que integra a ocupação e pelas demais intervenções locais que o seguiram ao longo dos anos, sempre com o intuito de reterritorializar a cultura negra nesse espaço central da capital mineira, com vias ao seu reconhecimento como patrimônio e espaço sagrado desse grupo subalternizado, como apontaremos adiante.

Em outra publicação no perfil do Instagram, esse texto aparece como uma imagem sob o título *Manifesto NegriCidade*, reforçando o convite para o evento. É interessante notar a adoção de iniciais em maiúscula nos termos "Cidade Negra", "Corpos Negros", "Negras Memórias", "Luz", "Cultura Negra", "Memória", um modo de evidenciar a importância desses elementos que ficaram à margem da história oficial de Belo Horizonte. Foram literalmente apagados, no caso da Igreja Nossa Senhora do Rosário dos Homens Pretos e das pessoas sepultadas em seu cemitério. Registra-se, ainda, como justificativa para a ocupação desse território negro, o fato de ser necessário tirarem do esquecimento seus antepassados, que ficaram soterrados embaixo "do asfalto da cidade dos brancos". Mais um ponto de destaque nessa peça de divulgação é o fato de ela ser assinada por padre Mauro, aos moldes de uma carta, trazendo a seguinte menção ao local de sua emissão: "Curral Del [sic] Rey, 28 de setembro de 2019" (MUQUIFU, 2023, n.p.).

A escolha de Curral del Rey em detrimento de Belo Horizonte como localidade da assinatura parece remeter ao desejo não apenas de lançar luz sobre essa memória, mas de voltar àquele lugar/tempo antes da "cidade dos brancos", antes da derrubada do arraial, antes do duplo sepultamento dos antepassados negros pelo asfalto da cidade planejada. Um modo de rememorar, mas também de instituir uma memória, fazendo-a emergir tanto por meio da sobreposição dos mapas do arraial ao traçado da Belo Horizonte planejada, que aparece na divulgação e na abertura do documentário, quanto pela ocupação física desse espaço com um ritual artístico-espiritual.

Seguindo nessa perspectiva, naquela primavera de 2019, a terceira *Ocupação NegriCidade* trouxe para o centro de Belo Horizonte, especificamente para o Largo do Rosário, intervenções artísticas, cerimônia fúnebre interreligiosa e a inauguração da Lápide Quilombola, instalada naquele local, onde foi feito o mural intitulado "Orí - a raiz que sustenta é a mesma que floresce", de autoria da artista visual Criola, que pode ser visto adiante, em frente do qual a ocupação foi realizada.

No mural feito com grafismos que remetem à cultura negra, vemos ao centro duas cabeças flutuantes, destacadas de seus corpos, no topo das quais brotam folhagens coloridas. Cabe ressaltar que, nas religiões de matrizes africanas, o ori pode significar igualmente destino ou cabeça, quando o assunto é corpo (ABIMBOLA, 1971). A instalação da lápide, por sua vez, demarca a existência de um cemitério naquela localidade, atuando como um instrumento para estreitar o vínculo entre a comunidade negra belorizontina e a memória de seus ancestrais. Para além da dimensão imaterial do ritual, a materialidade do mural e da lápide vem inscrever naquele espaço o que consta embaixo do asfalto: um lugar sagrado não demarcado. Traz para a superfície essa memória subterrânea, deixando-a visível e reiterando a reivindicação de pertencimento àquele território. Como considera Candau (2019, p. 145-146):

> Desse ponto de vista o monumento expressa, tal como a arquitetura, uma arte da memória compartilhada, mesmo que esse compartilhamento permaneça ilusório. É, sobretudo, a imagem de uma permanência, a que o grupo deseja para si mesmo. O monumento aos mortos, e, mais ainda, o cenotáfio ou a tumba do soldado desconhecido que faz com que o trabalho da memória se realize plenamente, chama a atenção "sobre um fato digno de ser evocado por uma comunidade que ele contribui para unir".

Contudo, cabe-nos perguntar se tal lugar sagrado, vinculado historicamente à religião católica, mesmo que gerido por uma Irmandade de Nossa Senhora dos Homens Pretos, consegue ser elemento agregador da comunidade negra belorizontina, como o projeto sugere, uma vez que há uma heterogeneidade de tradições que podem escapar a essa referência religiosa ou não se identificar com ela. De certa forma, entendemos que a ocupação *in loco* contribui para o fortalecimento de nós de pertencimento entre seus participantes e destes com a cidade. Já o seu registro em documentário, que pode ser considerado uma memória da intervenção, permite, a cada vez que é assistido, voltar àquele dia e àquele lugar, possibilitando aos interessados reforçarem seus vínculos e atualizarem seus propósitos, compartilhados de forma eclética por nações de candomblé, reinados de Nossa Senhora do Rosário, guardas de Congo e Moçambique, terreiros de umbanda e artistas, em sua maioria pessoas negras, que também figuram no documentário. Também contribui para que essa memória invisibilizada circule e alcance públicos diversos e distantes, temporal e espacialmente, do evento.

No documentário, após a abertura, que traz a imagem dos mapas sobrepostos, em que o não oficial e o oficial imbricam-se, inicia-se uma série de depoimentos de participantes da ocupação. É interessante observar que, entre aqueles que são chamados a falar sobre a cidade e seu histórico de exclusão da população negra, estão historiadores, professores e pessoas ligadas à prefeitura, ou seja, são vozes autorizadas para legitimar a reivindicação. Por outro lado, pessoas vinculadas às manifestações religiosas e artísticas convergem suas falas no sentido de reconhecer o patrimônio da população negra, enfatizando seu valor na constituição de suas identidades e no seu sentido de pertencimento.

A primeira fala é a do babalorixá Pai Erisvaldo, que destaca ser esse um ritual religioso em *"homenagem a pretos e pretas que dormem nestas terras"* (MUQUIFU, 2020, n.p.). Em seguida, capoeirista Guiné aponta que houve, na história de Belo Horizonte, a expulsão dos negros do centro da capital. Assim, a proposta do ritual seria, em suas palavras, *"resgatar um lugar, uma identidade, um local que é sim do povo negro"*, uma vez que, segundo ele, *"enterraram seu cemitério e todos os monumentos de divulgação e propagação da sua cultura aqui na cidade"* (MUQUIFU, 2020, n.p.).

Logo após esse depoimento, há uma cena de pessoas analisando os mapas sobrepostos, buscando identificar onde estão os pontos importantes das imediações, tais como as igrejas Matriz da Boa Viagem e Nossa Senhora do Rosário dos Homens Pretos. Em seguida, padre Mauro dá as boas-vindas aos presentes e contextualiza a Igreja de Nossa Senhora do Rosário dos Homens Pretos, que, segundo ele, foi construída em 1819 e demolida em 1897, antes da inauguração da capital. Seus integrantes foram transferidos para a atual Igreja do Rosário, ainda em atividade, também localizada na região central da cidade. Ali permaneceram até a década de 1920, quando Dom Cabral iniciou um projeto, em 1927, a pedido da Igreja Católica, de impedimento da presença de reinados e congados no interior das igrejas da diocese de Belo Horizonte. Em suas palavras de iniciais no ritual da ocupação, padre Mauro enfatiza:

> O ato de hoje é um resgate dessa história, de contar para a cidade, para os belorizontinos, que se sentem proprietários dessa cidade, cidadãos dessa cidade, que havia aqui uma população negra que foi segregada, levada para fora da avenida do Contorno e nós queremos resgatar essa história, recontar essa história. (MUQUIFU, 2020, n.p.).

Seu argumento é endossado pelo professor de História da UFMG, Tarcisio Botelho, que reafirma ter havido na localidade, além da igreja, um cemitério onde foram sepultados membros da irmandade. O professor comenta, ainda, que foi Abílio Barreto quem primeiro sobrepôs o mapa do arraial ao da comissão construtora, o mesmo mapa utilizado na identidade visual da ocupação, além de apontar que, provavelmente, os operários começaram o arruamento sem terem retirado os corpos do cemitério. *"Este território ficou esquecido, ninguém sabe que aqui tinha uma igreja"*, destaca.

Novamente percebemos, nas falas de padre Mauro e Tarcisio Botelho, o intuito de, a partir do projeto *NegriCidade*, instituir uma memória que foi silenciada ao longo da história da capital mineira: a da expulsão de seus antigos moradores, sobretudo a população negra já residente no Arraial de Curral del Rey. Assim, ocupar presencialmente o território sagrado do Largo do Rosário torna-se um ato de resistência e reivindicação de uma memória que sintetiza, em certa medida, todo o histórico de violência de Estado contra esses habitantes que não cabiam na nova capital.

6.2 Memória e identidade num território-patrimônio em disputa

O movimento de ocupação do território originalmente vinculado à população negra do arraial feito pelo *NegriCidade* pode ser considerado uma tentativa de retorno a um passado interditado, uma vez que pouco se sabia sobre a existência do Largo do Rosário, como reconhece seu idealizador. Ou, ainda, trata-se de uma lembrança latente, silenciada por muitos anos, esperando para ser despertada e instituída, o que parece dar-se por meio da ocupação. Entendemos latência no sentido que propõe Ricoeur (2007, p. 442), segundo quem "[...] a ideia de latência invoca a de inconsciente, se chamarmos de consciência a disposição para agir, a atenção à vida, pela qual se exprime a relação do corpo com a ação." Trata-se, portanto, do período entre a recepção de um texto e sua interpretação, o que permite compreender a relação temporal entre diferentes eventos e processos. Nesse sentido, no caso da *Ocupação NegriCidade*, seria uma memória aguardando para entrar em ação, para ser atualizada, para continuar sendo, portanto, viva.

A presença de corpos negros a conduzirem uma cerimônia de memória artístico/religiosa no centro de Belo Horizonte remete ao pensamento de Grada Kilomba (2019). Esta, ao discorrer sobre histórias cotidianas de racismo por um viés psicanalítico, afirma ser necessário questionar-nos: "Qual conhecimento está sendo reconhecido como tal? E qual conhecimento não o é? [...] Quem pode ensinar conhecimento? E quem não pode? Quem está no centro? E quem permanece fora, nas margens?" (KILOMBA, 2019,

p. 50). O centro, para Kilomba (2019), é o espaço branco onde o privilégio de fala tem sido negado às pessoas negras. Retomando bell hooks, Kilomba (2019, p. 67) afirma que "[...] estar na margem é ser parte do todo, mas fora do corpo principal". Nesse sentido, na medida em que à população negra do Arraial de Curral del Rey foi cerceado o direito o centro, ao qual muitos iam para trabalhar ou para relações comerciais, reivindicar novamente esse espaço sagrado por meio de uma ocupação – ou reocupação, ou mesmo reterritorialização, como veremos adiante – torna-se tanto uma iniciativa de memória quanto um movimento político, que atua no presente com fins de reparar um passado interditado e construir novas formas de habitar a cidade. Há, nesse sentido, um desejo de futuro imbricado nesse dever de memória (RICOEUR, 2007).

O Largo do Rosário torna-se, portanto, não apenas um lugar a ser rememorado, mas que precisa ser reocupado, refundado e reapropriado pela população negra. Isso justifica a classificação dessa iniciativa de memória como *ocupação*, ou seja, trata-se de um modo de marcar esse território novamente com a presença dos corpos negros aos quais ele pertencia e aos quais ele foi negado. Corpo pensado aqui como instância para a qual o poder se volta, inclusive o colonial (FOUCAULT, 1984; QUIJANO, 2005, MBEMBE, 2014; KILOMBA, 2019). Corpo que, em certa medida, se faz "corpo-território" (CRUZ HERNÁNDEZ, 2017; ECHEVERRÍ, 2004; ZARAGOCIN, 2018), colocando no centro o coletivo como forma de vida e conformando-se como o "primeiro território de luta" (CRUZ HERNÁNDEZ, 2017, p. 43), especialmente em se tratando da corporalidade de grupos subalternizados, marcados por opressões e resistências. Como considera Haesbaert (2020), ao recuperar as noções de "corpo-território" e "território-corpo":

> Essa visão decolonial predominantemente ecofeminista e/ou indígena do território se expande, como vimos, do corpo individual ao corpo da própria terra – ou da terra vista como corpo. Numa posição ainda mais ampliada dessa leitura "corpórea" e vivida do território, da territorialidade e da territorialização, temos a abordagem mais abrangente, aquela que interpreta como território o próprio mundo vivido por determinado grupo ou cultura em seu conjunto – ou até mesmo, no extremo, o conjunto de mundos (o "pluriverso") que garante nossa existência no planeta. (HAESBAERT, 2020, p. 84).

Trata-se, portanto, de um corpo coletivo, que passou por uma experiência de diáspora forçada e que busca reatar, por meio da ocupação, esse nó comum que desataram, que os vincula não apenas à memória de seus antepassados, mas também à da própria cidade (MBEMBE, 2014; MARTINS, 2021). Tomando essa iniciativa como uma dobradiça temporal, à expulsão da comunidade negra do arraial também se associam a diáspora sofrida pelas pessoas escravizadas de seus territórios de origem em África, e, seguindo mais à frente no tempo, as constantes expulsões da região central dos moradores de comunidades e favelas, como ocorreu com a Pindura Saia, na região do Cruzeiro, área nobre da capital, destruída nos anos de 1960 para abertura da avenida Afonso Pena e a criação da Praça Milton Campos; com a Vila dos Marmiteiros, no Barro Preto; com a Favela do Barroca, relembrada por um dos entrevistados pelo *Projeto Moradores;* e, ainda, as constantes remoções atuais fruto de processos de gentrificação e de decisões arbitrárias do poder público. Nesse sentido, parece ser necessário marcar novamente esse território com seus próprios corpos e, ainda, ritualizar e ressacralizar esse espaço do patrimônio negro na cidade, num ritual eclético, embora a localidade se vincule a uma irmandade católica, religião que perseguiu e proibiu manifestações da cultura negra em igrejas de Belo Horizonte, na década de 1920.

Podemos considerar o patrimônio como elemento onde se ancora a identidade de grupos sociais, ou seja, nos termos de Candau (2019), como uma prática de memória que busca a afirmação de si mesma, um projeto sempre inacabado, a partir do qual reiteramos o vínculo entre temporalidade e espacialidade. Isso pode ser observado tanto na intenção da *Ocupação NegriCidade* quanto no ato da ocupação, que vem trazer para um espaço específico da cidade uma reivindicação de pertencimento a um grupo identitário, por meio de uma iniciativa de memória que se encarna numa cerimônia ritualística.

Na perspectiva de Certeau (1994), espaços são lugares praticados, marcados por temporalidades que se entrecruzam e buscam estabilidade nas narrativas que os habitam. Assim, cabe pensar que a ocupação de certos espaços relaciona-se com as formas de narrá-los e temporalizá-los. Ou, ainda, com modos de criação de territórios, não apenas materiais, mas simbólicos e afetivos, marcados por atravessamentos de verticalidades e horizontalidades (SANTOS, 2001).

Isso pode ser observado especialmente se levamos em conta a experiência latino-americana, em que o debate sobre território vincula-se à desterritorialização compulsória, à espoliação e à expropriação territorial de grupos subalternizados, como considera Haesbaert (2021), o que se deu com a população negra belorizontina desde o início da construção da nova capital. Nesse sentido, a luta pelo território, conforme o autor, também é uma luta pela manutenção de uma identidade cultural que também é territorial. Para ele, falar de território pressupõe considerar uma dinâmica constante, mas desigual, que ele chama de desterritorialização. Ou seja, há uma perspectiva política que diz respeito a quem tem controle sobre o espaço e a quem é obrigado a se desterritorializar. "Des-territorialização (não esquecendo o hífen) seria, então, um complexo jogo de perdas e ganhos, tanto por livre iniciativa quanto por imposição de um indivíduo ou grupo" (HAESBAERT, 2021, p. 276).

Tal acepção de *des-territorialização* de Haesbaert (2021), vinculada ao entendimento da perda de um território como a que tem sido vivenciada pela população negra belorizontina ao longo da história da capital mineira, dialoga com a perspectiva de Huffschimid (2012) sobre os processos de memória relacionados a passados recentes e violentos em sua articulação espacial, principalmente na constituição das cidades latino-americanas. A autora aponta que se trata de territórios espaciais e discursivos disputados, em que o direito público oscila entre a experiência privada e coletiva, mas que continuam tensionando o consenso social. Isso faz com que esses territórios estejam sempre em negociação e conflito, sendo marcados por uma multiplicidade de modos de significar o passado no presente, vinculados a questões identitárias:

> Em geral, a memória urbana não pode ser concebida sem focar em sua dimensão imaginária, como aproximação ao invisível e fisicamente ausente. Por isso sugiro pensá-la, também, a partir do imaginário urbano, contribuição crucial da antropologia urbana latino-americana para pensar as subjetividades urbanas e coletivas: o conjunto de imagens e sentimentos compartilhados socialmente, narrativas identitárias que dão sentido ao que foi vivido ou, no caso da ruptura traumática, marcam pelo menos as dificuldades – ou a impossibilidade – de o fazer. (HUFFSCHIMID, 2012, p. 12).[59]

---

[59] Do original em espanhol: "En general, no se concibe memoria urbana sin enfocar su dimensión imaginaria, en tanto acercamiento a lo invisible y físicamente ausente. Es por ello que sugiero pensarla, también, en términos de imaginario urbano, contribución crucial de la antropología urbana latinoamericana3 para pensar las subjetividades urbanas y colectivas: el conjunto de imágenes y sentires compartidos socialmente, narrativas identitarias que asignan sentido a lo vivido o, en el caso del quiebre traumático, marcan al menos las dificultades – o la imposibilidad – de hacerlo." (HUFFSCHIMID, 2012, p. 12, tradução livre nossa).

Assim, o espaço material e simbólico do Largo do Rosário, reivindicado como parte da memória e da identidade de certos membros da comunidade negra belorizontina, atua como um "lugar de memória" (NORA, 1993) sem, contudo, o enrijecimento que o conceito propõe. Podemos pensá-lo, tal como considera Candau (2019) ao retomar Nora, como uma "[...] 'unidade significativa, de ordem material ou ideal da qual a vontade dos homens ou o trabalho do tempo fez um elemento simbólico do patrimônio memorial de uma comunidade qualquer'. Um lugar de memória é um lugar onde a memória trabalha" (CANDAU, 2019, p. 157). Ocupá-lo, portanto, sinaliza o retorno da população negra ao centro negado a ela, não apenas em seu sentido geográfico, mas especialmente simbólico: trata-se de colocar no centro sua cultura, seu conhecimento, seus saberes, suas manifestações religiosas. Ao mesmo tempo, pressupõe restabelecer o vínculo desse território ancestral ao seu cotidiano, ao vivido, às suas práticas, crenças e saberes, aos seus modos próprios de viver e dar sentido à vida.

Implica, portanto, deixar a margem, esse lugar entre, limítrofe, de uma quase não pertença, e voltar-se para dentro, sem, no entanto, abandonar a potência que a margem, como espaço de resistência (KILOMBA, 2019), proporciona. Pois é na margem que o Muquifu, realizador da *Ocupação NegriCidade*, está. É na margem que são gestadas as ocupações que tensionam o centro, entendendo margem no sentido que propõe Kilomba (2019), sem uma visão romântica, mas como uma posição complexa que incorpora mais de um local:

> Nesse sentido, a margem não deve ser vista apenas como um espaço periférico, um espaço de perda e privação, mas sim como um espaço de resistência e possibilidade. [...] Assim, a margem é um local que nutre nossa capacidade de resistir à opressão, de transformar e de imaginar mundos alternativos e novos discursos. (KILOMBA, 2019, p. 59).

Da margem para o centro, a ocupação rompe mais uma vez com os limites indicados por um traçado que já nasceu sendo ultrapassado pelos fluxos e movimentos dos habitantes de Belo Horizonte, pelas linhas de relação da cidade. Limites que, diuturnamente, são atravessados, possibilitando o acréscimo de novos nós tanto ao centro quanto à periferia e entre eles, deslocando esses conceitos porosos que não dão conta do dinamismo urbano, das relações sociais, das conexões que o estar vivo e em movimento proporcionam. A intervenção dá ênfase, ainda, a um ritual que carrega uma potência de memória em ação, permitindo a atualização de um conhecimento que imbrica processos identitários, religiosos e culturais, numa confluência de tradições diferentes, voltadas para o objetivo comum de reivindicar o direito àquele território negro, localizado no centro de Belo Horizonte, tão caro ao processo identitário que compartilham.

Isso pode ser observado na justificativa do Relatório Técnico relativo à solicitação de abertura de processo de registro imaterial para o território denominado Largo do Rosário, datado de agosto de 2021. Esse deu parecer favorável ao pedido, reforçando a importância do lugar para a memória, a identidade e o pertencimento do grupo, como podemos observar no excerto a seguir:

> O Largo do Rosário, ao que tudo indica, pode representar um espaço de memória e referência identitária para esta população. Além disso, pode fortalecer memória [sic] afro-brasileira na cidade em sua diversidade e convergências. A população afro-brasileira de Belo Horizonte tem direito a um espaço de memória, uma referência sobre seus modos de vida, valores e tradições presentes na cidade, muitas vezes, desconhecidos pelos munícipes. Nesse sentido, o possível reconhecimento do Largo do Rosário como como Patrimônio Cultural de Belo Horizonte ou de outros possíveis lugares de memória é um importante passo na preservação da memória histórica da população negra da capital e possibilita que a comunidade negra e afrorreligiosa sinta-se representada nos espaços que contam a história da cidade. (PREFEITURA DE BELO HORIZONTE, 2021).

Candau (2019), retomando Dominique Poulot, considera que a história do patrimônio é a história da construção do sentido de identidade, à qual a memória está intrinsecamente ligada, entendendo identidade não como uma essência ou substância, mas em uma perspectiva situacional e relacional. Conforme o autor, se identidade, memória e patrimônio estão relacionados, a memória contribuiria para fortalecer a identidade, tanto no nível individual quanto coletivo, sendo o patrimônio uma de suas dimensões. Seguindo nessa perspectiva, o autor identifica que vivemos atualmente uma "efervescência patrimonial", ou seja, uma busca pela valorização do passado, especialmente por grupos que percebem seus laços com as origens menos estáveis. "Esse modo de pensamento se dedica a encontrar ou fabricar tudo o que pode ter função de traços, relíquias, vestígios ou de arquivos, ou seja, tudo o que permite a um grupo narrar-se a si próprio" (CANDAU, 2019, p. 159).

Tal visada parece dialogar com o que propõe Ricoeur (2007, p. 455), segundo quem uma "forma ardilosa de esquecimento" é a negação dos atores sociais de narrarem a si mesmos. Se narrativa é o tempo tornado humano (RICOEUR, 2010), ser impedido de se narrar assemelha-se a um impedimento ao tempo. Nesse sentido, como nos lembra María Inés Mudrovcic (2018), não ter direito ao tempo resulta numa ideia de presente que produz uma discriminação sincrônica, que diz respeito ao tratamento como *primitivos* ou *selvagens* daqueles não considerados contemporâneos, ou seja, que estão (ou deveriam estar) no passado, e diacrônica, em referência aos *mortos* do passado histórico. Portanto, ao pensarmos em um conjunto de operações que caracteriza uma ideia de presente, estaríamos construindo um referencial de *Outro*, atribuído a algo ou alguém que estaria excluído do presente, fora do contemporâneo.

Ora, a tentativa de invisibilização da história da população negra do arraial por meio do apagamento de seus vestígios, como o Largo do Rosário, e da não menção sobre ela nos dizeres oficiais da cidade ocorreu no passado, mas continua persistindo no presente, no tempo da ação. Não possibilitar ainda hoje que a população negra se narre e tenha suas memórias reconhecidas é uma forma de opressão que se coloca como um impedimento ao tempo (MUDROVCIC, 2018), um modo de interditar essa memória de se tornar história e relegar a população negra a esse lugar de uma "Outridade" (KILOMBA, 2019), a um lugar de não pertencimento:

> Falar torna-se, assim, virtualmente impossível, pois, quando falamos nosso discurso é frequentemente interpretado como uma versão dúbia da realidade, não imperativa o suficiente para ser dita nem tampouco ouvida. Tal impossibilidade ilustra como o falar e o silenciar emergem como um projeto análogo. O ato de falar é como uma negociação entre quem fala e quem escuta, isto é, entre falantes e suas/seus interlocutoras/es (Castro Varela e Dhawan, 2003). Ouvir é, nesse sentido, o ato de autorização em direção à/ao falante. Alguém pode falar (somente) quando sua voz é ouvida. Nessa dialética, aquelas/es que são ouvidas/os são também aquelas/es que "pertencem". (KILOMBA, 2019, p. 42-43).

Essa perspectiva coaduna com o que considera Achille Mbembe (2014) ao tratar do processo de racialização operado pelo Ocidente, em que o Negro era considerado um ser-outro. O autor chama atenção para o fato de que nosso mundo é um "mundo de raças". "O significante racial é ainda, em larga medida, a linguagem incontornável, mesmo que por vezes negada, da narrativa de si e do mundo, da relação com o Outro, com a memória e o poder" (MBEMBE, 2014, p. 102). Há, nesse sentido, um imperativo moral que requer que esse outro seja pensado em termos de alteridade, o que nos convoca à responsabilidade, como vimos no capítulo sobre o *Projeto Moradores*, ao retomarmos o pensamento de Levinas (2014).

Nesse sentido, se historicamente houve essa tentativa de silenciamento, a reivindicação pelo tombamento do Largo do Rosário, que pautou a terceira *Ocupação NegriCidade*, busca romper com esse histórico por meio da instituição de uma memória até então latente. Trata-se não apenas do direito à fala, mas de um grito coletivo, uníssono, dado por aqueles que foram silenciados, e que faz emergir, nas frestas das memórias sobre esse território, outras narrativas que tensionam o dizer oficial da cidade. Como considera padre Mauro, em texto sobre o *NegriCidade* publicado pelo BDMG Cultural (2022):

> Então, o que estou contando aqui são duas histórias diferentes sobre o mesmo espaço? Não, é a mesma história, mas de outro ponto de vista: o daqueles que foram esquecidos. Por isso é tão importante se pensar a narrativa da cidade da perspectiva daqueles que foram silenciados, construir uma história da cidade nas brechas deixadas pelos registros oficiais. É importante recuperar os documentos históricos, mas se perguntando sobre aquilo que não se queria contar – ou o que se queria esconder. (BDMG CULTURAL, 2022, n.p.).

Os participantes, que falam no documentário sobre si, seus antepassados e seus desejos de futuro, buscam modos de se narrar e reforçarem seu vínculo tanto a um grupo étnico-social quanto à própria cidade. Há, nesse sentido, uma proposta de reafirmação identitária, do sentimento de pertencimento e do reconhecimento do valor dessas memórias e narrativas, como pode ser percebido na fala de Pedro Reis, ogã e filho da casa do Pai Ricardo:

> [...] bem no centro da cidade, onde tem muito valor, já tinha valor antes de ser este valor que a sociedade dá, que é esse valor do dinheiro, do preço do metro quadrado. Onde já tinha um valor, que é um valor ancestral, onde nossa raiz está plantada. É símbolo de continuidade. (MUQUIFU, 2020, n.p.).

Valor que, por mais que seja reconhecido e partilhado pelos participantes da ocupação, precisa alcançar a cidade como um todo. Como aponta Candau (2019):

> O patrimônio, observa Marc Guillaume, funciona como um "aparelho ideológico da memória": a conservação sistemática dos vestígios, relíquias, testemunhos, impressões, traços, "serve de reservatório para alimentar as ficções da história que se constrói a respeito do passado", e, em particular, a ilusão de continuidade. Dominique Poulot faz uma constatação similar quando afirma que a história do patrimônio é a história da "construção do sentido de identidade" e, mais particularmente, aquela dos "imaginários de autenticidade" que inspiram as políticas patrimoniais. (CANDAU, 2019, p. 159).

Seguindo essa perspectiva, a reivindicação do tombamento do Largo do Rosário como patrimônio indica a necessidade de oficialização do território como tal, um modo de se legitimar o que, entre os participantes da ocupação, já é considerado como valor. No entanto, trata-se de uma proposta que carrega algo de contraditório, uma vez que destaca a importância do olhar oficial para a chancela do patrimônio sobre o qual pouco se falou. Diante disso, perguntamo-nos: por que é necessário o reconhecimento do Estado para que esse patrimônio seja considerado como tal? Essa chancela pelas instâncias oficiais seria suficiente para o desejo de reparação que se almeja? Trata-se de uma localidade que é valorizada por toda a comunidade negra belorizontina? Como pensar outras tantas práticas de memória da cultura negra que resistiram às tentativas de apagamento e continuam sendo atualizadas nas periferias da cidade, como os Congados e terreiros de umbanda e candomblé, ou mesmo os quilombos urbanos? Não seriam também patrimônios e memórias vivos? De todo modo, reconhecemos que a ocupação e a reivindicação de reconhecimento desse espaço como patrimônio contribuiu para que a história do apagamento do Largo do Rosário fosse conhecida, haja vista a grande repercussão do movimento junto à imprensa local. Isso possibilitou que outras iniciativas fossem realizadas nesse espaço, que apontaremos adiante.

Assim, ao olharmos para o documentário e para as reivindicações da terceira *Ocupação NegriCidade*, vemos o objetivo claro de se lançar luz e institucionalizar essa memória silenciada, materializando-a pelo reconhecimento do Largo do Rosário como Patrimônio Imaterial do Município, o que foi alcançado em 30 de março de 2022, dois anos após a realização da ocupação.

A placa indicativa do Largo do Rosário, que traz um breve texto sobre sua história, foi instalada em novembro de 2022, pela Prefeitura de Belo Horizonte, em frente ao bar Café Cultura, na rua da Bahia. Há que se registrar que, no mês de junho de 2023, pouco mais de um ano após sua instalação, ela se encontra pichada. Cabe-nos questionar até que ponto a cidade reconhece o valor da localidade como patrimônio e se tais inscrições não estão afrontando justamente a oficialidade que representa uma placa indicativa instalada pela Prefeitura de Belo Horizonte.

Figura 4 – Placa indicativa do Largo do Rosário

Fonte: Registro fotográfico feito por Alexandre Milagres em 28 de abril de 2023. Montagem elaborada pela autora

Apesar das questões que pontuamos, o desejo de não deixar essa memória apagada, de fazê-la emergir entre os silenciamentos intencionais na história da cidade, aparece de modo recorrente nas falas dos participantes da terceira *Ocupação NegriCidade*. Se o esquecimento faz parte da própria memória, nesse caso, ele foi histórica e intencionalmente operado como modo de subalternizar narrativas que não cabiam no projeto da cidade moderna que estava sendo construída, embora houvesse resistências ao longo do processo. Alijados do centro, também denominado *Cidade*, e da história oficial, os habitantes negros do arraial e da nova capital vêm, a partir de uma iniciativa de memória, deslocar e tensionar as narrativas hegemônicas sobre ela. Trata-se de recuperar o direito a ser escutado, o direito a um território, o direito a uma memória que se converte num dever para com os mortos em função dos vivos e das gerações vindouras.

6.3 Em nome dos mortos: esquecimento x dever de memória

A partir dos depoimentos dos participantes da ocupação, nota-se que o valor atribuído à ancestralidade vem pelo reconhecimento oficial de sua memória, mas também pela reterritorialização e ressacralização desse espaço, o que acontece por meio de um ritual que congrega religiosos de matrizes africanas e católica, um primeiro ato para fazer jus aos mortos concretados durante a construção das ruas. Isso se reflete na fala do babalorixá Pai Erisvaldo, ao apresentar a *Ocupação NegriCidade*:

> *Estamos aqui próximos ao cemitério da Igreja onde se encontram enterrados vários e várias negros e negras do tempo imperial, do tempo colonial, do tempo em que estas terras eram terras de negros. Nós estamos realizando um ritual de reterritorialização. Nós estamos devolvendo aos nossos mortos aquilo que eles não tiveram quando a cidade de Belo Horizonte se transformou na capital de Minas Gerais. Nós queremos que esta tarde seja uma tarde memorial. Nós queremos que este ritual registre a memória dos corpos de negros e negras que estão debaixo destas terras. Nós somos do Rosário, estamos no Rosário e queremos o Rosário. E o Rosário é a nossa forma de união. E aqui estamos, nações de candomblé, reinados de Nossa Senhora do Rosário, guardas de Congo e Moçambique, terreiros de umbanda, de omolokô, fazendo um momento de memória, de história.* (MUQUIFU, 2020, n.p.).

Com esse propósito, inicia-se o ritual que pretende registrar a memória daqueles que estão sepultados embaixo das ruas, com defumação, água benta, danças e falas. Uma celebração religiosa realizada por pessoas de diferentes tradições, com vistas a marcar hoje a presença dos corpos negros no lugar que a eles pertencia no passado, quando Belo Horizonte ainda era Arraial de Curral del Rey, e que, como apontamos, encarna dimensões identitárias, territoriais e de projeções de futuro para a cidade.

Dentro desse momento ritualístico, foi lido por padre Mauro o requerimento dos irmãos do Rosário da Irmandade de Nossa Senhora do Rosário dos Homens Pretos, da freguesia da Boa Viagem de Curral del Rey, endereçado a Dom João VI e datado de outubro de 1807. Nele, os membros da irmandade solicitavam a provisão da capela e de suas sepulturas, erigidas por eles mesmos, sem ajuda de custo. Em seguida, foi lido o documento escrito por Dom Cabral, proibindo, em 1927, as manifestações de Reinado e Congado no interior das igrejas da capital mineira, decisão que padre Mauro atribui ao alinhamento ao projeto tramontano de limpeza e purificação da Igreja Católica. Conforme o documento, Dom Cabral considerava tais manifestações religiosas *"uma nota humilhante nas festas religiosas"* (MUQUIFU, 2020, n.p.), sobre o que o idealizador da *Ocupação NegriCidade* comenta:

> *[...] Ele [Dom Cabral] expulsa o Rosário do interior das igrejas. Essa política de Dom Cabral vai afastar, vai contribuir para o afastamento da população negra, aqui do interior de Curral del Rey. Logo depois da inauguração da cidade, os negros vão sendo expulsos para as periferias. Conversando com Pai Ricardo numa das nossas visitas aqui ao Largo do Rosário, que agora a gente chama de Largo do Rosário, que então essa decisão de Dom Cabral ela vai romper o Rosário, ele se rompe e quase vai à extinção. E ele, muito inspiradamente, fala: Não, aí o Rosário que era pequeno, que era só um terço, se rompe e vira um Rosário. Se espalha, fica imenso, e circulando toda a cidade. Um novo Rosário permanece e é hoje a presença das igrejinhas do Rosário, das irmandades e em cada terreiro, em cada templo, que tem a devoção a Nossa Senhora, esse povo sobreviveu. Essa cultura sobreviveu. Essa religiosidade de matriz africana sobreviveu, apesar de todas as interrupções da Igreja Católica que visavam eliminar essa cultura, eliminar essa presença. Então hoje é um ato de resistência, e também de agradecimento, e de louvor a Deus e a Nossa Senhora, e a todos os santos e orixás, pra dizer que nós resistimos, que nós sobrevivemos, apesar das perseguições. E que viva o povo negro!* (MUQUIFU, 2020, n.p.).

Após sua fala, foi feita a defumação do local e dos presentes com incenso e pemba, tradição dos terreiros de religiões de matriz africana, e com água benta, vinculada à Igreja Católica, aspergida sobre os participantes, ato que Pai Erisvaldo considerou como uma forma de pedir perdão pela perseguição operada pela diocese belorizontina na década de 1920, sob comando de Dom Cabral. A ocupação segue com cantos, dança afro, entre outras manifestações artístico-culturais.

O Largo do Rosário foi apagado sem deixar, até o momento, vestígio material algum. Não há ruínas que remetam à sua existência prévia, uma vez que tudo foi sobreposto por cimento de ruas e por novos casarões. Essa situação nos lembra que, de acordo com Robin (2016, p. 93), "o verdadeiro esquecimento talvez não seja o vazio, mas o fato de imediatamente colocar uma coisa no lugar da outra, em um lugar já habitado, de um antigo monumento, de um antigo texto, de antigo nome." Poucos são os registros sobre ele: uma carta da irmandade pedindo autorização para construir ali uma igreja, uma menção no traçado do antigo arraial e algumas fotografias e pinturas, a partir das quais foi feita uma maquete 3D. Referências que materializam o patrimônio que havia naquela localidade e que ajudam a abrir um passado que, para muitos, não estava apaziguado, mas segue operando no presente como força motriz para uma reivindicação e ação política, o que se alinha, em alguma medida, ao que coloca Robin (2016, p. 215):

> O passado não é apenas uma memória constituída oficialmente com a qual a classe dominante poderia jogar, a qual ela poderia usar e da qual ela poderia abusar; ele não é também unicamente constituído de fragmentos, de retalhos mais ou menos deslocados, ocultos, esquecidos, que grupos ou indivíduos procuram fazer vir à tona, grupos de vítimas procuram fazer vir à tona, grupos de vítimas da história que pedem o que lhes é devido sem ser escutados; não é simplesmente, pelos depósitos, arquivos e documentos que deixa, matéria para elaboração científica para o conhecimento ou para histórias familiares que se transmitem de geração em geração sofrendo deformações, transformações, reescrevendo-se ou reelaborando-se na oralidade; ele é também uma força que nos habita e nos estrutura involuntariamente, inconscientemente, o tecido do qual somos feitos.

Essa força se justifica, no caso da *Ocupação NegriCidade,* pela intenção de se fazer justiça àqueles que os antecederam, a seus antepassados da Irmandade de Nossa Senhora do Rosário dos Homens Pretos, tanto aqueles que tiveram que sair de seu lugar de origem quanto aqueles cujas sepulturas foram profanadas. Nesse sentido, os participantes da ocupação deixam claro que ele foi realizado em memória dos antepassados, pelo direito à justiça, pelos que virão e por reparação histórica.

Pensando a relação entre memória e direitos humanos na contemporaneidade, Huyssen (2014, p. 196) argumenta que "[...] somente a memória das violações dos direitos pode alimentar o futuro dos direitos humanos no

A MEMÓRIA COLETIVA EM PERSPECTIVA: ENSAIOS SOBRE A MEMÓRIA COMO GESTO A PARTIR
DE NARRATIVAS DE UMA CIDADE-TRAPEIRA

mundo, fornecendo um elo substancial entre passado e futuro". No entanto, há, segundo ele, a necessidade de esse vínculo ser mais estreito, haja vista que os direitos humanos, numa esfera jurídica, ainda encontram limitações restritivas que colocam uma tensão entre memória e direito, que passam também pelas questões que se colocam relativas ao direito a se esquecer. Apesar disso, o autor argumenta que:

> Não há dúvida de que, em nossa época, a política da memória e os direitos humanos já estão mais intimamente ligados que nunca. Aliás, um marco atual do discurso dos direitos humanos é que ele se alimenta do discurso da memória, embora amiúde o deprecie. A força permanente da política da memória continua a ser essencial para garantir os direitos humanos no futuro. (HUYSSEN, 2014, p. 201).

Retomando Benjamin, Huyssen (2014) considera, ainda, que os mortos têm direito sobre nós, já que somos suas futuras gerações, tendo, portanto, o direito de serem lembrados. Por outro lado, frente à tentativa de obliteração por parte dos que cometeram genocídios, a dignidade das vítimas e suas lutas devem ser preservadas na memória, para que se faça justiça e para que essa violência não se repita. E é justamente com esse objetivo que a *Ocupação NegriCidade* vem abrir um passado traumático e retirá-lo do esquecimento, fazendo jus à memória de seus antepassados mortos.

Uma das participantes da ocupação, a historiadora da Escola de Design da Universidade Estadual de Minas Gerais (UEMG), Marcelina Almeida, comenta no documentário que não se tem notícia sobre o que foi feito com os corpos sepultados. Relembra que o memorialista Pedro Nava, em seu livro *Beira-Mar*, conta que via, da janela de sua casa, localizada próxima à Igreja de Boa Viagem, as tíbias e os crânios dos sepultados emergirem da terra quando essa era revirada para a construção da nova matriz, sobre o que ela comenta: *"Não houve uma preocupação em retirar esses mortos, pelo menos da Boa Viagem eu tenho essa notícia, então eu imagino, eu suponho, que da capela do Rosário o processo foi o mesmo"* (MUQUIFU, 2020, n.p.), considerando que os membros da Irmandade ali enterrados tenham tido o mesmo destino.

Ao discorrerem sobre o corpo de uma jovem encontrado sob uma casa onde hoje é o Instituto dos Pretos Novos (IPN), no centro do Rio de Janeiro, local onde várias pessoas escravizadas foram enterradas, Fernando Resende, Roberto Robalinho e Diego Granja Amaral (2019) comentam a relação que nossa sociedade estabelece com os corpos negros, tanto no período colonial quanto atualmente:

> Hoje, a casa da família é o Instituto dos Pretos Novos (IPN), um lugar onde estão expostos os ossos que surgiram da terra. Na entrada, um texto descreve o que lá se encontra: uma pilha de ossos – de corpos negros – descartados sem funerais, em valas ao ar livre junto com lixo, comida e restos de animais. Nesse sentido, os ossos expostos no chão de uma casa localizada no centro da cidade do Rio – este entulho que agora nos resta – são a sobra da máquina colonial. É deste entulho que vem à superfície a imagem do nosso horror; imagem reveladora da destruição em massa de corpos humanos, transformados em pedaços e poeira de ossos. Imagem que, como bem aponta Didi-Huberman, "se caracteriza por sua intermitência, sua fragilidade, seu intervalo de aparições, de desaparecimentos, de reaparições e redesaparecimentos incessantes" (2011, p. 86). (RESENDE; ROBALINHO; AMARAL, 2019, p. 486).

A contínua violência do genocídio da população negra no Brasil é registrada nessa passagem, que traduz os modos com que o racismo é historicamente operado no Brasil: há uma tentativa constante de apagar esses corpos e a evidência do massacre. Os corpos negros são feitos para desaparecerem, para não serem reconhecidos ou homenageados, para serem cimentados, sobrepostos, vilipendiados. Nem sequer seus nomes figuram nos lugares de seus sepultamentos, quer na casa onde hoje é o IPN, quer no Largo do Rosário.

Embora não tenham sido encontrados corpos na localidade onde havia o Largo do Rosário, haja vista não terem iniciado escavações arqueológicas (uma segunda reivindicação do *NegriCidade),* a histórica violência contra a população negra está ali, presente nessa tentativa de apagamento, na obliteração dessa memória, no silenciamento sobre sua participação na construção da cidade, no não reconhecimento de seus territórios, na não incorporação de suas memórias à história da cidade. O que conforta padre Mauro (2022) é pensar que pode ser possível, ao escavar a localidade, encontrar seus antepassados e então fazer justiça a eles:

> Em 1897, quando Belo Horizonte é inaugurada, já não se falava mais da Irmandade. É como se ela nunca tivesse existido neste lugar onde pisamos hoje. A cidade, em sua plena efervescência de construção, vai inaugurando seus novos edifícios, enquanto o Largo do Rosário (junto com a capela e o cemitério) vai sendo soterrado, abandonado e esquecido. Dizem que a capela foi demolida porque uma nova rua deveria passar por ali.

> O que descobrimos recentemente é que trouxeram terra para esse terreno. Se isso for, de fato, comprovado, há possibilidades de que a capela e o cemitério dos homens negros ainda estejam lá embaixo. Talvez tenham aterrado tudo para que as gerações passassem e ninguém soubesse que ali havia um cemitério. Afinal, quem quer morar perto de um cemitério? Quem quer construir sabendo que, ali embaixo, existe gente morta? É muito oportuno deixar que a memória seja soterrada pelos aterros do progresso, como se a cidade tivesse começado do zero, em um lugar sem nada. (BDMG CULTURAL, 2022).

Assim como ocorreu no episódio do Rio de Janeiro, em Belo Horizonte, a presença dessa memória mostra-nos a "[...] existência de corpos indesejáveis, de sobras que não cabem na utopia asséptica dos projetos modernos" (RESENDE; ROBALINHO; AMARAL, 2019, p. 490). Isso nos remete a um modo de fazer ver passados indesejados e futuros possíveis, forjados na resistência e na ação política, que tem o desafio de "[...] escavar a contrapelo a imagem que nos olha, de modo a fazer com que esta, enquanto instrumento analítico, possa também ser capaz de nos fazer ver" (RESENDE; ROBALINHO; AMARAL, 2019, p. 497). No caso do *NegriCidade*, não se trata necessariamente de uma imagem, mas de um território, uma espacialidade vinculada a outras temporalidades que precisa reemergir no agora. Trata-se, conforme Mbembe (2017), de uma memória que deve ser não apenas das vítimas desses acontecimentos, mas da humanidade como um todo pois, segundo ele, "[...] enquanto formos incapazes de assumir as memórias de 'todo o mundo', será impossível imaginar um mundo verdadeiramente comum e uma humanidade verdadeiramente universal" (MBEMBE, 2017, p. 168). Nesse caso, especificamente, embora o vínculo maior dessa memória seja com a população negra belorizontina, há que se reconhecer a necessidade de que ela seja também de todos, declarada em seu valor por toda a cidade.

Na fala de Makota Kidoiale, do Kilombo Manzo Ngunzo Kaiango, junto ao Quilombo Souza, sobre o qual comenta Gláucia Martins, em *Quanto tempo dura um bairro?*, é um dos quatro quilombos urbanos tombados como Patrimônio Cultural Imaterial de Belo Horizonte, a identificação dos corpos enterrados é uma forma de libertar os antepassados. *"Reconhecer essa história e trazê-la para a sociedade, com o reconhecimento de corpos negros que estão enterrados em outras partes também dessa cidade, é uma forma também de libertar os nossos antepassados."* (MUQUIFU, 2020, n.p.). A partir dessa consideração, entendemos que o *NegriCidade* atua no sentido de buscar o dever de memória (RICOEUR, 2007) para com os antepassados, um modo de exigir reparação e fazer justiça àqueles que não tiveram seus territórios reconhecidos, seus corpos dignamente sepultados, seus nomes registrados. Essa e outras tantas obliterações ao longo da história de Belo Horizonte mostram-nos que, desde a fundação da cidade, temos "de um lado, uma sociedade estruturada pelo nome, pela memória, pela temporalidade, pela individualidade fundada sobre o renome e a identidade; de outro, o horror do anonimato, o esquecimento, a atemporalidade, a multidão e o caos de sombras ignoradas" (CANDAU, 2019, p. 69).

Ao discorrer sobre escrita e rememoração dos mortos, Assmann (2011, p. 42) explica que "não se trata dos nomes individuais dos mortos, mas sim da responsabilidade das pessoas para com eles". Nesse sentido, mais que resgatar esses nomes, importa na *Ocupação NegriCidade*, assumir o dever para com essa ancestralidade, o que, para Candau (2019), se inicia justamente com o reconhecimento do nome que, em sua perspectiva, deve ser a primeira coisa a ser restituída:

> [...] todo dever de memória passa em primeiro lugar pela restituição de nomes próprios. Apagar o nome de uma pessoa de sua memória é negar sua existência; reencontrar o nome de uma vítima é retirá-la do esquecimento, fazê-la renascer e reconhecê-la conferindo-lhe um rosto, uma identidade. (CANDAU, 2019, p. 68).

Embora não se saiba se será possível restituir os nomes daqueles que permanecem enterrados no Largo do Rosário, a sensação de dever de memória vem fazer frente ao risco de desaparecimento de grupos subalternizados, que se unem pela memória daqueles que não se pode nem se quer esquecer. O dever de memória atua, portanto, no nível ético-político, como uma reivindicação, um apelo à justiça. Nos termos de Ricoeur (2007, p. 101), trata-se de uma noção moral que implica uma alteridade. "O dever de memória é o dever de fazer justiça, pela lembrança, a um outro que não o si", o que pode ser observado na fala de padre Mauro:

> Belo Horizonte tem uma dívida com a população preta da cidade. A Igreja tem uma dívida conosco, e nós queremos ouvir um pedido de perdão. Mais do que isso, nós também queremos reparação. Eu quero não simplesmente reocupar a cidade. Eu quero ser reparado pelos males que a cidade me causou, pelo fato de eu ter que pagar caro pelo ônibus, passar horas dentro do transporte público e por estarmos ocupando muito mais as penitenciárias que as universidades.

> O que causou tudo isso não foi minha incapacidade. Isso foi planejado: foi um projeto para que nós ocupássemos as penitenciárias, as áreas de serviço, as periferias. Quem se beneficiou desse projeto eugenista e higienista também tem uma dívida conosco. É toda uma sociedade. Eu espero que esta cidade tenha consciência disso e saiba que essa população está aguardando uma reparação. Nós vamos cobrar, e não descansaremos enquanto não tirarmos essa história de debaixo do asfalto. Queremos saber o nome de todas as pessoas enterradas naquele cemitério, de todas as pessoas que construíram a capela e foram despejadas dali sem nenhuma reparação. (BDMG CULTURAL, 2022).

Nesse sentido, o reconhecimento dessa alteridade revela-se como parte de um projeto de reparação histórica frente ao projeto higienista e eugenista, atribuído ao período da construção da capital, mas que, atualmente, encontra formas mais sutis de ser empregado. A reparação vem retirar da invisibilidade essas pessoas, seus nomes, seus patrimônios, suas memórias. Trata-se também de um projeto, agora empreendido por aqueles que foram subalternizados, uma ação deliberada no agora, com vias a abrir o passado, escancarar suas feridas e fazer emergir em suas frestas e seus escombros outros modos de existência para a população negra belorizontina.

O que vemos é que, ao lidar com essa memória latente historicamente invisibilizada, a *Ocupação NegriCidade* evidencia a necessidade urgente de trazer à superfície outras narrativas contra hegemônicas que apontem para diferentes modos de compreender a cidade, seus conflitos e suas disputas. Ou mesmo busca fazer a "história a contrapelo", nos termos de Benjamin (2020c), a partir das ruínas não materializadas dessa lembrança de passado que resta aos seus. A potência das políticas de memória, aqui, ancora-se no imperativo moral que é base do dever de memória e do reconhecimento da alteridade. Entendendo o dever de memória nos termos de Ricoeur (2007), vemos que a ocupação reivindica, primeiramente, o reconhecimento do valor dessas memórias como patrimônio, como parte da identidade não apenas da população negra, mas da própria cidade. Ricoeur (2007) considera, no entanto, que o modo como o dever de memória é proclamado pode parecer abuso de memória, o que não diminui sua importância e legitimidade. Como propõe Robin (2016):

> O excesso de memória seria da ordem da compulsão de repetição interditando toda reconciliação com o passado e toda distância crítica. A falta de memória seria também

> da ordem do recalque, pronta para voltar a atormentar um tecido social mal estabilizado e que "acreditava" poder fazer uma economia de sua relação com o passado. [...] Da minha parte, penso que não há memória justa, nem reconciliação total com o passado. Há sempre "muito pouco" e "muito" em função das conjunturas e das versões afetando as grandes narrativas do passado. (ROBIN, 2016, p. 37).

Ora, parece-nos que o dever de memória, mais que buscar uma reconciliação, no caso do *NegriCidade,* pretende, como consta nas palavras de padre Mauro, a justa reparação histórica. Contudo, perguntamo-nos se a patrimonialização, que tem sua importância, não seria um esforço de harmonizar e evitar a contradição, uma vez que o recurso ao sagrado como o faz a ocupação destemporaliza a história. Em certa medida, há que se pensar em alternativas, sobretudo políticas, para que o ritual realizado pela *Ocupação NegriCidade* não esqueça a dor e a luta em nome da homenagem. O retorno à memória, ao nosso ver, faz-se necessário para que se possa construir outras cidades possíveis para seus descendentes, como como podemos inferir a partir da fala que sintetiza um desejo do candomblecista Tata Kamus'ende, participante da ocupação:

> *Que os nossos antepassados estão enterrados aqui nesta terra nos reconheçam e nos permitam os melhores caminhos. Que esses nossos ancestrais de Angola nos conduzam pro melhor caminho, nos façam boas amizades, bons amigos. Que esses nossos ancestrais nos permitam sermos bons exemplos para os nossos filhos e para as gerações que vierem depois da gente.* (MUQUIFU, 2020, n.p.).

É, portanto, para o futuro que essa abertura de passado aponta. Para que haja novas possibilidades de se existir na cidade. Para que se saiba o que foi feito, de modo a não permitir que se repita. Para que outras possibilidades se abram frente a essa memória de violência. O que se fez até então foi tornar hegemônica uma versão da história que tentou obliterar tal memória, cobrindo-a de asfalto. Nos dizeres oficiais da cidade, foi construída uma narrativa apaziguadora, que não assume esse histórico de genocídio da população negra e que, em Belo Horizonte, pode ser exemplificado por sua constante expulsão dos espaços onde ela supostamente não caberia, reiterando, pelo não dito e pelas ações oficiais, o seu não pertencimento, não permitindo a ela o direito ao tempo. Ao longo dos anos, a capital mineira tratou as práticas e culturas da população negra como não contemporâneas, como vimos na carta de Dom Cabral, em função de um discurso progressista republicano que as colocou no lugar do atraso. E esse processo de construção de um futuro diferente e melhor passa, necessariamente, por uma volta a esse passado doloroso, ou seja, pela memória.

A partir de um pensamento sobre a memória da colônia e dos textos negros, Mbembe (2014) considera que os modos de representação da experiência colonial vão da comemoração ativa ao esquecimento, passando pela nostalgia, ficção, recalcamento e reapropriação, até chegar na instrumentalização do passado nas lutas sociais em curso:

> Contrariamente às leituras que instrumentalizam o passado, defendo que a memória, tal como a recordação, a nostalgia ou o esquecimento, se constrói antes de tudo por imagens psíquicas entrelaçadas. É sob esta forma que ela surge no campo simbólico, e até político, ou ainda no campo da representação. O seu conteúdo são imagens de experiências primordiais e originárias que ocorreram no passado, e das quais não fomos necessariamente testemunhas. O importante na memória, na recordação ou no esquecimento, não é tanto a verdade como o jogo de símbolos e a sua circulação, os desvios, as mentiras, as dificuldades de articulação, os pequenos actos [sic] falhados e os lapsos, em suma, a resistência ao reconhecimento. Enquanto forças complexas de representação, a memória, a lembrança e o esquecimento são, por outras palavras, actos sintomáticos. Estes actos só têm sentido em relação a um segredo que não o é verdadeiramente, mas que, no entanto, nos recusamos a confessar. É nisto que eles provêm de uma operação física e de uma crítica do tempo. (MBEMBE, 2014, p. 180).

O pensador camaronês ainda aponta, retomando Alex Crummel, que estamos longe de viver numa era pós-racial, em que as questões de memória, justiça e reconciliação não sejam mais necessárias. Segundo ele, "podemos aprender com o passado, mas conceitos morais como dever e responsabilidade, ou ainda obrigação, decorrem directamente [sic] do nosso entendimento do futuro. O tempo do futuro é o da esperança. O presente é o tempo do dever" (MBEMBE, 2014, p. 163). É no hoje, no presente, o tempo da ação, que o dever de memória assume lugar central de possibilitar o retorno ao passado em nome daqueles que não estão mais aqui, mas também de projetar o futuro, em nome daqueles que ainda virão.

Caminhando para o encerramento do ritual, as outras falas que se seguem direcionam-se para o evento como ato político e como esfera reivindicatória, numa forte projeção de demandas do presente, evidenciando uma continuidade da exclusão da população negra da/pela cidade.

Makota Kizandembu, então Diretora de Políticas para a Igualdade Racial da Prefeitura de Belo Horizonte, afirma que é preciso que a cidade assuma a responsabilidade pelo apagamento da memória do povo negro:

> A igreja, o cristianismo e a igreja católica também têm um processo de responsabilidade nesse processo de apagamento da memória desse povo, bem como foi dito pelo padre aqui. Então posso fazer o que me cabe, que é fazer é que a Prefeitura de Belo Horizonte entenda a importância do resgate dessa memória e dê ao nosso povo negro dentro da cidade o seu local de direito. (MUQUIFU, 2020, n.p.).

Seguindo na mesma perspectiva de responsabilização, reforçando o viés ético-político do ritual, Andreia Roseno, Presidente do Conselho Municipal de Promoção da Igualdade Racial, declara: *"Esse é um ato político no qual a gente tem que cobrar do Estado, daqueles que representam o Estado, políticas afirmativas, para que este cimento não mais apague a nossa história."* Por sua vez, Makota Célia Gonçalves Souza, Presidente do Centro Nacional de Africanidade e Resistência Afro-Brasileira, afirma:

> Quero parabenizá-lo, padre Mauro, pela ousadia de enfrentar o cristianismo que negou aos meus ancestrais o direito à morte digna. Eu acho que quando o senhor traz à tona este debate, o senhor provoca um grande debate no interior da igreja à qual o senhor representa. Nós temos que reverenciar e dizer que Belo Horizonte continua a nos expulsar, mas que juntos nós podemos construir uma nova história de resistência e resiliência, mirando no exemplo dos que foram, porque os que tombaram, tombaram lutando. (MUQUIFU, 2020, n.p.).

Se pensamos a cidade em sua composição por linhas de movimento que resultam numa malha, nos termos de Ingold (2015), parece que essa memória resiste e se desloca no tempo como um de seus fragmentos ou retalhos, apesar das várias tentativas de se desfazer essa trama. Nesse sentido, a Belo Horizonte que emerge a partir dessa iniciativa de memória é uma cidade que é pressionada a reabrir seu passado como uma forma de ter um futuro diferente do presente. Com essa abertura, depara-se com as narrativas de memória da população negra que até então não couberam em sua história oficial, e com o passado de violência que ainda a marca, mas que é sistematicamente negado. Há uma disputa de narrativas e de memórias, o que nos mostra que essa está sempre em movimento, assim como as temporalidades estão continuamente tensionadas. Como considera Candau (2019, p. 89), "o conteúdo da narrativa é, nesse caso, uma negociação entre uma certa representação do passado e um horizonte de espera. Por essa razão a memória, portadora de uma estrutura possível de futuro, é sempre uma memória viva".

A partir da terceira *Ocupação NegriCidade,* foram realizadas, pelo Muquifu, várias outras intervenções e ocupações no Largo do Rosário, divulgadas nos perfis do Instagram do NegriCidade e do museu, tais como: a primeira ocupação cultural *Caminhos do Rosário: Teimosias e Resistências Negras, do Arraial à Capital,* no dia 13 de maio de 2022, com uma caminhada do Monumento a Rômulo Paes, na rua da Bahia, até o Largo do Rosário; a expedição *Patrimônio. Largo do Rosário: Território Negro em Belo Horizonte,* em 28 de maio de 2022; a manifestação contra a construção de um edifício no Largo do Rosário sem que antes fossem feitas escavações arqueológicas, em 25 de outubro de 2022, resultando no embargo da obra pelo Iphan; a realização da Primeira Missa de Finados no Largo do Rosário, em 31 de outubro de 2022, reunindo diversas manifestações religiosas em memória do Povo Preto do Rosário de Maria; e o ritual celebrando a inauguração da placa indicativa do Largo do Rosário, em 19 de novembro de 2022, do qual participaram guardas de Congo e Moçambique.

Diante disso, podemos pensar a terceira *Ocupação NegriCidade,* que se vincula ao Muquifu, um museu que pretende narrar e ser referência da cultura negra periférica, como um gesto de dobradiça do tempo, que se encarna na reterritorialização da memória e que busca, a partir do reconhecimento desse território negro como patrimônio, ressignificar seu passado, possibilitando outras imaginações de futuro. Trata-se de uma iniciativa que busca fazer justiça aos antepassados, não apenas na condição de um dever para com eles, mas também de uma forma de alcançar um futuro diferente. Institui, portanto, uma memória, para que, a partir dela, seja refundado também um futuro, tensionando narrativas hegemônicas aparentemente estabilizadas. Como esclarece Robin (2016, p. 38):

> As responsabilidades são atribuídas a outros, ou não há culpado, ou somente alguns o são. Esquecemos, recalcamos, mantemos longe, ou no mais profundo, o que incomoda; preenchemos os baús da história de cadáveres, esperando abri-los e reencontrá-los sem reconhecê-los. Em resumo, há apenas encontros perdidos com a história. A memória baliza, precisamente, a história desses encontros perdidos, a história dos fracassos do trabalho do luto, e inscreve novas configurações, rearranjos das narrativas que as sociedades contam ou se contam sobre seu passado.

Contudo, há algo na terceira *Ocupação NegriCidade* que lembra a tentativa de construção de uma tradição (HOBSBAWM, 2018), haja vista que ela não está dada de antemão, e, por esse motivo, parece ser necessário um ritual para fundá-la. Do mesmo modo, o retorno a um dizer oficial e a reivindicação do tombamento do Largo do Rosário pelos órgãos de patrimônio da cidade fazem-se necessários para que essa tradição e essa memória até então negada sejam instituídas. Há, portanto, uma política de memória, mas também uma política identitária, em que é indicado um marco "comum" à população negra belorizontina, embora esta seja formada por tradições distintas e, por vezes, contraditórias.

O documentário é encerrado com a fala de Pai Erisvaldo: *"A expressão é axé. Olorun kosi purê - que o Olorô leve os corpos as vidas desses que aqui deitam para a eternidade, para o mundo dos ancestrais, axé!"* (MUQUIFU, 2020, n.p.). Assim, por meio da iniciativa de memória feita da *Ocupação NegriCidade*, evidencia-se, ao retomar essa historicidade, memórias e textos não produzidos e passados interditados, sendo o dever de memória o que possibilita reabrir esse passado e buscar construir novos modos de se pensar a cidade a partir de então. A memória, aqui, parece ser aquilo que move a resistência e a abertura (política) de futuros.

Desse modo, o Largo do Rosário resiste porque a memória resiste. Ela sobrevive a esse constante silenciamento como uma memória latente, que emerge da luta por reparação histórica, sendo instituída e reafirmada no presente. Torna-se, portanto, uma memória viva, vinculada não apenas a um espaço ancestral, um território físico e simbólico que foi negado por anos ao povo negro belorizontino, mas também a uma comunidade cuja identidade se fortalece no reconhecimento de sua memória e ancestralidade como patrimônio. Por meio da ocupação, via ritual artístico/religioso, testemunhamos a reterritorialização de um espaço ao qual se tentou apagar e do qual se tem poucos vestígios, mas que se torna novamente presentificado pela experiência dos corpos negros, corpos-território a fazê-lo emergir como tal. Assim, parece ser pelo reconhecimento desse território sagrado, reapropriado e chancelado como patrimônio, que a população negra pode narrar-se a si mesma e resgatar o direito ao tempo, sendo, portanto, costurada à história de Belo Horizonte, embora essa costura possa produzir o arruinamento do oficial, deslocando-o e desestabilizando seu arranjo apaziguador.

7

A MEMÓRIA COMO GESTO: APONTAMENTOS FINAIS NÃO CONCLUSIVOS[60]

A cada iniciativa de memória menor sobre Belo Horizonte apresentada, vimos emergir cidades diferentes, dentro e entre elas, que se colocam em disputa e em tensionamento, mostrando-nos um intrincado mosaico de linhas entrelaçadas, retalhos justapostos e, por vezes, sobrepostos, e nós de qualidades diferentes, rearranjados continuamente na malha da cidade. Da nossa parte, como pesquisadora-trapeira a recolher esses fragmentos e como também mais uma linha do lugar onde habito e que faz parte de quem eu sou, fomos acessando cada um desses fenômenos em distintos momentos. A cada encontro e reencontro, novos nós emergiam e, continuamente, se colocavam como mais um alinhavo dessa trama que ora construímos.

Ao serem justapostas, as iniciativas de memória garimpadas ensejam um desenho possível dessa cidade-trapeira com a qual lidamos, continuamente rearranjado e reelaborado. O que aqui fizemos, contudo, foi esboçar um percurso próprio, criar um arranjo de caráter exploratório sem pretensão representativa ou totalizante, a partir de nosso movimentar-se no fluxo da cidade por meio de suas textualidades e do nosso cruzamento com suas tentativas de estabilização temporária via narrativa. Tal percurso, como vimos nos ensaios, apontou para dimensões distintas, porém complementares, da nossa cidade-trapeira, outras possíveis linhas de movimento nesse fluxo integrante não apenas da urbe, mas da própria memória de caráter coletivo.

Assim, em nossa proposta, consideramos cada uma dessas memórias menores como linhas ou conjunto de linhas de Belo Horizonte, na perspectiva de Ingold (2018), com as quais nos deparamos e às quais integramos, posto que somos também parte dessa textura em contínuo fazer-se e desfazer-se, em constante processo de instabilização característico do próprio tecido social urbano. Notamos que tais linhas, por vezes, se encontram e se atam em nós ora apertados, ora frouxos; ora distendem as temporalidades da cidade, ora as condensam num tempo abigarrado heterogêneo; ora reverberam

---

[60] Uma versão deste capítulo foi publicada em Amormino (2024).

umas às outras, ora tensionam-se; ora dialogam com o dizer oficial sobre a cidade, ora o fraturam. Desse modo, diante do contínuo estado de fluxo, fluidez, movimento e instabilidade da cidade, as iniciativas de memória efetuam certa desaceleração ou cristalização temporária de identidades narrativas possíveis para ela, organizando suas linhas entre permanências e mudanças dentro de nós ainda susceptíveis aos deslocamentos que o estar em movimento contínuo acarreta.

Com um maior ou menor grau de institucionalidade, ao se proporem a registrar memórias da cidade em algum suporte – com maior presença no ambiente virtual, como vimos –, tais narrativas parecem reconhecer a existência da memória instituída e mediada por elas. Conformam, pois, gestos que tensionam e produzem instabilizações na malha fundada a partir de suas interseções internas, entre elas e destas com o dizer oficial sobre a cidade.

Nesse sentido, ao olharmos para nosso fenômeno de pesquisa, buscamos, ao longo dos ensaios, identificar o gesto de memória encarnado em cada iniciativa e as tensões temporais reveladas ou apagadas por ele, assim como delinear que cidades a partir delas emergiam. Agora nos propomos, a partir dos ensaios apresentados, discorrer sobre o que caracteriza, em nossa perspectiva, o entendimento da memória como gesto, considerando especialmente a proposição de Duvignaud (1995), segundo quem a memória não é herança, mas o gesto que continua. Trata-se, ao nosso ver, de um gesto consciente ou não, mas que, como considera Didi-Huberman (2016, p. 32), vem de muito longe no tempo, sendo, pois, "fósseis em movimento. Eles têm uma história muito longa – e muito inconsciente. Eles sobrevivem em nós, ainda que sejamos incapazes de observá-los em nós mesmos".

Tendo isso em vista, argumentamos sobre as consequências de se pensar a memória como gesto, partindo das reflexões dos/entre os ensaios apresentados. Para tanto, primeiramente, buscaremos conceituar e delinear o entendimento de gesto, ancorando-nos nos pensamentos de Giorgio Agamben (2008), Jean Galard (2008) e Vilém Flusser (2014). Em seguida, caracterizaremos três aspectos relacionados de modo potente à ideia de gesto, articulando-os com a memória e com as iniciativas analisadas, quais sejam: a dimensão processual e em movimento da memória; o vínculo do gesto com a noção de agência; e as tensões temporais em disputa nas narrativas de memória. Finalmente, voltaremos à nossa cidade-trapeira, no intuito de evidenciar como a memória como gesto é encarnada em sua trama abigarrada.

Na esteira de Agamben (2008), entendemos que a intencionalidade é parte do gesto, assim como a sua forma. Segundo ele, o gesto se faz como uma medialidade, tornando visível um meio como tal e permitindo-o abrir--se para a dimensão ética. Retomando Varrão, o autor inscreve o gesto na esfera da ação, mas o distingue claramente do agir (*agere*) e do fazer (*facere*), considerando como sua característica não produzir nem agir, mas assumir e suportar. Logo, o gesto vai além da representação, uma vez que, como medialidade, instaura e faz emergir algo não necessariamente de forma consciente, mas sempre como elaboração, implicando agência. Assim, partindo dessa percepção sobre o gesto, em se tratando da memória, podemos pensá-la não como uma representação, como apontamos ao analisar a coleção *Belo Horizonte Surpreendente*, mas como aquilo que instaura algo a partir de sua agência.

Galard (2008), por sua vez, considera as dimensões estéticas e poéticas do gesto como evidências de sua beleza, sendo esse um ato que significa e simboliza um modo de ser. Trata-se, portanto, daquilo que revela, "a poesia do ato" (GALARD, 2008, p. 27) ou mesmo, poderíamos dizer, a poesia *em* ato, em seu fazer. O gesto, em sua perspectiva, se mostra, "ele tem sentido, ao marcar um tempo de pausa no encadeamento dos atos. Há, em qualquer gesto, algo suspenso que dá margem à repercussão simbólica, ao valor de exemplo" (GALARD, 2008, p. 59). Pressupõe, ainda, a possibilidade de se introduzir a alteridade de si e de conceber um comportamento capaz de engendrar um sujeito plural, consideração potente para pensarmos o agenciamento da memória de caráter coletivo. Para Galard (2008, p. 104), o gesto se mostra e significa, e o ato se torna gesto quando "[...] seu único sentido é mostrar-se, quando se dedica primeiro a se fazer compreender, quando se transforma em linguagem". Conforme o autor, o gesto deve ser compreendido não apenas no sentido próprio, tais como os movimentos e usos corporais, mas também em sua acepção figurada:

> O gesto nada mais é que o ato considerado na totalidade de seu desenrolar, percebido enquanto tal, observado, captado. O ato é o que resta de um gesto cujos momentos foram esquecidos e do qual só se conhecem os resultados. O gesto se revela, mesmo que sua intenção seja prática, interessada. O ato se resume em seus efeitos, ainda que quisesse se mostrar espetacular ou gratuito. Um se impõe com o caráter perceptível de sua construção; o outro passa como uma prosa que transmitiu o que tinha a dizer. (GALARD, 2008, p. 27).

Assim, Galard enfatiza o caráter estético e poético do gesto. Já Flusser (2014), no intuito de esboçar uma introdução à Teoria Geral dos Gestos, em sua perspectiva considerada um campo interdisciplinar, antiacadêmico e anti-historicista, parte da dificuldade em se conceituar o termo, apresentando alguns elementos intrínsecos a ele, tais como: gestos podem ser considerados um tipo de movimento explicável, mas não satisfatoriamente; trata-se de um movimento no qual se articula uma liberdade, a fim de se revelar ou de se velar para o outro; a existência se manifesta por gestos, sendo que o ser humano está no mundo na forma dos seus gestos, ou seja, para ele, classificá-los seria classificar formas de vida. Conforme o filósofo checo-brasileiro, "não é possível definir 'gesto' mais estreitamente sem perder algo essencial. Porque a definição do gesto implica ser ela uma presença ativa no mundo. Aliás, a própria etimologia do termo sugere esse fato: 'gesta' - feitos" (FLUSSER, 2014, p. 19). A liberdade aqui não é totalmente plena, mas acontece em relação às condições sociais. Contudo, ela se refere à abertura para algo imprevisto, novo, inédito, outro. Notamos, ainda, que as memórias menores que aqui apresentamos são expressões de liberdade, assim como é a liberdade que nos permite tecer nossa proposição da memória de caráter coletivo como gesto.

Apesar dessa dificuldade apontada pelo autor quanto à definição de gesto, ele considera que sua observação permite ler o modo pelo qual os gesticuladores estão no mundo, ou seja, olhar para os gestos pressupõe olhar para modos de significá-lo, levando-o a delinear uma possível definição que amarra suas pontuações anteriores:

> Gestos são movimentos pelos quais se manifesta uma maneira de estar no mundo. O seu estudo permite, em tese, a leitura de tal forma de existir-se. A razão dessa tese é a possibilidade da descoberta dos motivos dos gestos. O que caracteriza os gestos é eles não serem explicados satisfatoriamente pela enumeração das causas que os determinam. Para explicá-los, é preciso indicar também seus motivos. [...] Pois explicações causais são leituras do mundo que nos cerca, e explicações de motivos são leituras da maneira pela qual estamos no mundo. Daí a tese que o estudo de gestos permite leitura existencial: permite descoberta de motivos. (FLUSSER, 2014, p. 111).

Assim, compreender os gestos pressupõe entender os motivos de sua existência, ou seja, eles deixam de ser apreendidos em relações causais e passam a dizer de modos de estar no mundo. Transpondo essa acepção para se pensar a memória, podemos considerá-la como algo significante e que possui movimento, sendo, portanto, uma presença ativa no mundo que contribui para compreender os modos de atribuir sentido a ele.

Diante disso, tomando a memória como gesto, tal como nos propomos neste livro. Tendo em vista as iniciativas de memória sobre Belo Horizonte que analisamos, vimos emergir diferentes tensionamentos espaço-temporais, resultantes do movimento e da instabilidade da memória de caráter coletivo. Isso nos permite pensá-la em sua abertura constituinte, sempre acionada e atualizada em função de demandas do presente e de projetos de futuro, cuja plasticidade nos leva a considerá-la como um gesto que institui uma coletividade, ao passo que é instituído por ela.

Considerando espaço-tempo em seu sentido múltiplo e relacional, instaurado na diversidade e na dinâmica da esfera social, cabe-nos compreender as iniciativas de memória como modos de agenciamento desse heterogêneo. Assim, a memória como gesto parece-nos ser um processo de criação e movimento que envolve tempo e espaço, uma instância em constante produção numa relação fluída, dialética e inacabada entre eles, compreendida como parte, produto e produção da sociedade.

Dessa forma, para vislumbrar esse modo de se pensar a memória de caráter coletivo, partimos das iniciativas de memória sobre Belo Horizonte, memórias menores de uma cidade à qual atribuímos a imagem de cidade-trapeira. A partir de tais narrativas, entendemos a memória de caráter coletivo como parte de um contínuo processo de tensão entre permanências e mudanças, estando sempre aberta a reconstruções. Assim, olhando para a memória como gesto, deparamo-nos com um processo de instituição de um coletivo – a cidade – que não se esgota em si mesmo, não resulta em um produto acabado, mas é incessantemente instaurado. A partir dele, são forjadas mesmidades e ipseidades, num processo continuamente feito e refeito, performado por distintos agentes, mas, sobretudo, inserido num movimento permanente. Assim, pensando a memória como gesto, apontaremos, a seguir, três dimensões que a constituem – movimento, agência e disputa – e contribuem para uma melhor compreensão da memória de caráter coletivo a partir da cidade-trapeira.

7.1 A memória como gesto em movimento

Partindo do pressuposto de que a memória não é um corpo estável, mas um processo elaborado na tessitura das relações sociais, ao pensá-la como um gesto, entendemos tratar-se de um constante movimento de instauração de temporalidades, espacialidades e coletividades via narrativa, no qual atuam diferentes forças, por vezes contraditórias. Na esteira de Ricoeur (2014), o movimento se vincula ao se deslocar e ao sair de um lugar para outro, instabilizando o coletivo e a própria memória, como vimos nos nossos encontros com memórias menores analisadas. Nesse sentido, podemos compreender a memória em sua dimensão processual, o que se alinha com o argumento de Ingold (2015) a respeito das linhas de vida e movimento:

> Tal como as linhas de um desenho, as linhas da vida social manifestam histórias de devir em um mundo que nunca está completo, mas sempre em andamento. O chamado de Hägerstrand é um holismo que, como o desenho, é processual e aberto, e, por isso mesmo, tanto não composicional quanto antitotalizante. (INGOLD, 2015, p. 317).

Conforme aponta Flusser (2014) ao caracterizar o gesto a partir do rito, trata-se de um movimento livre, cuja estrutura é plástica e individualmente variável, o que podemos pensar também em relação à memória: como processo, ela não consegue ser totalizante, mas se mostra em fragmentos, sendo constituída por vestígios de passado aos quais se acessa via narrativa.

Em se tratando do gesto de pintar, Flusser (2014) o considera um movimento significativo que aponta para algo e, em certo sentido, transcende o gesto, ao mesmo tempo que é imanente a ele. O gesto está dentro da história, ao passo que a história também está dentro dele. Alinhado a isso, entendemos as narrativas da memória como parte de Belo Horizonte, embora haja diferentes *Belo Horizontes* circunscritas em seus interiores. Do mesmo modo acontece em relação à própria memória, que contém e é contida pela cidade. Esta a institui e é instituída por ela. A memória como gesto, portanto, enreda e constrange a malha da cidade, colocando-se como parte dela e sendo mais uma das linhas que a animam. O mesmo acontece em se tratando de uma coletividade: a memória emerge da esfera social e a ela se volta, constituindo-a e contribuindo também para a sua constituição, num processo de retroalimentação mútua.

Tendo isso em vista, os ensaios derivados dos encontros com certas memórias menores sobre Belo Horizonte evidenciam que, apesar de terem diferentes propósitos, cada uma delas efetua uma desaceleração na produção de memórias do/no espaço urbano. Se a cidade é fluxo, nos termos de Ingold (2015), tais narrativas parecem reduzi-lo de modo a tentar estabilizá-lo, mas também se inserem em seu movimento. Colocam-se não como um empecilho ou uma pausa, mas como um modo de tornar possível o registro de memórias diante do movimento incessante do cotidiano. No entanto, esse registro se torna também mais uma linha aberta a novas conexões e é reincorporado ao movimento da cidade, constituindo-o e sendo constituído por ele. Nesse sentido, as experiências de memória de caráter coletivo desaceleram, mas não encerram tais processos contínuos e incessantes. Ao mesmo tempo, incorporam uma dimensão performativa, o que nos leva a considerar a memória como poesia em ato, nos termos de Galard (2008), ou seja, um gesto.

Assim, reduzir a velocidade do fluxo diz respeito a restaurá-lo à vida, nos termos de Ingold (2015). No caso da memória, também se trata de retorná-la ao movimento, haja vista que ela, mesmo quando registrada e inscrita, continua sendo parte de algo maior, podendo ser elemento para a elaboração de outras memórias e de outras inscrições a ela conectadas. Um depoimento no *Projeto Moradores*, por exemplo, pode relacionar-se com outro na coleção *Belo Horizonte Surpreendente*, quer reiterando um dizer, quer deslocando-o ou contradizendo-o. Isso possibilita entendermos que a memória como gesto é uma processualidade mais ampla que a ação inicial: produz instabilidade e diferença, mas é fundamentalmente movimento.

Da mesma forma que as narrativas se configuram como uma desaceleração temporária nesse processo contínuo de afetação mútua entre memórias e cidade, também efetuamos uma redução de seu fluxo ao olharmos para elas. Inserimos uma desaceleração para recuperarmos certos movimentos, numa relação aparentemente contraditória, mas sobretudo dialética: a memória, como dimensão temporal, precisa inscrever-se narrativamente para ser apreendida. Contudo, tal inscrição é provisória e instável, da mesma forma que só é possível habitar o território em movimento se adentrarmos seu fluxo incessante. Desse modo, entendemos a desaceleração efetuada por meio desta pesquisa numa lógica de inscrição em outro ritmo temporal, não como interrupção. Assim como a memória, que se desloca incessantemente, mas, ao ser registrada em determinado suporte, se inscreve continuamente em outras temporalidades. Conforme argumenta Ingold (20015):

> O mundo não fica parado para ninguém, muito menos para o artista ou o antropólogo, e a descrição do último, como representação do primeiro, não pode fazer mais do que capturar um momento fugaz em um processo interminável. Nesse momento, no entanto, está comprimido o movimento do passado que o acarretou, e na tensão dessa compressão está a força que vai impulsioná-lo para o futuro. É este envol-

vimento de um passado gerador e de um futuro potencial no momento presente, e não a localização desse momento em qualquer cronologia abstrata, que o torna histórico. Raciocinando ao longo destas linhas, Kroeber chegou à conclusão de que o tempo, no sentido cronológico, não é essencial para a história. Apresentado como uma espécie de "corte transversal descritivo" ou como a caracterização de um momento, um relato histórico pode muito bem ser tanto sincrônico quanto diacrônico. (INGOLD, 2015, p. 331).

Ainda na esteira do pensamento de Ingold (2015), há, entre a memória e o gesto que a institui uma relação de autocriação, um movimento contínuo de constituição recíproca. A memória, portanto, embora pareça fragmentada e sem pretensão de totalidade, precisa ser restituída ao movimento, ao fluxo que a constitui:

> Que a tarefa da vida nunca esteja acabada, e que o mundo nunca cesse a sua mundanização, não significa que a vida esteja concluída pela metade ou que o mundo que habitamos esteja construído apenas pela metade. Também não significa que vidas estejam fragmentadas e mundos estejam em pedaços que, como Humpty Dumpty, nunca podem ser remontados. A alternativa à totalização não é a fragmentação, ruptura e descontinuidade. É, antes, um holismo que seja anticomposicional, fluido, processual e de improvisação. (INGOLD, 2015, p. 324).

Nesse sentido, as narrativas de memória apresentadas aqui ajudam-nos a ver a relação da cidade com sua memória, sem a intenção de indicarem uma tipologia de modos de se apreendê-la. São um percurso possível entre memórias menores que apontam para dimensões da cidade-trapeira, sendo também partes dela. Dessa forma, não caberia pensar a memória como um acervo, um repositório ou aquilo que se arquiva, especialmente em se tratando de cidades, da mesma forma que não cabe pensá-la como representação. Tomada como gesto, a memória de caráter coletivo nunca cessa, não se esgota em um produto final, acabado. Tal como vimos a partir dos ensaios sobre a cidade-trapeira, importa menos o produto e mais o processo de pôr em narrativa memórias de caráter coletivo. Afinal, não há como termos um produto que sintetize o fluxo e a pluralidade de cidades encarnadas nas experiências daqueles que a constituem (AMORMINO, 2024).

A noção de movimento aqui é importante porque, em se tratando de linhas, suas conexões podem ser fortes ou não, de modo que posso ou não me reconhecer como parte dessa cidade instaurada por uma narrativa de memória. A cada ocasião, a cada encontro com tais narrativas, abrem-se novas possibilidades de articulação e produção de sentido relativas à experiência de cada um na cidade e, destas, com a coletividade.

O esforço das iniciativas de memória de circunscrever, delimitar e isolar elementos que dizem da memória da cidade acaba mostrando-nos a incompletude desse processo, posto que este depende também dos acionamentos daqueles que com elas interagem. Assim, a memória como gesto não seria apenas uma atualização do passado à luz do presente, mas um processo de agir consciente no mundo e de instituição narrativa da realidade (AMORMINO, 2024).

7.2 A agência da memória como gesto entre o padecer e o agir

Para pensarmos a agência da memória como gesto, voltaremos ao pensamento de Flusser (2014). Ao discorrer sobre o gesto do fazer, o autor analisa o movimento das mãos em sua relação com o objeto tocado, deslocado e moldado por elas, mas que não pode ser totalmente apreendido. Assim, no gesto do fazer, em que as mãos têm protagonismo, observamos uma estreita relação com o objeto que modifica tanto as mãos quanto o próprio objeto, como bem coloca Flusser (2014) na passagem a seguir:

> A resistência oferecida pela matéria bruta ao esforço da informação fere as mãos que a manipulam. As mãos não estão apenas obrigadas a modificar seu gesto sob tal resistência, mas são elas próprias modificadas (feridas), por ela. Tornam-se outras, ao procurarem tornar a matéria bruta outra. Tal dialética entre matéria bruta e as mãos pode ser chamada de gesto de "entendimento". Pelo entendimento se revela, para as mãos, a estrutura interna do objeto, mas também a própria aptidão das mãos com relação ao objeto. (FLUSSER, 2014, p. 88).

Essa proposição se coloca em diálogo com a perspectiva de Ingold (2015), ao argumentar que, enquanto as mãos fazem gestos, estes também fazem as mãos, sendo importantes tanto para a fabricação das ferramentas quanto para seu uso. Isso nos leva também a pensar sobre a memória como gesto, feito numa relação dialética entre lembrança e esquecimento, entre temporalidades e espacialidades, mas sempre implicando trabalho, agência, elaboração que transforma quem se lembra, a matéria lembrada e a coletividade na qual se insere.

Se a memória só é acessada via narrativa, lembramos que narrar é ação, um agir ético (RICOEUR, 2014) que pode fazer emergir alteridades, como vimos especialmente em se tratando do *Projeto Moradores* e da *Ocupação NegriCidade*. Aqui, as iniciativas de memória incorporam um agir ético sobre/a partir da cidade, acarretando certa responsabilidade e compromisso nessa ação que empreendem. Assim, as narrativas da memória tornam-se registros que dialogam com a consideração de Flusser (2014) sobre o gesto de escrever. Para o autor, trata-se de um gesto penetrante que atua como um modo de inscrição, sendo, pois, indicativo da manifestação de pensamento. Ora, em se tratando da memória, notamos que ela se materializa por meio da narrativa, que precisa ser inscrita em determinado suporte. Mesmo no caso das narrativas orais, por exemplo, que tem como suporte o ar e se inscreve na corporeidade do ouvinte, sendo, portanto, um modo de transmissão de experiência, cuja matéria é elaborada por um narrador, mas se torna parte também da experiência dos ouvintes (ZUMTHOR, 2007; BENJAMIN, 1996).

Ainda que a memória como gesto, no caso de cidades, institua-se na articulação de seus fragmentos, como apontamos, ela se instaura em meio à determinada realidade social, tecendo-a e sendo tecida por ela. Nesse sentido, trata-se de um gesto disruptivo nem sempre consciente, mas que implica um trabalho, uma agência. Um gesto inacabado, nos termos de Cecilia Almeida Salles (1998, p. 27), ao refletir sobre o processo de criação artística, conceituando-o como um "[...] complexo percurso de transformações múltiplas por meio do qual algo passa a existir." A autora também atribui ao gesto a dimensão de movimento, uma vez que o processo de criação artística resulta de uma ação do artista, envolvendo seleções, apropriações e combinações, um jogo permanente entre estabilidade e instabilidade, sempre em tensão. Um projeto, segundo ela, de natureza estética e ética, inserido na cadeia de continuidade e, portanto, sempre inacabado. Em se tratando da memória como gesto, entendemos que há uma agência epistêmica, produtora de conhecimento, sendo as iniciativas de memória parte desse agenciamento coletivo sempre inacabado, portanto, processual e continuamente em movimento, como apontamos.

Pensando a agência no sentido adotado por Ingold (2015), consideramos não se tratar de algo que se acrescente ou seja inerente a determinadas coisas, mas à possibilidade de trazer as coisas à vida por meio de sua restauração aos fluxos geradores do mundo de materiais no qual elas vieram à existência e continuam a subsistir. Afinal, para ele, "as coisas são as suas relações" (INGOLD, 2015, p. 119) e, nesse sentido, falar da cidade ou de suas memórias pressupõe falar das relações que as constituem. "A ação, então, surge da interação de forças conduzidas ao longo das linhas da malha. É porque os organismos estão imersos em tais campos de força que eles estão vivos" (INGOLD, 2015, p. 113). Assim, se a memória constitui e é constituída pela esfera social, ela pode ser considerada um agenciamento, conforme propõe Deleuze (1995), em conexão com outros agenciamentos, de modo que interessa compreender quais conexões estabelece e o que ela desloca em seus movimentos.

Ao olharmos para as iniciativas de memória, vemos implicadas nelas tanto intencionalidade quanto a ação, senda a narrativa sua materialização, mas também parte dessa agência. Tais iniciativas são imbuídas de intencionalidade vinculada a distintos agentes, com interesses divergentes e, por vezes, contraditórios, como vimos nos ensaios. O interesse do jornal *Estado de Minas*, por exemplo, não é o mesmo dos produtores culturais que fotografam as fachadas de casas tombadas, nem do museu cuja coleção patrocinada se alinha a um projeto institucional da Prefeitura de Belo Horizonte. A intencionalidade da agência é distinta, mas todas as iniciativas de memória acabam por instituir memórias e cidades, num gesto *abigarrado*, no qual estão implícitas multiplicidades.

Além da agência de idealizadores e realizadores das iniciativas de memória aqui apresentadas, também há a agência dos sujeitos que delas participam por meio de depoimentos sobre determinados bairros e lugares e a própria cidade. Em certos casos, essa agência dos participantes dos projetos desloca e constrange a intencionalidade inicial de seus realizadores, como vimos em relação à coleção *Belo Horizonte Surpreendente*, cujas falas dos entrevistados colocam-se contrárias à imagem positiva da cidade que o projeto pretende forjar.

O modo como a memória é acionada em cada narrativa cria novas cidades não necessariamente convergentes, ao passo que também não se conectam de modo harmônico com o dizer oficial sobre Belo Horizonte. Além de observarmos a disputa sobre as memórias internamente às narrativas e entre elas, notamos a tentativa de chancelar ou questionar o dizer oficial sobre a cidade, o que pode ser pensado como um gesto de memória reverberado nas falas das pessoas, conformando uma identidade narrativa possível para a cidade. Quando olhamos para a *Ocupação NegriCidade*, por exemplo, vemos um movimento feito por pessoas negras da capital mineira, reivindicando seu direito de ser parte da memória do lugar, diferenciando-se em relação à coleção *Belo Horizonte Surpreendente*, um instrumento de projeção de uma imagem positiva para a cidade. Isso nos mostra que a memória serve a diferentes propósitos, tendo diferentes agências e sendo agenciada de distintos modos por aqueles que a mobilizam.

As narrativas sobre a cidade, quando colocadas juntas, evidenciam não haver uma memória de caráter coletivo pacificada. O que existe é movimento, revisto a cada entrada na cidade pelo passado, ao qual se atribui sentidos distintos. Como dissemos, trata-se de memórias menores, mas que fazem algo com a cidade a partir de suas existências. Instituem novas e díspares cidades, sendo também instituídas por elas, evidenciando diferentes coletividades que a constituem.

Podemos perguntar-nos, contudo, o que faz um coletivo ser um coletivo, considerando que os arranjos narrativos são incompletos e estão sempre imbricados a outras narrativas. Partindo dos ensaios, entendemos que cada agente, ao criar suas iniciativas de memória, assim como os sujeitos que delas participam, está propondo um olhar sobre algo partilhado, comum. Em alguns casos, trata-se de lugares específicos, tais como os bairros Lagoinha, Savassi e Santa Tereza, no *Quanto tempo dura um bairro?*, a partir de suas edificações tombadas como patrimônio; o bairro Lagoinha, no *Projeto Moradores*, mobilizando distintas temporalidades e elementos de memória, tais como as canções, as fotografias, os vestígios materiais remanescentes; questões do tempo presente, como nos mostram os eixos temáticos dos especiais do *BH 120 anos*, do jornal *Estado de Minas*; uma identidade cultural em busca de seu fortalecimento, como no caso da *Ocupação NegriCidade*; ou mesmo uma cidade que se pretende congregar, como o fazem o *Projeto Moradores - Belo Horizonte* e a coleção *Belo Horizonte Surpreendente*, mas que revela cidades distintas coexistentes na experiência de seus habitantes. Há, portanto, lugares comuns, tempos coexistentes e identidades narrativas partilhadas ou disputadas, instituídos nessas iniciativas de memória, ao mesmo tempo que também a instituem, assim como à própria cidade.

Em certa medida, parece-nos ser necessário o coletivo para que se tenha um agente sobre essa memória compartilhada, da qual faz parte. Isso nos leva a perguntar quem está dentro e fora desse coletivo, quem é considerado como possível agente da memória da cidade e quem não é. Como apontamos, há várias pessoas que se repetem entre as iniciativas de memória, sendo, pois, aqueles que, aparentemente, podem narrar a cidade. Isso nos mostra escolhas que jogam com lembrança e esquecimento de forma deliberada, reforçando certas narrativas hegemônicas, lugares ou mesmo personalidades entendidas como representantes da cidade.

Desse modo, a força de tais narrativas emerge de uma identidade coletiva que diz de um senso de comunidade, levando-nos a pensar em como lidar com as dissonâncias, os abigarramentos e as disputas dentro e entre tais narrativas de memória. Se há agência por parte das narrativas, dotadas de intencionalidade, há algo que escapa nas entrelinhas das falas daqueles que as compõem, mesmo em projetos mais institucionais, como a coleção *Belo Horizonte Surpreendente*. Em muitos casos, também os silenciamentos e as invisibilidades dizem muito. Podemos ver as escolhas e os agenciamentos de tais atores, mas também inferir o que não está à mostra e não cabe no coletivo que buscam compor.

7.3 A memória como gesto em disputa

A memória, como movimento, ação e agenciamento, mostra que se trata de um gesto em tensionamento, num diálogo propositivo entre os realizadores das iniciativas, aqueles que dela participam e seus consumidores, a partir dos quais são construídos novos modos de se perceber a cidade. Colocadas lado a lado, tais iniciativas revelam ressonâncias e dissonâncias entre elas, dizeres oficiais reiterados e questionados, que ajudam a compor certos modos de se apreender a cidade, mas também evidenciam as contradições inerentes a cada uma e entre elas. Evidenciam e promovem, em certa medida, fricções no modo como notamos, habitamos e experienciamos a cidade, assim como conformam distintas identidades narrativas atribuídas a ela.

As iniciativas de memória apontam que a memória de caráter coletivo emerge na dialética entre lembrar e esquecer e entre fricções espaço-temporais, rearranjadas narrativamente. Assim, ela opera sob tensionamentos reveladores de disputas e desestabilizações próprias do tecido social, envolvendo questões éticas e estéticas, mas sobretudo políticas. Entendemos tais disputas como modos de fazer vibrar heterogeneidades justapostas no cotidiano de espaços partilhados como as cidades, que produzem memórias em constante confrontação. Isso observamos ao comentarmos as disputas evidenciadas no projeto *Quanto tempo dura um bairro?*, em que inscrições de tempos diferentes na espacialidade da cidade jogam entre permanências e mudanças; na *Ocupação NegriCidade*, em que a disputa por um lugar de memória, mas também pelo próprio direito e dever de memória, deslocam sentidos relativamente estabilizados de certa localidade e abrem um passado problemático, que, por vezes, Belo Horizonte pretendeu esconder; nas narrativas de histórias de vida de *Belo Horizonte Surpreendente*, apontando problemas significativos fruto de projetos contraditórios de urbanização; assim como nos problemas atuais que permeiam os especiais do projeto multimídia *BH 120 anos*. Como argumentamos, tais disputas e tensionamentos estão presentes internamente às narrativas de cada iniciativa de memória, revelando tensões temporais e intencionalidades divergentes que perpassam a agência de cada ator no processo de instituição narrativa da memória, mas reverbera também na própria cidade, embrenhada em contradições.

Esse processo pouco harmônico de constituição de memórias também pode ser associado à caracterização do gesto de pesquisa por Flusser (2014), considerado por ele um estar-no-mundo. Para ele, no gesto da pesquisa, não estamos pesquisando o mundo, mas somos pesquisa do mundo, somos "[...] parte da realidade concreta, profundamente implicados nela e inseparavelmente permeados por ela" (FLUSSER, 2014, p. 53). Do mesmo modo, as iniciativas de memória aqui elencadas não nos parecem representar uma cidade, mas instituí-la, sendo, portanto, parte fundante da realidade da qual se alimenta e à qual também produz, não de modo pacificado, mas continuamente disputado.

Em se tratando dos modos de se fazer pesquisa, Flusser (2014) considera não se tratar mais de conhecer melhor o mundo objetivo, mas de saber sobre a circunstância e se conhecer nela, numa relação em diálogo com os outros que também estão nela contidos. Essa acepção demandaria, inclusive, um deslocamento do suporte teórico das dimensões objetivas e da própria temporalidade, como comenta:

> O tempo deixa de ser fluxo que vem do passado, passa por ponto imaginário chamado "presente" e se dirige rumo ao futuro. O espaço deixa de ser estrutura tridimensional vazia, cujo centro é arbitrário e cujos eixos apontam o infinito. O espaço-tempo passa a ser um único suporte. Nele os problemas se aproximam de todos os lados, vindo do futuro que é horizonte espaço-temporal limitado pelo alcance do interesse. Ao se aproximarem, se concretizam, e tornam-se concretos ao se apresentarem. A realidade é a circunstância concreta presente. E o passado é aspecto do presente: memória disponível ou indisponível (esquecimento). (FLUSSER, 2014, p. 55).

Assim, é no espaço-tempo que a realidade social se ancora e as temporalidades se tornam experenciáveis no presente. É a partir dele que os gestos de memória desenvolvem-se, articulando passado e futuro no espaço-tempo do presente, onde a realidade é "circunstância concreta", nos termos do filósofo tcheco-brasileiro. A memória, portanto, se trata de um gesto mobilizador de diferentes temporalidades, embora seu acionamento seja feito a partir do presente. O passado acionado não está inerte, mas sempre aberto, sempre maleável e sempre disputado entre distintos agentes da memória de caráter coletivo.

Na dinâmica do cotidiano, dentro do fluxo das cidades, a produção de narrativas de memória revela distintos modos de institucionalizar atos do cotidiano. Por meio de sua repetição como gesto, a memória produz diferença, mas também mantém vivo seu propósito de instituir o coletivo, num movimento e trabalho constantes. Percebemos, portanto, que tanto o passado está aberto e em constante acionamento, a depender dos interesses do presente e de projetos de futuro quanto a memória, como um agenciamento, emerge nessas fissuras e em meio a essas disputas, tensionando o tecido urbano continuamente.

A memória, como uma demora no tempo é, portanto, um gesto de transformação, uma agência caracterizada por seu movimento, sendo a de caráter coletivo um conjunto de fissuras, do qual emergem distintas cidades a partir de seus fragmentos. Aqui, a nossa cidade-trapeira constitui e é constituída por esses vestígios, num processo de artesania a partir de suas memórias menores, aquelas que compõem seu tecido abigarrado, entremeado de suturas pouco resolvidas.

7.4 Gestos de memória da cidade-trapeira: artesanias temporais numa cidade abigarrada

Como vimos, a memória pode ser considerada um gesto que incorpora movimento, agência e disputas e, em se tratando daquela de caráter coletivo como a de cidades, diz respeito a um agenciamento que desloca e institui espacialidades e temporalidades, ao passo que é instituída por elas. Diante disso, discorreremos, a seguir, sobre as possíveis implicações dos gestos de memória da cidade-trapeira Belo Horizonte, que lida de modo peculiar com seus fragmentos de passado, ao se tecer a partir deles.

Partimos de Benjamin, ao propor nosso gesto trapeiro e, em certa medida, caracterizar a capital mineira como cidade-trapeira. Isso implica considerar haver uma recusa à síntese diante de um cenário de fraturas, em que destroços, estilhaços, fragmentos e ruínas se tornam matéria-prima para a elaboração de memórias. Após nossos encontros com as iniciativas que aqui apresentamos, entendemos que essa cidade-trapeira se constitui numa realidade abigarrada, cujas temporalidades e espacialidades estão em constante rearranjo e tensionamento. Ou seja, tais memórias, atualizadas a partir desses fragmentos, também estão sempre em fricção umas às outras e em relação ao dizer oficial sobre a cidade.

Belo Horizonte, assim como outras cidades latino-americanas, nasceu marcada por uma modernidade cuja força discursiva impactou e continua impactando seus modos de se pensar como urbanidade. Não por acaso, em várias das iniciativas de memória, o questionamento ao discurso do progresso aparece com algum destaque, tais como as falas de moradores de *Quanto tempo dura um bairro?* sobre as descaracterizações de um modo de viver bucólico de tempos anteriores, em bairros próximos ao centro; os lamentos pelas perdas históricas na região da Lagoinha, presentes no *Projeto Moradores*; a destruição do Largo do Rosário para a construção de novos arruamentos, síntese do apagamento de Curral del Rey quando da criação da nova capital de Minas; os problemas com as canalizações dos rios urbanos, resultantes de um modelo de urbanização que os relegou a um lugar do passado, reiteradamente comentados; o contraditório lugar dos tombamentos de edificações que, ao mesmo tempo que tentam protegê-las, não criam condições para sua manutenção, deixando-as em ruínas, como nos mostra o *Quanto tempo dura um bairro?*. Essas e outras questões presentes nas narrativas de memória evidenciam como nosso passado colonial, que tanto quiseram suplantar com a criação da capital mineira, ainda continua nos impactando, ao forjar para a cidade uma modernidade excludente que opera na lógica da desigualdade.

Nesse sentido, faz-se necessário olhar para o projeto moderno da capital mineira com um gesto crítico, não no intuito de substituí-lo, posto se tratar de um discurso do passado que ainda reverbera no presente, como vimos na proposta institucional do *Belo Horizonte Surpreendente*, mas para compreendermos como tais processos de colonização e modernização afetam-nos. A partir deles, entendemos ser necessário produzir deslocamentos e outros imaginários possíveis para a cidade, assumindo essa contradição como parte fundante de quem ela é.

Nossa cidade-trapeira, apesar de ser relativamente nova, com pouco mais de 100 anos, mostra que uma das formas de lidar com tais contradições é pela via da memória, haja vista a existência de tantos projetos como as iniciativas analisadas nesta obra. A partir delas, vemos a tentativa de a cidade-trapeira alinhavar seu passado com o intuito de lançar luz sobre questões do presente e pensar em projetos possíveis de futuro. No entanto, tais memórias menores indicam que não é possível arranjar um tecido plano e uniforme a partir de tais fraturas e fragmentos. Vemos emergir, portanto, as contradições entre esse emaranhado de linhas, ora convergentes, ora divergentes entre si e em relação à própria cidade.

Assim, se assumimos no nosso ponto de partida a multidimensionalidade da memória, ao olharmos para os ensaios apresentados, entendemos que essa se assenta em um cotidiano heterogêneo, numa cidade formada por temporalidades e espacialidades abigarradas, nos termos de Rivera Cusicanqui (2018). E é esse olhar latino-americano, voltado para as disjunções espaço-temporais a partir da realidade boliviana, que convocamos para nos ajudar a pensar essa cidade-trapeira.

A proposta da socióloga de origem aymara é buscar um *olhar encarnado*, não apaziguador, recusando a ideia de multiculturalismo e mestiçagem, que apaga as diferenças. Para ela, a lógica da temporalidade aymara quadripartida, sobre a qual discorremos, possibilita a volta ao ponto original, mas o transcende. Opera numa lógica em que epistemologia *ch'i'xi*, proposta por Rivera Cusicanqui (2018) em complemento à ideia de abigarrado, permite ao mesmo tempo viver um dentro e fora da máquina capitalista, uma vez que pressupõe complementaridade e coexistência como conceitos fundamentais.

Nesse sentido, o *ch'ixi* possibilita relações de equilíbrio e dinamismo, assumindo a consciência da borda ou fronteiriça. Trata-se de um mundo do meio, uma zona de contato agregadora da lógica aymara de complementaridade, uma proposta de entendimento de uma mestiçagem que incorpora e reconhece a polaridade euro-índia como contradição potencialmente descolonizadora (RIVERA CUSICANQUI, 2016). Nesse sentido, para a autora (RIVERA CUSICANQUI, 2016), ao fazer um ensaio visual a partir das demolições na rua onde passou sua infância, não se trata de cantar uma elegia nostálgica a um passado perdido:

> Estamos em um mundo que prefere erguer monumentos ao passado, e não parar a destruição que se vive no presente. Um mundo aporético que presta homenagem esquizofrênica aos artefatos materiais da modernidade, mas que através dela articula velhas lógicas. [...]
>
> Símbolos e "tradições" tornaram-se palavras mágicas, vazias e desvalorizadas pelo uso e pela ânsia de entrar no mercado do conhecimento da modernização global. É paradoxal a atitude patrimonialista dos governantes da minha cidade. [...]

> Mas também, com a destruição da cidade arcaica e com o esquecimento daqueles vestígios mal digeridos do passado, se transformam em um ornamento esteticista do presente. E a memória coletiva em uma pilha de escombros. (RIVERA CUSICANQUI, 2016, n.p.)[61]

Esse excerto aponta que, tal qual se deu com a rua em questão, vivenciamos situações parecidas em se tratando do contexto belorizontino. A cidade de tempos anteriores, que não cabia no projeto de modernidade proposto para a nova capital, tornou-se um passado mal digerido, transformando-se em ornamento do presente. Da mesma forma, o argumento do velho dar lugar ao novo trata-se de uma lógica ainda presente em processos de demolições para obras de urbanização e "melhorias" viárias, novos rótulos que travestem o mesmo ideal de progresso que compõe historicamente uma face da identidade narrativa de Belo Horizonte.

A cidade-trapeira, portanto, não sintetiza suas temporalidades, mas se funda em sua coexistência, na pluralidade, na linha do pensamento *ch'ixi* (RIVERA CUSICANQUI, 2015), assim como acontece com outras experiências urbanas latino-americanas. Como apontam Phellipy Jácome, Julieta Campos e Bruno Souza Leal (2021), ao relacionarem a mirada *ch'ixi* de Cusicanqui a Belo Horizonte:

> O imaginário fundacional de Belo Horizonte permeia seus processos de construção/desconstrução até hoje, bem como encarna as consequências temporais peculiares de nossas modernidades periféricas. O traço elitista do projeto original, que fixava os limites da cidade na avenida do Contorno, não contemplava espaços específicos para as pessoas que vieram trabalhar na construção da capital, motivo pelo qual várias vilas e favelas fizeram crescer concretamente, desde então, esse mapa imaginário e seus processos de subjetivação. (JÁCOME; CAMPOS; LEAL, 2021, p. 312).

Como dissemos, trata-se de uma cidade planejada, cujo traçado determinava quem poderia ou não estar dentro do limite da avenida do Contorno,

---

[61] Do original em espanhol: "Estamos en un mundo que prefiere erigir monumentos al pasado, y no parar la destrucción que se vive en el presente. Un mundo aporético que rinde culto esquizofrénico a los artefactos materiales de la modernidad, pero que a través suyo articula viejas lógicas. [...] Símbolos y 'tradiciones' se han vuelto palabras mágicas, vacías y devaluadas por el uso y por su afán de entrar al mercado de saberes de la modernización global. Es paradójica la actitud patrimonialista de los gobernantes de mi ciudad. [...] Pero también, con la destrucción de la ciudad arcaica y con el olvido de esas huellas mal digeridas de pasado, se transforma éste en un ornamento esteticista del presente. Y la memoria colectiva en una pila de escombros." (RIVERA CUSICANQUI, 2016, n.p., tradução livre nossa).

limite ultrapassado desde seus primórdios. Suas ruas e avenidas, nomeadas em referência a outros territórios nacionais e a agrupações indígenas (JÁCOME; CAMPOS; LEAL, 2021), numa pretensão de dizer da harmonia da República, apresentam contradições desde sua fundação. As constantes alterações viárias, como as que mencionamos anteriormente; as canalizações problemáticas de rios, que reverberam em várias iniciativas de memória; as constantes tentativas de regulação do centro comercial ao longo de sua história; a própria existência da avenida do Contorno, cuja porosidade permitiu a formação de um centro pulsante e dinâmico, agregando os que dele deveriam ser excluídos (FONSECA, 2008), contribuem para pensar Belo Horizonte nessa lógica do mundo *ch'ixi*, uma cidade contraditória, que permite a coexistência de diferentes temporalidades e territorialidades.

Tomar as noções de abigarramento e *ch'ixi* ajuda-nos a reconhecer as contradições e a multitemporalidade de experiências urbanas como a belorizontina e a considerá-las como potência de pensamento, fazendo "emergir também imaginários que passam ao largo de qualquer lógica conjuntista-identitária" (JÁCOME; CAMPOS; LEAL, 2021, p. 313). Assim, pensar Belo Horizonte na chave do olhar *ch'ixi* proposto por Rivera Cusicanqui (2015) possibilita compreender que aparentes dicotomias abrigadas em seu cotidiano são também constituintes de sua memória. Noções como periferia x centro, lembrança x esquecimento e experiências individuais x coletivas devem ser tomadas menos de modo dicotômico ou binário, mas como relações ao mesmo tempo lacunares e imbricadas, como contradições em certa medida retroalimentadas. Entendemos que se trata de incongruências constitutivas da própria cidade, que se estendem também à suas experiências de memória de caráter coletivo.

Assim, de posse de seus vestígios, ruínas e ipseidades, a cidade lida com a presença de diferentes iniciativas de memória, cujas propostas diferenciadas se relacionam de forma peculiar com o dizer oficial e com a própria cidade. Esse é o caso da *Ocupação NegriCidade*, que busca fazer emergir do asfalto civilizatório uma memória latente: mais que relembrar um passado, funda um passado que tentaram invisibilizar e que não tinha se constituído como memória até então. Mesmo as outras iniciativas podem ser consideradas como dobradiças do tempo que, em certa medida, desterritorializam e descolonizam esse passado, possibilitando outras imaginações de futuro para a capital mineira.

Podemos pensar as cidades como a experiência que temos com elas, não dadas *a priori*, mas tornadas no acontecer da vida cotidiana. Mesmo buscando se estabilizar, elas podem ser experimentadas de modos diferentes. Especialmente em se tratando de memórias de caráter coletivo em cidades latino-americanas como Belo Horizonte, devemos considerar que tal gesto revela o cotidiano de temporalidades e espacialidades *abigarradas* (RIVERA CUSICANQUI, 2015) e em constante disputa que as compõem. Emergindo da tensão entre permanência e mudança, entre ipseidade e mesmidade, vemos a memória de caráter coletivo ancorar-se em dialéticas não resolvidas. Por isso, a memória como gesto pressupõe movimento, haja vista oferecer, via narrativa, uma solução sempre provisória e instável. Ao mesmo tempo que emerge e se faz visível, possui algo de precário, demandando outro gesto e não cessando o movimento.

Nesse sentido, entendemos que o gesto de memória sobre/da cidade-trapeira assemelha-se a um gesto abigarrado ou *ch'ixi*, que evidencia suas contradições: ao mesmo tempo que vemos o esforço de resguardar edificações de tempos anteriores, muitas vezes essas só sobrevivem como ruínas; por outro lado, tantas outras continuam sendo demolidas sem grande constrangimento em nome do novo, alterando significativamente o cotidiano de bairros e regiões. Ao passo que tudo parece ser tecido e destecido, feito e refeito incansavelmente, numa ânsia pelo novo, vemos emergir diversos projetos voltados para a memória de uma cidade relativamente nova; por outro lado, em muitos lugares, as ruínas das demolições permanecem, compondo a paisagem urbana como se assim fosse o projeto inicial, sempre em processo de finalização, sempre inacabada.

Belo Horizonte, como uma cidade-trapeira, lida com seus fragmentos na ordem do abigarrado e do *ch'ixi*, em que todas as tentativas no sentido de se mostrar um tecido plano e organizado frustram-se ao vermos a fragilidade dessa costura. A cidade planejada, mencionada em várias narrativas de memória, extrapolou seus limites definidos em seu planejamento inicial, assim como suas memórias escapam à sua tentativa de arranjá-las em um todo coerente. Ela opera, portanto, com artesania suas tensões temporais, remendando-as e alinhavando-as numa trama que também a molda ao passo que é articulada por ela. Etimologicamente, artesania remete a trabalho com as mãos. Como artesã lidando com seus fragmentos, ao manejar essa costura, a cidade-trapeira também maneja a agulha, aquilo que permite seus alinhavos. Contudo, a agulha, mesmo promovendo aderências, também perfura tecidos e machuca a mão. Incomoda-a, levando-a a se ajustar para que sejam dados pontos mais estáveis e firmes, tal qual o gesto do fazer em Flusser (2014). Nesse sentido, a memória como gesto agencia e é agenciada pela cidade-trapeira que, em sua artesania, convoca e evoca linhas distintas, mas também as desloca, perfurando sua malha ao passo que a tece. Isso nos remete à proposição de Ingold (2015) sobre a superfície, possibilitando-nos compreender como a malha da cidade pode ser pensada nesses termos:

> Por meio da agulha, a linha – enfiada no buraco da agulha – passa não pela superfície, mas através dela, puxada atrás do ponto. Assim, a superfície figura não como um substrato sólido, mas como uma membrana permeável, ela própria tecida como uma malha ou rede de fios finos, através dos interstícios pelos quais a agulha passa sem danos à sua integridade. (INGOLD, 2015, p. 281).

Logo, a malha tecida na superfície da cidade incorpora seus fluxos, mostrando-nos um arranjo instável e poroso, a partir dos quais as linhas se cruzam, seguindo também seus próprios movimentos. Trata-se de linhas nas quais está implicada uma trajetória de devir, ainda nos termos de Ingold (2015), em que o entrelaçamento dessas trajetórias compõe a textura do mundo, formando um campo relacional de pontos interconectados. Tais interconexões ou nós, como aqui chamamos, dizem também da memória, haja vista que, na perspectiva do antropólogo britânico, ao se desatar uma corda, esta sempre manterá seus vincos e dobras e tende a voltar a se enrolar nas marcas de nós já desfeitos. "A memória se estende dentro do próprio material da corda, nas torções e dobras de suas fibras constituintes." (INGOLD, 2015, p. 50-51). Tendo isso em vista, nossas linhas, quais sejam, as iniciativas de memória analisadas, também possuem essa propriedade: cada uma tenta seguir seu trajeto, mas guardam em seu interior o registro dos encontros que as marcaram.

Assim, cada ponto de interseção com outras narrativas da memória, com outros agentes sobre a memória da cidade e com o próprio dizer oficial está marcado em sua forma. Ou seja, menos que por linhas autônomas, a malha da cidade é formada pela textura das relações sociais, cujos registros nela permanecem inscritos. Logo, cada uma das iniciativas analisadas incorpora tais marcas e colocam-se como parte dessa tessitura pouco estável, heterogênea, que abriga diferenças. Desatar tais nós temporários não suscita uma ruptura, mas um "zarpar" (INGOLD, 2015), de modo que as linhas, anteriormente conectadas, seguem caminhos separados, mas mantêm a memória desse encontro.

A memória de caráter coletivo na cidade-trapeira, portanto, forma-se no plural, a partir de seus fragmentos, sendo um lugar de disputa de temporalidades e entre agentes múltiplos não conciliados. Ao olharmos para os ensaios, vemos um arranjo de memórias fragmentadas em constante construção e atrito, um tecido abigarrado. Isso desloca o entendimento de memória coletiva a partir de Halbwachs (1994), evidenciando suas fissuras e fazendo flutuar o que é aparentemente estável e homogêneo. Trata-se de um conceito que, como vimos, não dá conta das especificidades latino-americanas.

Tendo isso em vista e partindo da proposta descolonizadora de Rivera Cusicanqui (2015), entendemos que, tal qual as linhas mantêm a memória dos nós, faz-se necessário, ao olharmos para cidades como Belo Horizonte, compreender que elas também são marcadas por tais conexões, mesmo que estas já não as sustentem mais. Entre elas, podemos pensar, como colocamos, o histórico colonial do qual a própria cidade buscou afastar-se, quando de sua construção, mas que marca nossa experiência brasileira, dentro do qual vemos um passado monarquista e escravagista que também nos forma, assim como o desejo de estabelecimento de uma modernidade não concretizada efetivamente, mas cujos fragmentos são também constituidores do que somos hoje. Nessa perspectiva, Rivera Cusicanqui (2015) propõe a descolonização como prática fundada no desejo de recuperar uma memória e corporeidade próprias. Para ela, essa memória:

> [...] não seria somente ação, mas também ideação, imaginação e pensamento (amuyt'aña). Seguindo este raciocínio, el amuyt'aña enquanto um gesto coletivo, permitiria uma reatualização/reinvenção da memória coletiva em certos espaços/tempos do ciclo histórico em que uma mudança ou reviravolta na sociedade é vista. (RIVERA CUSICANQUI, 2015, p. 28).[62]

Como considera, o passado por vezes é domesticado por textos escritos relativos a marcos conceituais da ciência social convencional, mas que obliteram vozes subalternas ou as integram em uma narrativa monológica de progresso e modernização. O que escapa a essa visada homogeneizadora encontra-se nas fissuras e fraturas desse processo, nas práticas e lutas cotidianas, nas disputas entre verticalidades e horizontalidades, entre táticas e estratégias. Rivera Cusicanqui (2015) aponta que a eclosão de vozes de

---

[62] Do original em espanhol: "Resulta de ello entonces que tal memoria no sería solamente acción sino también ideación, imaginación y pensamiento (amuyt'aña). Siguiendo este razonamiento, el amuyt'aña, en tanto gesto colectivo, permitiría una reactualización/reinvención de la memoria colectiva en ciertos espacios/tiempos del ciclo histórico en que se ve venir un cambio o conmoción de la sociedad." (RIVERA CUSICANQUI, 2015, p. 28, tradução livre nossa).

novos sujeitos sociais, antes silenciados, revelou um passado não superado, alheio ao discurso integrador e totalizador do estado.

> Vozes críticas e conflitantes dos sujeitos subalternos indígenas foram apagadas do senso comum dominante, e a ciência social falhou em superar essa surdez A imagem que dela emerge é refletida numa visão linear e evolutiva da história, típica da racionalidade eurocêntrica, em que essas vozes são percebidas como anacronismos, obstáculos ou interferências ao ideal de uma sociedade homogênea, moderno e ocidentalizado. (RIVERA CUSICANQUI, 2015, p. 89).[63]

Observamos isso também em relação a Belo Horizonte, que buscou pacificar seu passado problemático de destruição de um arraial antes de sua construção, de expropriação da população negra de sua área central, de demolição de patrimônios como o Largo do Rosário e de tentativa de invisibilização desse histórico em seu dizer oficial. Isso se deve ao fato de a cidade sempre buscar forjar uma identidade narrativa que evidencie seu desejo de modernidade e progresso, dentro da qual não cabe esse passado conflituoso. Contudo, vimos nas iniciativas de memória que, por mais que se tente obliterar tais questões por meio de um discurso reiterado como história da cidade, elas acabam emergindo quando olhamos para as experiências encarnadas em seus habitantes. O passado continua a atuar no presente, de modo que, tal como vimos em relação à *Ocupação NegriCidade*, se faz necessário reabri-lo e mostrar suas chagas para a agência sobre o presente viabilizar novas possibilidades de futuro. Abertura feita não por fontes escritas, mas por rituais, por registros audiovisuais, por alegorias e imagens atribuídas à cidade, assim como pela própria memória.

Conforme Robin (2016, p. 31), "o passado não é livre. Nenhuma sociedade o deixa à mercê da própria sorte. Ele é regido, gerido, preservado, explicado, contado, comemorado ou odiado. Quer seja celebrado ou ocultado, permanece uma questão fundamental do presente". Desse modo, o passado da nossa cidade-trapeira, continuamente reaberto, atualizado e reelaborado, contribui para projetar diferentes identidades narrativas sobre Belo Horizonte, trazendo luz às suas sombras, evidenciando suas tensões temporais e as questões sociais do presente, mas também possibilitando imaginar a cidade que queremos.

---

[63] Do original em espanhol: "Las voces críticas y conflictivas de lxs sujetxs subalternos indígenas habían sido borradas del sentido común dominante, y la ciencia social no había logrado superar esta sordera. La imagen que surge de esta última se plasma en una visión lineal y evolucionista de la historia, propia de la racionalidad eurocéntrica, en la que esas voces se perciben como anacronismos, obstáculos o interferencias al ideal de una sociedad homogénea, moderna y occidentalizada." (RIVERA CUSICANQUI, 2015, p. 89, tradução livre nossa).

À guisa de encerramento de nossa reflexão, retomamos Italo Calvino (1990), em *As cidades invisíveis*, cuja descrição das cidades imaginárias permite refletir sobre as identidades possíveis e contraditórias que a elas atribuímos. Isidora, a cidade dos sonhos cujos desejos são recordações; Zaíra, feita das relações entre as medidas de seu espaço e os acontecimentos do passado; Anastácia, a cidade enganosa que não desperdiça nenhum desejo, mas faz de seus habitantes seus escravos; Tamara, cidade que diz tudo o que se deve pensar e obriga a repetir o discurso, mas só registra os nomes com os quais ela define a si própria e a todas as suas partes; Zora, que tem a propriedade de permanecer na memória ponto a ponto, de modo a ser apreendida de cor, mas que, obrigada a permanecer imóvel, se definhou e foi esquecida pelo mundo; Leônia que, quanto mais expele de seu passado, mais o acumula numa couraça de lixos de tempos anteriores... Essas e outras tantas cidades descritas por Marco Polo ao imperador chinês Kublai Khan dizem-nos muito sobre a memória como um gesto que também é imaginativo. Como bem disse Huyssen (2000), em relação ao texto de Calvino, os espaços reais e imaginários misturam-se na nossa mente para moldar nossas noções de cidades específicas. Assim, entre imaginação, experiência, memórias herdadas e desejos de futuro, vamos atribuindo a Belo Horizonte identidades diversas, complementares, coexistentes, contraditórias, abigarradas, fazendo emergir, via narrativa, as cidades plurais que a compõem.

POSFÁCIO

ENTRE GESTOS E RESTOS

Quando da realização de sua pesquisa de doutorado, Luciana Amormino sabia que investia em terreno complexo e conflagrado na pesquisa em humanidades: os estudos que se articulam em torno da memória. Na área da comunicação, em diálogo com campos disciplinares diversos, desenvolveu-se nos últimos 30 anos um esforço de pesquisa abrangente sobre memória e comunicação, incluindo questões relacionadas às "novas" tecnologias, a temas como o da nostalgia, ao papel fundamental dos meios midiáticos na construção da memória e à contribuição das práticas comunicacionais para a formação de uma memória coletiva. São maneiras renovadas de tratar da matéria, que ensaiam, principalmente, contribuições teórico-metodológicas originais. Parece-me que a reflexão de Luciana inscreve-se de forma arrojada nesse terreno. Ao propor pensar a memória como gesto e, examinando iniciativas desenvolvidas em Belo Horizonte nessa área, caracterizar aquilo que ela chamará de cidade-trapeira, Luciana nos lança novamente na complexidade dessa discussão.

As cinco iniciativas de memória desenvolvidas a partir da cidade de Belo Horizonte que Luciana investigou são apresentadas naquilo que tem de singular. Cada projeto aborda a memória de maneira peculiar, explorando vestígios, testemunhos, acervos, espaços e tempos como coisas heterogêneas em sua constituição e que procuram agenciar diferentes gestos de memória para a cidade. A reflexão singulariza tais iniciativas, evidenciando a multiplicidade de gestões que se fazem presentes no esforço de narrar as memórias de uma cidade.

Para isso, a noção de "trapeiro" foi recuperada a partir de Walter Benjamin e mobilizada como figura conceitual central. Se, em seus escritos, Benjamin desenvolve sua teoria das "passagens" para explorar a experiência urbana, a modernidade e as transformações culturais na Paris do século XIX, a figura conceitual do trapeiro reaparece aqui para sustentar que nessas passagens a memória atua "como gesto, um ato ético, estético e político".

O trapeiro em Benjamin opera como uma espécie de colecionador a perambular pela cidade, coletando fragmentos e objetos descartados. Esses trapeiros urbanos se tornam arqueólogos do cotidiano, reunindo os resíduos da vida moderna. Benjamin vê esses fragmentos como vestígios que contêm memórias e histórias da cidade, uma vez que cada objeto carrega consigo uma carga de significado e contexto cultural. A noção de trapeiro em Benjamin destaca a importância dos detalhes aparentemente insignificantes e descartados da vida urbana para a compreensão da história e da cultura. Ao coletar esses fragmentos, o trapeiro ajuda a preservar memórias efêmeras e a revelar as camadas ocultas da vida nas experiências urbanas. Luciana, à sua maneira, realiza tal gesto com o que chamou dessas "memórias menores", faz uma espécie de "coleta da coleta". Cada iniciativa escolhida para articular sua reflexão já opera, em si mesma, um conjunto de coletores de fragmentos, que se propõe a narrar de maneira memorialística a cidade de Belo Horizonte. E aqui, a meu ver, aparece uma discussão importante que o trabalho sinalizou com propriedade. Como gesto, a memória funciona em um processo em catadupa, em que os fragmentos produzem novos fragmentos, cada iniciativa de memória abre múltiplas outras iniciativas, cada objeto coletado rebate-se em outros, em processo crescente de jorrar novos resíduos.

Lembro do comentário do colega Mozahir Salomão durante a apresentação do trabalho final de Luciana, indagando-a: "a memória nos salva do esquecimento, mas quem nos salvará da memória?" O trabalho, de certa maneira, responde demonstrando a importância da memória na construção de identidades e na tomada de decisões, a interconexão entre memória individual e memória coletiva, e o papel da memória coletiva na formação de comunidades e sociedades. A memória, como diz Luciana na esteira de todas as referências mobilizadas para sua reflexão, influencia nossa forma de agir e nossa compreensão de identidade, é processo dinâmico e em constante transformação. Daí compreendermos no trabalho como as iniciativas analisadas são elas mesmas gestos de memória que "apagam" outros. Apresentam-se como compreensões, modos de saber a cidade, epistemes, que tomam parte de gestos que lutam para afirmar certas memórias e não outras. No caso de Belo Horizonte, articulando-se a "um contínuo movimento de auto apagamento em nome do progresso".

Nesse sentido, a reflexão de Luciana intercepta de maneira instigante as discussões conceituais sobre memória. O modo "como as sociedades recordam", para lembrar a formulação de Paul Connerton, ou as maneiras de se lidar com a memória coletiva, nos termos de Maurice Halbwachs, e como elas representam os meios pelos quais grupos sociais narram histórias sobre suas origens e trajetórias, destacando pontos específicos no tempo como significativos, são questões incontornáveis nesse campo problemático.

Mas há mais. Para a cidade-trapeira que emerge da análise de Luciana, a memória é operada em diferentes performatividades, gestos de memória que articulam sentidos plurais de temporalidade e espacialidade: as hierarquias das comemorações e a tentativa de produzir coerências reproduzindo novas contradições para o rememorar; os riscos de, mesmo pensando em vestígios, tomá-los como materialidades inertes (e não coisas que "vazam", nos termos de Tim Ingold); em contextos contemporâneos de multiplicação das possibilidades de fala de qualquer pessoa, a tensa dinâmica da verdade do testemunho e do testemunho verdadeiro; as questões implicadas em querer "mostrar" cidades "imaginando" as coleções; os buracos na memória que reabrem novas e incessantes produções de vestígios; a ideia desafiadora de pensar a memória a partir de coisas "cujos significados emergem junto com o acontecer da memória".

Assim, na "coleção" de Luciana, insinua-se a força de aproximações interdisciplinares para a abordagem da memória das cidades e o caráter multidimensional das coisas que permitem discutir e compreender a memória social. Destaca-se também a importância e o cuidado em pensar contextos sócio-históricos específicos – e as possibilidade e os limites de trabalhar com noções e arranjos que têm significações diversas na experiência social (O que se define como um bairro? O que se toma por testemunho? Que interações patrocinam e promovem tais memórias? etc.) – e, sobretudo, que os gestos de memória não se fiam em formas estabilizadas e estabilizadoras da experiência social.

Talvez não possamos mesmo ser salvos da memória, mas nos salvar com ela, se o gesto também puder ser pensado como resto, algo que me parece tangenciar a reflexão de Luciana. Não restos como trapos que se descarta, como o que resta de algo, ainda que sujeitos a uma "coleta seletiva". Se há o que sobra, se temos que o que permanece, os restos – na dimensão messiânica que conforma um entendimento do trapeiro benjaminiano – dizem também daquilo que se leva. Os vestígios da memória não se "desprenderam" de uma totalidade do passado, mas produzem sempre uma diferença com o que é tomado como tal, uma reabertura naquilo que se produz como tempo. A memória pode ser vista, então, como uma possibilidade de redenção. Um resto que aponta para um porvir, que implica transformação no presente. A memória como gesto ético, estético e político.

Prof. Dr. Elton Antunes
Universidade Federal de Minas Gerais

REFERÊNCIAS

ABIMBOLA, Wande. *A concepção iorubá da personalidade humana*. Colóquio Internacional para a Noção de Pessoa na África Negra. Centre National de la Recherche Scientifique: Paris, 1971.

ABREU, Maurício. Sobre a memória das cidades. *In:* CARLOS, Ana Fani Alessandra; SOUZA, Marcelo Lopes de; SPOSITO, María Encarnação Beltrão (org.). *A produção do espaço urbano:* agentes e processos, escalas e desafios. São Paulo: Contexto, 2011. p. 77-97.

A CAPITAL. Edição de 12 de dezembro de 1897. *In:* LINHARES, Joaquim Nabuco. *Itinerário da imprensa de Belo Horizonte:* 1895-1954. Belo Horizonte: Fundação João Pinheiro, Centro de Estudos Históricos e Culturais, 1995.

ACCOSSATTO, Romina. Colonialismo interno y memoria colectiva: Aportes de Silvia Rivera Cusicanqui al estudio de los movimientos sociales y las identificaciones políticas. *Economía y Sociedad*, Universidad Michoacana de San Nicolás de Hidalgo Morelia, México, v. XXI, n. 36, p. 167-181, jan./jun. 2017.

AGAMBEN, Giorgio. *Notas sobre o gesto*. Artefilosofia, Ouro Preto, n. 4. p. 9-14, jan. 2008.

AGOSTINHO, Santo. *Confissões*. São Paulo: Abril Cultural, 1980.

AGUIAR, Tito Flávio Rodrigues de. Subúrbios e colônias agrícolas: morar e trabalhar nas bordas da cidade. *In:* DUTRA, Eliana de Freitas; BOSCHI, Caio C. (org.). *Estudos sobre Belo Horizonte e Minas Gerais nos trinta anos do BDMG Cultural*. Belo Horizonte: BDMG Cultural, 2018. p. 81-98.

ALBERTI, Verena. *Manual de história oral*. Rio de Janeiro: Fundação Getúlio Vargas, 2005.

AMORMINO, Luciana. *O jogo dos vestígios*: narrador, experiência e memória a partir de *Narradores de Javé*. 2009. Dissertação (Mestrado em Comunicação Social) – Programa de Pós-Graduação em Comunicação Social, Faculdade de Filosofia e Ciências Humanas, Universidade Federal de Minas Gerais, Belo Horizonte, 2009.

AMORMINO, Luciana; MAIA, Ravena Sena; VALLE, Flávio. Crises do tempo na apreensão da cidade: Memória e imaginário em páginas do Facebook. *In:* MAIA,

Jussara *et al.* (org.). *Catástrofes e crises do tempo*: historicidades dos processos comunicacionais. Belo Horizonte: SELO PPGCOM/UFMG, 2020. p. 403-428.

AMORMINO, Luciana. BH 120 anos: temporalidades e memória em narrativas jornalísticas sobre aniversário de cidades. *In*: XIX ENCONTRO ANUAL DA COMPÓS. Universidade Federal de Mato Grosso do Sul, Campo Grande, 23 a 25 de junho de 2020a. *Anais* [...]. Campo Grande, 2020.

AMORMINO, Luciana. Metáforas espaciais em reflexões sobre temporalidades a partir de Koselleck e Rivera Cusicanqui. *In:* AMORMINO, Luciana; ANDRADE, Rafael. *Experiências culturais do tempo*: Espaço-tempo, tradições, narrativas. Belo Horizonte: SELO PPGCOM/UFMG, 2020b. p. 17-30.

AMORMINO, Luciana. Entre insurgências e urgências: a disputa pela memória em desmonumentalizações contemporâneas. *Boletim Observatório da Diversidade Cultural*, Belo Horizonte, v. 5, p. 83-89, 2020c.

AMORMINO, Luciana. Mesmidade e ipseidade em narrativas da memória de cidades: fricções temporais num cotidiano em tensão em Quanto tempo dura um bairro?. *In*: XXX ENCONTRO DA COMPÓS. Pontifícia Universidade Católica de São Paulo (PUC SP). São Paulo, julho de 2021. *Anais* [...]. São Paulo, 2021.

AMORMINO, Luciana; CAVALCANTI, Anna. Memória e temporalidade em narrativas jornalísticas: a efeméride "BH 120 anos" no jornal Estado de Minas. *Mídia & Cotidiano*: Revista do Programa de Pós-Graduação Mídia e Cotidiano-UFF, v. 15, n. 3, p. 283-303, set./dez. 2022.

AMORMINO, Luciana *et al*. Belo Horizonte Surpreendente: dinamismos de uma cidade vista a partir de uma coleção. *In:* FONSECA, Maria Gislene *et al*. (org.). *Temporalidades e espacialidades nos processos comunicacionais*. Belo Horizonte: Selo PPGCOM/UFMG, 2022. p. 347-366.

AMORMINO, Luciana. *A memória como gesto:* um ato ético, estético e político. Belo Horizonte: Fafich/Selo PPGCOM UFMG, 2024.

ANDERSON, Benedict. *Comunidades imaginadas*: reflexões sobre a origem e a difusão do nacionalismo. São Paulo: Companhia das Letras, 2008.

ANTUNES, Elton. *Um jornal no meio do caminho:* os arquitetos da imprensa na Belo Horizonte dos anos 20 e 30. 1995. Dissertação (Mestrado em Sociologia) – Departamento de Sociologia, Universidade Federal de Minas Gerais, Belo Horizonte, 1995.

ANTUNES, Elton. Temporalidade e produção do acontecimento jornalístico. *Em questão*, Porto Alegre, v. 13, n. 1, p. 25-40, jan./jun. 2007a.

ANTUNES, Elton. *Videntes imprevidentes*: temporalidade e modos de construção do sentido de atualidade em jornais impressos diários. 2007. Tese (Doutorado em Comunicação Social) – Faculdade de Comunicação, Universidade Federal da Bahia, Salvador, 2007b.

ANTUNES, Elton. Notas preliminares: O dia seguinte. *In:* MAIA, Jussara *et al.* (org.). *Catástrofes e crises do tempo*: historicidades dos processos comunicacionais. Belo Horizonte: SELO PPGCOM/UFMG, 2020. p. 21-30.

ARREGUY, Cintia Aparecida; RIBEIRO, Raphael Rajão (coord.). *Histórias de bairros [de] Belo Horizonte:* Regional Nordeste. Belo Horizonte: APCBH; ACAP-BH, 2008a.

ARREGUY, Cintia Aparecida; RIBEIRO, Raphael Rajão (coord.). *Histórias de bairros [de] Belo Horizonte:* Regional Noroeste. Belo Horizonte: APCBH; ACAP-BH, 2008b.

ARRUDA, Rogério Pereira. *Cidades-capitais imaginadas pela fotografia:* La Plata (Argentina) e Belo Horizonte (Brasil), 1880-1897. 2011. Tese (Doutorado em História) – Programa de Pós-Graduação em História, Faculdade de Filosofia e Ciências Humanas, Universidade Federal de Minas Gerais, Belo Horizonte, 2011.

ASSEMBLEIA LEGISLATIVA DE MINAS GERAIS. *Constituição Política do Estado de Minas Gerais.* Belo Horizonte, Imprensa Oficial do Estado de Minas Gerais, 1907. Disponível em: https://dspace.almg.gov.br/handle/11037/259. Acesso em: 8 fev. 2022.

ASSMANN, Aleida. Re-framing memory. Between individual and collective forms of constructing the past. *In:* TILMANS, Karin; VAN VREE; Frank; WINTER, Jay (ed.). *Performing the Past*: Memory, History, and Identity in Modern Europe. Amsterdam: Amsterdam University Press, 2010. p. 34-50.

ASSMANN, Aleida. *Espaços de recordação*: formas e transformações da memória cultural. Campinas: Editora da Unicamp, 2011.

BARBOSA, Nila Rodrigues. Muquifu – negras e negros em um pensamento museal. *In:* COAN, Samanta; SILVA, Mauro Luiz da; BRAGA, Jezulino Lúcio Mendes (org.). *Museus, práticas museais e comunidades.* Belo Horizonte: NS Consultoria, 2021. p. 15-24.

BARRETO, Abílio. *Belo Horizonte:* memória histórica e descritiva. História antiga. Edição atualizada, revista e anotada. Belo Horizonte: Fundação João Pinheiro, Centro de Estudos Históricos e Culturais, 1996.

BARTHES, Roland. *A câmara clara:* nota sobre a fotografia. Rio de Janeiro: Nova Fronteira, 1984.

BDMG CULTURAL. Não se esqueça de mim aqui. *Revista n. 7.* Disponível em: https://bdmgcultural.mg.gov.br/artigos/nao-se-esqueca-de-mim-aqui/. Acesso em: 15 dez. 2022.

BENJAMIN, Walter. *Rua de Mão Única:* Obras Escolhidas. Editora Brasiliense: Brasília, 1987.

BENJAMIN, Walter. *Obras Escolhidas I:* magia e técnica, arte e política. São Paulo: Editora Brasiliense, 1996.

BENJAMIN, Walter. *Passagens.* Belo Horizonte: Editora UFMG, 2009.

BENJAMIN, Walter. *Rua de mão única:* infância Berlinense. Belo Horizonte: Autêntica, 2020a.

BENJAMIN, Walter. *Baudelaire e a modernidade.* Belo Horizonte: Autêntica, 2020b.

BENJAMIN, Walter. *Sobre o conceito de história:* edição crítica. São Paulo: Alameda, 2020c.

BERGSON, Henri. *Matéria e memória:* ensaio sobre a relação do corpo com o espírito. São Paulo: Martins Fontes, 1999.

BH EVENTOS. *BH recebe o projeto "Moradores – a Humanidade do Patrimônio Histórico".* 2022. Disponível em: https://www.bheventos.com.br/noticia/06-25-2015-bh-recebe-o-projeto-moradores-a-humanidade-do-patrimonio-historico. Acesso em: 21 dez. 2022.

BONNEMAISON, Joël; CAMBRÈZY, Luc. Le Lien territorial: entre frontières et identités. *Géographie et Cultures*, Paris: L'Harmattan, n. 20, p. 7-18, 1996.

BORSAGLI, Alessandro. *Rios invisíveis da metrópole mineira.* Belo Horizonte: Clube de Autores, 2016.

BRANDÃO, Carlos Antônio Leite. Belo Horizonte entre palavras e formas: o que restou da modernidade? *In:* BOSCHI, Caio C.; DUTRA, Eliana de Freitas (org.).

Estudos sobre Belo Horizonte e Minas Gerais nos trinta anos do BDMG Cultural. Belo Horizonte: BDMG Cultural, 2018. p. 21-40.

CAFFÉ, Eliane. *Narradores de Javé* (Brasil, 2004, 100 min.).

CALVINO, Italo. *As cidades invisíveis.* São Paulo: Companhia das Letras, 1990.

CAMPOS, Helena Guimarães. *História de Belo Horizonte:* Ensino Fundamental e Séries Iniciais. 2. ed. Belo Horizonte: Lê, 2017.

CANDAU, Joël. *Memória e identidade.* São Paulo: Contexto, 2019.

CASTORIADIS, Cornelius. A lógica conjuntista e identitária. *In: As encruzilhadas do labirinto.* 2. ed. Rio de Janeiro: Paz e Terra, 1997. v. 1.

CASTRO, Maria Céres Pimenta Spínola. Efêmeros e permanentes: os ardis da memória da imprensa de Belo Horizonte. *In:* LINHARES, Joaquim Nabuco. *Itinerário da imprensa de Belo Horizonte: 1895-1954*/Joaquim Nabuco Linhares; estudo crítico e nota biográfica de Maria Ceres Pimenta S. Castro. Belo Horizonte: Fundação João Pinheiro, Centro de Estudos Históricos e Culturais, 1995. p. 17-25.

CAVALCANTI, Anna de Carvalho. A efeméride como acionamento da memória: análise de enquadramentos do passado na revista Cult. *In:* XXX ENCONTRO ANUAL DA COMPÓS. Pontifícia Universidade Católica de São Paulo, São Paulo. 27 a 30 de julho de 2021. *Anais* [...]. São Paulo, 2021.

CAVALCANTI, Anna; AMORMINO, Luciana. Memória e temporalidade em narrativas jornalísticas: a efeméride "BH 120 anos" no jornal Estado de Minas. *Revista Mídia e Cotidiano,* v. 16, n. 3, set./dez 2022.

CERTEAU, Michel de. *A invenção do cotidiano*: 1. artes de fazer. Petrópolis: Vozes, 1994.

CIRCUITO LIBERDADE. *História.* 2022. Disponível em: http://circuitoliberdade. mg.gov.br/pt-br/circuito-liberdade-br/historia. Acesso em: 3 mar. 2022.

CORDEIRO, Veridiana Domingos. *Por uma sociologia da memória:* análise e interpretação da teoria da memória coletiva de Maurice Halbwachs. 2015. Dissertação (Mestrado em Sociologia) – Programa de Pós-Graduação em Sociologia, Departamento de Sociologia, Faculdade de Filosofia, Letras e Ciências Humanas, Universidade de São Paulo, São Paulo, 2015.

CRUZ HERNÁNDEZ, Delmy Tania. Una mirada muy otra a los territorios-cuerpos femeninos. *Solar,* v. 12, n. 1, p. 35-46, 2017.

DELEUZE, Gilles. 1. Introdução: Rizoma. *Mil Platôs:* capitalismo e esquizofrenia. Rio de Janeiro: Ed. 34, 1995. v. 1.

DELEUZE, Gilles; GUATTARI, Félix. *Kafka:* por uma literatura menor. Belo Horizonte: Autêntica, 2014.

DESVALLÉES, André; MAIRESSE, François. *Conceitos-chave de Museologia.* São Paulo: Comitê Brasileiro do Conselho Internacional de Museus: Conselho Internacional de Museus: Pinacoteca do Estado de São Paulo: Secretaria de Estado da Cultura, 2013.

DIDI-HUBERMAN, Georges. *Sobrevivência dos Vaga-lumes.* Belo Horizonte: Editora UFMG, 2011.

DIDI-HUBERMAN, Georges. *Grisalha:* poeira e poder do tempo. Lisboa: Editora KKYM + IHA, 2014.

DIDI-HUBERMAN, Georges. *Que emoção! Que emoção?* São Paulo: Editora 34, 2016.

DUVIGNAUD, Jean. Prefácio. *In:* HALBWACHS, Maurice. *A memória coletiva.* São Paulo: Edições Vértice, Editora Revista dos Tribunais Ltda., 1990. p. 2-9.

DUVIGNAUD, Jean. Jean Duvignaud fala a François Laplantine. *Imaginário,* Revista do Núcleo Interdisciplinar do Imaginário e Memória NIME/Universidade de São Paulo, n. 2, p. 9-14, jan. 1995.

ECHEVERRÍ, Juan Alvaro. Territorio como cuerpo y territorio como naturaleza: diálogo intercultural? *In:* SURRALLÉS, Alexandre; GARCÍA HIERRO, Pedro (org.). *Tierra adentro:* territorio indígena y percepción del entorno. Copenhague: Grupo Internacional de Trabajo sobre Asuntos Indígenas, 2004. p. 15-35.

EDY, Jill A. Collective Memory in a Post-Broadcast World. *In:* ZELIZER, Barbie; TENEMBOIM-WEINBLATT, Keren (org.). *Journalism and memory.* Hampshire (UK): Palgrave Macmillan Memory Studies, 2014. p. 66-83.

ENTRE RIOS E RUAS. 2022. Disponível em: https://www.instagram.com/entre-rioseruas/?hl=pt. Acesso em: 10 mar. 2022.

ESTADO DE MINAS. *Especial BH 120 anos.* 2020. Disponível em: https://www.em.com.br/especiais/bh120/. Acesso em: 12 fev. 2020.

ESTADO DE MINAS. *Estado de Minas e o "sentimento mineiro":* uma história de 90 anos. 2022. Disponível em: https://www.em.com.br/app/noticia/90-a-

nos/2018/12/12/interna_90_anos,1012636/estado-de-minas-e-o-sentimento-
-mineiro-uma-historia-de-90-anos.shtml. Acesso em: 12 fev. 2022a.

ESTADO DE MINAS. *Portal Uai completa 20 anos de inovação em Minas Gerais*. 2022.
Disponível em: https://www.em.com.br/app/noticia/tecnologia/2015/09/13/
interna_tecnologia,687766/portal-uai-completa-20-anos-de-inovacao-em-mi-
nas-gerais.shtml. Acesso em: 13 fev. 2022b.

FLUSSER, Vilém. *Gestos*. São Paulo: Annablume, 2014.

FONSECA, Cláudia Graça da. *A cidade em comunicação*: paisagens, conversas
e derivas no Centro de BH. 2008. Tese (Doutorado em Comunicação Social) –
Programa de Pós-Graduação em Comunicação Social, Universidade Federal de
Minas Gerais, Belo Horizonte, 2008.

FOUCAULT, Michel. *Vigiar e punir*. Petrópolis: Vozes, 1984.

FRANÇA, Vera Veiga. *Jornalismo e vida social:* a história amena de um jornal mineiro.
Belo Horizonte: Editora UFMG, 1998.

FREIRE, Cíntia Mirlene Perla. Do outro lado da linha do trem: História e intervenções no bairro Lagoinha. *Cadernos de História*, Belo Horizonte, v. 12, n. 16, 1º
sem. 2011.

GAGNEBIN, Jeanne Marie. "Memória, história, testemunho". *In:* BRESCIANI,
Stella; NAXARA, Márcia (org.). *Memória e (res)sentimento*. Indagações sobre uma
questão sensível. Campinas: Ed. Unicamp, 2001.

GALARD, Jean. *A beleza do gesto:* uma estética das condutas. São Paulo: Editora da
Universidade de São Paulo, 2008.

GIUGLIANO, Rogério Gimenes. Narrativa e temporalidade na epistemologia do
pensamento moderno. *In:* ROSALES, Marcela; REYNA, Zenaida María Garay;
PEDRAZZANI, Carla. *La espacialidad crítica en el pensamiento político-social latio-
namericano*: nuevas gramáticas de poder, territorialidades en tensión. Ciudad
Autónoma de Buenos Aires: CLACSO, 2016.

GOLIN, Cida; CAVALCANTI, Anna; ROCHA, Julia Correa. A projeção da cidade
nas efemérides jornalísticas: estudo do suplemento Cultura de Zero Hora (2006-
2009). *Intexto*, Porto Alegre: UFRGS, n. 34, p. 623-639, set./dez. 2015.

HAESBAERT, Rogério. *O mito da desterritorialização*: do "fim dos territórios" à
multiterritorialidade. 12. ed. Rio de Janeiro: Bertrand Brasil, 2020.

HAESBAERT, Rogério. *Território e descolonialidade:* sobre o giro (multi)territorial/de(s)colonial na "América Latina". 1. ed. Ciudad Autónoma de Buenos Aires: CLACSO; Niterói: Programa de Pós-Graduação em Geografia; Universidade Federal Fluminense, 2021.

HALBWACHS, Maurice. *A memória coletiva.* São Paulo: Edições Vértice: Editora Revista dos Tribunais Ltda., 1990.

HALBWACHS, Maurice. *Los marcos sociales de la memoria.* Rubí (Barcelona): Anthropos Editorial; Concepción: Universidad de la Concepción; Caracas: Universidad Central de Venezuela, 2004.

HARVEY, David. Space as a keyword. *In:* CASTREE, Noel; GREGORY, Derek (org.). *David Harvey*: a critical reader. Malden; Oxford: Blackwell, 2006.

HELLER, Agnes. *O cotidiano e a história.* São Paulo: Paz e Terra, 2008.

HOBSBAWM, Eric. Introdução: A invenção das tradições. *In:* HOBSBAWM, Eric; RANGER, Terence (org.). *A invenção das tradições.* Tradução de Celina Jardim Cavalcante. Rio de Janeiro; São Paulo: Paz e Terra: 2018. p. 7-24.

HOJE EM DIA. *BH 120 anos.* 2022. Disponível em: https://www.hojeemdia.com.br/minas/bh-120-anos-assista-ao-video-com-a-evoluc-o-da-capital-centenaria-1.580878. Acesso em: 6 dez. 2022.

HUFFSCHIMID, Anne. Introducción: topografias en conflicto. *In:* HUFFSCHIMID, Anne; DURÁN, Valeria (org.). *Topografías Conflictivas*: memorias, espacios y ciudades en disputa. Buenos Aires, Trilce, 2012. p. 11-16.

HUYSSEN, Andréas. *Seduzidos pela memória*: arquitetura, monumentos, mídia. Rio de Janeiro: Aeroplano, 2000.

HUYSSEN, Andreas. *Present Pasts.* Urban palimpsests and the politics of memory. Stanford, California: Stantford University Press, 2013.

HUYSSEN, Andreas. *Culturas do passado-presente*: modernismos, artes visuais, políticas da memória. Rio de Janeiro: Contraponto, 2014.

ICOM. *Nova definição de museu.* 2023. Disponível em: https://www.icom.org.br/?page_id=2776. Acesso em: 13 fev. 2023.

INGOLD, Tim. *Estar vivo*: ensaios sobre movimento, conhecimento e descrição. Petrópolis: Vozes, 2015.

INGOLD, Tim. *The life of lines*. San Diego: University of California, 2017.

INGOLD, Tim. *La vida de las líneas*. Santiago de Chile: Ediciones Universidad Alberto Hurtado, 2018.

INSTITUTO BRASILEIRO DE MUSEUS – IBRAM. *Como criar museu*: orientações. s.d. Disponível em: https://www.gov.br/museus/pt-br. Acesso em: 5 fev. 2021.

INSTITUTO BRASILEIRO DE GEOGRAFIA E ESTATÍSTICA – IBGE. *Belo Horizonte – Panorama*. 2023a. Disponível em: https://cidades.ibge.gov.br/brasil/mg/belo-horizonte/panorama. Acesso em: 4 fev. 2022a.

INSTITUTO BRASILEIRO DE GEOGRAFIA E ESTATÍSTICA – IBGE. *Ouro Preto – História e Fotos*. 2022. Disponível em: https://cidades.ibge.gov.br/brasil/mg/belo-horizonte/panorama. Acesso em: 4 fev. 2022b.

INSTITUTO BRASILEIRO DE GEOGRAFIA E ESTATÍSTICA – IBGE. *Mariana – História e Fotos*. 2022. Disponível em: https://cidades.ibge.gov.br/brasil/mg/belo-horizonte/panorama. Acesso em: 4 fev. 2022c.

INSTITUTO BRASILEIRO DE GEOGRAFIA E ESTATÍSTICA – IBGE. *Belo Horizonte – Panorama*. 2023. Disponível em: https://cidades.ibge.gov.br/brasil/mg/belo-horizonte/panorama. Acesso em: 9 jan. 2023.

INSTITUTO DO PATRIMÔNIO HISTÓRICO E ARTÍSTICO NACIONAL – IPHAN. *Bens Tombados*. 2021. Disponível em: http://portal.iphan.gov.br/pagina/detalhes/126. Acesso em: 10 mar. 2021.

INSTITUTO DO PATRIMÔNIO HISTÓRICO E ARTÍSTICO NACIONAL – IPHAN. *Patrimônio Mundial*. 2022. Disponível em: http://portal.iphan.gov.br/pagina/detalhes/24. Acesso em: 30 nov. 2022.

INSTITUTO ESTADUAL DO PATRIMÔNIO HISTÓRICO E ARTÍSTICO DE MINAS GERAIS – IEPHA. *Tombamento, Registro e Inventário*. 2022. Disponível em: http://www.iepha.mg.gov.br/index.php/servicos/tombamento-e-registro. Acesso em: 21 fev. 2022.

JÁCOME, Phellipy; CAMPOS, Julieta Karol Kabalin; LEAL, Bruno Souza. Olhares intrusos: reflexões e miradas sobre um mundo ch'ixi. *Matrizes*, São Paulo, v. 15, n. 1, p. 299-314, jan./abr. 2021.

KILOMBA, Grada. *Memórias da plantação*: episódios de racismo cotidiano. Rio de Janeiro: Editora Cobogó, 2019.

KITCH, Carolyn. Selling the "Authentic Past": The New York Times and the Branding of History. *Westminster Papers in Communication and Culture*, London: University of Westminster, v. 4, n. 4, p. 24-41, 2007.

KOSELLECK, Reinhardt. *Futuro passado*: contribuição à semântica dos tempos históricos. Rio de Janeiro: Contracampo: Puc-Rio, 2006.

KOSELLECK, Reinhardt. Estratos do tempo. *In:* KOSELLECK, Reinhardt. *Estratos do Tempo*: estudos sobre história. Rio de Janeiro: Contracampo: Puc-Rio, 2014. p. 19-26.

LEAL, Bruno Souza. Saber das narrativas: narrar. *In:* GUIMARÃES, César; FRANÇA, Vera (org.). *Na mídia, na rua*: narrativas do cotidiano. Belo Horizonte: Autêntica, 2006.

LEAL, Bruno Souza. Quando uma notícia é parte da história: as mídias informativas e a identidade narrativa. *Revista da Associação Nacional dos Programas de Pós-Graduação em Comunicação – E-compós*, Brasília, v. 17, n. 3, set./dez. 2014.

LEAL, Bruno Souza; RIBEIRO, Ana Paula Goulart. Em busca do tempo: memória, nostalgia e utopia em Westworld. *Contracampo*, Niterói, v. 37, n. 3, p. 65-80, dez. 2018/mar. 2019.

LEAL, Bruno Souza; SACRAMENTO, Igor. A tradição como problema nos estudos de comunicação: reflexões a partir de Williams e Ricoeur. *Galáxia* – Comunicação e Historicidades, especial 1, p. 22-33, 2019.

LEAL, Bruno Souza; RÊGO, Ana Regina. "Espaço de experiência": investigações em torno de uma categoria meta-histórica. *In:* FONSECA, Maria Gislene *et al.* (org.). *Temporalidades e espacialidades nos processos comunicacionais*. Belo Horizonte: Selo PPGCOM/UFMG, 2022. p. 71-90.

LEFEBVRE, Henri. *A produção do espaço*. 4. ed. Paris: Éditions Anthropos, 2000.

LE GOFF, Jacques. *História e memória*. 7. ed. rev. Campinas: Editora da Unicamp, 2013.

LEVINAS, Emmanuel. *Violência do rosto*. Edições Loyola: São Paulo, 2014.

LINHARES, Joaquim Nabuco. *Itinerário da imprensa de Belo Horizonte:* 1895-1954/ Joaquim Nabuco Linhares; estudo crítico e nota biográfica de Maria Céres Pimenta S. Castro. Belo Horizonte: Fundação João Pinheiro: Centro de Estudos Históricos e Culturais, 1995.

MARGALIT, Avishai. *The ethics of memory*. Cambridge, Massachusetss; London, England: Harvard University Press, 2002.

MARTINO, Luís Mauro Sá; MARQUES, Ângela Cristina Salgueiro. A comunicação como ética da alteridade: pensando o conceito com Lévinas. *Intercom – Revista Brasileira de Ciências da Comunicação*, São Paulo, v. 42, n. 3, p. 21-40, set./dez. 2019.

MARTINS, Leda Maria. *Performances do tempo espiralar:* poéticas do corpo-tela. Cobogó: São Paulo, 2021.

MASSEY, Doreen B. *Pelo espaço:* uma nova política da espacialidade. Rio de Janeiro: Bertrand Brasil, 2008.

MBEMBE, Achille. *Crítica da razão negra.* Lisboa: Antígona, 2014.

MBEMBE, Achille. *Políticas da Inimizade.* Lisboa: Antígona, 2017.

MBEMBE, Achille. *Out of the dark night:* essays on decolonization. New York: Columbia University Press, 2021.

MEDIA OWNERSHIP MONITOR BRASIL. *Super Notícia.* 2022. Disponível em: https://brazil.mom-rsf.org/br/midia/detail/outlet/super-noticia/. Acesso em: 13 fev. 2022a.

MEDIA OWNERSHIP MONITOR BRASIL. *O Estado de Minas.* 2022. Disponível em: https://brazil.mom-rsf.org/br/midia/detail/outlet/o-estado-de-minas/. Acesso em: 13 fev. 2022b.

MÈLICH, Joan-Carles. *Filosofía de la finitud.* Barcelona: Herder Editorial, 2011.

MENDES, Jairo Faria. Os dois idealistas da história da imprensa mineira. *In*: VI ENCONTRO DA REDE ALCAR, 2008. *Anais* [...]. Porto Alegre, 2008. Disponível em: http://www.ufrgs.br/alcar/encontros-nacionais-1/encontros-nacionais/6o--encontro-2008-1. Acesso em: 10 out. 2019.

MEIHY, José Carlos Sebe Bom; HOLANDA, Fabíola. *História oral:* como fazer, como pensar. São Paulo: Contexto, 2007.

MUDROVCIC. María Inés. Políticas del tiempo, políticas de la historia:? quiénes son mis contemporâneos? *ArtCultura*, Uberlândia, v. 20, n. 36, p. 7-14, jan./jun. 2018.

MUQUIFU. *Ocupação NegriCidade.* 2019. Disponível em: https://www.facebook.com/muquifu/. Acesso em: 8 dez. 2020.

MUSA, Priscila; BARROS, Rafael. A vida na escala da rua. *In:* QUANTO TEMPO DURA UM BAIRRO. 2021. Disponível em: https://www.quantodura.com.br/a--vida-na-escala-da-rua/. Acesso em: 11 jan. 2021.

MUSEU DA PESSOA. *Tecnologia Social da Memória:* para comunidades, movimentos sociais e instituições registrarem suas histórias. São Paulo: Museu da Pessoa, 2009.

MUSEU DA PESSOA. *Belo Horizonte Surpreendente.* 2020. Disponível em: https://acervo.museudapessoa.org/pt/conteudo/colecao/166540/0/0/1. Acesso em: 10 out. 2020.

MUSEU DA PESSOA. *Ações:* Belo Horizonte Surpreendente. 2023.Disponível em: https://museudapessoa.org/acoes/belo-horizonte-surpreendente-2/. Acesso em: 12 jan. 2023.

MUSEU DA PESSOA. *Coleção Belo Horizonte Surpreendente.* 2023. Disponível em: https://museudapessoa.org/colecao-detalhe/?id=666. Acesso em: 13 fev. 2023b.

NEIGER, Motti; ZANDBERG, Eyal; MEYERS, Oren. Reversed Memory: Commemorating the Past through Coverage of the Present. *In:* ZELIZER, Barbie; TENEMBOIM-WEINBLATT, Keren (org.). *Journalism and memory.* Hampshire (UK): Palgrave Macmillan Memory Studies, 2014. p. 113-130.

NEVES, Osias Ribeiro; AMORMINO, Luciana. *BH 120 anos*: um olhar sobre a cidade, seu comércio e sua história. Belo Horizonte: Escritório de Histórias, 2017.

NIEMEYER, Katharina. *Media and Nostalgia:* yearning for the past, present and future. London: Palgrave Macmillan, 2014.

NITRO. *Quem somos.* 2022. Disponível em: https://nitroimagens.com.br/quem--somos/. Acesso em: 21 dez. 2022.

NORA, Pierre. Entre memória e história: a problemática dos lugares. *Projeto História* – Revista do Programa de Estudos Pós-Graduados de História, São Paulo, dez. 1993.

OLICK, Jeffrey R. Reflections on the underdeveloped relations between journalism and memory studies. *In:* ZELIZER, Barbie; TENEMBOIM-WEINBLATT, Keren (org.). *Journalism and memory.* Hampshire (UK): Palgrave Macmillan Memory Studies, 2014. p. 17-31.

OLIVEIRA, Carlos Alberto. Èmile Rouède, o correspondente de Ouro Preto. *Urbana* – Revista Eletrônica do Centro Interdisciplinar de Estudos de Cidade, Campinas, v. 9, n. 2. p. 335-353, maio/ago. 2017.

OTTE, Georg. Rememoração e citação em Walter Benjamin. *Revista de Estudos de Literatura*, Belo Horizonte: FALE – UFMG, v. 4, p. 211-223, out. 1996.

O TEMPO. *O TEMPO e Super Notícia representam 90% do mercado de jornais em Minas*. 2022. Disponível em:https://www.otempo.com.br/economia/o-tempo-e--super-noticia-representam-90-do-mercado-de-jornais-em-minas-1.2201444. Acesso em: 13 fev. 2022a.

O TEMPO. *Super Notícia é o mais vendido em Minas*. 2022. Disponível em: https://www.otempo.com.br/brasil/super-noticia-e-o-mais-vendido-em-minas-1.298129. Acesso em: 13 fev. 2022b.

O TEMPO. *BH 120 anos*. 2022. Disponível em: https://www.otempo.com.br/hotsites/bh-120-anos. Acesso em: 6 dez. 2022c.

PAMUK, Omar. *The innocence of objects*. New York: Abrams, 2012.

PENA, Jacques de Oliveira; MELLO, Clailton José. Tecnologia social: a experiência da Fundação Banco do Brasil na disseminação e reaplicação de soluções sociais efetivas. *In*: FUNDAÇÃO BANCO DO BRASIL. *Tecnologia social*: uma estratégia para o desenvolvimento. Rio de Janeiro: Fundação Banco do Brasil, 2004.

PEREIRA, Josemeire Alves. *Para além do horizonte planejado*: racismo e produção do espaço urbano em Belo Horizonte (Séculos XIX e XX). 2019. Tese (Doutorado em História) – Universidade Estadual de Campinas, Campinas, 2019.

PODER 360. *Jornais no 1º semestre: impresso cai 7,7% e digital tem alta tímida*. 2022. Disponível em: https://www.poder360.com.br/midia/jornais-no-1o-semestre--impresso-cai-77-e-digital-tem-alta-timida/. Acesso em: 7 dez. 2022.

POLLAK, Michael. Memória, esquecimento, silêncio. *Revista Estudos Históricos*, Rio de Janeiro, v. 2, n. 3, p. 3-15, 1989.

POLLAK, Michael. Memória e identidade social. *Revista Estudos Históricos*, Rio de Janeiro, v. 5, n. 10, p. 200-212, 1992.

PREFEITURA DE BELO HORIZONTE. *Relatório Técnico relativo à solicitação de abertura de processo de registro imaterial para o território denominado Largo do Rosário*. Diretoria de Patrimônio Cultural e Arquivo Público. Belo Horizonte, ago. 2021.

PREFEITURA DE BELO HORIZONTE. *Política de Proteção*. 2022. Disponível em: https://prefeitura.pbh.gov.br/fundacao-municipal-de-cultura/patrimonio/politicadeprotecao. Acesso em: 21 fev. 2022a.

PREFEITURA DE BELO HORIZONTE. *Planejamento Urbano*. 2022. Disponível em: https://prefeitura.pbh.gov.br/sites/default/files/estrutura-de-governo/politica-urbana/2018/planejamento-urbano/geo_total_pop_bairro_2010_a3.pdf. Acesso em: 23 fev. 2022b.

PREFEITURA DE BELO HORIZONTE. *Belo Horizonte Surpreendente*. 2022. Disponível em: https://prefeitura.pbh.gov.br/projetosestrategicos/belohorizontesurpreendente. Acesso em: 7 mar. 2022c.

PREFEITURA DE BELO HORIZONTE. *Lagoinha recebe o projeto "Moradores – A Humanidade do Patrimônio"*. 2022. Disponível em: https://prefeitura.pbh.gov.br/noticias/lagoinha-recebe-o-projeto-moradores-humanidade-do-patrimonio. Acesso em: 21 dez. 2022d.

PREFEITURA DE BELO HORIZONTE. *Prefeitura recebe resultados de consultoria para programa Horizonte Criativo*. 2022. Disponível em:https://prefeitura.pbh.gov.br/noticias/prefeitura-recebe-resultados-de-consultoria-para-programa-horizonte-criativo. Acesso em: 26 dez. 2022e.

PREFEITURA DE BELO HORIZONTE. *Dossiê de Registro do Território do Largo do Rosário* – Patrimônio Cultural Imaterial da Prefeitura de Belo Horizonte. Belo Horizonte, 2022f.

PREFEITURA DE BELO HORIZONTE. *Belo Horizonte, surpreendente*. 2023. Disponível em: https://prefeitura.pbh.gov.br/noticias/belo-horizonte-surpreendente. Acesso em: 12 jan. 2023a.

PREFEITURA DE BELO HORIZONTE. *Plano Plurianual de Ação Governamental 2018-2021 da Prefeitura de Belo Horizonte*. 2018. Disponível em: https://prefeitura.pbh.gov.br/sites/default/files/estrutura-de-governo/planejamento/SUPLOR/Diretoria%20Central%20de%20Planejamento/PPAG%202018-2021/Livro%20completo.pdf. Acesso em: 12 jan. 2023b.

PREFEITURA DE BELO HORIZONTE. *Plano Plurianual de Ação Governamental 2022-2025 da Prefeitura de Belo Horizonte*. 2022. Disponível em: https://prefeitura.pbh.gov.br/sites/default/files/estrutura-de-governo/planejamento/SUPLOR/Diretoria%20Central%20de%20Planejamento/PPAG%202022-2025/Livro%20completo%20PPAG%202023-2025%20V3.pdf. Acesso em: 12 jan. 2023c.

PROJETO MORADORES – LAGOINHA. 2021. Disponível em: https://proje-tomoradores.com.br/project/moradores-lagoinha-mg-historias/. Acesso em: 15 set. 2021a.

PROJETO MORADORES – BELO HORIZONTE. 2021. Disponível em:https:// projetomoradores.com.br/project/galeria-de-moradores-belo-horizonte/. Acesso em: 15 set. 2021b.

PROSAS. *Belo Horizonte Surpreendente*. 2023. Disponível em: https://prosas.com.br/ projetos/25384-belo-horizonte-surpreendente. Acesso em: 13 de janeiro de 2023.

QUANTO TEMPO DURA UM BAIRRO. 2021. Disponível em: https://quantodura. com.br/. Acesso em: 11 jan. 2021.

QUÉRÉ, Louis. Entre o fato e o sentido: a dualidade do acontecimento. *Trajectos*, Lisboa: ISCTE – Instituto Superior de Ciências do Trabalho e da Empresa, n. 6, 2005.

QUIJANO, Anibal. *Colonialidade do poder, Eurocentrismo e América Latina*. Buenos Aires: CLACSO, Consejo Latinoamericano de Ciencias Sociales, 2005.

QUINTERO. Pablo. Suma Qamaña, Suma Jakaña, Qamir Qamaña: debates ayamara sobre o bem viver na Bolívia. *Espaço Ameríndio*, Porto Alegre, v. 12, n. 1, p. 112-131, jan./jun. 2018.

RESENDE, Fernando; ROBALINHO, Roberto; AMARAL, Diego Granja. Quando a imagem é corpo: modos de sobreviver à máquina colonial. *Comunicação, Mídia e Consumo*, São Paulo, v. 16, n. 47, p. 480-500, set./dez. 2019.

RIBEIRO, Ana Paula Goulart; LEAL, Bruno; GOMES, Itânia. A historicidade dos processos comunicacionais: elementos para uma abordagem. *Comunicação, mídias e temporalidade*. Salvador: Edufba, 2017. p. 37-58.

RIBEIRO, Ana Paula Goulart; MADUELL, Ítala. O JB é que era jornal de verdade: jornalismo, memórias e nostalgia. *Revista Matrizes*, São Paulo, v. 12, n. 3, p. 257-276, set./dez. 2018.

RIBEIRO, Andréia. *Representações e práticas cotidianas de um bairro belorizontino:* o Concórdia. 2008. Dissertação (Mestrado em Ciências Sociais) – Programa de Pós-Graduação em Ciências Sociais, Pontifícia Universidade Católica de Minas Gerais, Belo Horizonte, 2008.

RICOEUR, Paul. *A memória, a história, o esquecimento*. Campinas: Editora Uni-camp, 2007.

RICOEUR, Paul. *Tempo e Narrativa.*. São Paulo: Editora WMF Martins Fontes, 2010. Tomo III

RICOEUR, Paul. *O si-mesmo como outro*. São Paulo: Editora WMF Martins Fontes, 2014.

RIVERA CUSICANQUI, Silvia. *Sociología de la imagen*: ensayos. Ciudad Autónoma de Buenos Aires: Tinta Limón, 2015.

RIVERA CUSICANQUI, Silvia. Clausurar el pasado para Inaugurar el futuro. Desandando por una calle Paceña. *Premio Internacional CGLU – Ciudad de México – Cultura 21*. La Paz, 2016.

RIVERA CUSICANQUI, Silvia. *Un mundo ch'xi es posible*. Ensayos desde un presente en crisis. Buenos Aires: Tinta Limón, 2018.

ROBIN, Régine. *A memória saturada*. Campinas: Editora da Unicamp, 2016.

SALLES, Cecilia Almeida. *Gesto inacabado:* processo de criação artística. São Paulo: Fapesp: Annablume, 1998.

SANTOS, Milton. *Por uma outra globalização:* do pensamento único à consciência universal. 6. ed. Rio de Janeiro: Record, 2001.

SANTOS, Luis Alberto Brandão; OLIVEIRA, Silvana Pessôa. *Sujeito, tempo e espaços ficcionais:* Introdução à Teoria da Literatura. São Paulo: Martins Fontes, 2001.

SANTOS, Márcia Maria Duarte dos; SEABRA, Maria Cándida Trindade Costa de; COSTA, Antônio Gilberto da. *Patrimônio Toponímico na Cartografia Histórica de Minas Gerais*. Centro de Referência em Cartografia História – UFMG, 2016. Disponível em: https://www.ufmg.br/rededemuseus/crch/toponimia/index.html. Acesso em: 5 jun. 2023.

SCHMID, Christian. A teoria da produção do espaço de Henri Lefebvre: em direção a uma dialética tridimensional. *GEOUSP – espaço e tempo*, São Paulo, n. 32, p. 89-109, 2012.

SCHUDSON, Michael. Journalism as a Vehicle of Non-Commemorative Cultural Memory. *In:* ZELIZER, Barbie; TENEMBOIM-WEINBLATT, Keren (org.). *Journalism and memory.* Hampshire (UK): Palgrave Macmillan Memory Studies, 2014. p. 85-96.

SECRETARIA DE ESTADO DE CULTURA E TURISMO DE MINAS GERAIS. Portal Minas. *Muquifu – Museu dos Quilombos e Favelas Urbanos.* 2022. Disponível em: https://www.minasgerais.com.br/pt/atracoes/belo-horizonte/muquifu-mu-seu-dos-quilombos-e-favelas-urbanos. Acesso em: 8 mar. 2022.

SEGATO, Rita Laura. *La guerra contra las mujeres*. Madrid: Traficantes de Sueños, 2016.

SILVA, Priscila Stuart da. Notas sobre o aparecimento da noção de vestígio em Walter Benjamin. *Cadernos Walter Benjamin* – Revista do Grupo de Pesquisa Walter Benjamin e a Filosofia Contemporânea, v. 20, p. 166-187, jan./jun. 2018.

SILVEIRA, Brenda. *Lagoinha, a cidade encantada*. Belo Horizonte: Da autora, 2005.

SOUSA, Sérgio Augusto Dâmaso. *Belo Horizonte*: de arraial a capital. 3. ed. São Paulo: Cortez, 2010.

STARLING, Heloísa Murgel. Fantasmas da Cidade Moderna. *Margens/Márgenes*, Buenos Aires; Belo Horizonte, v. 1, p. 66-75, 2002.

SZYMCZAK, Maureen Bartz. *Histórias de vidas e Patrimônio Cultural:* desafios do Museu da Pessoa. 2017. Dissertação (Mestrado em Patrimônio Cultural e Socie-dade) – Universidade da Região de Joinville, Joinville, 2017.

TENENBOIM-WEINBLATT, Keren. Counting Time: Journalism and the Tem-poral Resource. *In:* ZELIZER, Barbie; TENEMBOIM-WEINBLATT, Keren (org.). *Journalism and memory.* Hampshire (UK): Palgrave Macmillan Memory Studies, 2014. p. 97-112.

TERRA, Adriana. Fé e reparação: com museu comunitário e luta por patrimônio, padre evidencia história negra em Belo Horizonte. *ECOA UOL*, 6 dez. 2021. Disponível em: https://www.uol.com.br/ecoa/reportagens-especiais/causado-res-mauro-luis-da-silva/. Acesso em: 6 jun. 2023.

THOMPSON, Paul. *A voz do passado:* História oral. São Paulo: Paz e Terra, 1999.

VIEIRA, Gláucia Cristine Martins de Araújo; DIAS, Daniel Henrique de Menezes; BRITO, Patrícia Aparecida de. Contextualizando o Kilombo Souza. *Urbe Urge*. 2022. Disponível em: https://bdmgcultural.mg.gov.br/urbeurge/processos/interlocutor/ bdmgcultural/contextualizando-o-kilombo-souza/. Acesso em: 21 fev. 2022.

VOLKMER, Ingrid; LEE, Carolyne. Shifting the Politics of Memory: Mnemonic Trajectories in a Global Public Terrain. *In:* ZELIZER, Barbie; TENEMBOIM--WEINBLATT, Keren (org.). *Journalism and memory.* Hampshire (UK): Palgrave Macmillan Memory Studies, 2014. p. 50-65.

WILLIAMS, Raymond. *Marxismo e literatura*. Rio de Janeiro: Zahar Editores, 1979.

WORCMAN, Karen. *Quem sou eu?* Memória e Narrativa no Museu da Pessoa. 2021. Tese (Doutorado em Humanidades, Direito e Outras Legitimidades) – Universidade de São Paulo, São Paulo, 2021.

YATES, Frances A. *A arte da memória*. Campinas: Editora da Unicamp, 2007.

ZARAGOCIN, Sofia. La Geopolítica del útero: hacia una geopolítica feminista decolonial en espacios de muerte lenta. *In:* CRUZ, D.; BAYON, M. (org.). *Cuerpos, territorios y feminismos*. Quito: Abya Yala y Estudios Ecologistas del Tercer Mundo, 2018.

ZELIZER, Barbie. *Taking journalism seriously:* news and the academy. Thousand Oaks: Sage, 2004.

ZELIZER, Barbie; TENEMBOIM-WEINBLATT, Keren. Journalism's memory work. *In:* ZELIZER, Barbie; TENEMBOIM-WEINBLATT, Keren (org.). *Journalism and memory*. Hampshire (UK): Palgrave Macmillan Memory Studies, 2014. p. 1-16.

ZELIZER, Barbie. Memory as Foreground, Journalism as Background. *In:* ZELIZER, Barbie; TENEMBOIM-WEINBLATT, Keren (org.). *Journalism and memory*. Hampshire (UK): Palgrave Macmillan Memory Studies, 2014. p. 32-49.

ZUMTHOR, Paul. *Performance, recepção, leitura*. São Paulo: Cosac Naify, 2007.